本书系国家社科基金重大项目"知识外交与战后美国学术话语体系的全球建构研究"（20 & ZD243）的阶段性成果。

美国对缅甸文化外交研究

1947—1963

张亮兆 ○ 著

A Study on American Cultural
Diplomacy in
Burma

(1947-1963)

中国社会科学出版社

图书在版编目（CIP）数据

美国对缅甸文化外交研究：1947－1963 / 张亮兆著 . —北京：中国社会
科学出版社，2022. 2

ISBN 978 - 7 - 5203 - 9911 - 1

Ⅰ. ①美… Ⅱ. ①张… Ⅲ. ①文化交流—美国对外政策—研究—
缅甸—1947－1963 Ⅳ. ①G171. 25 ②G133. 75

中国版本图书馆 CIP 数据核字（2022）第 051308 号

出 版 人	赵剑英
责任编辑	耿晓明
责任校对	王佳玉
责任印制	李寡寡

出　　版	中国社会科学出版社
社　　址	北京鼓楼西大街甲 158 号
邮　　编	100720
网　　址	http://www.csspw.cn
发 行 部	010 - 84083685
门 市 部	010 - 84029450
经　　销	新华书店及其他书店

印　　刷	北京君升印刷有限公司
装　　订	廊坊市广阳区广增装订厂
版　　次	2022 年 2 月第 1 版
印　　次	2022 年 2 月第 1 次印刷

开　　本	710 × 1000 1/16
印　　张	22.5
插　　页	2
字　　数	359 千字
定　　价	98.00 元

凡购买中国社会科学出版社图书，如有质量问题请与本社营销中心联系调换
电话：010 - 84083683

目　　录

绪　　论

　　2012 年 11 月，时任美国总统巴拉克·奥巴马（Barack Obama）访
问缅甸，奥巴马也由此成为第一位到访缅甸的在任美国总统。这标志着
两国错综复杂的外交关系进入了一个崭新的时期。有不少学者认为，奥
巴马的访缅是美国开始重视缅甸在亚太地区作用的重要体现。部分学者
甚至将此行当成美国推行所谓"亚太再平衡战略"的重要步骤。其实，
这已不是美国决策者们第一次"关注"缅甸，早在缅甸正式独立前，
美国便匆匆与缅甸正式建交，并在短时间内双方签订了多份双边合作协
定。其中，最具影响力的协定是美缅双方在 1947 年 12 月签订的富布莱
特协定。值得一提的是，美缅富布莱特协定是美国对外签订的第二份富
布莱特项目协定，仅比中美富布莱特协定晚了一个月。此后，随着亚洲
冷战形势的不断发展，缅甸越发成为美国外交政策制定者们无法绕开的
国家。新中国成立后，缅甸在美国冷战战略中的地位迅速上升，美国国
务院在 1950 年 6 月发表的一份政策声明中明确指出："如果缅甸、越
南、老挝和柬埔寨能够抵挡住共产主义，我们就有可能控制整个东南
亚；如果上述地区陷落，泰国将可能跟随，东南亚将无法抵御共产主义
的推进。"① 值得注意的是，在阻止共产主义在缅甸推进的过程中，美
国除了运用一系列惯常的经济和军事援助外，还耗费了巨大的人力、资
金用于开展旨在促使缅甸"亲美"的文化外交活动。这些由美国政府
主导，美国非（准）政府组织积极参与的文化项目在一定程度上改善
了美缅关系，并在客观上促进了缅甸教育文化事业的进步。不过，始终
秉持"中立主义"的缅甸并没有因此被美国拉入"亲西方"阵营，而

---

　　① "Policy Statement Prepared in the Department of State", June 16, 1950, *FRUS*, 1950,
Vol. Ⅵ.

是在强烈的民族主义影响下坚定不移地走向自我封闭。本书通过使用大量的美国政府解密文件、亚洲基金会档案和福特基金会档案，试图阐释冷战前期美国文化外交机制的形成过程和美国对缅甸文化外交的具体开展情况，进而分析美国决策者是如何通过开展文化外交实现其国家战略以及文化外交又是怎样影响美缅关系发展走向的等一系列问题。

一　选题缘由和意义

（一）选题缘由

1. 基于对中缅关系重要性的关注

从地理角度看，缅甸自古以来便是中国重要的邻邦，其在中国内陆朝西南方向发展对外关系方面始终具有重要的地位和作用。自两千多年前开辟西南丝绸之路以来，连接中国西南与印度的缅甸成为最早与中国发生交往关系的地区，也是双边陆上交往关系最为频繁、持续时间最长的国家。中缅关系从而也影响、制约了中国内陆西南方向对外关系的发展。[①] 当前，中缅双方存有长达2186千米的边界线。不仅如此，在东南亚国家中，缅甸国土面积仅次于印度尼西亚排名第二，其人口众多、自然资源丰富，其中稻米和柚木等农林产品出口在世界占有重要地位。二战前，缅甸大米占世界大米总产量的5%，其产量的近40%都用来出口。缅甸柚木超过70%的产量进入了世界市场。此外，缅甸出产的铅、锡、钨、锌等矿产均约占世界的7%。[②] 缅甸有如此广阔的面积、众多的人口和丰富的资源，以及与中国如此紧密的陆路联系，其对中国的重要性自然不言而喻。

从族源和历史文化角度看，缅甸与中国有着密切联系。作为一个多元种族国家，缅甸全国有大小种族135个，其中缅族人口最多，占总人口的68%，以缅语为母语。[③] 缅族历史上与中国有着深厚的渊源，有研究表明，缅族源自中国西北戈壁沙漠和青藏高原西北部之间的甘肃省一

---

① 贺圣达：《元明清时期中缅关系与中国西南开放的历史经验与教训》，《云南师范大学学报》（哲学社会科学版）2016年第1期。

② Richard T. Arndt, David Lee Rubin, eds. , *The Fulbright Difference: 1948 - 1992*, New Brunswick and London: Transaction Publishers, 1996, p. 16.

③ 陈鸿瑜：《缅甸史》，台湾商务印书馆2016年版，第8—12页。

带，9 世纪中期至 10 世纪中期进入缅甸，在中国最早的文字记载中称他们为 "羌"①。由于受到封建统治者的压迫，他们被迫躲避到西藏东北部，并不断向南迁徙。849 年，缅族人在蒲甘（Pagan）建立了缅甸历史上的第一个国家。此后，缅甸在大多数时期一直与中原王朝保持着朝贡关系。实际上，不仅缅族与中国联系密切，生活在缅甸的少数民族亦与中国有着不可割裂的纽带，甚至与中国南方某些少数民族同为一族。譬如缅甸最大的少数民族掸族即广泛分布于云南南部的傣族，人口较多的克钦族就是中国境内的景颇族，佤族人的生活地域横跨中缅边界。类似跨中缅边界分布的民族比比皆是。中缅两国种族上的密切联系，使两国政府和民间均用 "胞波"（Pauk-Phaw）② 来称谓彼此关系，这在中外关系史上是绝无仅有的，足见中缅两国关系中浓重的感情色彩。

从新中国外交的角度看，缅甸是中国至关重要的邻居和伙伴。1949 年中华人民共和国成立后，缅甸成为第一个承认新中国并与新中国建交的非社会主义国家。尽管建交初期双方关系较冷淡。正如吴努在 1958 年说道："有几年，我们与新中国政权的关系并不稳定。"③ 不过，随着 1954 年两国总理的互访，中缅关系取得突破性进展。1954 年 6 月，在两国总理共同发表的联合声明当中，双方一致同意以和平共处五项原则作为指导中缅两国关系的基本原则。1955—1966 年两国领导人进行了频繁的互访。另需指出的是，经过双方领导人多轮协商谈判，1960 年 1 月中缅双方签订《边界协定》（以下简称《协定》），开启了新中国通过和平谈判方式解决边界争端的先河。此后，两国关系尽管在很大程度上受到各自内部形势的影响，但总体发展平稳。

2. 基于对缅甸在东南亚特殊性的考察

从区位的角度来看，缅甸位于东南亚西北部，中南半岛西端，西北与印度毗邻，东北与中国接壤。这一特殊的地缘关系往往将缅甸置于大

---

① 李贵梅：《缅甸历史上缅族王朝民族关系治理困境探析》，《东南亚纵横》2016 年第 1 期。

② 胞波：即兄弟、同胞。此说源自缅甸神话，相传太阳的后裔与龙的女儿相爱后，龙公主生下三枚蛋，一枚孕育出了中国皇后，一枚演化出了宝石之国的缅甸国，一枚则变成了缅甸蒲甘王朝的始祖。因中国与缅甸同为太阳和龙的后裔，故双方互称胞波。

③ Maung Aung Myoe, *In the Name of Pauk-Phaw: Myanmar's China Policy Since 1948*, Singapore: Institute of Southeast Asian Studies, 2011, p. 22.

国博弈的中心位置，早在 1946 年 11 月，美国代理国务卿艾奇逊在致驻
英代办高尔曼（Gallman）的备忘录中就明确指出："缅甸作为印度和中
国之间的缓冲国和潜在的主要大米出口国，在美国航线规划中具有重要
的战略意义。"① 此后，为应对共产主义在东南亚的蔓延，美国国务院
于 1949 年 2 月 23 日召开了一次重要的会议，在英国大使馆顾问 H. A.
格雷夫斯（Graves）的建议下，美国国务院将缅甸列入关注国家名单，
并认为 "我们关注的是大陆以及共产主义在中南半岛、暹罗和马来亚向
南流动，并由此对缅甸产生的相应影响"②。3 月 29 日，美国国务院发
表了一份针对东南亚的政策文件，即 PPS‐51，文件中包含了专门针对
缅甸的政策。只是由于 "缅甸目前的局势是如此混乱，以至于无法从国
外引入可行的解决办法"，才不得不等待 "尘埃落定"③。新中国成立
后，缅甸更是成为美国决策者极力拉拢的对象。1950 年 2 月 13 日，杜
鲁门总统正式批准了对缅援助。不久，国务卿艾奇逊向驻仰光大使馆发
电报指出："美国特别有兴趣与缅甸政府探讨美国可能提供的技术援
助……采取措施补充英国和英联邦国家为稳定缅甸和防止共产主义颠覆
所做的努力。"④ 由于缅甸历史上长期深受中原王朝政治文化影响，并
构成中国西南部的重要屏障，因此，中国政府对于缅甸投入西方怀抱尤
为警惕。1954 年底，吴努访华期间与中国国家领导人会晤，后者对缅
甸拒绝加入美国发起的 "东南亚条约组织" 表示赞赏。吴努也向中方
保证，缅甸不会允许外国在其领土上建立军事基地，也不会成为任何外
国势力的傀儡。⑤ 由此可见，20 世纪 50 年代初，中美为争取缅甸博弈
之激烈。

从政治体制来看，20 世纪 50 年代初的缅甸是东南亚为数不多的实

---

① The Acting Secretary of State to the Chargé in the United Kingdom（Gallman），November 8，1946，*FRUS*，1946，The Far East，Vol. Ⅷ，p. 6.

② Memorandum of conversation，by the Chief of the Division of Southeast Asian Affairs（Reed），Spread of Communism into Southeast Asia，February 23，1949，*FRUS*，1949，The Far East and Australasia，Vol. Ⅶ，Part 2，p. 1119.

③ PPS‐51，Policy Planning Staff Paper on United States Policy toward Southeast Asia，March 29，1949，*FRUS*，1949，The Far East and Australasia，Vol. Ⅶ，Part 2，p. 1131.

④ The Secretary of State to the Embassy in Burma，February 17，1950，*FRUS*，1950，East Asia and Pacific，Burma，pp. 232‐233.

⑤ Maung Aung Myoe，*In the Name of Pauk-Phaw*：*Myanmar's China Policy Since 1948*，Singapore：Institute of Southeast Asian Studies，2011，pp. 24‐25.

现独立且施行宪政的民主国家之一。反观这一时期的越南、老挝、马来西亚、新加坡等国尚未从西方殖民者手中获得解放，而泰国则处于军政府统治下。早在独立前，缅甸就已经选举出了自己的制宪会议并制定出了一部宪法。1947 年 4 月，缅甸举行了第一次主权国家立法机关的选举。"反法西斯人民自由同盟"（Anti-Fascist People's Freedom League, AFPFL）在选举中获得了压倒性优势。① 9 月底，缅甸通过了由吴强顿②（U Chan Htoon）主持起草的宪法，即《1947 年宪法》。该宪法吸纳融合了世界许多国家的宪政原则，譬如英国有关内阁应对民选议会多数负责的要求，以及殖民地时期制定的基本法律原则和法院程序；参照法国设立总统，但总统并无实权；仿照美国人民主权的主张，设立有权决定立法是否违宪的高等法院，以及由五个部分构成的联邦。此外，《1947 年宪法》中的一些社会主义规定主要借鉴了南斯拉夫宪法的规定和苏联的经验。③ 1951 年 6 月，缅甸举行了独立后的首次大选，反法西斯人民自由同盟赢得了议会中 85% 的席位，因而得以继续执政。④ 民主制度下的缅甸，相对于独裁政体，在施政方略上更具有合法性和可预见性，因而可以成为国家和区域研究的理想样本。

从对外政策来看，缅甸是典型的主张推行中立主义政策的东南亚国家。不过，根据华东师范大学梁志教授的研究，缅甸并非独立之初就奉行这一政策，其在"口头上宣称中立主义，实际上却推行亲西方的外交政策"⑤。1948 年 5 月 26 日，吴努政府提出了一份包含 15 项内容的"左翼团结纲领"，其在外交上主张"同苏联建立与英国现有关系相当的政治和经济关系"，并"拒绝一切损害缅甸政治、经济和战略独立的

---

① Lowell Dittmer, ed., *Burma or Myanmar? The Struggle for National Identity*, New Jersey, London, Singapore: World Scientific, 2010, p. 29.

② 缅甸著名法学家、律师，缅甸《1947 年宪法》的缔造者和缅甸法治进程的主要推动者。缅甸独立后曾任总检察长和最高法院副大法官，1958—1963 年担任世界佛教徒联谊会主席。

③ John F. Cady, *The United States and Burma*, Cambridge and London: Harvard University Press, 1976, p. 188.

④ John F. Cady, *The United States and Burma*, Cambridge and London: Harvard University Press, 1976, p. 205.

⑤ 梁志：《缅甸中立外交的缘起（1948—1955）》，《世界历史》2018 年第 2 期。

外国援助"①。新中国成立后，考虑到周边国际形势的变化，缅甸政府决定在参与国际问题决策时采取一种高度灵活的中立主义外交政策。1949 年 12 月 11 日，吴努在群众集会上讲道："我们的国情要求我们走独立的道路，不与任何大国集团结盟……我们唯一应该追求的政治纲领是我们真诚地认为最适合我们联盟的纲领，无论英国人、美国人、俄罗斯人和中国共产党人走什么样的道路……与所有国家友好相处。"② 一般认为，此次讲话标志着缅甸中立主义政策的最终形成。在这一政策的指引下，缅甸既同西方国家保持着密切的援助关系和经贸往来，又不断强化与社会主义国家的纽带，甚至还一度扮演了国际事务"调停人"的身份，这在冷战前期的东南亚尤具特殊性。

3. 基于美国"新殖民主义"对缅文化渗透问题的思考

国内外学界对殖民主义（Colonialism）和新殖民主义（Neocolonialism）问题的研究早已十分成熟，并有大量成果问世。尽管如此，学者们对殖民主义和新殖民主义的解释仍莫衷一是。美国历史学家斯塔夫里阿诺斯（L. S. Stavrianos）将帝国主义和殖民主义联系在一起进行考察，认为殖民主义只不过是一种统治"形式"③。英国历史学家菲尔德豪斯（D. K. Fieldhouse）则认为殖民主义是"非洲绝大多数地区、南亚与东南亚大部分地区，以及太平洋地区在 1870—1945 年所经历的、短暂的并具有过渡性质的发展状况"④。北京大学高岱教授则认为殖民主义作为一种历史现象，应被看成一个独具特色的发展阶段……它体现的是 1500 年以后全球市场经济形成的过程中，世界范围内发达与欠发达国家之间不断发展变化的关系，表现为一个相应的社会发展阶段。⑤ 总之，主流学界均把殖民主义看作一个历史发展过程，并将其截止时间大致定于二战结束。

与殖民主义相对，国内外主流学界都认为"新殖民主义"出现于战

---

① Matthew Foley, *The Cold War and National Asserion in Southeast Asia，Britain，the United States and Burma，1948 - 1962*，London and New York：Routledge，2010，p. 18.

② Maung Aung Myoe, *In the Name of Pauk-Phaw：Myanmar's China Policy Since 1948*，Singapore：Institute of Southeast Asian Studies，2011，p. 12.

③ L. S. Stavrianos, *Global Rift：The Third World Comes of Age*，New York：William Morrow & Co.，1983，p. 41.

④ D. K. Fieldhouse, *Colonialism，1870 - 1945：An Introduction*，London：Palgrave MacMillan，1983，p. 6.

⑤ 高岱：《"殖民主义"与"新殖民主义"考释》，《历史研究》1998 年第 2 期。

后。不过，不同的学者对其解释仍然有所不同。对于该问题研究最有影响力的著作当属加纳总统恩克鲁玛（Kwame Nkrumah）的《新殖民主义：帝国主义的最后阶段》。恩克鲁玛认为，二战后，旧殖民体系受到了沉重打击而无法维持，社会主义阵营日益壮大，为了使殖民主义适应西方失去政治霸权的新局面，西方列强采取种种手段，包括控制国际市场和操纵商品价格，高利率，"经济援助"，"无形贸易"，文化渗透等，加强对欠发达地区的控制。① 斯塔夫里阿诺斯也考察了新殖民主义问题，他写道："如果说殖民主义是一种凭借强权来直接进行统治的制度，那么新殖民主义就是一种以让予政治独立来换取经济上的依附和剥削的间接统治制度。"② 复旦大学陈其人教授在《殖民地的经济分析史和当代殖民主义》一书中认为："战后40多年里，殖民地国家即政治殖民地大都获得独立，成为主权国家。但政治殖民地消失后，经济殖民地即新形式的殖民地依然存在……用经济力量，争夺和建立经济殖民地，就成为当代殖民主义的特点。"③ 一言以蔽之，新殖民主义不同于旧殖民主义的最大特征在于，其主要出现在二战结束后，一般表现为对欠发达国家的经济控制、文化渗透等。

毋庸置疑，冷战时期，美国打着"自由民主"旗号在全球范围内进行了大规模的文化输出。自20世纪90年代中期以来，"帝国主义"一词一直是文学学者和文化史学家在分析冷战时期美国与世界其他国家的文化关系时所使用的一个关键术语。④ 显然，在特定的语境下，"帝国主义"同"新殖民主义"有着强烈的共性，新殖民主义构成了帝国主义的一个阶段。冷战结束后，美国学者威廉·布兰卡德（William H. Blanchard）更是出版了《美式新殖民主义（1960—2000年）》⑤一书，并举例论证了美

---

① Xuanjun Xie, *China Came to Jerusalem-the Return of Human History*, Morrisville, North Carolina: Lulu Press, Inc., 2017, p. 348.

② ［美］斯塔夫里阿诺斯：《全球分裂：第三世界的历史进程》（下册），迟越等译，商务印书馆1993年版，第486页。

③ 陈其人：《殖民地的经济分析史和当代殖民主义》，上海社会科学院出版社1994年版，第268—169页。

④ Steven Belletto, Joseph Keith, eds., *Neocolonial Fictions of the Global Cold War*, Iowa City: The University of Iowa Press, 2019, p. 6.

⑤ William H. Blanchard, *Neocolonialism American Style*, *1960 - 2000*, London: Greenwood Press, 1996.

国在这期间与伊朗、尼加拉瓜、菲律宾的关系即符合美式新殖民主义的特征。然而，无论中国学者还是国外学者在探讨冷战时期美国对外进行新殖民主义扩张时，都存在较少讨论其文化手段的缺憾。本书研究的主题可算作对冷战时期美国文化新殖民主义探讨的一点尝试。

1948 年 1 月 4 日，经受了长达 62 年英国殖民统治①的缅甸人民带着复杂的心情终于迎来了独立的那一刻。正如吴努在凌晨 4 点 20 分的独立演说中所言："我们曾失去了独立，却没有失掉尊严；我们坚持我们的文化和传统，我们现在珍视和发展这些文化传统……我们毫无怨恨地、友好地离开了那个让我们付出了代价的伟大的英国。"② 不过，事实证明刚刚脱离英国殖民统治的缅甸却很难摆脱以美国为首的新殖民主义的纠缠，这其中就包括借助政治和经济上的优势对缅甸进行有组织的文化渗透。

1948 年秋，缅甸独立不到一年，美国便根据双方此前签署的富布莱特项目协定向缅甸派出了世界上第一批富布莱特受助人员开展工作。③ 很显然，美国政府之所以把第一批富布莱特学者派往缅甸，除了个别偶然因素外，主要是因为美国决策者相当看重缅甸在美国文化外交中的突出地位。首先，缅甸是战后最早一批获得完全独立的前殖民地国家之一，首先在缅甸实施富布莱特项目，将有助于为美国在更多的新独立国家开展这一项目积累经验；其次，独立后，缅甸政府为了扩大执政基础，提出"左翼团结纲领"计划，奉行所谓"社会主义"路线，这引起了美国当局的警觉，后者希望通过富布莱特受助者向缅甸政府"提出经济和社会发展可能的替代方案"④；再次，作为美国决策者眼中典型的"第三世界"国家，缅甸国内面临内战，外部面临共产主义威胁，所以首先在缅甸推行包括农业和医疗卫生领域的富布莱特项目，将有助

---

① 1885 年，英国通过第三次英缅战争占领了整个缅甸，次年与中国政府签订《中英缅甸条约》，规定中国承认英国对缅甸拥有支配权。若从第一次英缅战争，英国占领缅甸部分地区开始算起，英国对缅甸的殖民统治则长达 122 年。

② John F. Cady, *The United States and Burma*, Cambridge and London: Harvard University Press, 1976, p. 195.

③ Richard T. Arndt, David Lee Rubin, eds., *The Fulbright Difference: 1948 - 1992*, New Brunswick and London: Transaction Publishers, 1996, p. 15.

④ Richard T. Arndt, David Lee Rubin, eds., *The Fulbright Difference: 1948 - 1992*, New Brunswick and London: Transaction Publishers, 1996, p. 16.

于为美国即将大规模开展的"第四点计划"提供模板①；最后，美国驻缅外交官的积极推动也为富布莱特项目在缅甸的落地生根起到了重要的促进作用。

从美缅富布莱特项目实施的效果来看，该项目的确在一定程度上减少了双方的隔阂，促进了美国民众对缅甸文化的了解以及缅甸精英对美国文化的认同。正如肯尼迪总统所指出的，富布莱特项目是"铸剑为犁的经典范例"，是用来改善美国与其他国家和地区关系的"最为重要的"手段，"是在通往和平之路上迈出的重大且富有建设性的一步"②。

亚洲冷战爆发以后，美国对缅甸的文化项目更多开始围绕冷战战略目标展开，正如美国国务院在 1950 年 6 月 16 日针对缅甸的政策声明中所指出的："继续实施和扩大信息和文化交流计划，帮助缅甸人民更好地理解西方民主传统，努力渲染共产主义将最终使缅甸处于苏联极权统治下的事实。"③ 1953 年，缅甸政府单方面停止接受美国的经济技术援助后，美国在缅甸的文化项目从此变得更加重要。也就是在这一时期，仰光美国新闻处（简称美新处，U. S. Informcdion Seroice，USIS）与好莱坞合作拍摄的电影《人民胜利了》在缅甸各大影院上映。这部根据吴努总理同名剧本改编成的冷战题材电影在缅甸引发了强烈反响，影片中蕴含的冷战思维与资本主义意识形态潜移默化地渗透到缅甸人民的潜意识之中，降低了缅甸民众对西方的敌视情绪，增强了其对美国的认同感。④ 可以说，美新处拍摄该电影是美国官方对缅甸进行文化渗透的最为典型的个案，国内外学界对这一问题的关注也已有少量成果发表。此后，美国不断强化其在缅甸的文化项目，除了电影外，影响广泛的还包括美新处的图书借阅、举办展览等。总之，在民族情绪高涨的缅甸，借助文化手段实现美国的国家安全目标，相比其他方式成本低廉且行之

---

① Teresa Brawner Bevis, *A World History of Higher Education Exchange*：*The Legacy of American Scholarship*，London：Palgrave Macmillan，2019，p. 142.

② 赵学功：《富布莱特：美国冷战外交的批评者》，北京大学出版社 2015 年版，第 27 页。

③ Policy Statement Prepared in the Department of State, June 16, 1950, *FRUS*, 1950, Vol. Ⅵ, East Asia and the Pacific, p. 235.

④ 张选中：《美国亚洲基金会在亚洲的电影宣传（1951—1968）》，博士学位论文，东北师范大学，2019 年，第 117 页。

有效。

在梳理这一时期美国对缅甸文化外交的过程中，笔者发现有以下几对矛盾需要厘清：第一，英、美矛盾。英、美在缅甸的矛盾主要表现在殖民主义与反殖民主义的矛盾以及各自实际利益的冲突。作为世界上最大的殖民帝国，二战结束以后，英国殖民者重返缅甸试图恢复殖民统治，这一举动遭到了当地人民的强烈反抗，并严重动摇了英国在缅甸的统治与合法性。与英国不同，美国本身即具有反殖民主义的传统（美国独立便是反殖民主义的结果），这一信念在富兰克林·罗斯福时期得以发扬光大。早在罗斯福在与丘吉尔订立《大西洋宪章》时就提道："我深信如果我们要实现持久的和平，就必须发展落后国家。我不相信我们一方面能够反抗法西斯的奴役，却不去努力让全世界人民从落后的殖民政策中解放出来。"① 第二，中、美矛盾。中、美在缅甸的矛盾主要表现为意识形态之争并带有国家现实利益的冲突。1949 年新中国成立后，雅尔塔体系关于东亚秩序的安排遭到彻底颠覆，这使得美国决策者加紧制定其冷战战略。1950 年 4 月出台的国家安全委员会第 68 号文件成为美国的"冷战蓝图"，它在凯南"遏制"思想的基础上系统提出了"全面遏制"战略。在亚洲则表现为通过与中国周边国家签订共同安全条约，封锁中国，防止共产主义的持续扩张。在美国决策者看来，缅甸是建立对华包围圈的重要一环，其将缅甸"拉入亲西方阵营"的战略体现在了国家安全委员会报告中。② 第三，美、缅矛盾。这主要体现在美国与缅甸双方在援助问题上的冲突：对美国而言，支配其援缅的"根本因素是美国的国家利益，这就使得美国在提供援助时往往按照自己的意图开展行动，忽视了缅甸的实际需求，甚至为了自身和盟友的利益而损害缅甸的利益"③。应当看到，中、美矛盾是美国对缅文化外交的主要矛盾，同时也构成了美国制定对缅政策的战略背景。

本书旨在通过梳理 1947—1963 年美国对缅甸文化外交的脉络，探究从杜鲁门到肯尼迪政府对缅甸文化外交政策的流变，并将美缅关系置

① ［美］亨利·基辛格：《大外交》，顾淑馨、林添贵译，海南出版社 2012 年版，第 395 页。

② Michael W. Charney, *A History of Modern Burma*, Cambridge：Cambridge University Press, 2009, p. 80.

③ 李雪华：《吴努政府时期美国对缅援助探析》，《东南亚南亚研究》2016 年第 1 期。

于整个国际冷战环境和美国国家安全战略的大背景下进行考察，以揭示美国对缅甸的文化外交服务于美国国家安全战略的本质。本书还重点关注了美国准政府组织（quasi-autonomous non-governmental organizations, Quangos）①和非政府组织在对缅文化外交中扮演的角色及其影响，并以亚洲基金会和福特基金会为例展开论证。需要指出的是，作为对缅文化外交推动者的美国，在政策制定和实施的过程中还受到了国际因素的影响和制约。本书将重点关注中、苏因素在美国对缅文化外交中的影响。最后，本书在分析美国政府机构、准政府组织和非政府组织对缅文化外交的政策制定、实施过程、效果评估的基础上，对其影响和效果做出评估，进而对文化外交在维护美国国家安全战略方面起到的作用进行分析。

（二）选题意义

1. 学术价值

国内外学界对文化外交的研究方兴未艾，且涌现出了大量研究成果，这是 20 世纪 70 年代"新文化史"兴起和 20 世纪 90 年代"冷战史新研究"范式出现共同作用的结果。由此，学界关注的重点也由以往的军事、经济等"硬实力"转移到了思想、文化等"软实力"上来；由关注重大事件与上层人物转移到了普通民众和一般事件上来。文化外交研究正是在这样学术转向的大背景下应运而生的。20 世纪 90 年代以来，随着学界有关文化外交和心理宣传战方面越来越多的研究成果的发表，这一趋势正变得越来越明显。

冷战时期的文化外交研究作为冷战国际史研究的重要组成部分，与后者的研究路径、方法和史料基本一致。近年来，随着东、西方多国档案的陆续解密开放，冷战史研究的研究角度日趋复杂多样，单是文化外交研究领域就已发表了数量众多且富有新意的研究成果。不过，作为较

---

① 准政府组织的英文称谓是 quasi-autonomous non-governmental organizations，中文释义为"准自治的非政府组织"，简称"准政府组织"。就组织属性而言，准政府组织介于"政府"和"民间组织"之间，其所处的位置和具有的功能使之成为国家治理过程中一个不容忽视的行为主体。有学者将准政府组织界定为"在政府的支持下，为维护和发展共同事业或社会公共利益，不以营利为目的，提供公共服务，并在一定范围内行使公共权能的社会组织"。参见古明明《准政府组织研究：一个正在兴起的公共组织研究领域》，《国外理论动态》2016 年第 5 期。

新兴的研究领域，文化外交研究仍存在诸多不足，尤其是对"较为关键的"中小国家关注度不够。

本书以缅甸作为个案展开研究，利用相关史料（档案、报纸、外文专著、外文论文、中文译著、中文专著、中文论文）深度剖析 1947—1963 年美国在缅甸实施的形式多样的文化项目。本书将对杜鲁门、艾森豪威尔和肯尼迪政府的对缅文化外交政策进行梳理，分析、比较历届政府对缅文化外交政策的异同及变化。这一研究将打破国内外学界将东南亚作为一个整体进行研究的传统范式，而专门研究美国对一个国家的文化外交，从而深入探究美国对缅甸文化政策的特殊性。

目力所及，尚未发现美国非（准）政府组织对缅甸文化外交的专著或论文，本书第四、第五章即在该领域的突破。尽管发现已有国内学者利用档案研究美国非（准）政府组织针对亚洲的文化外交，但是，文章中较少涉及缅甸等一些较有代表性的具体国家。此外，本书大量采用来自亚洲基金会和福特基金会的未刊解密档案进行研究，具有较高的史料价值和可信度。

2. 现实意义

本书的现实意义主要包含两个方面：一是缅甸研究的现实意义；二是美国文化外交研究的现实意义。任何国家只要力图融入国际舞台都难以摆脱地缘政治和大国外交对其对外政策的影响，中国作为国际事务的积极参与者同样也不例外。所以，本书的研究不仅可以加深对中国周边国家情况的了解，还可以深入探究冷战时期美国对华采取的各种文化活动及其政策安排。

缅甸与中国接壤，是我国西南地区的重要邻邦。因此，缅甸的稳定与否关乎中国边境安危。对缅甸历史文化和外交政策的研究有助于我们更好地了解这个国家，从而为我国的现实政治服务。此外，缅甸与中国有 2100 多千米的共有边界线，由于历史文化和民族宗教等因素的影响，中缅边境地区仍存在较多不稳定因素，地区局势不容乐观。因此，对缅甸问题的研究更具有现实意义。

美国在亚洲进行的文化外交以其独特性和复杂性引发了冷战史学界的关注和思考，国内学界近年来亦有大量成果涌现。他们对美国通过准政府组织或非政府组织对亚洲国家开展文化外交的本质基本达成共识：面对亚洲更为复杂的冷战形势，转而以更为谨慎的方式来推行亚洲冷战政策。① 以亚洲基金会为代表的准政府组织和以福特基金会为代表的非政府组织成为冷战前期美国在亚洲推行文化外交的主要前线工具，从事"政府乐见其成但又无法直接参与的活动"②。

尽管冷战早已成为历史，但有些人的冷战思维并未终结，以美国为代表的西方国家仍然没有放弃意识形态领域的斗争，甚至在某种程度上有愈演愈烈之势。更何况，我国国内以及周边局势尚不稳定，各种挑战与危机始终存在。在复杂且严峻的国际局势下，美国的文化外交和宣传策略为我们应对挑战并发展有中国特色的大国文化外交提供了参考。

3. 文献学价值

在写作过程中，笔者下载并使用了大量来自浙江大学、华东师范大学、复旦大学图书馆数据库的档案资料，其中包括"美国解密档案在线"（US Declassified Documents Online，USDDO）、"珍稀原始典藏档案"（Archives Unbound）、"数字化国家安全档案"（The National Security Archive，DNSA）。USDDO 由 Gale 公司开发，此数据库包含了 10 万份档案资料，由 595000 多页资料组成，内容涉及军事、政治、历史、外交、新闻业、美国对外和本土政策等，其中包含了大量冷战前期美缅关系以及美国对缅文化外交决策和实施的文档。Archives Unbound 亦为 Gale 旗下产品，收藏内容涵盖了从中世纪的前瞻性到巫术，从第二次世界大战到 20 世纪的政治史。该数据库于 2017 年 11 月新增的子库"美国与东南亚的关系及其政策"（U. S. Relations and Policies in Southeast Asia，1944 – 1958：Records of the Office of Southeast Asian Affairs）中有大量档案涉及冷战前期美国与缅甸的交往以及相关报告等，这些文件对本书研究有着至关重要的作用。ProQuest 公司开发的 DNSA 数据库中亦有涉及美国政府机构对缅甸的政策性文件，对本书研究具有一定的参考价值。

需要特别提及的是，本书第四、第五章的写作主要利用来自斯坦福大学胡佛研究所档案馆关于亚洲基金会在缅甸活动的未刊档案，以及来自洛克菲勒档案中心关于福特基金会在缅甸活动的未刊档案。这些档案

---

① 张杨：《亚洲基金会：香港中文大学创建背后的美国推手》，《当代中国史研究》2015年第 2 期。

② The Asia Foundation，Database：*The CIA Records Search Tool*（*CIA CREST*），DOC _ 0001088617.

均具有较高的文献学价值，是研究冷战前期亚洲基金会和福特基金会在缅甸文化项目的权威材料。

另外，与其他大多数美国外交史研究成果类似，本书大量使用了来自美国国务院网站的《美国对外关系文件集》（FRUS）档案，这些档案是本书前三章参考文献的主要来源之一。在涉及美国政府在缅甸文化项目的部分，本书使用了大量美国新闻署（简称美新署，U. S. Information Agency，USIA）年度报告。本书第四章还使用了少量来自美国中央情报局的档案，这些档案虽已刊出却因不易发现，至今使用该部分档案进行研究的个案依然不多。在第五章，本书除了大量使用来自洛克菲勒档案中心的档案外，还较多使用了福特基金会年度报告。多渠道来源的档案资料，不仅其本身也具有较高的文献学价值，而且提升了本书研究的水准。

二 "文化外交"的概念界定

文化外交由"文化"和"外交"两个词合并而成，其中"文化"一词的含义尤为复杂，不同学者对此有不同的定义。美国日裔学者入江昭认为文化"包括记忆、意识形态、感情、生活方式、学术、艺术作品和其他符号"①；英国学者汤林森（John Tomlinson）基于雷蒙·威廉姆斯（Raymond Williams）关于文化当代用法的解释得出文化是："指特定语境之下，人们从其种种行动与经验所吸取的种种意义。"② 美国学者约瑟夫·奈（Joseph S. Nye，Jr）则认为："文化是为社会创造意义的一系列价值观和实践的总和。文化有多种体现形式……比如文学、艺术和教育，以及侧重大众娱乐的通俗文化。"③ 尽管学者对"文化"一词的定义莫衷一是，但不难发现它们之间的共性，即文化虽包罗万象，但可以通过一定的物质、制度和行为方式表现出来，并能够被人们捕捉和阐释。

在对"外交"的概念界定中，尼科尔森的观点被广泛引用，即

---

① Akira Iriye, *Cultural Internationalism and World Order*, Baltimore：The Johns Hopkins Press, 1997, p. 3.

② ［英］汤林森：《文化帝国主义》，冯建三译，上海人民出版社 1999 年版，第 4 页。

③ ［美］约瑟夫·奈：《软力量：世界政坛成功之道》，吴晓辉、钱程译，东方出版社 2005 年版，第 11 页。

"外交就是用谈判的方式来处理国际关系，它是大使和使节用来调整和处理国际关系的方法，外交是外交官的业务或技术"①。中国学者则普遍认为外交是"以主权国家为主体，通过正式的代表国家的机构与人员的官方行为，使用交涉、谈判和其他和平方式对外行使主权，以处理国家关系和参与国际事务，是一国维护本国利益及实施对外政策的重要手段"②。这样的理解突出了外交的三个特性：主权性、政治性及和平性。③ 尽管中外学者对"外交"定义的侧重点不同，但不难归纳出"外交"的主体是国家，方式是和平的，性质是官方的或者半官方的。

通过上述对"文化"和"外交"的定义，对"文化外交"的理解似乎便会水到渠成，实际上并非如此简单。国内外学界对"文化外交"的定义同样是见仁见智，有的学者强调"文化外交"的政治性④，有的学者则强调"文化外交"的相互性。⑤ 中国学者李智将文化外交定义为："国家和民族间文化交流发展到一定阶段后政治化的产物，同时也是外交活动迈向成熟的标志。"⑥ 相比之下，美国著名政治学者米尔顿·卡明斯（Milton Cummings）对文化外交的定义更侧重于其相互性，认为文化外交即"不同国家和民族间思想、信息、艺术以及其他形式的文化交流，以促进相互了解"⑦。

通过以上中外学者对文化外交概念的辨析，本书所使用的文化外交概念是指：政府或非（准）政府组织本着相互性和长期性的原则，通过教育文化项目、广播宣传、人员交流、艺术展览、电影放映、图书赠

① Harold Nicolson, *Diplomacy*, Oxford: Oxford University Press, 1950, p. 15; 张清敏:《外交的本质与崛起大国的战略选择》,《外交评论》2016 年第 4 期。
② 鲁毅等:《外交学概论》, 世界知识出版社 2004 年版, 第 5 页。
③ 张清敏:《外交的本质与崛起大国的战略选择》,《外交评论》2016 年第 4 期。
④ 吴晓春在《文化外交: 内涵、发展与作用》一文中认为,"文化外交"在对外文化交流中强调政府的作用, 有的是以主权国家为主体, 是主权国家利用文化手段达到特定政治目的或对外战略意图的一种外交活动, 有的则在国家政府引导下进行。
⑤ 胡文涛在《美国文化外交及其在中国的运用》一书中认为"文化外交"是政府或者非政府组织通过教育文化项目交流、人员往来、艺术表演与展示以及文化产品贸易等手段为促进国家与国家之间、人民与人民之间相互理解与信任, 构建和提升本国国际形象与软实力的一种有效外交形式, 是外交领域中继政治、经济之后的第三支柱。
⑥ 李智:《文化外交: 一种传播学的解读》, 北京大学出版社 2005 年版, 第 23 页。
⑦ John Lenczowski, "Cultural Diplomacy, Political Influence & Integrated Strategy", J. Michael Waller, ed., Strategic Influence: Public Diplomacy, Counterpropaganda, and Political Warfare, Washington: *The Institute of World Politics Press*, 2008, p. 74.

送、商品贸易等手段，以加强两国政府及人民之间的交流和相互理解，从而改善本国国际形象并提升国家软实力的有效外交方式。

三 国内外研究综述

（一）国外学者对"美缅关系"的研究

在梳理国外学术界关于美缅关系研究综述时，首先有必要对本书所提及的"美缅关系"的概念作以界定。本部分所指的"美缅关系"是1947—1963年，美缅两国在政治、经济、文化、军事、宗教、外交等方面建立起来的全方位的联系。需要指出的是，美缅关系并非单指美国对缅甸制定并实施的外交政策，还包括缅甸对美国政策的回应。简言之，本书所指的美缅关系是双方全方位的互动关系。另外，本书研究的时段是1947—1963年，这段时期正是缅甸独立初期，缅甸与国际社会的联系普遍且紧密。以美国为代表的西方世界，在这一时期向缅甸提供了大量援助，冷战局势和地缘政治在很大程度上导致了缅甸最终选择中立主义的外交路线。因此，理论上看，这段时期的美缅关系可研究的内容较为丰富，研究价值也相对较高。

国外学者对缅甸问题的研究成果已较为丰富，但对美缅关系的研究尚不全面。例如，在东盟各国，像印度尼西亚、马来西亚和新加坡的研究机构对缅甸外交的研究带有较强的"东盟视角"，他们更加关注如何通过与缅甸的进一步接触，使缅甸更好地融入东盟。在美国，乔治敦大学著名缅甸问题专家大卫·斯坦伯格（David Steinberg）先后出版了《缅甸：东南亚的社会主义国家》[①]《缅甸：缅人的国家》[②]《缅甸：每个人都需要知道的事》[③]。这三本著作对缅甸的历史、政治、文化和外交进行了整体的研究，外交只是以其中一个部分存在的。迈克尔·查尼（Michael W. Charney）在其《缅甸近现代史》[④]中也提及冷战期间美缅

---

① David I. Steinberg, *Burma: A Socialist Nation of Southeast Asia*, Boulder: Westview Press, 1982.

② David I. Steinberg, *Burma: The State of Myanmar*, Washington D. C.: Georgetown University Press, 2001.

③ David I. Steinberg, *Burma/Myanmar: What Everyone Needs to Know*, New York: Oxford University Press, 2010.

④ Michael W. Charney, *A History of Modern Burma*, Cambridge and New York: Cambridge University Press, 2009.

关系问题，只是该书作为通史性著作并没有另辟专章对此问题展开论述。约翰·卡迪（John F. Cady）的《美国与缅甸》① 看似是一部研究美缅关系的专著，但更多的是一部缅甸通史，从缅甸蒲甘王朝一直写到20 世纪 70 年代，尽管书中不免提及 1947—1963 年美国对缅甸提供的相关经济和军事援助，但他是将这种援助作为一段小插曲安放在缅甸史发展过程中，因此书的名字很容易让读者产生误解。马修·福利（Matthew Foley）的《冷战与东南亚的国家宣言：英国、美国与缅甸，1948—1962》② 是美缅关系研究的代表作，也是本书写作的主要参考资料之一。梁之硕（Chi-shad Liang）的《缅甸对外关系中立主义理论与实践》③ 也专辟章节论述了美缅关系。另外，尼古拉斯·塔林（Nicholas Tarling）著有《英国、东南亚和冷战肇端，1945—1950》④ 提及了英国与缅甸的关系，也将对本书的写作具有重要借鉴意义。

除著作外，还有一些文章也专门探讨了美缅关系，雷奥·哈达（Leon T. Hadar）在《缅甸：伦理剧式的美国对外关系》中认为，美国对缅甸的单方面制裁并没有实现它驱逐独裁政府的目标，反而给美国外交和经济利益造成了损失，也给缅甸人民在政治和经济上的福祉造成了伤害。大卫·斯坦伯格（David Steinberg）在《美国和缅甸：一个小商店的问题?》⑤ 中梳理了战后美缅关系的演变，并针对 2009 年美国对缅甸关系的调整，预测了未来美缅关系的发展方向。另有专门的学术机构对缅甸问题和美缅关系问题研究，其中北伊利诺伊大学东南亚研究中心还创办了学术杂志《缅甸》（Journal of Burma）。以上是对国外学术界关于美缅关系研究的简单梳理，下面将着重介绍几本关于美缅关系研究的代表作。

马修·福利的《冷战与东南亚的国家宣言：英国、美国与缅甸，

---

① John F. Cady, *The United States And Burma*, Cambridge and London：Harvard University Press, 1976.

② Matthew Foley, *The Cold War and National Assertion in Southeast Asia：Britain, the United States and Burma, 1948 - 62*, London and New York：Routledge, 2010.

③ Chi-shad Liang, *Burma's Foreign Relations Neutralism in Theory and Practice*, New York：Praeger Publishers, 1990.

④ Nicholas Tarling, *Britain, Southeast Asia and the Onset of the Cold War, 1945 - 50*, Cambridge：Cambridge University Press, 1998.

⑤ David I. Steinberg, "The United States and Myanmar：A 'Boutique Issue'?", *International Affairs*, Vol. 86, No. 1 (Jan., 2010), pp. 175 - 194.

1948—62》主要论述了 1948—1962 年英、美与缅甸之间一系列的交往和联系。该书分析认为英、美在这一时期对缅甸政策的假定、展望和理解最终导致美国介入越南战争，而理解英、美对东南亚政策的关键则是它们都想在混乱和危险的世界里寻找秩序和稳定。这样的秩序在之前通过欧洲强国的殖民统治来确立，但随着殖民体系的逐步瓦解，英、美在这一地区面临着新的不确定性因素的困扰，民族主义的崛起成为动荡和不稳定最大的来源。因为民族主义的目标是十分不同，有时甚至是相互矛盾的。① 该书以缅甸为案例分析了冷战后亚洲从殖民语境向冷战语境的过渡，并集中叙述了欧洲殖民势力逐步在东南亚的撤出，与此同时，美国则逐步扩大了在这一地区的介入，并采取一系列措施来拓展和巩固这一进程。更为难得的是，该书利用了大量英、美之前从未公开过的涉及缅甸的档案材料②。很显然，该书在这方面具有开拓性，这对于更好地理解西方国家对东南亚的介入具有重要的意义。

肯顿·克莱默的《微妙的关系：1945 年以来的美国和缅甸》③ 从一段更长的历史时期探讨了美缅关系的曲折发展。从二战后非殖民化和民族主义加剧的挑战，到与多米诺骨牌国家有关的冷战，再到 20 世纪 80 年代人权政策的兴起，克莱默展示了缅甸是如何融入美国外交政策大格局，却从未努力完全融入东南亚。该书向读者全面展示了 60 多年来美国与缅甸的关系，并探究了美国对缅甸态度背后的原因和动机。深入思考缅甸治理的历史发展及其对美国对缅政策的影响，并阐述了美国与缅甸交往目标的演变——从努力反对共产主义到禁毒和保护人权。

梁之硕的《缅甸对外关系中立主义理论与实践》主要阐释了缅甸 1948 年独立后的外交关系，并对英印缅甸殖民地时期与东、西方的接触做了背景性的描述。该书指出，缅甸独立伊始希望通过与英、美加强紧密联系并从西方获得经济和军事援助来维护国家安全，保障政治团结，促进经济复苏，借此发展刚刚赢得独立的国家，但伦敦和华盛顿方

---

① Matthew Foley, *The Cold War and National Assertion in Southeast Asia: Britain, the United States and Burma, 1948 – 62*, London and New York: Routledge, 2010.

② 本书所用到的英、美档案材料主要包括：UK National Archives（UKNA）（英国国家档案）、US National Archives（USNA）（美国国家档案）、Foreign Relations of the United States（*FRUS*）（美国对外关系文件集）等重要一手材料。

③ Kenton Clymer, *A Delicate Relationship: The United States and Burma/Myanmar since 1945*, Ithaca, New York: Cornell University Press, 2016.

面并不愿意给仰光政府做出上述承诺。① 随着国内、国际环境的突变，尤其是共产党在中国大陆取得政权，推动了缅甸政府采取中立主义的对外政策。中立主义原则为缅甸历届政府所恪守，但具体看来也有不同，吴努政府的中立主义原则是"积极的中立主义"，在争取外界援助方面尚比较积极主动，1962 年通过军事政变上台的奈温政权则是"消极的中立主义"。然而，在具体的外交实践中，缅甸并没有做到真正意义上的中立，而是更多的偏向中国。对于理论和实践上的缅甸中立主义的探讨正是该书的目的所在。书中，作者更多地关注到了缅甸在地区和国际社会政治中与主要竞争者的关系并以此分析其中立主义在理论和实践上的差异。最后，对缅甸理论与实践上的中立主义做出了评论，探讨了其成功或失败的原因，还预测了其未来发展。②

　　约翰·卡迪的《美国与缅甸》，是一本缅甸通史性的著作，不过书名的确带有很大的迷惑性。该书总共分为十二章，首先简要介绍了缅甸的地理环境和民族概况，接下来便从缅甸历史的起源一直叙述到 20 世纪 70 年代该书截稿时。与本书研究有关的章节是第十、第十一章，题目分别是"独立后的考验"和"20 世纪 60 年代"。遗憾的是，书中仅有少量篇幅论述到美国对缅甸的援助和美国对缅北蒋军的支持引发了美缅关系的紧张，而且内容也多是事实性的陈述，没有剖析深层次原因，也没有相关理论分析。在论述缅北蒋军问题时，作者指出："美缅关系遭遇挫折是因为美国未能制止台湾对从云南撤往缅甸掸邦（Shan State）的蒋军的支持。甚至在 1951 年，缅甸人开始怀疑美国曾支持缅北蒋军，因为缅北蒋军的几名代表曾出乎意料地出现在位于曼德勒（Mandalay）的美国情报中心。"③ 缅甸军队在与蒋军随后的交战中，发现缅北蒋军使用的是美国新式武器，缅方怀疑美军通过飞机将这些武器输送给他们，但美国国务院和美国驻缅大使馆均否认。事情在 1953 年日益严重起来，蒋军部队开始将武器发给克伦族和掸邦南部其他抵抗组织。因

---

① Chi-shad Liang, *Burma's Foreign Relations Neutralism in Theory and Practice*, New York: Praeger Publishers, 1990, p. xi.

② Chi-shad Liang, *Burma's Foreign Relations Neutralism in Theory and Practice*, New York: Praeger Publishers, 1990, p. xii.

③ John F. Cady, *The United States And Burma*, Cambridge and London: Harvard University Press, 1976, p. 211.

此，缅甸政府在 1953 年 3 月断然终止了美国的援助，并向联合国大会起诉蒋军对缅甸的入侵。因此可以看出，这一时期的美缅关系既有美对缅在经济和军事上的援助，也时刻伴随冲突，究其深层次原因则是美国与缅甸战略诉求的差异。

迈克尔·查尼在《缅甸近现代史》第四章"民主的实验 1948—1958"中，着重强调了冷战对缅甸的影响，其中不免提及美缅关系。20 世纪 50 年代是冷战在亚洲正酣的时期，新成立的缅甸政府需要同时抵制来自共产主义阵营和西方阵营的压力，而缅北的蒋军问题则给缅甸在奉行中立主义政策过程中制造了不少麻烦。查尼认为："缅甸的中立主义政策成功抵制了美国竭力促使缅甸卷入冷战的努力。而且也降低了中国为打击蒋军而进入缅甸的可能。"[1] 美国在此期间为了拉拢缅甸也不断通过各种方式示好。1954 年，美国通过国家安全委员会颁布了"关于东南亚行动的目标和进程"，其中修改了对缅冷战策略。在这份文件中，美国试图尽可能地向缅甸提供援助，以换取缅甸的信任和支持，并服务于美国的冷战大战略。例如"美国将会搞清楚如果吴努政府对解决缅北的蒋军问题感兴趣，那么美国将准备好后勤支援以帮助完成这项任务。美国将根据最新达成的协定迅速行动起来向缅甸军方提供物资和武器，并准备好重新开始向缅甸提供经济和技术援助，力劝吴努政府同非共产主义国家展开合作"[2]。除此之外，美国还提出如果缅甸遭到中国的入侵，将会通过"联合国集体行动"予以军事上的反击。尽管美国如此"优待"缅甸，但吴努政府最终拒绝了同西方国家站在一起，其中典型的事例则是缅甸拒绝加入美国一手策划的"东南亚条约组织"[3]。

尼古拉斯·塔林的《英国、东南亚和冷战肇端，1945—1950》主要

---

① John F. Cady, *The United States And Burma*, Cambridge and London: Harvard University Press, 1976, p. 80.

② John F. Cady, *The United States And Burma*, Cambridge and London: Harvard University Press, 1976, p. 80.

③ 东南亚条约组织（SEATO）：又称东南亚公约组织，简称"东约组织"。该组织根据 1954 年签订的《东南亚集体防务条约》，于 1955 年在泰国曼谷正式成立的集体防卫组织，总部设于曼谷。共有 8 个成员国，即英国、美国、法国、澳大利亚、新西兰、泰国、菲律宾、巴基斯坦，虽说是东南亚条约组织，实际上东南亚成员国只有两个（泰国、菲律宾）。其成立目的是牵制亚洲共产主义势力，但由于内部纠纷始终未能有效履行防务行动。1977 年该组织宣布解散。

阐释了二战刚结束的几年里英国与东南亚各国的合作与冲突，以及英国
针对东南亚出台的一系列政策。可以说，该书的出版为研究英国在这段
混乱时期对东南亚政策的演化提供了尤为重要的参考。正如该书序言中
提及的"通过大量档案材料的研究加上对英国心态和官方政策富有洞察
力的分析"，塔林向大家展示了"在英国看来，东南亚是由相互合作的
新国家构成，而不是一盘散沙"①。该书所研究的时段从二战结束到科
伦坡计划的出台和朝鲜战争爆发。通过对比塔林的另一部姊妹篇《英
国、东南亚和太平洋战争的肇端》② 可以看到，英国在面对日本威胁和
面对共产主义威胁时的反应。该书中，塔林也提到战后英国极力寻求美
国对东南亚的介入，在某种程度上也寻求美国对英联邦国家的介入，尤
其是对印度的介入。总体上看，该书对东南亚国家外交和政治史研究做
出了较大贡献。严格来讲，不应该把此书放在本部分的文献综述中，但
缅甸独立前作为英国的殖民地长达 60 年，独立后的缅甸在政治、经济、
文化等方面很多都继承了缅甸长期作为殖民地的既有传统，而且本书的
研究也离不开英国对缅甸殖民统治时期和缅甸独立后的政策研究。因
此，将该书罗列于此是有必要的。

　　总的来看，国外学者对美缅关系的专门研究还比较少，而更多是将
其放在美国与东南亚关系的研究中加以论述。显然，目前这是国外学界
在该问题研究中存在的较大不足。究其原因，主要有以下几点：第一，
西方学界在涉及东南亚研究中往往将其视为一个整体进行分析，较少单
独对某一个国家作个案分析；第二，缅甸并非具有国际影响力的大国，
容易被学界忽略，致使研究成果较少；第三，缅甸独立初期，局势不稳
定，而且其官方档案公开较少，使得缅甸研究和美缅关系研究缺乏资料
支持。

（二）国外学者对冷战时期美国对东南亚、东亚文化外交研究

　　国外学者关于冷战时期美国对东南亚、东亚文化外交的研究，主要
包括以下著作或文章：

---

　　① Nicholas Tarling, *Britain, Southeast Asia and the Onset of the Cold War, 1945 – 50*, Cambridge: Cambridge University Press, 1998.
　　② Nicholas Tarling, *Britain, Southeast Asia and the Onset of the Pacific War*, Cambridge: Cambridge University Press, 1996.

托尼·戴（Tony Day）和玛雅·廉（Maya H. T. Liem）合编的《文化战争：冷战与东南亚的文化表达》① 总共收录了 10 篇关于美国在东南亚开展文化项目研究的论文。在导言部分，托尼·戴认为冷战时期东南亚人的文化表达主要是其从殖民时期就开始的对国家认同、现代性和独立的长期探索中形成的，而美苏冷战格局以及中华人民共和国的"一边倒"外交政策对东南亚的文化表达产生了巨大影响。与本书研究联系最紧密的是该书中的第六章"以'排外社会主义'应对共产主义的威胁：重读 20 世纪 50 年代缅甸军队的宣传杂志"，作者为缅甸学者博博（Bo Bo）。文中，博博追述了 20 世纪 30—50 年代的缅甸文学史，认为这一时期缅甸左翼作家始终占据着主导地位。尽管冷战致使《妙瓦底杂志》（Myawaddy）中出现了激烈地评论，《妙瓦底杂志》的作者们攻击共产党是民主的敌人，但他们也寻求与之合作共同对抗缅甸东北部的中国蒋军。他们将共产党人描述为侵略性的、受到外国支持的民族团结破坏者，而不是将共产主义看作一种意识形态，使其构成冷战写作的主题。

查尔斯·K. 阿姆斯特朗（Charles K. Armstrong）② 在《文化冷战在朝鲜 1945—1950》③ 一文中，关注到战后朝鲜半岛的政治分化，重点讨论了美国在半岛的占领当局和朝鲜的知识分子（教育家、作家、艺术家等）之间的互动。文章认为，从美国的角度看，1945—1950 年是逐步丧失机会和感到沮丧的时期，而此后的朝鲜战争则被看作在半岛乃至整个东亚争取民心的斗争。另外一篇文章《心理战在朝鲜》④，也是关于美国在朝鲜文化外交的研究，这是一篇内部报告，没有注明具体作者，所反映的时间也比上一篇稍晚，记述的是 1950 年朝鲜战争爆发以后的文化外交。文章介绍了美国心理战的三大目标，即，削弱朝鲜军队的影响与抵抗；将战争真实面目呈现给朝鲜人民；提升韩国兵民的斗志。里面展现了多幅宣传画更生动形象地展现了美国的心理战策略。

---

① Tony Day, Maya H. T. Liem, eds., *Cultures at War: The Cold War and Cultural Expression in Southeast Asia*, Ithaca, New York: Cornell University, Southeast Asia Program Publications, 2010.

② 哥伦比亚大学历史系副教授，韩国研究中心主任。

③ Charles K. Armstrong, "The Cultural Cold War in Korea, 1945 – 1950", *The Journal of Asian Studies*, Vol. 62, No. 1 (Feb., 2003), pp. 71 – 99.

④ "Psychological Warfare in Korea", *The Public Opinion Quarterly*, Vol. 15, No. 1 (Spring 1951), pp. 65 – 75.

　　格雷斯·周爱玲（Grace Ai-Ling Chou）在《用文化教育遏制共产主义：美国非政府组织在 50 年代香港的矛盾地位》[①] 一文中，探讨了美国如何用文化教育的方式来遏制共产主义的扩张以及遇到的困境。美国非政府组织对于香港新亚书院的支持具有十分复杂的意义。一方面，这些非政府组织赞同冷战中意识形态分野的局面，并致力于将这样的认知应用于亚洲的高教领域；另一方面，他们对于中国文化的理解与其真实需要和目标又优先于甚至脱离于冷战的考虑，这使得这些非政府组织的活动与美国政府的立场大相径庭。

　　保罗·G. 毕克伟（Paul G. Pickowicz）的《再探冷战宣传：详析朝鲜战争时期中美电影代表作》[②] 一文，从较为独特的视角论述了两大阵营间的文化对抗。文章选取了中美两部代表性的电影作品，分别是美国由路易斯·迈尔斯通执导的《猪排山》（*Pork Chop Hill*）和风靡中国的《上甘岭》（*Shangganling*）。两部电影都描述了双方的在朝战中的一次争夺制高点的战斗（并非同一处制高点，猪排山描写的是双方在石岘洞北山的争夺，上甘岭描写的是双方在 597.9 和 537.7 高地的争夺），都刻画了己方军队在对方优势兵力的压境之下的奋勇坚守与顽强不屈的意志力，两部电影都对各自观众产生了深远的影响。文章对两部电影的每个细节和相应的人物都做了详细对比，揭示了两部电影的异同。另一个从电影的角度论述东西方文化外交的是雷昂·扬，他通过分析鲍比·苏亚雷斯（Bobby A. Suarez）执导的 4 部谍战片，探求全球电影的流行是如何塑造亚洲谍战影片的创意和制作的。这些电影为西方观众拍摄，但也融入了一些别的元素，如黑人、香港功夫片，而且也融入了亚洲的文化，从资本主义与共产主义的对抗到亚洲人对西方的对抗都尽在其中。[③]

　　顾若鹏（Barak Kushner）的《背叛的联盟：东亚冷战与美国战后的

---

　　① Grace Ai-Ling Chou, "Cultural Education as Containment of Communism: The Ambivalent Position of American NGOs in HK in the 1950s", *Journal of Cold War Studies*, Vol. 12, Spring 2010, pp. 3 – 28.

　　② Paul G. Pickowicz, "Revisiting Cold War Propaganda: Close Readings of Chinese and American Film, Representations of the Korean War", *The Journal of American-East Asian Relations*, Vol. 17, No. 4, 2010, pp. 352 – 371.

　　③ Leong Yew, "Traveling Spies and Liminal Texts: Cold War Culture in Asian Spy Films", *Cultural Politics*, Vol. 7, Issue 2, July, 2011, pp. 289 – 309.

焦虑》,① 从审判被俘的美国大兵着手分析战后美国对东亚局势的担忧。这个美国大兵名叫约翰·鲍渥（John David Provoo）②，战后美国政府用了十几年，花费一百多万美元来追查其在菲律宾做囚徒时期所犯的罪行以及为日本军队做宣传的过程。美国法庭甚至邀请日本军队宣传员、军队长官和战俘营看守来佐证其罪行。该文就是对以下问题进行回答：为什么美国如此热衷于将一个曾经的囚犯定为叛国罪？鲍渥认为这主要由于美国在战争期间及战后对于东亚局势的忧虑。

在《冷战中的东方主义：中产阶级眼中的亚洲，1945—1961》③中，克里斯蒂娜·克莱因（Christina Klein）认为通过研究关于文化的作品，我们可以用更好的方式理解冷战。在她看来，冷战不单是对抗或者遏制，也是整合亚洲非共产主义者进入美国领导的秩序中来，实现世界上种族间的和谐共处。这本书的出版也得到了许多知识分子的称赞，他们认为克莱因利用各种形象的作品来为冷战服务，即鼓励美国人向世界的非殖民化地区传播民主，并且坚定世界各民族一律平等的信念。

总的来看，国外学者对此问题的关注一般是以小见大，即从较小的问题入手，揭示当时美国在东亚地区的心理宣传战策略及其过程。类似的叙事方法对于国内学者书写历史亦有一定的启发意义。

（三）国外学者对本专题已有研究

在已有研究中，笔者发现一篇与本书研究较为接近的论文，即迈克尔·查尼（Michael Charney）写的《吴努、中国与"缅甸式"冷战：20世纪50年代在缅甸的宣传》④。该文主要论述了吴努政府为了避免卷入国际冷战旋涡，通过自编的剧本《人民胜利了》号召缅甸人民团结起

---

① Barak Kushner, "Treacherous Allies: The Cold War in East Asia and American Post War Anxiety", *Journal of Contemporary History*, Vol. 45, (Oct., 2010), pp. 812 – 843.

② 约翰·大卫·鲍渥（1917—2001），美军士兵，二战期间曾被日军俘虏。二战结束后他被指控犯有叛国罪，但后来证明指控不实。

③ Christina Klein, *Cold War Orientalism: Asia in the Middlebrow Imagination, 1945 – 1961*, Berkeley: University of California Press, 2003.

④ Michael Charney, "U Nu, China and the 'Burmese' Cold War: Propaganda in Burma in the 1950s", in Zheng Yangwen, Hong Liu and Michael Szonyi, eds., *The Cold War in Asia: the Battle for Hearts and Minds*, Leiden and Boston: Brill Academic Publishers, 2010, pp. 41 – 58.

来帮助政府对抗各种叛乱武装。但这个剧本被仰光美新处注意到，并把它改编成缅甸人民团结一致抵御缅共的剧本，好莱坞还将其拍成电影在美国和缅甸各地上映。剧中吴努被塑造成了冷战斗士，而缅甸政府的主要对手既不是蒋军也不是国内的叛乱武装，而是"直接受中华人民共和国指挥的共产党武装"①。通过这种方式，"缅甸原本用于反对外国势力介入本国叛乱武装的宣传被西方国家利用，为自己的冷战宣传服务"②。文章最后指出，尽管"吴努尽力不给中国找麻烦并向缅甸人民制造出一种想象中的冷战，一方面能够避免来自中国对缅甸造成的威胁，另一方面能防止国外势力对国内武装的联络和支持，但这一努力随着 1962 年吴奈温的上台以失败告终"③。

1947—1963 年是亚洲冷战形势逐步严峻的时期，美国对缅甸的文化外交从本质上来说是服务于其在亚洲遏制共产主义扩张的大战略。美国的冷战战略需求与缅甸恢复国内秩序与发展经济的渴望在一定时期内达成了合作共识，故而这种带有明显意识形态色彩的文化活动能够顺利开展。但由于各种因素的左右，这一合作又充满荆棘，其中既有缅北蒋军问题，也有缅甸政府不想同中国过于疏远等缘由，但最根本的原因是美国与缅甸战略出发点相左。因此，美国政府对缅文化外交政策的最终流产也不可避免。

（四）中国学者的相关研究

1. 国内学者对"美缅关系"的研究

国内学者对于美缅关系的研究成果主要集中于近十年，且均为硕士学位论文和期刊论文。目力所及，尚未发现研究该专题的博士学位论文和专著。

有关美缅关系研究的硕士学位论文较多，篇幅所限，此处只介绍三

① Michael Charney, "U Nu, China and the 'Burmese' Cold War: Propaganda in Burma in the 1950s", in Zheng Yangwen, Hong Liu and Michael Szonyi, eds., *The Cold War in Asia: the Battle for Hearts and Minds*, Leiden and Boston: Brill Academic Publishers, 2010, p. 58.

② Michael W. Charney, *A History of Modern Burma*, Cambridge: Cambridge University Press, 2009, p. 88.

③ Michael Charney, "U Nu, China and the 'Burmese' Cold War: Propaganda in Burma in the 1950s", in Zheng Yangwen, Hong Liu and Michael Szonyi, eds., *The Cold War in Asia: the Battle for Hearts and Minds*, Leiden and Boston: Brill Academic Publishers, 2010, p. 58.

篇有代表性的文章。郭朋弟的《杜鲁门政府的缅甸政策研究（1949—
1952)》① 主要考察了杜鲁门政府在亚洲冷战兴起背景下的缅甸政策，
核心是援助政策，主要涉及美国对缅甸政策的调整背景、制定过程、实
施情况和对其评价等方面。文章通过对杜鲁门政府缅甸政策全貌的分
析，认为其完全服务于美国对华冷战政策。当然这也是文章的目的所
在，即通过杜鲁门政府的对缅政策来揭示它与美国对华政策之间的这种
同向变化的从属关系。唐清云的《中国、美国与缅甸关系考察：1961—
1963》② 主要考察了 1961—1963 年的美缅关系，并认为这段时期是中
国、美国与缅甸关系的转折时期，由于美国对缅仍坚持遏制中国"扩
张"的僵化政策，美缅关系急转直下。相比之下，中国对缅甸采取务实
做法，使中缅关系进一步发展。该文运用了国际政治中的成分从个人、
国家、体系三个角度分析了 1961—1963 年中国、美国与缅甸关系出现
差异的原因。最后认为中、美、缅之间的合作是缅甸自身利益以及中
国、美国在缅甸利益的保障。高亚兰的《艾森豪威尔时期美国对缅甸的
政策》③ 认为，随着朝鲜战争的爆发，艾森豪威尔上台后在对杜鲁门时
期的美国对缅政策继承的基础上做了一定调整，确立了以经济和军事援
助为主的方式发展美缅关系，阻止苏联在缅甸势力的扩张，以图将缅甸
从中立政策转向西方世界。美国的援助最终使美缅关系在一定程度上得
到了发展，但是随着吴奈温的上台，艾森豪威尔政府之前对缅甸的援助
成了两国交恶的导火线，两国关系开始恶化。

在期刊论文方面，国内学者有关美缅关系问题的研究成果同样较
多。具有代表性的文章包括姜帆的《非殖民化与冷战策略：战后初期美
国对缅甸政策的动因和影响》。④ 文章探讨了战后初期美国对缅甸的关
注和介入，并指出美国先是积极支持缅甸脱离英国殖民统治，后又尽早
与缅甸建立外交关系，向缅甸政府提供援助。文章通过对美国解密档案
的分析，认为战后初期美国对缅政策实则源自两个出发点：一是利用非

---

① 郭朋弟：《杜鲁门政府的缅甸政策研究（1949—1952)》，硕士学位论文，陕西师范大
学，2012 年。

② 唐清云：《中国、美国与缅甸关系考察：1961—1963》，硕士学位论文，广西师范大
学，2015 年。

③ 高亚兰：《艾森豪威尔时期美国对缅甸的政策》，硕士学位论文，云南师范大学，2014 年。

④ 姜帆：《非殖民化与冷战策略：战后初期美国对缅甸政策的动因和影响》，《东南亚研
究》2014 年第 3 期。

殖民化语境，扩大美国在缅甸的经济利益和政治影响力；二是在遏制苏联冷战策略下，防范缅甸共产主义力量的发展。李雪华的《吴努政府时期美国对缅援助探析》① 指出冷战扩展到亚洲后，美国加大了对缅甸的关注度，因此，在英国承担主要援助责任的前提下，美国向缅甸提供了经济、军事和技术等援助。但到了 1954 年，缅甸国内出现了严重的经济危机，社会主义国家与缅甸的政治、经济联系不断扩大，缅甸国内形势的发展迫使美国取代英国承担起援助缅甸的主要责任。文章分析认为美国在缅甸的利益需求是决定美国援助的根本因素，在具体实施援助的过程中，缅甸的中立主义外交政策和美国援助政策的法律框架成为一时间难以跨越的障碍，而英国将缅甸视为自己的势力范围。因此，美国的援助在某种程度上也受到了英国的制约。

总体来看，国内学界对美缅关系的研究虽然起步晚，但发展速度快，尤其是近年来有不少成果涌现。不过，对于该问题的研究仍存在下列问题：首先，已有研究成果中均为硕士学位论文，研究有欠细致和深入；其次，研究中缺乏一手材料的使用，虽然获得缅方的解密档案不太容易，但美方早已公开了大量相关档案，这是国内研究美缅关系的学者亟须掌握的材料；最后，研究者所使用的材料大多为英文文献，缺少对缅文文献的使用和解读。

2. 国内学者对冷战时期美国对东南亚文化外交的研究

目前，中国学者在该领域已发表了大量学术成果，已有成果主要为硕士学位论文和期刊论文。通过查阅相关文献和数据库，仅发现一篇该领域的博士学位论文《美国亚洲基金会在亚洲的电影宣传（1951—1968）》②。该文以亚洲基金会在亚洲推行的电影项目为考察对象，详细阐述了冷战时期亚洲基金会所推行电影项目的主要内容与具体方式，通过挖掘史料，深入探讨了亚洲基金会在亚洲开展的电影项目如何帮助美国发动心理战与获得国家利益的。该文与本书研究联系最紧密的是其第四章"以缅甸电影《人民获胜》为案例的研究"。在该章，作者通过大量使用美国胡佛档案馆的亚洲基金会档案，深入剖析了亚洲基金会如何

---

① 李雪华：《吴努政府时期美国对缅援助探析》，《东南亚南亚研究》2016 年第 1 期。

② 张选中：《美国亚洲基金会在亚洲的电影宣传（1951—1968）》，博士学位论文，东北师范大学，2019 年。

通过将吴努的剧本《人民胜利了》拍摄成为冷战题材电影，以帮助美国实现其冷战目标。该章最大的亮点在于其参考文献全部使用一手档案，具有较高的可信度和史料价值。不过，其不足也十分明显，一方面其参考文献过于单一且引注较少，另一方面作者未对亚洲基金会在缅甸资助的电影项目做出深入的分析和解读。

相关研究的硕士学位论文有计爽的《冷战初期美国对东南亚国家的心理战政策——以心理战略委员会 D－23 号文件为核心的探讨》①，该文以 PSB D－23 文件为核心探讨了冷战初期美国对东南亚国家的心理战政策。文章认为，总体而言，美国针对各国特殊情况所采取的心理战确实取得了一定的成效。在美国的宣传攻势下，东南亚主要国家如泰国、菲律宾、印度尼西亚等都成为美国的盟友，并且成为其在东南亚冷战包围圈的一部分。

相关研究领域的期刊论文较多，文章质量整体较高。翟韬教授的《"文学冷战"：大陆赴港"流亡者"与20世纪50年代美国反共宣传》②认为冷战初期美国浩大的反中共意识形态运动主要依靠香港在东亚传媒中的中心地位和大陆赴港"流亡者"这个超大规模移民群体达成。在香港美新处的动员和策划下，赴港流亡知识分子创作了大量冷战文学作品。由于这些作品具有"冷战意识形态拟人化"的特点，因而对中国大陆和东南亚华人产生了一定的宣传效果。翟韬教授的另一篇文章《美国对东南亚华人宣传政策的演变（1949—1964）》③主要从两个节点阐述了美国对东南亚华人政策的演变，新中国成立后到1956年，美国制定了诋毁新中国形象、提升中国台湾当局声誉的双轨心理战战略，并对东南亚华人展开了声势浩大的心理宣传战攻势。但是这一宣传政策恶化了东南亚国家与美国的关系，所以美国在1956年之后转为实施以促进海外华人融入东南亚社会为主轴的宣传政策。随即，这种专门针对海外华人的宣传活动逐渐式微。

---

① 计爽：《冷战初期美国对东南亚国家的心理战政策——以心理战略委员会 D－23 号文件为核心的探讨》，硕士学位论文，东北师范大学，2012年。

② 翟韬：《"文学冷战"：大陆赴港"流亡者"与20世纪50年代美国反共宣传》，《世界历史》2016年第5期。

③ 翟韬：《美国对东南亚华人宣传政策的演变（1949—1964）》，《美国研究》2013年第1期。

　　张杨教授的《"海外华人项目"与美国反华保台之心理战政策初探》①主要借助了从杜鲁门到艾森豪威尔总统图书馆获得的美国政府解密档案，以及从美国国家档案馆获得的部分"中央情报局"原始文件，追述了以"海外华人项目"为代表的美国"反华保台"心理战政策的来龙去脉，揭示了美国使用"除战争以外的一切手段"来实现其冷战目标的政策实质，同时也表明了美国实践其政策的能力有限。张杨教授的另一篇文章《以宗教为冷战武器——艾森豪威尔政府对东南亚佛教国家的心理战》②以艾森豪威尔政府时期美国主要针对中国而对"东南亚佛教国家"设计并实施的心理战项目研究为个案，初步探讨了美国以宗教为冷战武器的理论基础、政策目标、方法手段及其成败得失。文章认为艾森豪威尔政府对东南亚佛教国家实施的心理战项目未能奏效，主要有如下原因：第一，美国与东南亚国家的国家目标不具备统一性；第二，对宗教的理解和运用简单化；第三，冷战中美国的现实主义政策，使其自身未能突破文化和宗教意义上的心理价值取向，对非基督教信仰难以产生真正的信任。

　　史澎海的《冷战初期美国对泰国的心理战行动——以 PSB D - 23 心理战计划为核心的考察》③考察了艾森豪威尔上台后通过继承杜鲁门政府时期的心理战战略和对泰国的政策目标，制订了对泰国的 PSB D - 23 心理战计划。通过这一计划的实施，艾森豪威尔政府巩固了泰国的亲美政府，削弱了泰国国内的共产主义影响，构建了以泰国为核心的东南亚集体防御体系，最终将泰国纳入了西方阵营。常贝贝的《心灵的争夺：1950 年代美国对海外华人群体的图书宣传行动探析》④深入剖析了美国利用图书作为同共产主义争夺东南亚华人的有力工具，其目的一方面是遏制共产主义在东南亚的发展态势，另一方面则是通过输出西方思想文化和价值观，以汇聚一股"亲西方"的社会思潮并加强之。

　　总之，中国学者关于美国对东南亚实施文化外交的研究成果较多，

---

　　①　张杨：《"海外华人项目"与美国反华保台之心理战政策初探》，《东北师大学报》（哲学社会科学版）2010 年第 3 期。

　　②　张杨：《以宗教为冷战武器——艾森豪威尔政府对东南亚佛教国家的心理战》，《历史研究》2010 年第 4 期。

　　③　史澎海：《冷战初期美国对泰国的心理战行动——以 PSB D - 23 心理战计划为核心的考察》，《西南大学学报》（社会科学版）2012 年第 3 期。

　　④　常贝贝：《心灵的争夺：1950 年代美国对海外华人群体的图书宣传行动探析》，《南洋问题研究》2019 年第 4 期。

并呈现出以下几个特点：第一，研究层次多元，既有针对东南亚具体国家的个案研究，也有针对整个东南亚的区域研究；第二，研究角度多样，既有针对"海外华人"群体的研究，也有针对宗教、知识分子群体的研究；第三，研究的主要资料来源于解密档案或者未公开文献等一手资料，譬如《"海外华人项目"与美国反华保台之心理战政策初探》一文大量运用了从杜鲁门和艾森豪威尔总统图书馆获得的美国政府解密文档，使该文具有重要的文献学价值。由于美国 25 年档案解密制度，目前可以获得的解密档案理论上已涵盖了整个冷战时期。即便如此，随着新档案的不断公开与日益详尽，相信该领域高质量的研究成果亦将越来越多。不过，已有研究成果中均把研究范围设定为东南亚，对缅甸的探讨仅为其中的某些章节或段落，有失精专。目前，尚未发现国内学界关于美国对缅甸文化外交的专论。

四　研究思路、方法及创新点

（一）研究思路

1. 时间跨度说明

本书将美国对缅甸文化外交的起点选定为 1947 年，主要有以下两个原因：首先，缅甸于 1948 年 1 月 4 日独立。不过，早在缅甸独立前的 1947 年，美国便与缅甸建立了正式的外交关系。9 月 19 日，美国将其驻仰光总领事馆提升为美国驻缅甸大使馆。同日，总领事帕克（Packer）在致国务院的电报中指出，"美国和缅甸建立外交关系并交换外交代表是两国关系发展的一个里程碑，标志着美国已承认缅甸正在改变的政治地位"①。其次，美国与缅甸签订富布莱特项目协定的时间同样是在 1947 年。此后，在该项目资助下，美国学者、教授或普通工作者纷纷进入缅甸从事学术科研工作，大批缅甸师生也前来美国进一步深造。毫无疑问，美缅富布莱特协定的签署，标志着美国对缅甸文化外交的开启。

与此同时，本书选定时间的终点为 1963 年，即约翰·肯尼迪总统遇

---

① The Consul General at Rangoon（Packer）to the Secretary of State, September 19, 1947, *FRUS*, 1947, The Far East, Vol. Ⅵ, p. 43.

刺去世的时间。一般而言，大部分缅甸研究学者习惯将1962年奈温发动军事政变为节点讨论缅甸前后对外政策的区别，这种分段固然有一定的合理性。不过，本书将时间下限定为肯尼迪任期结束的1963年，一方面是由于本书是站在美国的角度进行阐释的，其对缅文化外交的分段理应以美国国内的重大事件为时间节点；另一方面，笔者在整理和分析史料时发现，尽管奈温在1962年通过各种行政命令逐步取缔了外国在缅甸的文化活动，但其真正将新闻发布、书刊出版等核心文化手段纳入国家严格管控是在1963年。

2. 研究路径

导言部分，笔者首先陈述了本书的选题缘由及意义；其次，通过借鉴国内外学界对"文化外交"的定义而重新对"文化外交"做出全面、准确的概念界定；再次，笔者梳理了国内外学界在美缅关系和美国对亚洲文化外交研究领域的已有成果，并批判了已有研究中的不足；最后，陈述了本书的研究思路、研究方法和创新点。

第一章，主要论述了杜鲁门政府对缅甸的文化外交。笔者首先梳理了二战结束后美缅关系发展的亚洲背景，随着中国革命一步步走向胜利，杜鲁门政府的亚洲冷战政策逐步形成。在美国决策者眼中，缅甸的重要性获得了前所未有的提升。此后，美国逐步开启了对缅经济和技术援助。在对缅甸进行援助的同时，杜鲁门政府还制定了一系列对缅文化外交政策，其中最为典型的个案就是仰光美新处参与拍摄的冷战题材电影《人民胜利了》。与此同时，美国不断加强此前已在缅甸开展的富布莱特项目，借以强化缅甸人对美国的好感。

第二章，主要论述了艾森豪威尔政府对缅甸的文化外交。冷战的转型促使美国开启了对外信息机构的一系列调整，其中最具划时代意义的是组建了独立的美国新闻署，并将海外各美新处分支纳入该部门管理下。与此同时，受缅北蒋军问题的困扰，缅甸单方面终止了美国援助。另外，这一时期中缅、苏缅关系空前改善。由是，美国对缅文化项目变得更加重要。总的来说，美国除了继续加强富布莱特项目外，还通过美新处对缅甸实施了大规模的图书项目、电影项目。此外，艾森豪威尔政府还对缅甸佛教徒、华人等特定群体策划实施了极富针对性的心理战项目。

第三章，主要论述了肯尼迪政府对缅甸的文化外交。冷战形势的变化促使美国希望通过多种途径改善与缅甸的关系，不过，奈温军政府的上台终究使美方的努力变为徒劳。在对缅文化政策实施上，肯尼迪政府依旧延续了其前任政府的方针，即强化驻缅甸的各个美新处的宣传。不过，其宣传的具体内容均与当时重大国际事件紧密相连。这段时期，美国对缅文化外交的主要目的在于改善美国在缅甸人心中的形象，并"抹黑"社会主义阵营。但是，奈温的上台及其奉行的"消极中立"的对外政策，最终使肯尼迪政府对缅文化外交努力归于失败。

第四章，主要论述了亚洲基金会在缅甸的文化活动。作为中情局前线组织的亚洲基金会创立于亚洲冷战爆发初期，随后进入缅甸展开活动。本章选取了亚洲基金会在缅甸最有代表性的文化项目进行探讨，包括以青年为中心的图书项目、针对缅甸华人社区的文化项目以及针对佛教徒的文化项目。在此期间，该组织经历了从"自由亚洲委员会"向亚洲基金会的转型，随之而来的是其运作模式由直接运营向间接资助的方式转变。尽管转型后的亚洲基金会更具隐蔽性和灵活性，但由于其文化活动的目标与缅甸政府的国家利益追求并不完全契合，这便注定了其不可能取得较大成功。

第五章，主要论述了福特基金会在缅甸的文化活动。本章之所以选取福特基金会作为研究个案，主要因为该基金会深度参与美国在缅甸的文化项目，其在缅甸的资金投入更使其他私人基金会难以望其项背。本章首先论述了福特基金会通过转型与美国政府达成了冷战共识，并进而开启了其在缅甸的活动。与亚洲基金会相似，福特基金会的文化项目也具有鲜明的指向性，其受众主要包括佛教徒、学生等对缅甸社会具有广泛影响的特殊群体。通过分析材料发现，在美国对缅甸的文化外交中，以福特基金会为代表的非政府组织不仅很好地补充了美国政府机构的不足，还能有效发挥自身优势，降低受众对美国帝国主义的抗拒，从而增强了美国对缅甸文化外交的成效。

结语部分在梳理分析美国政府和非（准）政府组织对缅开展文化项目的基础上，进一步探讨美国对缅开展文化外交的内在动因，文化外交在促进美国国家安全战略中的作用，以及非（准）政府组织在文化外交中的地位。

（二）研究方法

第一，文献分析法。本书将通过对文献的收集、整理、分析、归纳，梳理出美国在 1947—1963 年对缅甸的文化外交研究的背景、过程、影响，并据此分析美国在缅甸的文化外交政策所形成的国内外因素。

第二，比较研究法。本书通过对杜鲁门、艾森豪威尔、肯尼迪政府时期美国对缅甸的文化外交政策制定及实施的研究，分析其政策制定及实施的内容、路径与方法，并通过比较，探究各自的特点。

第三，个案研究法。本书选择缅甸作为美国对东南亚开展文化外交的个案展开解析，借此帮助我们更好地了解这一时期美国对整个东南亚的文化及援助政策的制定与实施。

第四，本书还借鉴了国际关系学相关理论，如"国家利益与意识形态关系""国家战略与对外关系""国际体系与均势""相互依赖与全球化""博弈论"等理论深入分析美国政府对缅甸文化外交与其国家利益、国家力量、意识形态和相互依赖的国际现实之间的关系。

（三）创新点

1. 未刊档案文献的使用

本书在写作过程中，运用了大量的一手材料。其中，在前三章中，本书使用了大量《美国对外关系文件集》（*FRUS*）中的相关文件，以及美国解密档案在线（USDDO）、珍稀原始典藏档案（Archives Unbound）和美国数字化国家安全档案（DNSA）等数据库中的解密档案。另外，在该部分，本书还较多使用了美新署报告和美国其他政府机构的相关报告。在第四章，本书主要使用了斯坦福大学胡佛研究所档案馆的亚洲基金会未刊档案以及中情局官方网站有关亚洲基金会的解密档案。在第五章，本书主要使用了纽约洛克菲勒档案中心关于福特基金会的未刊档案，以及福特基金会年度报告。本书所使用的各种档案和报告，较为难得，具有重要的文献学价值。

2. 内容方面的创新

经查阅相关论文和图书，目前尚未发现国内学者已有"美国对缅甸文化外交"或者类似专论的发表。东北师大张选中的博士学位论文《美国亚洲基金会在亚洲的电影宣传（1951—1968）》中的第四章论述了亚洲基金会参与《人民胜利了》电影的拍摄，作为冷战前期美国对缅甸文化外交的个案研究可供参阅。国外学者的相关研究中也只是发现了迈克尔·查尼的《吴努、中国与"缅甸式"冷战：20 世纪 50 年代在缅甸的宣传》一文。而且，该文同样研究了美国是如何参与《人民胜利了》电影的拍摄的。从国内外学界的现有研究来看，并未发现专门探讨冷战前期美国对缅甸的文化外交的论文或专著。本书则充分运用档案文献系统探讨了 1947—1963 年美国官私机构在缅甸的文化活动。

3. 路径方面的创新

站在美国这一主体的角度上研究其对缅甸的文化外交，需要全面审视美国内部不同组织之间在缅甸进行文化活动的联系与区别。已有研究大多关注美国政府机构，尤其是美新署和中情局在亚洲的文化冷战项目，却忽视了美国非（准）政府组织在其中的作用。本书试着打破这一传统的研究路径，除了关注美国国务院、美新署、中情局等美国政府部门在缅甸的文化活动外，还重点关注了以亚洲基金会和福特基金会为代表的美国非（准）政府组织在缅甸的文化项目，试图说明非（准）政府组织在冷战前期美国对缅甸文化外交中扮演的角色绝非可有可无，而是尤为关键。此外，本书还将试着探究美国对缅文化外交中美国政府与非（准）政府组织的关系，力求在这一问题上有进一步的认识。

第一章　冷战爆发与杜鲁门政府
对缅文化外交的开启

　　1947 年 3 月 12 日，时任美国总统杜鲁门在发表致国会的咨文中宣告："美国的政策必须是支持正在抵抗的少数派武装力量或外来压力之征服企图的自由人民。"这在传统上被认为标志了美国冷战对外政策的一个基本起点。[①] 但此时的冷战主要局限在欧洲，直到 1949 年底和 1950 年初扩大到亚洲后，冷战才具备了全球意义。[②] 亚洲冷战的爆发不仅压缩了美国在亚洲的战略生存空间，加重了其防御负担，更让美国决策者们面临前所未有的挑战。中华人民共和国成立后，美国的政治精英们除了纠结于"失去中国"的问题外，更重要的显然是接受已发生改变的亚洲地缘政治形势，制定并实施新的亚洲冷战政策。在此背景下，战略地位尤为重要的东南亚逐渐进入美国决策者的视野，而缅甸作为与中国有较长边境线的东南亚国家，成为美国政府眼中遏制中华人民共和国的天然选择。杜鲁门政府曾多次派出使团考察包括缅甸在内的东南亚各国，并撰写成一系列实地考察报告供美国政府参考。根据这些报告提出的建议以及缅甸政府的请求，美国向缅甸提供大量的经济和军事援助，并开展了一系列意识形态色彩鲜明的文化外交活动。

一　杜鲁门政府东南亚冷战政策的出台

　　1947 年，冷战在欧洲爆发时，亚洲不少国家尚处于热战之中。因

---

　　① ［美］约翰·加迪斯：《遏制战略：战后美国国家安全政策评析》，时殷弘等译，世纪知识出版社 2005 年版，第 18 页。

　　② 有学者认为，真正把冷战引向亚洲的事件是《中苏友好同盟互助条约》的签订。

此，有学者认为：“亚洲冷战是由热战转化而来的。”① 到 1949 年下半年时，北约已经组建，德国的分裂已变为事实，欧洲两大集团的势力范围已经明朗化。亚洲却处于动荡中。中国共产党领导的革命胜利在望，菲律宾、马来亚等地都有共产党领导的武装斗争，韩国李承晚政权面临危机。整个亚洲的发展趋势对美国和西方国家不利。② 此时，美国在亚洲唯一可以操纵的日本，也因美军的占领引起了日本民众强烈的反美情绪。亚洲形势的变化不仅冲击了美国人敏感的神经，而且迫使其政策设计者们加紧制定新的应对策略。

较早向美国政府提出远东地区政策建议的是被称为“遏制之父”的乔治·凯南（George Frost Kennan）。1946 年 2 月，时任驻苏代办的凯南向国务院发回了一封长达 8000 字的电报，对苏联的心理特点和意图进行了全面而深刻的剖析，“凯南长电报”成为“遏制政策”的起源。1947 年夏天，凯南在《外交季刊》发表了《苏联行为的根源》一文，由于作者署名“X”，故也称为“X 先生文章”。文章的立意与“长电报”如出一辙，并首次公开提出了对苏联“遏制”的主张。早在 1947 年初，凯南强烈支持杜鲁门当局援助希腊和土耳其，并提出了远东“防卫环带”概念。③ 但凯南坚决反对在共产主义“冒头”的任何地方抗击共产主义，并认为中国是美国应当特别规避的一个地区，“假如我有一刻认为，希腊和土耳其的先例使我们必须在中国也尝试做同样的事情，那么我本会绝望，并且会说我们最好用一种全新的态度来对待世界事务”④。需要指出的是，“防卫环带”所指并非防守一条“周线”环带，而是要保卫被挑选出来的岛屿“要点”——日本、冲绳和菲律宾，同时避免对亚洲大陆的承诺。

乔治·凯南的“防卫环带”概念随着 1948—1949 年蒋军在中国战场的一败再败而变得越来越清晰。不过，具体政策的出台尚需时日。当共产党取代国民党掌握政权已是大势所趋时，美国的亚洲政策“一时间迷失了方

---

① 王帆：《亚太冷战格局再认识》，《国际观察》2001 年第 5 期。

② 资中筠主编：《战后美国外交史——从杜鲁门到里根》，世界知识出版社 1994 年版，第 159 页。

③ 这个概念指可以通过捍卫冲绳和菲律宾之类的海岛据点，同时避免承担大陆义务来最好地保障美国在西太平洋的利益。

④ ［美］约翰·加迪斯：《遏制战略：战后美国国家安全政策评析》，时殷弘等译，世界知识出版社 2005 年版，第 39—40 页。

向"。所谓"等待尘埃落定"的对华方针,以及"在西方实行战略进攻,在东方实行战略防御"的基本概念,不过是体现了华盛顿决策者面对亚洲政策的失败,既要寻找借口,又要进行补救的复杂心态。① 此时,美国考虑从中国"脱身"的同时,调整了整个亚洲政策,决心大力争取中国以外的亚洲国家,抵制"共产主义蔓延"②。其中,地处亚洲与大洋洲、印度洋是太平洋的"十字路口"的东南亚,成为尤为重要的一环。

早在 1948 年中国内战正酣时,美国驻远东各国的外交官齐聚曼谷,商讨中共权力上升所带来的问题,但这次会议未能制定出一份有效的政策文件。1949 年 2 月 15 日,美国驻华大使司徒雷登在给国务院的电报中提到"有效遏制苏联通过共产主义在亚洲扩张的新方法"并不是"金钱和军火",而是"令人信服的戏剧性的想法"③。所谓"戏剧性的想法"是指"接近人们的心灵",就这一点来说,司徒雷登可谓是对亚洲实施心理战的先驱。不仅如此,司徒雷登还深刻剖析了共产主义在亚洲迅速蔓延的社会心理根源,他认为:"共产主义在东南亚有强大的吸引力……从封建主义过渡到共产主义的方式也更加容易。"④ 3 月 22 日,美国驻菲律宾代办洛基特在致国务卿的电报中说道:"中国的局势使远东国家感到不安,他们渴望从一些有效的来源获得援助和安全,以对付共产主义的入侵。"⑤

随着中共在内战中的节节胜利,美国在东南亚迫切需要新的政策指导。在此背景下,国务院政策设计办公室在 1949 年 3 月 29 日提出了著名的 PPS－51 号文件。这是亚洲冷战背景下美国政府提出的第一份专门针对东南亚的政策指导纲领,同时也为后来的 NSC－51 和 NSC－48/1 号文件提供了参考。文件指出美国在这一地区的目标是"鼓励东南亚地区与大西洋共同体和其他自由世界的协调发展",除此以外,还要"遏

---

① 戴超武主编:《亚洲冷战史研究》,东方出版中心 2016 年版,第 5 页。

② 资中筠、何迪主编:《美台关系四十年(1949—1989)》,人民出版社 1991 年版,第 43 页。

③ The Ambassador in China (Stuart) to the Secretary of State, February 15, 1949, *FRUS*, 1949, Vol. Ⅶ: The Far East and Australasia, part 2, p. 1117.

④ Memorandum Submitted by the Ambassador in China (Stuart), *FRUS*, 1949, Vol. Ⅶ: The Far East and Australasia, part 2, p. 1121.

⑤ The Charge in the Philippines (Lockett) to the Secretary of the State, March 22, 1949, *FRUS*, 1949, Vol. Ⅶ: The Far East and Australasia, part 2, p. 1125.

制并稳步减少克里姆林宫在该地区的影响力"①。政策设计者们还进一步
阐释了凯南的"防卫环带"概念，这个环带包括印度半岛、澳大利亚和
日本组成的大新月地带。同时，为了尽量减少美帝国主义干涉的色彩，
鼓励"印度、菲律宾和其他亚洲国家在政治事务上采取公开的领导"，而
美国的作用仅仅是"提供谨慎的支持和指导"。这也从侧面反映了美国政
策设计者从一开始就已经注意到了亚洲各国人民的"民族主义"情绪。

7 月 7 日，国务院政策设计办公室的约翰·P. 戴维斯（John
P. Davies, Jr.）起草了一份名为"美国在东亚和南亚的行动建议方针"
的 PPS 文件，戴维斯指出"我们在亚洲的政策正在遭受着严重的威胁"，
并提出改变对东亚和南亚政策的"风潮"，甚至为此还提出了一个详细的
时间表。值得关注的是，文件中还提出在马尼拉建立一所区域大学，使
美国和东南亚各国政府合作培训本国技术人员，除了这层目的之外，这
所大学还具有一定的政治意义，即"通过东亚和南亚以及该地区与大西
洋共同体之间培养一种相互依存的意识……并使其与莫斯科东方大学相
对照"。另外，戴维斯还提出美国、菲律宾、澳大利亚三国签署《防御条
约》，随后通过召开日本和平会议，与日本签订和平条约，并邀请日本、
加拿大和新西兰加入《防御条约》。对于印度，也应当抓住尼赫鲁访美的
时机，"突出美国和印度之间的友好和密切关系，并强调印度在解决东亚
和南亚问题方面可以发挥重要和建设性作用"②。戴维斯的"方针"不仅
深化和细化了 PPS - 51 文件中的内容，提出了建立大新月形"防卫环带"
的具体步骤，更开创性地提出了通过"区域大学"同苏联展开对"心灵"
的争夺。对于创立大学的想法，美国无任所大使菲力普·C. 杰瑟普
（Philip C. Jessup）认为："这是一种我们很少采取的行动，在远东尤其具
有价值。"③

1949 年秋，国民党败局已定，共产党在中国大陆的胜利已不可阻
挡。8 月 29 日，科尔盖特大学校长雷蒙德·B. 福斯迪克博士和杰瑟普

① PPS - 51, Policy Planning Staff Paper on United States Policy toward Southeast Asia, March
29, 1949, *FRUS*, 1949, Vol. Ⅶ: The Far East and Australasia, part 2, p. 1129.

② Paper Drafted by Mr. John P. Davis, Jr. , of the Policy Planning Staff, Suggested Course of
Action in East and West Asia, July 7, 1949, *FRUS*, 1949, Vol. Ⅶ: The Far East and Australasia,
part 2, pp. 1148 - 1151.

③ Memorandum by the Ambassador at Large（Jessup）to the Deputy Under Secretary of State
（Rusk）, July 12, 1949, *FRUS*, 1949, Vol. Ⅶ: The Far East and Australasia, part 2, p. 1154.

向国务卿提交的备忘录中指出："远东的局势是严峻的，它威胁到了美国的利益，其中一个因素就是亚洲和许多美国人相信，苏联已经从我们这里夺走了主动权……必须予以反击。"① 在这份备忘录中，还提到任命一名无任所大使在 12 月底访问远东。显然，这一提议在后来得到采纳。11 月 16 日，杰瑟普及其顾问们向艾奇逊提交了一份"远东及亚洲政策大纲"，详细分析了远东局势并提出："美国在亚洲的一个直接目标必须是遏制苏联共产主义在其已经夺取政权的国家之外蔓延……而且必须通过武器以外的手段来实现。"在这份"大纲"中，杰瑟普同样认识到"宣传"的重要性，并指出："在亚洲的共产主义和非共产主义地区大力扩大宣传计划，以显示对亚洲人民的民族主义理想的理解和同情，并揭露苏联帝国主义对这些理想的威胁。"②

11 月 17 日，艾奇逊向杜鲁门总统提交了前一天同远东政策顾问们审议后所得出的结论："广泛地说有两种政策目标，一种是反对共产党政权，骚扰它，刺痛它，如果出现机会的话就试图推翻它。另一种政策目标则将是努力使之不再臣属于莫斯科，并且在一段时期鼓励那些可能会改变它的强劲实力。"③ 12 月 23 日，国家安全委员会提出了名为"美国在亚洲的立场"的政策指南，即 NSC – 48/1，文件指出："对我们而言，中国共产主义政权的扩张代表了一种令人沮丧的政治失败……倘若东南亚也为共产主义所席卷，那我们将会遭受一次政治大溃败。"④ 遗憾的是，NSC – 48/1 因为"不够详细并且没有力度"而被否决。

在对 NSC – 48/1 大幅修改后，12 月 30 日，国家安全委员会提出了第二份名为"美国在亚洲的立场"的报告，通常称为 NSC – 48/2。与前者命运不同的是，这份文件被杜鲁门总统签署通过。针对越南、老挝、柬

① Memorandum to the Secretary of State, Recommended Steps toward Meeting Situation in the Far East, August 29, 1949, *FRUS*, 1949, Vol. Ⅶ: The Far East and Australasia, part 2, p. 1193.

② Outline of Far Eastern and Asian Policy for Review with the President, November 14, 1949, *FRUS*, 1949, Vol. Ⅶ: The Far East and Australasia, part 2, p. 1212.

③ ［美］约翰·加迪斯：《遏制战略：战后美国国家安全政策评析》，时殷弘等译，世界知识出版社 2005 年版，第 68—69 页。

④ *U. S. Involvement in the Franco-Viet Minh War*, 1950 – 54, The Pentagon Papers, Gravel Edition Vol. 1, Chapter 2, Section 2, pp. 75 – 107. http://www. mtholyoke. edu/acad/intrel/pentagon/pen6. htm.

埔寨和印度尼西亚等民族主义和殖民主义矛盾激烈的东南亚地区，文件指出美国继续利用其影响力"满足民族主义运动的基本要求，同时最大限度降低殖民国家盟友的压力"。文件在结论部分指出："美国应当通过适当的政治、心理和经济手段，利用中国共产党和苏联之间以及斯大林主义者和其他力量之间的裂隙，同时谨慎避免任何干涉的迹象。在适当的情况下，应采取隐蔽和公开的手段来实现这些目标。"① NSC－48/2 的批准和此前不久通过的 NSC－58/2 有异曲同工之妙："它反映了一种深思熟虑的战略，那就是利用铁托主义来击退苏联在共产党世界的势力。" ②

　　NSC－48/2 文件出台时，正值中华人民共和国成立不久，且未来与苏联将保持怎样的关系也不甚明朗，因此美国国内有大批人士认为可以"把中共变成第二个铁托集团"。美国认为："还有一线希望可以在分化中苏上做些文章。"③ 随着 1950 年 2 月 14 日《中苏友好同盟互助条约》的缔结，这一想法在美国决策者脑海中差不多消失，正如艾奇逊所言："这个中国政府确实是苏联帝国主义的工具。"④

　　中苏结盟，加上苏联此前成功爆炸第一颗原子弹，给美国朝野造成了不小的冲击。反观美国政府内部，各部门就美国战略政策辩论不止，"在如何用看来有限的资源履行愈益扩展的责任方面左右为难"⑤。1950年 1 月 12 日，艾奇逊在国家新闻记者俱乐部发表演讲，重新审视了美国的远东政策，并使其成为迈出调整这种政策的第一步。⑥ 1 月 31 日，杜鲁门指示国务院、国防部重新审议整个美国的防务及外交战略。4 月14 日，以上两个部门提交了一份多达 66 页的文件，这就是著名的NSC－

---

　　① NSC－48/2, A Report to the President by the National Security Council, The Position of the United States with Respect to Asia, December 30, 1949, *FRUS*, 1949, Vol. Ⅶ: The Far East and Australasia, part 2, pp. 1219－1220.

　　② ［美］约翰·加迪斯：《遏制战略：战后美国国家安全政策评析》，时殷弘等译，世界知识出版社 2005 年版，第 69 页。

　　③ 资中筠、何迪主编：《美台关系四十年（1949－1989）》，人民出版社 1991 年版，第43 页。

　　④ Marc Selverstone, *All Roads lead to Moscow: the United States, Great Britain, and the Communist Monolith*, Ph. D. Dissertation, Ohio University History Department, 2000, p. 380.

　　⑤ ［美］约翰·加迪斯：《遏制战略：战后美国国家安全政策评析》，时殷弘等译，世界知识出版社 2005 年版，第 95 页。

　　⑥ National Security Council Progress Report by the Under Secretary of State (Webb), Memorandum for Mr. James S. Lay, Jr., Executive Secretary, National Security Council, February 27, 1950, *FRUS*, 1950, Vol. Ⅵ: East Asia and the Pacific, p. 35.

68号文件，它"成为美国冷战时期整个全球战略的蓝图"①。这份"浮夸高调"的文件得出的结论是："必须通过迅速和持续的建立自由世界的政治、经济和军事力量，并通过积极的措施瓦解新形势下克里姆林宫的攻势。"当然，"这个计划能否成功，最终取决于美国政府、美国人民和所有自由的人民是否意识到，冷战是一场事关自由世界存亡的真正的战争"②。

从凯南最初提出"遏制"政策，到"防卫环带"概念的成形；从美国驻远东各国外交官提出的建议，到国务院出台第一份远东政策纲领PPS－51；从大肆宣扬"铁托主义"的NSC－48系列文件，到全球冷战蓝图NSC－68号文件的出台，美国在东南亚的冷战政策逐步走向完善。以此为指导，美国逐步开启了对缅甸的援助和文化外交。

二　美缅建交与对缅援助的开启

（一）美国与缅甸的早期接触（1947—1949）

国内外学界对美国与缅甸之间的早期关系关注并不多，而且双方早期关系在国际舞台上也并不十分突出。二战之前，美国与缅甸除了一个半世纪以来美国"浸信会"③传教士通过传教与当地在教育和宗教上形成的联系之外，两国几乎没有"引人注目"的关系。④二战期间，美国士兵曾在缅甸参加过战斗，但是他们的主要目的并非解放仰光，而是打通到中国的交通线，而且"缅甸战役无论如何也比不上太平洋战役的意义重大"⑤。1942年缅甸沦陷时，美国人也保持了一副冷漠的姿态。1942年4月美国总统罗斯福对英国首相丘吉尔说："我从来不喜欢缅甸

---

① 资中筠主编：《战后美国外交史——从杜鲁门到里根》，世界知识出版社1994年版，第67页。

② NSC－68, A Report to the National Security Council by the Executive Secretary（Lay），April 14, 1950, *FRUS*, 1950, Vol. I: National Security affairs; Foreign Economic Policy, pp. 235－292.

③ 又称浸礼宗，是基督教新教的主要宗派之一，下面有100多个派别。该派信徒主要集中在美国，其中美南浸信会又是美国新教的最大宗派。

④ Burma, Policy Statement Prepared in the Department of State, June 16, 1950, *FRUS*, 1950, Vol. 6, East Asia and the Pacific, p. 237.

⑤ Matthew Foley, *The Cold War and National Assertion in Southeast Asia*, *Britain*, *the United States and Burma*, *1948－62*, New York: Routledge, 2010, p. 77.

人，在过去 50 年里你们一定跟他们相处得很糟糕。感谢主，他看见了，我们看见了，你们看见了锁和钥匙。我希望你能把他们全部放进一个带有围墙的煎锅里，然后把他们榨成汁。"①

　　二战结束后，随着亚洲去殖民化运动的兴起，缅甸国内要求脱离大英帝国的呼声变得越发强烈。早在 1946 年，美国就已对缅甸的独立进程产生了浓厚兴趣。1946 年 4 月 22 日，美国驻仰光总领事阿比（Abbey）在致国务院的备忘录中认为美国摆脱其在国际社会的"帝国主义形象"是"相当成功的"，因此他建议美国采取行动帮助缅甸发展经济，并在"慈善事业"和"良好商业"之间寻找一个中间位置。从 1946 年下半年，美国决策层内部已经开始讨论向缅甸派出外交使团的事宜。不过，驻仰光总领事帕克（Packer）建议："与美国交换外交代表的问题由缅甸提出。"② 1947 年初，在昂山赴伦敦与英方谈判后不久，英国政府询问美国政府"是否准备原则上接受与缅甸交换外交代表"③。次日，美国国务院表示原则上接受与缅甸交换外交代表。④ 此后，美、英、缅三方又经过多轮谈判和商讨，美国与缅甸最终在 1947 年 9 月 19 日正式建交并交换了外交代表。当天，美国驻缅甸代办帕克一连向国务院发回三封电报，其中一封电报写道："美国政府对缅甸和亚洲西岸的事态发展深感兴趣，并期待缅甸早日成为一个完整和独立的国家……美国政府希望美、缅两国间的文化和经济关系能够促进两国的共同发展。"⑤

　　缅甸独立前后，美缅双方的关系发展还生动体现在高层交往上。1947 年 6 月 10 日，美国国务卿马歇尔向到访的缅甸立宪会议主席德钦玛（Mya）致以良好祝愿，并说道："缅甸在独立过程中的和平与稳定

---

　　① Christopher Thorne, *Allies of a Kind: The United States, Britain and the War against Japan, 1941-1945*, Oxford: Oxford University Press, 1979, p. 6.

　　② The Counsul at Rangoon (Packer) to the Secretary of State, November 30, 1946, *FRUS*, 1946, The Far East, Vol. Ⅷ, pp. 2, 10.

　　③ The British Embassy to the Department of State, January 22, 1947, *FRUS*, 1947, The Far East, Vol. Ⅵ, p. 5.

　　④ The Department of State to the British Embassy, January 23, 1947, *FRUS*, 1947, The Far East, Vol. Ⅵ, p. 6.

　　⑤ The Consul General at Rangoon (Packer) to the Secretary of State, September 19, 1947, *FRUS*, 1947, The Far East, Vol. Ⅵ, p. 43.

进程正在受到怀有同情的人们的关注。全世界爱好自由的人们希望你们
能为一个稳定和平的国家奠定基础。"德钦玛向马歇尔保证:"自由的
缅甸将把与贵国保持诚恳和友好的关系视为特殊的责任和权利,将为世
界和平与幸福做出所有可能的贡献。"① 1948 年 1 月 4 日,缅甸独立这
天,杜鲁门总统向缅甸总统苏瑞泰(Sao Shwe Thaik)发电报致以祝贺,
欢迎缅甸加入自由和民主国家的大家庭,并向缅甸保证美国"牢固的友
谊和善意"②。

　　不过,缅甸独立后不久,吴努政府就面临着来自各方的叛乱:缅甸
共产党(白旗,Burma Communist Party,BCP)、缅甸共产党(红旗,
Communist Party of Burma,CPB)、人民志愿者组织(People's Volunteer
Organization,PVO)、克伦族防卫组织(Karen National Defence Organiza-
tion,KNDO)、孟族防卫组织(Mon National Defence Organization,MN-
DO)、圣战者(穆斯林)等先后发动了针对政府的武装叛乱。其中既有
持不同政见者谋求夺取国家权力的叛乱,也有少数民族谋求独立的叛
乱。到 1949 年春,叛乱武装控制了缅甸大部分农村地区,甚至首都仰
光的部分地区在某些时期也会落入叛乱分子手中。正如缅甸总理吴努在
访美时所言:"你可以想象,这些事件令整个国家沮丧。大部分民众,
包括我们自己政治组织的一些成员采取了观望的态度,准备站在似乎要
赢得胜利的一边。那些日子里忠于联邦政府的人,感觉就像一艘小艇上
的人员,在狂风暴雨的大海中被无情地颠簸着。"③

　　值得注意的是,在反抗政府的众多叛乱团体中,由于历史原因,克
伦族防卫组织与西方国家有着较为密切的联系,因而饱受缅甸政府指
责。克伦族是缅甸第二大民族,早在英国殖民统治时期,由于克伦族对
殖民者的忠诚,受到了英国人的各种优待。当时,伴随着西方传教士的
纷纷到来,大部分信奉原始宗教的克伦人逐步皈依了基督教。其中,美
国新教传教士"功不可没"。美国的新教传教士虽然明显晚于英国传教
士到达缅甸,但其人数更多,活动范围更广,取得的成效也相对更大。

---

① *U. S. Department of State Bulletin*,17(July 13,1947),p. 101.

② *U. S. Department of State Bulletin*,17(January 12,1948),p. 61.

③ U Nu,*An Asian Speaks about Neutrality*,*An Asian Speaks*:*A Collection of Speeches made by U Nu*,*Prime Minister of Burma*,*during the visit to the United States of America*,June 29 - July 16,1955,p. 15.

据记载，1828 年 5 月 16 日，在美国"浸信会"传教士贾德森的劝告下，一名克伦人在土瓦接受了洗礼，成为克伦人中的第一个基督徒。[①]此后越来越多的克伦人加入"浸信会"基督教。

缅甸独立前后，为了避免遭到缅族人的报复，克伦人希望英国支持其独立建国。虽然英国议会否决了他们的提议，但仍有大量英国人对克伦人的命运报以同情。1949 年 1 月，训练有素的克伦族防卫组织的叛乱，构成了"政府独立以来面临的最强大的威胁，它将政府置于前所未有的困境"[②]。最令缅甸政府难以接受的是，这些克伦族叛乱分子受到了一些西方同情者的暗中支持。由于造反的克伦族领导人大多为"浸信会"基督徒，并且叛乱首先在 3 个宣教中心爆发，因此缅甸政府倾向于责怪美国传教士，并将暴乱称为"浸信会叛乱"[③]。

1949 年初，随着共产主义在亚洲的扩张，美国开始关注这一地区。1949 年 3 月，凯南领导下的政策设计办公室所提交的 PPS－51 文件中虽然对缅甸有少量涉及，但由于缅甸局势复杂并没有提出任何行之有效的策略。正如文件中所指出的："由于缅甸局势如此混乱，无法从国外引进可行的解决办法，我们应该推迟提出任何解决办法的建议，直到局势开始澄清为止。"[④] 7 月 7 日，在第二份 PPS 文件中，约翰·戴维斯提出派杰瑟普大使访问马尼拉、曼谷、新加坡、巴达维亚（雅加达）、仰光、新德里、科伦坡和卡拉奇等东南亚各国首都，并同上述政府领导人进行会晤，"就双方共同关心的重大问题交换意见"[⑤]。PPS 文件的出台，一方面表明美国开始关注东南亚这个被"长期忽视的地区"；同时也不难看到，美国从一开始就将对缅关系置于对东南亚关系的大框架之内，而且自始至终都没有超出过这个框架。

---

① 钟志翔主编：《缅甸研究》，军事谊文出版社 2001 年版，第 188 页。

② Kenneth Ray Young, *Nationalist Chinese Troops in Burma*：*Obstacle in Burma's Foreign Relations*, *1949－61*, Ph. D. , New York University, 1970, p. 42.

③ John F. Cady, *A History of Modern Burma*, Ithaca, New York：Cornell University Press, 1958, p. 596.

④ PPS－51, Policy Planning Staff Paper on United States Policy toward Southeast Asia, March 29, 1949, *FRUS*, 1949, Vol. Ⅷ：The Far East and Australasia, part 2, p. 1132.

⑤ Paper Drafted by Mr. John P. Davis, Jr. , of the Policy Planning Staff, Suggested Course of Action in East and West Asia, July 7, 1949, *FRUS*, 1949, Vol. Ⅷ, The Far East and Australasia, part 2, p. 1149.

　　两份 PPS 文件的出台虽然表明美国已经意识到这一地区在未来的重要性，但是，这距离出台一份顶层设计蓝图还尚需时日，至于对这一地区采取大规模的行动则显得更为遥远。正如一位当时的历史学家所言："美国或许可以随心所欲地控制日本，但它无法控制东南亚。它基本上没有关于那里的政策。"① 具体到缅甸而言，由于历史、地缘政治现实以及其国内混乱的局势，更无法让美国在这样一个"相对次要"的地区采取什么有意义的举动。正如赫德尔在给国务卿的报告中所讲的"缅甸是一个次要问题，它的问题似乎很棘手，前景黯淡，任何明显的改善都需要几代人时间，否则不行"②。

　　缅甸独立后的前两年里，美国对缅甸的政策显得有些"模棱两可"。尽管，在这一时期，美国曾有一些善意的声明，甚至还签订了"一些次要的文化和教育协定"，很明显，美国并没有把缅甸当成一个特别重要的国家，认为英国在这一地区才是最主要的。③ 一个非常典型的例子是，1948 年 9 月，缅甸曾向美国请求军事援助以镇压国内的叛乱分子，却遭到美国的拒绝，并暗示缅甸转向英国和通过商业渠道寻求援助。当然，随着共产主义在亚洲的进一步扩张，显然"这种被动的姿态似乎已经不足以解决问题"④。

（二）美国外交使团访缅与对缅援助的开启（1950—1952）

　　自 1949 年中期开始，美国政府各个部门对东南亚的兴趣日渐浓厚。6 月，国防部部长路易斯·约翰逊要求国家安全委员会对美国在亚洲的政策做出全面评估。8—10 月，分析人员提出了一份长达 40 页的研究报告，呼吁美国在该地区采取强有力的行动。但是这份报告提出对新中国采取进攻性的政策，显然这一提议远超出了国务院的想象，艾奇逊要求淡化这些提议。1949 年 12 月 23 日，修正后的成果名为"美国关于

---

　　① Andrew J. Rotter, *The Path to Vietnam: Origins of the American Commitment to Southeast Asia*, Ithaca, NY: Cornell University Press, 1987, p. 46.

　　② *Huddle to the Secretary of State*, 8 November, 1949, 845C. – 849, CDF, Box 6121, RG59, USNA.

　　③ Frank N. Trager, *Burma from Kingdom to Republic*, New York: Praeger, 1966, p. 425.

　　④ Matthew Foley, *The Cold War and National Assertion in Southeast Asia, Britain, the United States and Burma, 1948–62*, New York: Routledge, 2010, p. 81.

亚洲的立场"，即 NSC – 48/1。①

然而，这一文件并没有被美军参谋长联席会议接受，其理由是不够"详细和强有力"。此后，第二份更为详尽的报告于 12 月 30 日出炉，并被杜鲁门批准，即 NSC – 48/2。在这份文件中，美国确立了其关于亚洲政策的 4 个安全目标：根据联合国宪章的宗旨和原则巩固亚洲各民族国家的稳定和自立；提升亚洲某些非共产主义国家的军事力量以维护内部安全，阻止共产主义的进一步入侵；减少并最终消除苏联在亚洲的影响力；防止威胁美国或"亚洲国家的和平、民族独立和稳定"的大国关系。② 值得注意的是，文件中所提及的对包括缅甸在内的东南亚所有非共产主义国家提供军事、经济和政治方面的援助具有十分重要的意义。

为了了解东南亚各国具体情况及其所需援助方式及数额，1949 年 12 月中旬，美国国务院派出菲利普·C. 杰瑟普以无任所大使的头衔出访亚洲，实地考察 6 个星期，访问了从日本到阿富汗的总共 14 个亚洲国家。1950 年 2 月 8 日，杰瑟普抵达仰光后与缅甸总理吴努举行了会谈，双方讨论了缅甸的经贸、北方边境、克伦族、东南亚联盟等重要议题。在大使询问缅甸是否可以接受外国资本问题上，吴努说："作为一个独立国家，我们能够接受外国资本，但需要缓慢行动。"他还暗示"在不久的将来"就可以接受外国资本。最后，缅甸总理还提出希望能够让一个缅甸金融使团尽快访问美国，大使对此表示欢迎，并希望缅甸方面能"具体指出使团的职能及其具体人员"③。

在返回华盛顿后不久，杰瑟普于 3 月 23 日向国务院报告了调查结果，在报告中描绘了一幅黯淡的图景：越南、老挝、柬埔寨、马来亚和缅甸都在打仗，印度和巴基斯坦处于"临战"状态，而菲律宾和印度尼西亚的暴力活动阻碍了那里的复苏。亚洲政府缺乏代表性、缺乏民主、腐败和低效。他们缺乏训练有素的士兵和对抗共产主义武装的军事能力，经济和金融的

---

① The Position of the United States with Respect to Asia, NSC – 48/1, 23 December, 1949, *United States-Vietnam Relations*, *1945 – 1967*, Book 8, Washington DC: Department of Defense, 1971, pp. 225 – 265.

② NSC – 48/2, A Report to the President by the National Security Council, The Position of the United States with Respect to Asia, December 30, 1949, *FRUS*, 1949, Vol. Ⅶ: The Far East and Australasia, part 2, pp. 1215 – 1216.

③ Memorandum of Conversation, by the Ambassador at Large (Jessup), February 10, 1950, *FRUS*, 1950, Vol. Ⅵ, East Asia and Pacific, Burma, pp. 229 – 232.

疲软使他们不堪重负。从心理上讲，亚洲不准备倒向西方，他们更愿意"等着看谁赢"，无论如何也不相信西方的动机。最后，在亚洲有利害关系的西方国家未能有效协调其政策：美国和英国在中国问题上存在分歧，美国、英国和法国之间在越南、老挝、柬埔寨问题上持有不同意见，荷兰殖民者的重心是要回印度尼西亚。杰瑟普在结论中认为，"我们并没有集中我们的技能"。现在需要的是西方协调一致的努力，帮助东南亚抵抗共产主义的扩张。① 杰瑟普建议美国政府对想要援助的东南亚国家给予经济和技术援助。②

杰瑟普的提议得到了杜鲁门政府的认可。为了确定"实施援助的最佳方式"，1950 年 2 月底，美国政府又派遣曾担任经济合作署（中国）官员的 R. 艾伦·格里芬率领的使团出使越南、老挝、柬埔寨、新加坡、马来亚、缅甸、泰国和印度尼西亚等东南亚诸国，并于 4 月 22 日返回美国。与杰瑟普一样，格里芬也发现亚洲人对美国援助的态度模棱两可：一方面，它们对美国作为前殖民地的记录以及美国批准菲律宾独立的行动表示赞赏；另一方面，他们对华盛顿的长期意图表示怀疑，担心接受美国援助和咨询服务会影响他们的独立性。③ 然而，格里芬和他的团队并不对此感到"悲观"，他认为："一小队优秀分子和较少的开支可以创造奇迹。"④ 最后，格里芬建议在 1951 年 6 月前的 15 个月中，向东南亚提供约 6600 万美元的经济和技术援助。

在涉及缅甸的情况时，格里芬在报告中认为，缅甸政府不稳定且荒诞，毫无准备且摇摇欲坠。但是，情况也并没有像他之前预期的那样糟糕。"土匪"的掠夺不像东南亚其他地区的游击队活动那样严重和持久。反对派并非恐怖主义者，也不排外。格里芬认为，如果缅甸政府能改变态度，缅甸就能迅速和令人满意地实现稳定。在格里芬使团温和地劝说下，缅甸政府最终提交了使团希望它提供的确切的经济援助建议。

---

① Oral Report by the Ambassador-at-Large Philip C. Jessup upon his Return from the East, 3 April 1950, *FRUS*, 1950, Vol. 6, pp. 68 – 76.

② Philip C. Jessup, Broadcast, April 13, 1950, *Report to the American People on the Far East*, *Department of State Bulletin*, XXII, April 24, 1950, pp. 627 – 630.

③ Samuel P. Hayes, ed., *The Beginning of American Aid to South-East Asia: The Griffin Mission of 1950*, Lexington, MA: Heath Lexington Books, 1971, p. 33.

④ Record of an Interdepartmental Meeting on the Far East at the Department of State, 11 May 1950, *FRUS*, 1950, Vol. 6, p. 90.

格里芬说："美国可以执行这项提议，英国人却不能，这很可能被证明是实现缅甸整体局势迅速改善的必要因素。"①

实际上，早在 1949 年下半年，美国政府官员们就已经开始讨论对缅甸的援助计划。10 月，杰瑟普团队建议"不加限制地采取"措施来强化吴努政府，包括"行政、经济和安全方面的帮助"②。国务院负责近东、南亚和非洲事务的助理国务卿乔治·麦基也敦促采取行动，他告诉艾奇逊，缅甸值得美国国务院"特别关注"。如果吴努要镇压共产党，改善缅甸经济状况，他将需要"紧急援助"。麦基认为，其关键在于"识别缅甸所有民族的共同利益和共同目标，然后协助政府来证明，如果得到民众支持，它将实现这些目标"③。

在此背景下，美国总统杜鲁门于 1950 年 2 月 13 日正式批准了对缅甸的援助。2 月 17 日，艾奇逊在发给仰光大使馆的电报中指出："美国特别有兴趣与缅甸政府探讨美国可能提供的技术援助，以补充英国和英联邦的援助项目"，并"采取措施补充英国和英联邦国家为稳定缅甸和防止共产主义颠覆所做的努力"④。

1950 年 3 月 23 日至 4 月 4 日，格里芬和他的团队在仰光进行了长达两个星期的访问，并拟定了援助计划的详细提案。在此期间，使团广泛会见了缅甸政要、商界领袖、学生以及缅甸少数民族代表。值得一提的是，与缅甸人的接触并没有给格里芬留下较好的印象，格里芬认为缅甸人"病态多疑"，甚至说这是他在东南亚遇到的唯一"不相信圣诞老人的民族"。格里芬和他的团队被缅甸人视为"一群扒手"⑤。尽管如此，格里芬认为：美国的援助是可能的，他的建议是设法向缅甸提供约

① Record of an Interdepartmental Meeting on the Far East at the Department of State, 11 May 1950, *FRUS*, 1950, Vol. 6, p. 89.

② Matthew Foley, *The Cold War and National Assertion in Southeast Asia, Britain, the United States and Burma, 1948 - 62*, New York: Routledge, 2010, p. 85.

③ *McGee to Acheson, US Policy for Burma*, 25 January 1950, 611. 90B/1 - 2550, CDF, Box 2856, RG59, USNA; Matthew Foley, *The Cold War and National Assertion in Southeast Asia, Britain, the United States and Burma, 1948 - 62*, p. 85.

④ The Secretary of State to the Embassy in Burma, February 17, 1950, *FRUS*, 1950, Vol. 6, East Asia and Pacific, Burma, pp. 232 - 233.

⑤ *Bowker to the Foreign Office*, No. 278, 3 April 1950, FO371/84555/FZ1108/20; Bowker to Bevin, 6 April 1950, FO371/84555/FZ1108/23, UKNA; Matthew Foley, *The Cold War and National Assertion in Southeast Asia, Britain, the United States and Burma, 1948 - 62*, p. 86.

1200 万美元的援助。①

6 月中旬，美国出台了援助缅甸的政策框架。这份文件认为，美国在缅甸面临的"基本问题"是："一个合理稳定的政治局势和在缅甸领导人的领导下能够很快完成对一个充分发挥作用的经济进行改组，使缅甸能够成功地抵抗共产党即将把缅甸置于自身统治之下的努力。"② 这份援助政策框架中还尤其提到了美国与英国在缅甸援助中的关系问题，在"英国和英联邦继续承担军事和财政援助的主要责任"前提下，"如果中共给予缅共强大的军事援助，而英国和英联邦对缅甸政府的援助没有相应加大，那么美国可能就有必要大幅扩大其目前的军事援助计划"③。

7 月，有关援助的正式谈判在仰光举行。谈判中，缅甸人不愿意对"美国的善意和合理性给予充分信任"④。7 月 19 日，吴努在对议会的讲话中明确表示："根据国家相关政策，缅甸只接受没有附加任何条件的外部援助。"⑤ 尽管如此，谈判仍取得突破。9 月 13 日，两国签订了《经济合作协定》，缅甸人称之为《双边协定》。根据协定，缅甸将得到大约 1000 万美元的赠款援助。此外，美国将向缅甸派遣一个"特别技术和经济使团"，"协助提供机械设备和技术，以应用于各个领域的恢

---

① 格里芬提出的援助缅甸的具体建议包括以下几个方面：农业（400 万美元）、政府（240 万美元）、公共卫生（230 万美元）、教育（180 万美元）、工业、交通运输及通信（140 万美元）、商品（140 万美元）、经济发展计划（120 万美元），还有一小部分用于促进缅甸和美国政要的交往。此数据之和与给出的总额有出入。参见 Samuel P. Hayes, ed., *The Beginning of American Aid to South-East Asia: The Griffin Mission of 1950*, Lexington, MA: Heath Lexington Books, 1971, p. 37。

② Policy Statement Prepared in the Department of State, June 16 1950, *FRUS*, 1950, Vol. 6, East Asia and Pacific, Burma, p. 242.

③ Policy Statement Prepared in the Department of State, June 16 1950, *FRUS*, 1950, Vol. 6, East Asia and Pacific, Burma, pp. 243 – 244.

④ *Key to the ECA Administrator*, 27 July 1950, part 1 of 2, CDF records of the US foreign assistance agencies 1948 – 61, Far East Geographic Files, Burma, Box 2, RG469, USNA; Matthew Foley, *The Cold War and National Assertion in Southeast Asia, Britain, the United States and Burma, 1948 – 62*, p. 87.

⑤ *Key to the ECA Administrator*, 27 July 1950, part 2 of 2, CDF records of the US foreign assistance agencies 1948 – 61, Far East Geographic Files, Burma, Box 2, RG469, USNA; Matthew Foley, *The Cold War and National Assertion in Southeast Asia, Britain, the United States and Burma, 1948 – 62*, p. 87.

复和经济发展"①。12 月中旬，美国就援助提出了详细的建议，内容涉及医疗卫生、农业、工业、通信、住房和教育等各方面。1951 年 2 月，缅甸政府宣布雇用一家美国咨询公司帮助其制订经济发展计划。9 月，缅甸政府通过美国经济合作署（Economic Cooperation Administration，ECA）② 同美国纳彭—蒂皮兹—阿贝特工程公司（Knappen-Tippetts-Abbett，K. T. A. ）签订了价值 300 万美元的合同。随后，该公司与罗伯特·R. 内森联合公司（Robert R. Nathan Associates）对缅甸的经济和工程项目进行调查，并于 1952 年初完成了第一份调查报告。③ 在截至 1952 年 6 月的早期援助计划中就安排了总价值达 2500 万美元的项目。④

　　除了经济援助外，美国对缅甸的军事援助也在紧锣密鼓地进行。早在 1948 年，缅甸内战爆发后不久，缅甸政府第一次向美国请求军事援助，但遭到拒绝。然而，随着共产主义在亚洲的蓬勃发展并在中国大陆取得胜利后，美国人开始重新审视这一地区的政策。1949 年 12 月，美国国务院在报告中建议马上向缅甸提供军事援助。次年 3 月，又提议向缅甸提供 10 艘海岸警卫队的二手巡逻艇，以改善缅甸国内航道安全。美国国务院认为，这些船只将"增强政府打击共产党占据的伊洛瓦底江谷地的军事行动能力。它们的存在将提升缅甸人民的士气和缅甸政府的声望"⑤。1950 年 5 月 12 日，杜鲁门总统批准拨出 350 万美元，用于 1949 年《共同防御援助法》第 303 条规定的向缅甸提供军事援助。⑥

---

① Frank N. Trager, *Burma from Kingdom to Republic*, New York：Praeger, 1966, p. 310.

② 根据 1948 年《经济合作法》，美国国会成立经济合作署管理"马歇尔计划"的实施。其署长由美国总统任命并经参议院同意方可。1951 年 12 月 30 日被共同安全署（MSA）代替。

③ John F. Cady, *A History of Modern Burma*, Ithaca, New York：Cornell University Press, 1958, p. 616.

④ *Economic Cooperation Administration Far East Program Fiscal 1952 Budget*, *Burma*, 20 February 1951, CDF, Office of Far Eastern Operations, Burma Subject Files 1950 - 61, box 14, RG469, USNA；Matthew Foley, *The Cold War and National Assertion in Southeast Asia*, *Britain*, *the United States and Burma*, *1948 - 62*, p. 87.

⑤ *Hare to Merchant*, 3 March 1950, records relating to the Mutual Security Assistance Program (Far East), 1949 - 54, Lot 57D472, box 1, RG59, USNA；Matthew Foley, *The Cold War and National Assertion in Southeast Asia*, *Britain*, *the United States and Burma*, *1948 - 62*, pp. 87 - 88.

⑥ Policy Statement Prepared in the Department of State, June 16 1950, *FRUS*, 1950, Vol. 6, East Asia and Pacific, Burma, p. 235.

三　杜鲁门政府对缅文化外交政策与方针

（一）杜鲁门政府对缅文化外交文件中的政策性表述

冷战在亚洲爆发后，美国在全球的战略形势日益严峻。新中国的成立，极大增强了共产主义在亚洲的影响力。不仅如此，紧邻中国的东南亚国家的共产党势力也迅速崛起。一份中央情报局评估报告由此担心："中共政权的建立，将会有力地促使缅甸倾向于共产主义……而如果缅甸陷于共产主义之手，那么共产主义的影响就可直达印度和巴基斯坦；与此同时印度支那将改变颜色。两者会共同影响泰国与马来亚的政权。"[①]因此，共产主义在亚洲的扩张，不仅使杜鲁门政府面临政治、经济乃至军事方面的潜在冲突，更有无时无处不在的共产主义思想和意识形态方面的挑战。

早在1948年，美国政府就已经认识到了对共产主义进行意识形态战的重要性，并明确通过"除战争以外的一切手段"来实现其总目标。[②] 值得注意的是，美国意识形态战的对象并不仅包括身处共产主义阵营的民众，还包括非共产主义阵营民众，甚至是美国民众。对于非共产主义阵营的民众，美国认为应该"消除其被置于屈从莫斯科地位的神话……使其对苏联采取合乎逻辑和现实的态度"[③]。后来，随着中国共产党在中国大陆的胜利，美国决策者试图将在欧洲冷战中意识形态战的经验应用于亚洲战场，并根据亚洲各地区的具体情况出台了不同的政策。

1949年初，随着共产党在中国大陆不断向南推进，美国政策设计办公室在3月29日提交了名为"美国在东南亚的政策"的政策文件，即PPS－51。这份文件充分体现了美国政策设计者们对文化项目的重视，并指出通过"大力扩展文化和信息项目，培养亚洲人对西方人文价

---

① CIA, ORE 86－49, *Communist Influence in Burma*, Jan. 11, 1950, pp. 1－5. available at http：//www. foia. cia gov. / browse_ docs. asp；张杨：《以宗教为冷战武器——艾森豪威尔政府对东南亚佛教国家的心理战》，《历史研究》2010年第4期。

② NSC－20/4, U. S. Objectives with Respect to the USSR to Counter Soviet Threats to U. S. Security, November 23 1948, *FRUS*, 1948, Vol. I, Part 2, p. 668.

③ NSC－20/4, U. S. Objectives with Respect to the USSR to Counter Soviet Threats to U. S. Security, November 23 1948, *FRUS*, 1948, Vol. I, Part 2, p. 668.

值的欣赏和尊重以及对国际政治和经济现实的理解"①。不过，此时缅甸正在经历严重的内乱，美国决策者此时对缅甸的态度主要是以"等待尘埃落定"为主，并以英联邦国家为主导，"恢复缅甸的法律和秩序"②。7月1日，美国政府出台了 NSC－51 号文件，与 PPS－51 类似，文件指出缅甸政府"弱小、难以预料、高度不稳定"，且在不久的将来"风雨交加"③。因此，在短时期内难以提出针对缅甸的文化外交方案。

7月7日，美国政策设计人员又提交了另一份 PPS 文件，名为"在东亚和南亚的行动建议方针"。在这份文件中，除了为美国政府在中国的政策"失败"进行辩解外，还建议采取"积极行动"，以"赢得美国公众的信心和支持……改善东亚和南亚的心理气氛"④。相对于 PPS－51 中对文化项目的模糊表述，这份文件明确提出要在马尼拉建立一所区域大学，使"东亚、南亚各国政府与美国……合作培训本国技术人员"。值得注意的是，这所大学还将参照"莫斯科东方大学"，"培养东亚、南亚与大西洋共同体之间的相互依存意识"，从而被赋予了浓厚的"政治色彩"⑤。

12月30日，杜鲁门总统签署了国家安全委员会提交的一份名为《美国在亚洲立场》的文件，即 NSC－48/2。这份文件虽然没有专门提到针对缅甸的行动方案，却鲜明地提出通过"适当的政治、心理和经济手段，利用中共和苏联之间以及中国斯大林主义者和其他派别之间的裂缝"，并在适当的情况下，通过"隐蔽或公开的手段来实现这些目标"，在此过程中还要"谨慎地避免干预的出现"⑥。这表明，通过"心理战"或"隐蔽战"来遏制共产主义的扩张已经成为美国亚洲冷战战略的重

---

① PPS－51, Policy Planning Staff Paper on United States Policy toward Southeast Asia, March 29, 1949, *FRUS*, 1949, Vol. Ⅶ: The Far East and Australasia, part 2, p. 1131.

② CIA 6－49, Review of the World Situation as it relates to the Security of the United States, June 15, 1949, CK 2349376051, *USDDO*, p. 8.

③ NSC－51, U. S. Policy toward Southeast Asia, July 1, 1949, CK 2349354016, *USDDO*, p. 15.

④ Paper Drafted by Mr. John P. Davies, Jr., of the Policy Planning Staff, July 7, 1949, *FRUS*, 1949, Vol. Ⅶ: The Far East and Australasia, part 2, p. 1148.

⑤ Paper Drafted by Mr. John P. Davies, Jr., of the Policy Planning Staff, July 7, 1949, *FRUS*, 1949, Vol. Ⅶ: The Far East and Australasia, part 2, p. 1150.

⑥ NSC－48/2, the Position of the United States with Respect to Asia, December 30, 1949, *FRUS*, 1949, Vol. Ⅶ: The Far East and Australasia, part 2, p. 1219.

要手段。不过，这份具有亚洲冷战宣言色彩的国家安全文件较少提及缅甸，除了缅甸政治及历史因素外，美国还认为"缅甸人怀疑美国的目标"①。

1950 年春，随着缅甸军队在打击各方叛军中取得了一系列胜利，"政府军建立了从仰光到曼德勒的安全走廊并粉碎了克伦族有组织的抵抗"，西方对缅甸政府的"信心"随之增强，并相应增加了援助缅甸的力度。② 3 月，英联邦同意向缅甸贷款 600 万英镑（其中英国提供 375 万英镑），除此以外，英国还向缅甸政府提供了 50 万英镑的短期贷款，"帮助缅甸筹措购买大米的资金并消除其金融困难"③。不仅如此，缅甸局势的好转也增加了美国对缅甸的经济和军事援助前景。1950 年 1 月 16 日，美军参谋长联席会议决定向缅甸提供大约 1000 万美元的"总统基金"来"巩固国家，并有效抵御受到苏联授意的共产主义的侵蚀"④。3 月，国务院和国防部同意根据《共同防御援助法》第 303 款向缅甸提供 350 万美元的军事援助。⑤ 5 月，美国政府批准向缅甸军方移交 10 艘价值约 300 万美元的巡逻艇。与此同时，缅甸外长苏昆雀写信给杰瑟普要求美国贷款资助缅甸一系列的教育项目和一个"康复队"⑥。从此，美缅两国的交流，尤其是文化方面交流变得越来越积极。

1952 年 6 月，美国国家安全委员会出台了名为"美国在东南亚的目标和行动方针"的文件，即 NSC－124/1。为了应对中国共产党"公开"或"隐蔽"的入侵，针对东南亚，美国应该"加强宣传和文化活动"，同时"促进该地区人民与自由世界更紧密团结在一起"。在针对缅甸的部分强调"发展缅甸本土亲西方团体的联合行动与合作以抵抗共

---

① JCS－1721/43, Program of Assistance for the General Area of China, January 16, 1950, CK 2349399208, *USDDO*, p. 361.

② CIA 4－50, Review of the World Situation as it relates to the Security of the United States, April 19, 1950, CK 2349376143, *USDDO*, p. 8.

③ Chi-shad Liang, *Burma's Foreign Relations Neutralism in Theory and Practice*, New York: Praeger Publisher, 1990, pp. 171－172.

④ JCS *1721/43*, Program of Assistance for the General Area of China, January 16, 1950, CK 2349399208, *USDDO*, p. 361.

⑤ Allocation of Section *303* Funds to Provide Military Aid to the Government of Burma, May 5, 1950, CK 2349363005, *USDDO*, p. 1.

⑥ Matthew Foley, *The Cold War and National Assertion in Southeast Asia*, *Britain*, *the United States and Burma*, *1948－62*, London and New York: Routledge, 2010, p. 86.

产党的入侵，并在合适的少数民族群体中组建用来对付共产党的游击队"①。但是，由于这份文件在一些关键方面无法令总统和国务院感到满意，最终未获得通过。

6 月 25 日，国家安全委员会将修改后的文件提交杜鲁门总统，并得到批准实施，即 NSC - 124/2 号文件。这份文件与之前未获通过的姊妹篇标题完全一样，具体内容也大体相同。与 NSC - 124/1 号文件相似，新文件尤其重视在东南亚的文化心理项目，并提出"在适当情况下加强秘密行动，以协助实现美国在东南亚的目标"。除此以外，美国政府在国家安全文件中第一次专门对东南亚"海外华人"社区进行了讨论，并指出"继续在东南亚海外华人社区中开展冷战行动，以抵制亲共团体的影响，并使他们更加倾向于自由世界"②。NSC - 124/2 号文件在美国的亚洲冷战战略中具有里程碑式的意义，它是美国第一份专门针对东南亚国家的系统性政策文件，并在此后一段时间成为美国在东南亚的行动指南。

NSC - 124/2 号文件针对缅甸应采取的策略及行动进行了大量阐述。文件将缅甸看成遏制共产主义在东南亚扩张的关键环节，并且"一旦缅甸被共产党控制，那么共产党武装经由泰国的军事推进可能会使越南、老挝、柬埔寨地区处于无法进行军事防守的境地"③。为此，美国针对缅甸制定了详细的行动方针。尽管如此，美国对缅甸的行动主要体现在经济和技术援助，以及在"必要时刻"作为联合国集体行动一部分的军事行动上，几乎没有涉及对缅甸进行文化心理方面的行动。这显然跟英国在这一时期承担对缅甸的主要责任有直接的关系。但毋庸置疑，NSC - 124/2 号文件中所提出的"海外华人项目"已经把缅甸的 35 万华侨④纳入其开展文化外交的目标群体中了。

---

① NSC - 124/1, United States Objectives and Courses of Action with Respect to Southeast Asia, June 19, 1952, CK 2349399828, *USDDO*, pp. 1 - 19.

② NSC - 124/2, United States Objectives and Courses of Action with Respect to Southeast Asia, June 25, 1952, CK 2349265618, *USDDO*, p. 10.

③ NSC - 124/2, United States Objectives and Courses of Action with Respect to Southeast Asia, June 25, 1952, CK 2349265618, *USDDO*, p. 9.

④ *Reference Material of Overseas Chinese Population*, Research Association of Overseas Chinese, 1956, p. 75; David I. Steinberg, Hong Wei-fan, *Modern China-Myanmar Relations: Dilemmas of Mutual Dependence*, Copenhagen: NIAS Press, 2012, p. 43.

20 世纪 50 年代初，随着东南亚在美国冷战战略中的地位迅速提升，缅甸作为东南亚大陆的重要节点国家也相应为美国决策者所看重。随着时间推移和缅甸国内形势的日益明朗，美国对缅文化外交政策也变得越来越清晰。

（二）心理战略委员会对缅文化外交具体方针的出台

1951 年 4 月 4 日，杜鲁门总统指令创建心理战略委员会，并将其置于国家安全委员会的领导下，负责心理战政策的分析和制定。对于心理战的定义，美国冷战史学者肯尼斯·奥斯古德（Kenneth Osgood）认为是"任何影响公众舆论或外交政策利益的非军事行动"，因此心理战的具体内容包括但不限于"贸易和经济援助、文化和教育交流、威胁使用武力和外交"①。由此看来，文化和教育交流构成了心理战的重要内容。

心理战略委员会成立后不久便着手组织针对缅甸等东南亚国家的文化外交活动。1951 年底，在心理战略委员会的协调下，援助欧洲合作组织（Cooperative for American Remittances to Europe，CARE）在缅甸开展了图书项目。② 此外，心理战略委员会内部还讨论了名为《在缅甸埋下心理地雷》的文件。③ 早期，心理战略委员所策划的针对缅甸的文化活动具有分散性、无序性等特征。此后，随着东南亚形势的恶化以及 NSC - 124/2 号文件的提出，美国政府也加紧制定出了一份专门针对东南亚国家的心理战略文件。

1953 年 1 月 5 日，一份名为《美国针对东南亚国家的心理战战略》的 PSB D - 23 号文件正式公布。与 NSC - 124/2 号文件一致，PSB D - 23 号文件指出美国在东南亚的目标在于"防止东南亚国家倒向共产主义，帮助他们从内部和外部增强抵御共产主义意志和能力，以强化自由世界"④。具体到缅甸，美国对缅实施心理战的主要目标有二：一是通

---

① Kenneth Osgood, Hearts and Minds: The Unconventional Cold War, *Journal of Cold War Studies*, Vol. 4, No. 2, 2002, pp. 85 - 107.

② Officers, Board of Directors, and Program of CARE, Inc. , November 21, 1951, CK 2349069263, *USDDO*, p. 2.

③ Memorandum from Executive Secretary of Director's Group in Response to Questionaire from Tracy Barnes of *11* December, Received at *1600* Hours, December 17, 1951, CK 2349305939, *USDDO*, p. 4.

④ PSB D - 23, Psychological strategy for Southeast Asia, January 5, 1953, CK 2349568523, *USDDO*, p. 10.

过援助和文化活动增强缅甸政府的稳定性以及民众的支持；二是改善缅甸与美国和西方的关系，并使其对共产主义产生反感。①

文件中高度重视对文化项目和人员交流等手段的运用，并将其分为以下7点：1. 通过美国和其他西方国家"文化使者"，正式或非正式地与当地知识分子建立联系；2. 鼓励东南亚各国之间，东南亚与日本、印度等其他亚洲国家，以及东南亚与西欧国家之间的人员交流和文化接触；3. 用适当的思想路线促进东南亚写作、出版和学术的发展；4. 将东南亚具有代表性的本土文学、民俗和歌曲翻译成英文在美国和自由世界发行和宣传，在美国和自由世界其他国家举办东南亚本土艺术展览；5. 尽可能廉价地向东南亚提供英文和东南亚本土语言版本的与意识形态相适应的严肃的美国和西方图书或期刊；6. 通过使西方科学技术适应东南亚的需求、资源和文化模式，激发当地人更多的兴趣和创造力；7. 利用当地、西方、国际或美国的私人机构、组织和个人来促进该计划在文化、政治和发展领域的目标。②

除此以外，心理战略委员会还针对东南亚不同群体专门制定了具体的文化项目，譬如有专门针对佛教徒、穆斯林、工匠和知识分子的文化项目，其目标在于通过鼓励和帮助这些东南亚团体，以巩固和提升其威信。为了增加行动的隐蔽性，文件还指出具体行动主要通过非官方的方式进行。尽管如此，对于像第六次佛教大结集这种具有广泛影响的宗教活动，美国政府还是"隆重"地进行了官方宣传。③

艾森豪威尔上台以后，心理战略委员会虽被行动协调委员会所取代，但 PSB D-23 号文件并没有被抛弃，而是继续推进实施，并发布了多份进程报告，譬如根据 PSB D-23 号文件的要求，美新署在1954财年增加了其在东南亚的资金投入，向泰国及周边国家拨付了 28 万美元的额外资金用于文化外交项目，其中分配给缅甸项目的资金有 1.5 万美元。④ PSB

---

① PSB D-23, Psychological strategy for Southeast Asia, January 5, 1953, CK 2349568523, *USDDO*, p. 21.

② PSB D-23, Psychological strategy for Southeast Asia, January 5, 1953, CK 2349568523, *USDDO*, pp. 17-18.

③ PSB D-23, Psychological strategy for Southeast Asia, January 5, 1953, CK 2349568523, *USDDO*, p. 17.

④ NSC Progress Report on US PSB Based on Thailand（PSB D-23），February 26, 1954, CK 2349580335, *USDDO*, p. 7.

D-23号文件是美国政府针对东南亚国家出台的首个心理战和文化冷战政策指令性文件，同时也标志着美国对缅文化外交具体方针的正式确立。

四 杜鲁门政府对缅文化外交的初步实施

（一）富布莱特项目下的美国对缅教育交流

1946年8月1日，美国第79届国会通过了《584号公法》，即《富布莱特法》，以促进美国和其他国家间的教育交流。可以说，《富布莱特法》是美国《1944年剩余物资法》的修正案，后者授权美国国务院"以尽可能接近合理价值的价格"，"有条理地处理"美国存放在世界各地的剩余战争物资，[①] 根据修正案，美国须将"处理的物资"的部分外汇收入用于美国对外文化教育交流活动计划，即"富布莱特项目"。该计划的宗旨是："增进美国人民和其他国家人民间的相互了解；通过展示美国人民和其他国家人民在教育和文化方面的共同利益或兴趣、发展和成果，及致力于全世界人民创造和平、富裕生活所做的贡献，以加强美国和其他国家的联系纽带；促进国际合作以利于教育和文化进步；协助促进美国与世界其他国家友好、善意及和平关系的发展。"[②]

众所周知，1947年11月10日，中美签订了世界上第一份富布莱特项目合作协定，国内外学界对此已有不少研究。而时间上紧随中美富布莱特协定的美缅富布莱特协定却并没有受到学界较广泛的关注。其实，尽管中美最早签订富布莱特协定，但是由于多方面原因富布莱特项目受资助者最早开启工作的国家却是缅甸而非中国。此外，缅甸富布莱特项目还具有以下几个独特性：首先，其自始就包括医疗和农业教育以及援助，因此构成了尚未实施的"第四点"技术援助的原型；其次，富布莱特缅甸项目并非由美新处进行管理；最后，该项目很快被卷入缅甸内战。[③] 凭借以上几点，缅甸富布莱特项目就有理由获得更多的关注和探讨。

---

① Walter Johnson, Francis James Colligan, J. W. Fulbright, *The Fulbright Program：A History*，Chicago：The University of Chicago Press, 1965, p. 12.

② Walter Johnson, Francis James Colligan, J. W. Fulbright, *The Fulbright Program：A History*，Chicago：The University of Chicago Press, 1965, p. viii.

③ Richard T. Arndt, David Lee Rubin, eds., *The Fulbright Difference：1948 - 1992*，New Brunswick and London：Transaction Publishers, 1996, p. 18.

缅甸之所以成为第二个与美国签署富布莱特协定的国家，与缅甸方面的积极争取有很大关系。早在缅甸独立前，缅甸官员就已着手建立与美国的教育交流计划。1947 年 1 月 21 日，缅甸教育部部长吴素在伦敦同美国驻英代办高尔曼举行会谈时便表示"急于任命一名教育官员以管理在美国的缅甸官派留学生，并希望增加留美学生的数量"①。23 日，高尔曼在与缅甸代表吴巴佩的会谈中，后者表示"一旦美元到位，缅甸想要增加官派留学生前往美国的大学并派出官员照顾他们"②。会谈后，高尔曼和缅甸代表同意向缅甸财政部部长查克拉瓦蒂（Chakravarti）致信阐释美缅文化交流的总体建议，并争取"缅甸政府的立即批准"。这封信的内容包括两国教授和学生的交换安排、向缅甸派出美国科学家和其他领域专家、用缅甸语翻译和出版美国书籍、购买缅甸文献和博物馆展品等。在信的结论部分，高尔曼表示："我相信美国驻仰光总领事将会更充分地向你的政府解释《富布莱特法》。"③ 缅甸代表希望扩大美缅之间教育交流得到了美国政府的认真考虑，并给予了积极回应，正如美国驻仰光总领事帕克（Packer）所指出的："美国政府希望缅甸和美国之间的文化和经济交流能够促进双方共同利益。"④

缅甸人的愿望终于在 1947 年 12 月 22 日这天得以实现：当天，缅甸和美国签署了富布莱特教育交流协定。根据协定，美国在缅甸建立一个教育基金会，负责管理美国政府根据 1947 年 2 月 28 日在伦敦签署的《剩余物资协定》应付的部分资金。最初，教育基金会设定的总资金额为 300 万美元，随后增加到 400 万美元，并规定每年出资约 20 万美元以支持这项计划。⑤ 基金会的资助主要包括：位于缅甸的学校和高等研究机构中的美国公民以及位于美国本土以外的美国学校和高等研究机构

---

① The Charge in the United Kingdom（Gallman）to the Secretary of State, January 22, 1947, *FRUS*, 1947, Vol. Ⅵ：the Far East, p. 4.

② The Charge in the United Kingdom（Gallman）to the Secretary of State, January 23, 1947, *FRUS*, 1947, Vol. Ⅵ：the Far East, p. 7.

③ The Charge in the United Kingdom（Gallman）to the Secretary of State, February 5, 1947, *FRUS*, 1947, Vol. Ⅵ：the Far East, p. 14.

④ The Consul General at Rangoon（Packer）to the Secretary of State, September 19, 1947, *FRUS*, 1947, Vol. Ⅵ：the Far East, p. 43.

⑤ 54 – D – 190：Records Of The Philippine And Southeast Asian Division, *1944 – 1952*, Southeast Asia-Regional Affairs, Agreements, Pacts And Treaties Treaty：U. S. – Burma, February 4, 1948, SC 5005175779, *Archives Unbound*, p. 10.

的缅甸公民的学习、研究、讲课以及其他教育活动，主要涵盖交通费、学费、生活费以及与学术活动有关的其他费用；或者为想要在美国本土学校和高等研究机构学习的缅甸公民提供交通工具。

美缅教育基金会由 8 名成员组成，其中主席由美国驻缅甸大使馆代理公共事务官员（Public Affair Officer，PAO）露丝·路易斯（Ruth Lewis）女士担任，其余成员包含 3 名缅甸代表：包括仰光大学校长吴锡昂（U Htin Aung）、缅甸公共教学部主任吴丘（U Cho）、掸邦教育部部长苏赛芒（Sao Saimong），2 名美国使馆人员：包括美国驻缅大使馆二秘 J. 拉塞尔·安德鲁斯（J. Russell Andrus）、美国驻缅大使馆财务官员马丁·德特尔斯（Martin P. Detels），2 名居住在缅甸的美国教育工作者：包括美国卫理公会传教士斯特拉·埃博索尔（Stella Ebersole）女士、仰光基督教青年会秘书 H. J. 佩恩（H. J. Payne）。① 需要指出的是，美国驻缅大使馆二秘 J. 拉塞尔·安德鲁斯在项目初期发挥了关键作用。安德鲁斯对当地有广泛的了解，作为一名 20 世纪 30 年代的浸信会传教士，他曾担任浸信会贾德森学院②的经济学教授。此外，安德鲁斯会说当地多种方言，门生遍及全缅。这些优势使安德鲁斯成为美国决策者眼中指导缅甸富布莱特项目的不二人选。③

1948 年初，美国国会批准《美国信息和教育交流法案》，至此解决了富布莱特项目的资金问题。④ 1948 年底，首批受资助前往美国深造的是来自西格雷夫医院的两名护士。第二批受资助者则是内华达大学经济学系的欧内斯特·L. 英沃德（Ernest L. Inwood）博士，他来到仰光大学经济系担任访问教授。英沃德对缅甸的好奇心使其在仰光大学开设许多经济学课程。不过，由于缅甸国内的动荡局势，英沃德于 1949 年 4 月返回美国，9 个月的任期只履职 5 个月。此后，来缅甸工作的富布莱特专家学者还有亨尔瓦德尔（Hunerwadel）夫妇，他们于 1949 年 2 月初

---

① The Acting Secretary of State to the Embassy in Burma, December 19, 1947, *FRUS*, 1947, Vol. Ⅵ: the Far East, pp. 47 - 49; Isabel Avila Maurer, The Fulbright Act in Operation, *Far Eastern Survey*, Vol. 18, No. 9, 1949, p. 106.

② 该学院后来被并入仰光大学。

③ Richard T. Arndt, David Lee Rubin, eds., *The Fulbright Difference: 1948 - 1992*, New Brunswick and London: Transaction Publishers, 1996, p. 18.

④ Ralph H. Vogel, The Making of the Fulbright Program, *The Annals of the American Academy of Political and Social Science*, Vol. 491, 1987, p. 14.

抵达，主要在缅甸从事农业教育和家庭经济学培训。同年，两名美国博士研究生查尔斯·勃兰特（Charles Brandt）和塞缪尔·达希尔（Samuel Dashiell）来到缅甸分别研究土地利用和乡村文化。此外，还有 3 名教授来仰光大学任教。直到 1949 年缅甸局势危急，美国驻缅大使馆才决定限制美国人入境。[①] 在美国和缅甸签署教育交流协定后的第一年内，就有 14 名美国教授受到资助前往仰光大学和国立仰光教师培训学院授课，课程主要涵盖化学、水电工程、淡水生物学、经济学、教育研究、教育心理学、变态心理学和体育教育等。另资助 7 名美国人前往缅甸进行博士研究生学习和 5 名美国人从事博士后研究。后来，有 40 名缅甸学生在富布莱特项目资助下进入美国在缅甸设立的学校就读，其中包括设在边境地区的医疗中心；资助 2 名美国中学教师来缅甸工作；资助 28 名缅甸学生赴美旅行。[②] 此外，美国史密斯—蒙特基金会还在 1951 财年为缅甸安排了 37000 美元，其中大部分用于为富布莱特交流项目提供美元支持。在 1950 年的富布莱特和史密斯—蒙特交流项目中，总共有 51 人得到资助。[③] 由于缅甸刚从二战的战火中走出，百废待举，以及其长期处于落后水平的社会状态，所以，富布莱特项目对于缅甸的恢复和发展具有尤为重要的意义。

随着中国共产党在中国取得胜利，缅甸国内的共产主义运动如火如荼，以富布莱特项目为代表的美国文化计划除了用于促进缅甸社会的进步之外，还服务于美国亚洲冷战战略。早在美国正式将东南亚纳入亚洲冷战轨道之前，亚洲的政策建议者们就已经注意到了文化项目在冷战中的作用。1949 年 11 月 14 日，杰瑟普向美国总统建议在东南亚地区实施一项"协调一致的经济、信息和文化计划"[④]。他的提议被美国第一份系统针对远东的战略性政策文件 NSC – 48/2 接纳，该文件强调"美

① Richard T. Arndt, David Lee Rubin, eds., *The Fulbright Difference: 1948 – 1992*, New Brunswick and London: Transaction Publishers, 1996, p. 24.

② Isabel Avila Maurer, The Fulbright Act in Operation, *Far Eastern Survey*, Vol. 18, No. 9 (May 4, 1949), pp. 104 – 107.

③ *58 – D – 782*: Records of the Office of Southeast Asian Affairs (Economic), Subject Files, *1950 – 1957*: Griffin Mission Reports: Indochina, 1950, SC 5005205634, *Archives Unbound*, p. 94.

④ Outline of Far East and Asian Policy for Review with the President, November 14, 1949, *FRUS*, 1949, Vol. Ⅶ, Part 2, The Far East and Australasia, p. 1214.

国应该在国内外开展信息项目，并出版美国针对亚洲的政策和计划，以获得最大限度的国内外支持"①。这标志着在东南亚开展以冷战对抗为主要目标的信息和文化计划得到了美国政府的肯定。

1950 年中期，中国共产党在大陆的政权已日益稳固并同苏联结盟的现实，使美国逐步放弃了此前在对中国局势认知中一度占据主流的"亚洲铁托"幻想，并开始认真考虑在外围建立对华遏制包围圈，而朝鲜局势的恶化更加重了美国对这一地区的担忧。1949 年底，美国政府出台 NSC – 48/2 号文件时，缅甸政府正苦于应付各方的叛乱势力，尚处于"风雨飘摇"中。但此时缅甸政府军的节节胜利无疑已经在一定程度上"增加了政府的声望和权威"，同时也增加了美国对"缅甸政府继续生存下去的信心"，以及"向其提供援助的前景"②。在此背景下，美国国务院于 1950 年 6 月 16 日发表了针对缅甸的政策声明，并明确指出美国对缅甸的政策目标之一是"增强缅甸政府从军事上打败共产党叛乱组织的能力，并在边境地区防御中共的渗透或入侵"。为了支持和实现美国在缅甸的目标，文件强调了信息和文化项目的重要性并指出："美国应该继续实施和扩大其信息和文化交流计划，促进缅甸人民对西方民主精神的理解，努力渲染共产主义将意味着最终使缅甸处于苏联控制下的极权统治的事实。"③

为此，国务院建议根据《共同防御援助法》第 303 款，在可动用的资金中拨出大约 40 万美元，用于"大力扩大信息和交流项目"。此前，根据美缅富布莱特协定条款在缅甸建立的美国教育基金会，已经资助了 15 名美国教育专家和研究学者前往缅甸工作，"他们非常成功地在缅甸人中建立了一个更好、更热忱的展示美国的团体"。基金会还为 12 名缅甸学生赴美学习支付了洲际旅费，另有 35 名缅甸护士获得基金会的奖学金来美国人在缅甸开设的西格雷夫（Seagrave）医院学习。国务院指出"基金会的工作将在缅甸政治条件允许的情况下继续和扩大"④。

① NSC – 48/2, The Position of the United States with Respect to Asia, December 30, 1949, *FRUS*, 1949, Vol. Ⅶ, Part 2, The Far East and Australasia, p. 1220.

② CIA 5 – 50, Review of the World Situation as it Relates to the Security of the United States, May 17, 1950, CK 2349376154, *USDDO*, p. 9.

③ Policy Statement Prepared in the Department of State, June 16, 1950, *FRUS*, 1950, Vol. Ⅵ, East Asia and the Pacific, p. 235.

④ Policy Statement Prepared in the Department of State, June 16, 1950, *FRUS*, 1950, Vol. Ⅵ, East Asia and the Pacific, p. 235.

这一时期美国政府之所以要加强以富布莱特项目为代表的对缅信息和文化项目，是因为政策建议者们对缅甸的战略地位及前景有了重新认识。1950 年 4 月 3 日，已结束对东南亚 14 国访问回到美国的无任所大使杰瑟普向国务院汇报了其远东之行的情况，并总结说："东方的局势很糟糕，但并不令人绝望……缅甸、越南、老挝、柬埔寨是关键点。"①格里芬也指出了缅甸的重要性，并认为"美国的援助是缅甸整体局势迅速改善的必要因素"②。政策建议者们对缅甸的重视最终写入国务院对缅甸的政策声明中，成为美国对外政策的一部分。声明指出："如果缅甸……能够抵御共产主义，那么我们就有可能拥有整个东南亚。如果缅甸……倒下，泰国将紧随其后；东南亚在共产主义冲击下，实际上将变得毫无防备。"③ 因此，在这样的认知下，美国政府强化对缅甸的富布莱特教育交流计划乃理所应当。

不可否认，富布莱特项目在许多领域为战后渴求重建和发展的缅甸提供了帮助。许多美国专家学者以及中小学教师在这项计划的资助下来缅甸从事科研和教学工作，一方面推动了缅甸相关学科的发展，尤其是在与缅甸社会经济发展息息相关的医学、经济及水电工程等领域，得到了富布莱特项目的重点支持；另一方面，缅甸在独立后，政府领导人认识到："必须通过科学教育迅速解决医疗卫生、工业化、资源利用和研究等一些最紧迫的问题"，而富布莱特项目则为"科学教育"提供了必要的师资、教科书乃至科学设备。④ 因此，这也就不难理解缅甸官员为何一再要求美国增加其富布莱特项目的资金和名额。

富布莱特项目还在增进美缅关系方面发挥了积极作用。正如美国官员评价说："对教育的渴望是美国在东南亚……的亲密爱人。《富布莱特法》可能是战后在东南亚采取的最具建设性的长期措施之一。"⑤ 富

---

① Oral Report by Ambassador-at-Large Philip C. Jessup upon his Return from the East, April 3, 1950, *FRUS*, 1950, Vol. Ⅵ, East Asia and the Pacific, p. 76.

② Record of an Interdepartmental Meeting on the Far East at the Department of State, May 11, 1950, *FRUS*, 1950, Vol. Ⅵ, East Asia and the Pacific, p. 89.

③ Policy Statement Prepared in the Department of State, June 16, 1950, *FRUS*, 1950, Vol. Ⅵ, East Asia and the Pacific, p. 244.

④ Charles Walker Prewitt, Science Education in Burma and the Fulbright Program, *Science Education*, Vol. 43, No. 3, April 1959, pp. 257 – 263.

⑤ American Policy toward China, October 6 – 9, 1949, CK 2349378341, *USDDO*, p. 204.

布莱特项目为扩大美国与缅甸的教育交流提供了途径，不仅促进了两国官方的交往，对于加深两国民众的理解同样有所帮助。更重要的是，美国认为这样的援助所"产生的后续影响"，使缅甸年轻人"不再参与抢劫，而是开始坚持学习，并使其疏远来自左翼的宣传"①。不仅如此，富布莱特学者或教师也比较受当地师生的欢迎，正如一名体育教育专业的富布莱特教授所认为的，他的努力得到了缅甸人"热情地回应"②。

尽管如此，富布莱特项目在缅甸的实施过程中仍然受到了各种因素的制约。例如在资助人员的选择方面，缅甸政府"倾向于不接受单方面控制其公民的选择"，并就此向美国政府正式陈述了其意见。对此，美国国务院认为，哪怕"暂时中断与缅甸的交流项目"，也要维护其原则，即美国"政府最终有责任选择由国会拨款资助的受助人"③。其实，如果考虑到缅甸人曾长期遭受殖民统治的历史，则不难理解他们会有这样的反应，长期的反殖民主义斗争使缅甸人尤其是缅甸领导人内心里深深植入了"反帝国主义"的情感，这往往会使他们"不愿意接受西方的援助"。

此外，美国官员们认为富布莱特项目本身也存在一些问题。其中比较突出的是富布莱特项目与"该地区的需要和愿望"相比显得"微不足道"。为此，他们认为必须扩大和完善"美国的信息和教育项目"，并招募私立教育组织参加"一些先进和基础的教育项目"，从而使"国家的长远利益得到回报"。不仅如此，他们还认为在缅甸开展的富布莱特项目与其他相关政策（如随后的技术援助计划）未能保持协调，而且也缺乏合适的人选等。④ 这些问题在后来随着富布莱特项目在缅甸的深入开展以及美缅关系的提升而逐步得以缓解。

（二）重构缅甸冷战：美新处与《人民胜利了》

1948 年 1 月 16 日，美国国会通过了《史密斯—蒙特法》（Smith-

---

① 54 - D - 190：Records Of The Philippine And Southeast Asian Division, *1944 - 1952*, Southeast Asia-Regional, Country Files, Thailand（*1938 - 1952*）：Aid：Point IV, 1951, SC 5005188626, *Archives Unbound*, p. 2.

② 58 - D - 782：Records of the Office of Southeast Asian Affairs（Economic）, Subject Files, *1950 -1957*：Griffin Mission Reports：Indochina, 1950, SC 5005205634, *Archives Unbound*, p. 108.

③ Psychological Strategy Board progress Report on the National Psychological Effort, October 30, 1952, CK 2349129940, *USDDO*, p. 39.

④ American Policy toward China, October 6 - 9, 1949, CK 2349378341, *USDDO*, p. 205.

Mundt Act），①该立法要求国务院利用无线电、出版物、电影、展览和文化教育交流等一切手段使世界上的其他国家更好地理解美国。②与此同时，该立法还授权国务院建立一个全新的、和平时期的宣传机构——美新处负责美国的对外宣传。

一般来说，美新处往往设于美国驻外大使馆内，在有的国家还会在一些领事馆下设美新处，冷战时期美新处最多在全球达到 200 家左右。美新处的宣传官员被称为"公共事务官"，主任被称为"首席公共事务官"，一般而言他们拥有领事职衔。③位于世界各地的美新处一方面要与美国国务院（后来是美新署）保持密切联系，接受其指导和资助；另一方面，各地的美新处也会根据驻在国的具体情况策划、实施一些公开的宣传工作。

1949 年新中国成立后，原先设于东南亚各国的美新处的主要任务由以往通过开展各种文化活动增进当地人民对美国的理解很快转变为遏制共产主义在亚洲的扩张。围绕冷战主题，美新处运用报刊、广播、图书、新闻、展览、电影、文化和教育交流等多种媒介和形式，对东南亚各国民众展开了声势浩大的文化外交攻势。杜鲁门政府时期，美新处针对缅甸采取了丰富的项目来加强其冷战宣传和文化渗透，例如针对缅甸华侨的"亲台"广播宣传，开展电影播放活动，促使缅甸民众更加"亲美"④，以及美国在缅甸开展的图书项目等，⑤但最具代表性活动的是美新处与好莱坞合作改编了缅甸总理吴努的剧本《人民胜利了》，并

①　即《402 公法》，又名《美国信息与教育交流法》（US Information and Educational Exchange Act），杜鲁门总统于 1948 年 1 月 27 日签署生效。

②　于群主编：《新冷战史研究：美国的心理宣传战和情报战》，上海三联书店 2009 年版，第 17 页。

③　Frank Ninkovich, *U. S. Information Policy and Cultural Diplomacy*, New York：Foreign Policy Association, 1996, p. 22；翟韬：《美国对东南亚华人宣传机构研究（1949—1964）》，《首都师范大学学报》（社会科学版）2017 年第 4 期。

④　美新处在 1950 财年针对缅甸放映电影的预算为 3 万美元，这些电影的放映被认为构成了"一个能够接触到各阶层民众的渠道和教育节目的重要组成部分"。*58 - D - 782*：Records of the Office of Southeast Asian Affairs（Economic），Subject Files, *1950 - 1957*：Griffin Mission Reports：Indochina, 1950, SC 5005205634, *Archives Unbound*, p. 112.

⑤　有证据显示，美新处设在仰光的图书馆，每天接待约 1600 名来访者，甚至缅甸政府也经常向美新处寻求技术出版物。*58 - D - 782*：Records of the Office of Southeast Asian Affairs（Economic），Subject Files, *1950 - 1957*：Griffin Mission Reports：Indochina, 1950, SC 5005205634, *Archives Unbound*, p. 110.

大肆将其用作宣传冷战对抗的题材。如图 1.1 所示，美新处邀请缅甸民众观看电影《人民胜利了》。

图 1.1　缅印边境部落居民参观仰光美新处，并观看他们
人生中的第一部有声电影①

　　缅甸内战期间，毕业于仰光大学且擅长翻译和写作的缅甸总理吴努，想要通过发挥自己专长写一部剧本，使缅甸民众知道"武力夺权"的危险性，并引导他们通过"民主选举"的方式参与政治。抱着这个目的，1950 年 6 月 8 日，时任缅甸新闻部部长的吴丹和几位缅甸著名作家、学者来到吴努家中，讨论这部剧本的创作。讨论的结果是任命小组成员吴觉悟（U Nyana）来写这部剧本。但是，吴觉悟的版本在 8 月 5 日举行的第二次会议上被否决。在此情况下，吴努亲自创作了这部剧本，并命名为《人民胜利了》，其间经过小组成员多次讨论和修改，最终获得通过。剧本主要描写了一名缅甸青年在内战初期选择加入了缅甸共产党，但很快便对叛乱失去了兴趣，并对自己当初（参与叛乱）的

---

① The Department of State, *The World Audience for America's Story*, Washington: Division of Publications, Office of Public Affairs, 1949, p. 47.

决定感到后悔的故事。①

1951 年初，《人民胜利了》剧本由"弘扬民主精神协会"（Society for the Extension of Democratic Ideals）出版。不久后，缅甸广播以每周一章的进度对该剧连续播放。需要注意的是，在剧本的写作和出版期间，吴努曾深深怀疑苏联策动并支持缅甸国内共产党叛乱，并认为美国和苏联是干涉的源头，必须加以抵制。但是，剧本并未提及中国干涉缅甸的可能性，就此，一些美国人杞人忧天地揣测"明显可以预见，若与中国发生地面冲突将会对缅甸造成消极的后果"②。因此，《人民胜利了》的中心思想是警告缅甸人防范外国势力的渗透以及国内政治团体对政治的操纵，而不是强调共产主义有多么"邪恶"③。

《人民胜利了》一经出版，就受到了广大国内外读者的关注，甚至还成为吴努政府时期最流行的出版物之一，并被制作成了卡通连环漫画，还入选公立学校必读课文。④ 不仅如此，这部剧本的出版还引起了美国大使馆方面的注意，美新处官员乔治·艾德曼（George Edman）将其带回美国，并介绍给了其在好莱坞做编剧的朋友保罗·甘吉林（Paul Gangelin）。甘吉林是一个极右翼分子，他曾说："共产主义是一种运动着的力量，无论出现在哪里，它都会不断有意地从外部汲取力量。无论它怎么伪装自己，它的目的就是重新把人奴役于无产阶级暴君统治下的国家，就像它在历史上一直是君主统治下的国家的奴隶一样。在我看来，缅共的背信弃义是造成这个国家困难的核心所在。"⑤

在甘吉林和艾德曼的游说鼓动下，吴努同意将这部剧本改编为电

---

① Michael W. Charney, "Ludu Aung Than: Nu's Burma and the Cold War", in Christopher Goscha and Christian Ostermann, eds., *Connecting Histories: Decolonization and the Cold War in Southeast Asia, 1945–1962*, Stanford: Stanford University Press.

② Michael Charney, "U Nu, China and the 'Burmese' Cold War: Propaganda in Burma in the 1950s", in Zheng Yangwen, Hong Liu and Michael Szonyi, eds., *The Cold War in Asia: the Battle for Hearts and Minds*, Leiden and Boston: Brill Academic Publishers, 2010, p. 50.

③ U Kyaw Tun, "A Review", *Burma Weekly Bulletin* 2.39, 30 December 1953, p. 310.

④ Michael W. Charney, *A History of Modern Burma*, Cambridge: Cambridge University Press, 2009, p. 88.

⑤ Paul Gangelin, "How 'The People Win Through' became a Film: A Whale of a Tale", *Guardian* 1.5 (March 1954): 19–20; Michael Charney, "U Nu, China and the 'Burmese' Cold War: Propaganda in Burma in the 1950s", in Zheng Yangwen, Hong Liu and Michael Szonyi, eds., *The Cold War in Asia: the Battle for Hearts and Minds*, Leiden and Boston: Brill Academic Publishers, 2010, p. 50.

影，并由甘吉林负责撰写一部新的电影剧本。在新剧本的写作中，甘吉林对吴努的版本大加斧削。他通过剧本中主角的话语来渲染共产主义的威胁，并指出其价值在于"让缅甸人民懂得真正的民主责任，并意识到在这个时代，武力和阴谋必须给共同意志和自由表达让路"①。一开始，吴努对其中有些改编表示不满，后来，经过两人不断交谈和辩论后，双方达成妥协。至于拍摄这部电影的资金问题，艾德曼承诺美国将对此提供帮助。

1952 年 11 月，随着电影拍摄资金的到位，负责电影摄制的美国"小瀑布影片"公司（Cascade Pictures）将剧组人员和拍摄设备运往仰光开始了电影的拍摄。拍摄任务完成后，他们回到好莱坞进行剪辑，并在 1953 年底向缅甸发回了已经制作完成且含有英文字幕的影片。12 月26 日该影片在仰光进行预演，不到两个月后便在缅甸全国各主要城市纷纷上映。缅甸民众观影后的感受总的来说五味杂陈，有些人认为"这是在缅甸制作最好的电影"。正如一名评论人士称："在艺术价值和卓越技术方面，很少有缅甸电影能与《人民胜利了》相媲美。"② 其他观众则对这部影片的冷战主题感到忐忑不安，甚至还放火烧毁了一家放映这部电影的影院。③

其实，早在 1952 年这部剧本就在加利福尼亚被制作成舞台剧在帕萨迪纳剧场（Pasadena Playhouse）上演，使许多美国民众得以了解这部剧。1953 年 8 月 3 日，吴努在致艾森豪威尔总统的信中还附带了《人民胜利了》剧本的复印件。在信中吴努告知艾森豪威尔这部剧本正在被拍成电影，而且电影的名字被冠以《叛乱》（*Rebellion*），甚至他还请求艾森豪威尔"出席这部电影的首映式"④。电影正式上映后的 1954 年 1

① Paul Gangelin，"How 'The People Win Through' became a Film：A Whale of a Tale"，*Guardian 1. 5*（March 1954）：20；Michael Charney，"U Nu, China and the 'Burmese' Cold War：Propaganda in Burma in the 1950s"，in Zheng Yangwen, Hong Liu and Michael Szonyi, eds.，*The Cold War in Asia：The Battle for Hearts and Minds*，Leiden and Boston：Brill Academic Publishers，2010，p. 52.

② U Kyaw Tun，"A Review"，*Burma Weekly Bulletin 2. 39*（30 December 1953）：310.

③ Michael Charney，"U Nu, China and the 'Burmese' Cold War：Propaganda in Burma in the 1950s"，in Zheng Yangwen, Hong Liu and Michael Szonyi, eds.，*The Cold War in Asia：the Battle for Hearts and Minds*，Leiden and Boston：Brill Academic Publishers，2010，p. 54.

④ Copy of Letter from Prime Minister of Burma, Rangoon, August 3, 1953, SC5005185897, *Archives Unbound*, p. 66.

月21日，美国国务院远东事务处还向缅甸驻美大使馆索要影片的副本送往白宫，以便"在总统方便时进行放映"①。

吴努试图凭借其专长以剧本的形式重构缅甸人眼中的冷战，并呼吁缅甸民众不要受到美苏为主的外部势力的误导，放弃叛乱并以和平的方式参与到民主政治的建设中来。在剧本中，吴努十分明确地指出："叛乱和打仗解决不了任何问题，只有和平的方式和民主的途径才是测试和尝试理想的方法。"② 很显然，吴努内心十分清楚卷入冷战将会给缅甸带来什么。因此，在吴努版本的《人民胜利了》中，非常审慎的避免涉及任何有关冷战的话语乃至这方面的感情倾向。但令吴努始料未及的是，美国根据自身利益将这部剧本改编成了一部具有明显宣扬冷战主题的电影在缅甸和全美公开上映。改编后的电影使吴努从一个努力将自己国家置身冷战之外的中立主义领导人摇身变为反对共产主义向缅甸渗透的"冷战斗士"。他的主要敌人也从蒋军和国内叛乱武装转变为国际共产主义武装。最终，吴努发现自己创造出来的"想象中的冷战"，给西方的宣传提供了以同样的方式参与进去的机会，并根据他们的目的重建这一想象的空间。③ 大体指美国宣传人员通过想象和创作，重新建构了《人民胜利了》这部剧本。

在《人民胜利了》被美国人发掘、改编并资助拍摄为影片的过程中，美新处扮演了尤其关键的角色。作为美国对外信息和文化部门设立在海外的站点，设在缅甸的美新处能在第一时间掌握缅甸国内动向，尤其是其文化动向。而精通文化事务和宣传的公共事务官员往往能"嗅出"这一"新动向"里蕴藏的巨大宣传能量，并熟练地为己所用。美新处之所以能够根据自己的"想法"改编吴努总理的剧本并最终拍摄成电影上映，与其自身的运作策略有很大关系。实际上，美新处在缅甸的文化活动尤其注意"适应当地民众的态度和敏感性"，强调缅甸政府在一些具体活动中所扮演的"角色"，以使其

---

① Anti-Communist Play "The People Win Through", by the Prime Minister of Burma, January 21, 1954, SC5005185897, *Archives Unbound*, p. 64.

② Review by Josef Silverstein, "The People Win Through", *The Journal of Asian Studies*, Vol. 16, No. 4（August, 1957）, pp. 648 – 650.

③ Michael Charney, "U Nu, China and the 'Burmese' Cold War: Propaganda in Burma in the 1950s", in Zheng Yangwen, Hong Liu and Michael Szonyi, eds., *The Cold War in Asia: the Battle for Hearts and Minds*, Leiden and Boston: Brill Academic Publishers, 2010, p. 58.

"获得主要的赞颂和利益"，并淡化美国的"贡献"（尽管不忽略它），以免使缅甸政府官员的情感受到"伤害"①。美新处能在大多数情况下注意考虑缅甸政府的感受和形象，因此，其活动也往往能够获得缅甸政府的默许和支持。

毋庸置疑，对吴努剧本的改编只是美新处在缅甸开展的众多文化外交活动的冰山一角。其占比更大的文化活动则集中于图书馆、电影、人员交流等日常项目。如图1.2所示，仰光美新处图书馆吸引了不少的缅甸读者。总的来说，美新处在这一时期对缅甸开展的文化活动仍受到了缅甸人的欢迎。正如吴努总理在会见美国驻缅新任大使泽巴尔德（W. J. Sebald）时所说："在使缅甸民众了解美国人对缅甸的真实态度方面，美新处的工作做得很棒!"②

图 1.2　仰光美新处图书馆③

---

①　58 - D - 782：Records of the Office of Southeast Asian Affairs（Economic），Subject Files，*1950 - 1957*：Griffin Mission Reports：Indochina，1950，SC 5005205634，*Archives Unbound*，pp. 117 - 118.

②　Memorandum of Conversation，by the Ambassador in Burma（Sebald），July 25，1952，*FRUS*，1952，Vol. XII，Part 2，East Asia and the Pacific，p. 26.

③　Edward R. Murrow，*USIA*，*19th Review of Operations*，July 1 - December 31，1962，p. 29.

（三）"兴佛"与冷战：初探宗教在冷战中的作用

缅甸属于东南亚古老的佛教国家，佛教徒占总人口的比例高达85%，约1900万人，因此，佛教构成了缅甸民众生活中十分重要的组成部分。实际上，佛教不仅塑造着缅甸人的生活方式和认知方式，同时也塑造着缅甸人的世界观和价值观，对其思想观念产生着深刻的影响。不仅如此，缅甸佛教与南亚和东南亚其他国家，如泰国、柬埔寨、锡兰、老挝、印度的佛教同属小乘佛教（也被称为"上座部佛教"），其教义也基本相同。① 佛教在缅甸乃至在南亚、东南亚部分地区的巨大影响力使其在亚洲冷战爆发初期便进入美国外交官员及其国内政策设计者的视野。

美国外交官员关注缅甸佛教与吴努总理有很大关系。在缅甸国内，吴努被公认为是一名虔诚的佛教徒，且对佛经有相当深的研究。吴努的佛教信仰不可避免地塑造着其政治思想，甚至有些时候会左右缅甸的政策方向。独立初期，随着缅甸共产党和其他左翼政党纷纷脱离反法西斯人民自由同盟，执政党的统治根基面临动摇。在此背景下，吴努不得不寻找新的强大政治联盟以巩固其执政地位。有人认为，吴努的好友——印度总理尼赫鲁曾向吴努建议："应当追求与佛教徒的团结。"②

此后，吴努越来越重视巩固佛教与国家之间的关系，并为此采取了一系列举措。1949年《维纳萨亚法》（Vinasaya Act）出台，要求所有僧侣必须进行登记，并建立宗教法庭以仲裁僧侣的不当行为。1950年颁布《法师法》（Dhammacariya Act），要求成立一所巴利语大学来训练和尚的佛教素养，并培养传教僧人。同年，《佛教精进会法》（Buddha Sasana Council Act）的颁布为政府提供了制定专门针对佛教徒政策的方法。另外，在吴努总理的倡导下，许多佛教信徒③（Buddhist Laymen）纷纷将他们的财物捐献给"佛教精进会"，使总部位于仰光的"精进会"的规模迅速扩大，甚至还建有佛教徒大学以及先进的研究机构。

---

① Outline Plan Regarding Buddhist Organizations in Ceylon, Burma, Thailand, Lao, Cambodia, January 16, 1957, CK 2349143796, *USDDO*, p. 22.

② E. Michael Mendelson, *Sangha and State in Burma*: *A Study of Monastic Sectarianism and Leadership*, Ithaca, NY: Cornell University Press, 1975, p. 263.

③ 可理解为信仰佛教的非神职人员。

1952 年，政府又颁布了《巴利语教育委员会法》（Pali Education Board Act）要求成立一个"委员会"来审查政府资助下的巴利语考试。[①]

吴努复兴佛教的努力很快便引起了美国驻缅甸外交官员的注意。1951 年 11 月 13 日，美国驻缅甸大使大卫·基（Dccvid Key）在致美国国务院的备忘录中明确指出了佛教在缅甸的重要性及其巨大的政治意义，并认为吴努的政治力量在很大程度上取决于他是"佛教的杰出捍卫者和缅甸重要的佛教领袖"。因此，基向国务院建议，如果"想要有效地援助吴努和他的政府"，首要步骤就是"利用经济合作署的大约 200 万美元资金来复兴宗教，在缅甸则意味着复兴佛教"，因为信仰佛教的缅甸民众占据"压倒性多数"。另外，过去几个月以来，吴努一直"以最有力的措辞"敦促美国"进行这方面的援助"，因为在吴努看来，这将"以一种戏剧性的方式来加强他和他的政府"，哪怕美国"在军事或经济领域提供几倍于此的援助"，也无法"复制"这项援助的效果。[②]

11 月 16 日，国务院情报研究办公室（简称"国情办"，Office of Intelligence Research）提交了一份名为"心理因素与美国在缅甸情报活动"的报告。报告分析了佛教对缅甸传统社会带来的巨大影响，并指出"佛教的传统是宽容接受人类环境中'不可避免'的特点，以及其后带来的令人沮丧的影响，此外，还导致了缅甸人较慢的生活节奏以及脱离民众控制的政治精英统治"。不仅如此，作为宗教界代表的僧侣集团历史上曾在缅甸人的生活中扮演过重要角色，只不过由于"过去的政治运动破坏了僧侣的威望"，才使其"难以恢复"。但是，包括吴努总理在内的许多缅甸政要都希望通过"复兴僧侣的影响力来对抗战争动乱造成的社会混乱和失范倾向"[③]。

大卫·基的建议和"国情办"的报告不久便受到了美国国务院的重视。12 月 27 日，负责远东事务的助理国务卿向代理国务卿提交了经济

---

① Donald Eugene Smith, *Religion and Politics in Burma*, Princeton, NJ: Princeton University Press, 1965, p. 117.

② Memorandum by the Ambassador in Burma (Key) to the Special Assistant to the Secretary of State (Battle), November 13, 1951, *FRUS*, 1951, Vol. VI, Part I, Asia and the Pacific, p. 309.

③ Psychological Factors Involved in US Informational Activities in Burma, November 16, 1951, CK 2349391565, *USDDO*, pp. 1 – 3.

合作署利用相关资金，通过资助佛教项目来强化冷战行动的建议。在这份建议中，经济合作署拟提供约 134 万美元帮助缅甸政府在仰光建立一所佛教大学，作为"增强缅甸民众道德感并与共产主义斗争的手段"。需要提及的是，在大学正式成立前，这些建筑将首先被用于 1954 年第六次佛教大结集的庆祝活动，以纪念释迦牟尼涅槃 2500 年，① 这次活动的成功举办则将"极大地"促进"同共产主义斗争的因素"，并对"其他佛教国家产生相似的影响"。最重要的是，这项计划的宣布将使缅甸政府和人民对美国的态度"产生直接的影响"，而且这也将"令人震惊地"表明，"美国关心的是缅甸人民"，而不是将其当成与苏联权力斗争中的"一枚棋子"②。

此外，经济合作署毫不讳言这项工程所能带来的好处。第一，这为支持缅甸总理和政府热心赞同的一项计划提供了宝贵机会，而且这项计划也将加强他们促进与西方合作的努力；第二，这将是美国方面抵消共产主义在缅甸影响的最有效方法；第三，该项目完全符合美国政府加强缅甸作为自由世界伙伴的宗旨；第四，相应的资金是以卢比的形式提供，这种卢比只能在缅甸使用，而且只能用于缅甸政府同意的项目。③由于此前这个项目就已经得到了驻缅甸大使大卫·基、经济合作署官员以及国务院远东事务处官员的"热情支持"，最终，美国国务院于 1952年 1 月 9 日批准同意了这项工程。④

杜鲁门政府支持缅甸"复兴佛教"的项目并非孤立的项目，而是在美国顶层制度框架指导下的代表性案例。为了制定和实施对包括宗教人士在内的心理战，杜鲁门总统于 1951 年 4 月 4 日指令创建心理战略委员会（Psychological Strategy Board，PSB），"负责制定和公布国家心理战

---

① 本次结集由缅甸政府发起，历时两年（1954. 5. 17—1956. 5），邀请了缅甸本国及柬埔寨、斯里兰卡、印度、老挝、尼泊尔、巴基斯坦、泰国等国的高僧 2500 人参加，共同纪念释迦牟尼涅槃 2500 年。结集期间，对巴利文三藏重新进行严格的校勘与整理，修成至今最完善的巴利文三藏。为了此次结集，还在缅甸仰光东郊修建了以"世界和平塔"为中心的佛教建筑群。

② ECA Proposal to Use Counterpart Funds for Strengthening Anti-Communist Activities Through Buddhist Projects in Burma, December 27, 1951, *FRUS*, 1951, Vol. Ⅵ, Part Ⅰ, Asia and the Pacific, pp. 326 – 327.

③ ECA Proposal to Use Counterpart Funds for Strengthening Anti-Communist Activities Through Buddhist Projects in Burma, December 27, 1951, *FRUS*, 1951, Vol. Ⅵ, Part Ⅰ, Asia and the Pacific, p. 327.

④ 不过，该项目最终被美国国会否决，故而未能实施。

略计划和政策……同时负责协调政府各部门的心理战行动"①。心理战略委员会接受国家安全委员会的直接领导，负责所有公开和隐蔽的心理战活动。它的成立标志着美国政府决心在同共产主义斗争中更有效地使用"心智"（Heart and Mind）这一潜在力量。②

从成立到杜鲁门总统任期届满的一年多时间里，由于时间限制加上美国此时已将其在亚洲的大部分注意力都集中于朝鲜战场，故而心理战略委员会未能对包括缅甸在内的东南亚地区开展较大规模的宗教心理战活动，仅仅是作了一些初步的研讨。1952 年 3 月 29 日，在心理战略委员会召开的一次会议上，参加会议的美国著名学者菲尔默·斯图尔特·C. 诺斯罗普（F. S. C. Northrop）指出共产主义与亚洲的本土文化是"对立的"，通过"复兴亚洲的文化价值"最能实现美国的"目标"，而不是在当地直接攻击共产主义或"推销"美国的价值观。因此，如果美国"支持佛教、道教、伊斯兰教等"，那么其"追随者"（信徒）将会"支持我们，并接受我们的援助和军队"③。

诺斯普罗的分析和建议被生动地反映在了心理战略委员会针对东南亚的心理战略报告中，这份报告详细分析了美国在东南亚的心理目标、心理事业及其存在的问题。报告指出美国应该通过"一切可能的手段削弱并最终消除共产主义的活动"，其中包括"发展压力团体"，尤其是发展"青年、农民、劳工、妇女、知识分子和宗教"等团体。④ 关于美国在东南亚心理战略中存在的问题，报告也一针见血地提出："东南亚民众深信美国并不真正了解或理解东南亚的文化和精神传统。"⑤ 就此看来，美国针对缅甸乃至东南亚大规模实施佛教文化项目尚需要很长的路要走，显然这些在杜鲁门总统仅剩的短暂任期内已经无法完成。

---

① Directive by the President to the Secretary of State, the Secretary of Defense (Marshall), and the Director of the Central Intelligence (Smith), April 4, 1951, *FRUS*, 1951, Vol. I, pp. 58 – 60.

② 张杨：《以宗教为冷战武器：艾森豪威尔政府对东南亚佛教国家的心理战》，《历史研究》2010 年第 4 期。

③ All Day Meeting of American Committee for Cultural Freedom, April 3, 1952, CK 2349264323, *USDDO*, p. 2.

④ *Psychological Strategy Board, Psychological Strategy for Southeast Asia*, January 5, 1953, CK 2349568523, p. 15.

⑤ *Psychological Strategy Board, Psychological Strategy for Southeast Asia*, January 5, 1953, CK 2349568523, Appendix A, p. 5.

本章小结

　　1949 年初，中国局势的"突变"与中共部队的节节胜利令美国决策者始料未及。随着中共掌控政权变得越来越现实，杜鲁门政府一方面准备从社会主义阵营内部离间中苏关系，使其"自行瓦解"；另一方面，杜鲁门政府加紧从东、西、南三面构建"新月形防卫环带"封锁孤立中华人民共和国。由是，一系列针对东南亚的新政策相继被提出，从两份 PPS 文件到 NSC – 48/2 号文件出台，美国在东南亚逐步确立了"消除苏联影响力"和"防止共产主义进一步侵犯"的"防苏"政策。① 1952 年 6 月出台的 NSC – 124/2 号文件则进一步明确了美国在东南亚的目标和行动方针，并确立了以"反华"为中心的冷战政策。

　　与美国东南亚政策出台相伴随的是杰瑟普使团和格里芬使团的远东之行，前者的主要目的是了解东南亚各国局势及其所需援助，后者则是为了"确定实施援助的最佳方式"。两个使团成员都曾在缅甸作了较长时间停留，走访了缅甸的许多地区，尽管两者在报告中描绘了截然不同的东南亚图景，却都积极支持美国与英联邦国家合作，通过援助以"有效加强缅甸政府"②。杜鲁门政府始终认为，"为缅甸提供军事和财政援助的主要责任应该完全落在英国和英联邦身上"，而美国的援助仅是"补充他们的努力"③。缅北的蒋军问题则使缅甸政府于 1953 年 6 月暂停接受美国援助，并一度使美缅关系跌入低谷。

　　作为应对冷战危机的美国首届政府，杜鲁门及其助手们坚定地认为冷战是一场"自由与专制"的争夺，必须通过"除战争以外的一切手段"来实现其总目标。④ 因此，美国将文化外交用于欧洲冷战的经验顺理成章地搬到亚洲，并根据亚洲各国的具体国情做出相应的调整。针对

---

① NSC – 48/2, The Position of the United States with Respect to Asia, December 30, 1949, *FRUS*, 1949, Vol. Ⅶ: The Far East and Australasia, part 2, p. 1215.

② *58 – D – 782*: Records of the Office of Southeast Asian Affairs (Economic), Subject Files, *1950 – 1957*: Griffin Mission Reports: Indochina, 1950, SC 5005205634, *Archives Unbound*, p. 83.

③ Policy Statement Prepared in the Department of State, June 16 1950, *FRUS*, 1950, Vol. Ⅵ, East Asia and Pacific, Burma, p. 234.

④ NSC – 20/4, U. S. Objectives with respect to the USSR to Counter Soviet Threats to U. S. Security, November 23 1948, *FRUS*, 1948, Vol. I, Part 2, p. 668.

缅甸经济社会发展落后以及佛教徒众多的事实，美国一方面强化了此前与缅甸达成的教育文化交流方面的协定，尤其是增加了富布莱特项目的资助名额；另一方面，美国还大力支持缅甸政府复兴佛教的努力，并向佛教徒展示"自由世界的生活方式以及共产主义的危险性"[①]。《人民胜利了》则是美新处在缅甸开展冷战文化项目的典型案例，这表明美国政府更加重视文化项目在亚洲冷战中的作用。尽管如此，杜鲁门政府对缅甸的文化外交尚处于探索阶段，通过完善文化外交机制来更加系统地开展对缅文化外交要等到艾森豪威尔时期。

---

① OCB, Proposals Regarding U. S. Relations with Theravada Buddhist Countries, July, 1956, CK 2349148157, *USDDO*, p. 3.

第二章 冷战"新面貌"与艾森豪威尔政府对缅文化外交的全面发展

1953 年 1 月 20 日,来自共和党的德怀特·戴维·艾森豪威尔 (Dwight David Eisenhower) 宣誓就任美国第 34 任总统,这一举打破了民主党对此职位长达 20 年的垄断。这位久经沙场的将军刚上任不久,便不得不面临两桩重大国际事件的考验,分别是"斯大林去世"和"朝鲜战争"停战。对新政府而言,斯大林的突然去世意味着"一系列新的议题以及一种不同于以往的苏联挑战赫然出现了"①,新的美国领导人能否以足够的灵活来同莫斯科的新面孔打交道,在此不得不打上一个问号;对于后者,艾森豪威尔还在竞选总统时就声明,如果他当选,他将立即"抛弃政治分歧,集中精力于结束朝鲜战争"。很显然这个声明打动了绝大多数选民的心,保证了艾森豪威尔在大选中赢得胜利。②由此看来,无论在欧洲还是亚洲,新任总统都面临着一场全新的冷战,需要一种全新的冷战视角和战略。

作为曾长期任职欧洲的将军,艾森豪威尔并不认为亚洲处于"次要位置"。正如他在就职演说中所言:"我们对各大洲与各民族一视同仁和同等尊重,对关于某一种族或某一民族在任何意义上低人一等或可以牺牲的暗示,我们都不接受。"③ 1953 年 2 月 2 日,艾森豪威尔在首次国情咨文中确认了上述观点,即美国不仅在欧洲和美洲,而且在亚洲都

---

① [美] 沃尔特·拉费伯尔:《美国、俄国和冷战》,牛可、翟韬、张静译,世界图书出版公司北京公司 2014 年版,第 118 页。

② 资中筠主编:《战后美国外交史:从杜鲁门到里根》,世界知识出版社 1994 年版,第 239 页。

③ 李剑鸣、章彤编:《美利坚合众国总统就职演说全集》,陈亚丽、吴金平、顾中行等译,天津人民出版社 1996 年版,第 391—392 页。

要承担"保卫自由"的义务。艾森豪威尔的主张固然有对前任政府的
"欧洲第一"政策的抨击，却也暗含着新任政府将会在欧洲以外的地区
投射更多的力量，当然也包括缅甸在内的中国周边地区。此外，由于杜
鲁门政府在冷战中文化宣传方面较为充分的政策准备，熟悉心理战的艾
森豪威尔及其政府将更加系统、多样地利用各种文化手段在缅甸推动其
"亲美"外交。

一　冷战"新面貌"政策与美国文化外交机构的重组

（一）"新面貌"国家安全政策的出台

艾森豪威尔上台后提出了"新面貌"国家安全政策。这一政策的提
出同国际局势的变化有很大关系。一方面，斯大林去世和朝鲜战争停战
使美国得以从亚洲战场的羁绊中脱身；另一方面，斯大林去世后，苏联
新一届领导集团的施政方针在短时期内尚难摸清。此外，艾森豪威尔政
府对"遏制"政策的激烈批判也为"新面貌"政策的提出提供了条件。
艾森豪威尔认为朝鲜战争是"遏制"政策失败的标志。国务卿约翰·
福斯特·杜勒斯（John Foster Dulles）则认为遏制政策"是注定要失败
的，因为一项纯粹防御性的政策绝对敌不过一项进攻性的政策"①。在
这一背景下，艾森豪威尔为了使美国不致重蹈朝鲜战争的覆辙，决定求
助于一种新的战略，使其既能够遏制全面战争和苏联的扩张，又能阻止
朝鲜战争式的有限战争的爆发，且不致过于加重美国经济的负担。② 艾
森豪威尔的这一战略被称为"新面貌"（The New Look），又被称为"花
小钱办大事"（More bang for a buck）。其核心理念在于重新获得战略上
的主动权，同时降低成本。

在"新面貌"安全政策下，艾森豪威尔强调"经济的健全为军事力量
和自由世界和平所必不可少的基础"③。在他看来，美国所面临的来自苏联

① Christian F. Ostermann, *The United States and the East German Uprising of 1953*, Cold War International History Project（Washington D. C., 1994），pp. 2 - 3, 27, 43.
② 资中筠主编：《战后美国外交史：从杜鲁门到里根》，世界知识出版社 1994 年版，第245 页。
③ ［美］拉塞尔·F. 韦格利：《美国军事战略与政策史》，彭光谦等译，解放军出版社1986 年版，第 454—455 页。

的威胁将是长期的，甚至可能长达几十年，在长期对抗的过程中，苏联将以两种方式威胁美国的安全：一是苏联军事上的入侵；二是通过消耗大量的军费，在经济上拖垮美国。所以，在同苏联的长期对抗中，保持美国经济实力与保持军事力量的均衡同等重要。正如艾森豪威尔在国家安全委员会会议上所言："我对纸上的军队或'计划部门'不感兴趣。我对有枪的部队感兴趣。这就是我们在这个艰难而健全的计划下所要实现的目标，我们最终将实现预算平衡，用更少的钱建设更强大的国防。"①

"新面貌"战略也使美国对核武器及其使用有了新的认识。1954 年 1 月 25 日，美军参谋长联席会议主席、海军上将阿瑟·雷福德（Arthur Radford）在对国家战争学院和陆军工业学院的讲话中指出："今天，在我们的武装部队中，原子武器实际上已达到常规地位。利用盟军在二战期间所有常规炸弹和炮弹采购成本的不到 1/10 的钱，就有可能通过核武器获得同样的摧毁力量。"② 与此同时，美国核武器数量在这一时期也获得迅速增加，从 1948 年的 50 枚增加到 1954 年 1750 枚，到 1961 年时，这一数字迅速增长到 23000 枚。③ 艾森豪威尔政府在军事上之所以如此倚重核武器，一方面是他决心削减前任政府高昂的国防支出；另一方面也得益于"威慑"概念的进一步发展，即公开对苏联的侵略进行大规模的"核报复"，恰恰会使对方望而却步，并将在事实上排除了核大战的可能。

"新面貌"战略的另一个重要内容就是建立同盟。首次系统阐释"新面貌"国家安全政策的 NSC - 162/2 号文件强调了盟国在美国国家安全中的地位，并认为"没有盟国的支持，即使付出高昂的代价，美国也无法满足其国防需要"④。在此指引下，艾森豪威尔和杜勒斯在各个地

---

① The President's Committee on International Information Activities, *901*, Sixteenth Street, N. W. Washington D. C. , April 6, 1953, CK 2349193036, *USDDO*, p. 6.

② Arthur Radford, Military Strategy and Defense Planning, January 25, 1954, CK 2349427761, *USDDO*, p. 5.

③ Thomas B. Cochran, William M. Arkin & Milton M. Hoenis, "US Nuclear Forces and Capabilities", Vol. 1, Ballinger Publishing Company, p. 15; Desmond Ball, Jeffer Recheson, "Strategic Nuclear Targeting", Ithaca, New York: Cornell University Press, p. 48; 资中筠主编：《战后美国外交史：从杜鲁门到里根》，世界知识出版社 1994 年版，第 247、251 页。

④ NSC - 162/2, Statement of Policy by the National Security Council, undated, *FRUS*, 1952 - 1954, Vol. II, National Security Affairs (in two parts), Part I, p. 583.

区先后缔结了一系列军事同盟条约，主要包括《美韩共同防御条约》（1953 年 8 月）、《东南亚集体防务条约》（SEATO，1954 年 9 月）、《美台共同防御条约》（1954 年 12 月）、《中央条约组织》（CENTO，1955 年 11 月）。上述条约与此前订立的北约组织和《日美安全条约》（1951 年 9 月），一起形成了对包括苏联、中国在内的社会主义阵营的战略包围。[1]

在美国与盟国间的防务分摊方面，艾森豪威尔政府意在削减美国的海外军费开支，并鼓励盟国承担更多的防御任务。为了避免美国经济"遭到严重削弱"，应当"加强自由世界国家的自我支持和防御能力，并逐步减少他们对美国援助的需要"，并认为"对付地区性侵略的地面部队必须主要由盟国来提供"[2]。朝鲜战争结束后，艾森豪威尔总统宣布将从远东撤回两个美国师，以此减少其不必要的海外费用。但必须注意的是，美国削减海外驻军并不意味着其在盟友间影响力的下降，只不过是在转变其影响的方式。正如美军参联会主席雷福德所言："当我们进一步削减我们的海外部署时，我们必须向我们的盟友明确表示，美国的军事力量是强大的，我们所拥有的核武器能力随时都可以被用来对付任何红色侵略的毁灭性威胁。"[3]

"心理战"构成了"新面貌"战略的第三个要素。上任伊始，艾森豪威尔就一直在对冷战以来的国家安全政策进行极为系统的回顾。1953 年上半年，在国家安全事务助理罗伯特·卡特勒（Robert Cutler）的指导下，召集了 3 个特别工作组描述各自的行动路线。经过数周的准备，他们于 7 月 16 日在白宫分别阐释了各自的建议。其中由海军中将康诺利（R. L. Conolly）带领的 C 组在提交的报告中建议，美国为了应对苏联和共产主义的威胁，必须考虑"各种隐蔽手段、宣传和心理战、外交和政治手段、经济措施、使用或威胁使用军事力量、示威或转变军事形式"[4]。很

---

① 资中筠主编：《战后美国外交史：从杜鲁门到里根》，世界知识出版社 1994 年版，第 246 页。

② NSC − 162/2, Statement of Policy by the National Security Council, undated, *FRUS*, 1952 − 1954, Vol. II, National Security Affairs（in two parts）, Part I, pp. 591 − 592.

③ Arthur Radford, Military Strategy and Defense Planning, January 25, 1954, CK 2349427761, *USDDO*, p. 8.

④ A Report to the National Security Council by Task Force "C" of Project Solarium on a Course of Action with the United States might Present or in the Future Undertaken with Respect to the Soviet Power Bloc-Alternative "C", July 16, 1953, CK 2349708136, *USDDO*, p. 229.

显然，康诺利将军关于"心理战"的建议为艾森豪威尔政府所接受，并被纳入"新面貌"战略中。

除了上述三个要素外，隐蔽行动、谈判策略同样是"新面貌"战略的重要组成部分。隐蔽行动的主要目的是冷战，只是在此过程中并不透露美国政府参与其中。除了冷战主题外，还会通过隐蔽的宣传渠道"传播积极的信息"，其间往往借助"独立的新闻媒体、非政府组织和私人来表达宣传内容"，因为"这些消息来源比明显来自美国（政府）的公开宣传更为可信"①。艾森豪威尔在任内还多次同苏联开展谈判，这一方面是由于斯大林去世而带来的形势的缓解；另一方面也是出自盟友的压力，"他们现在担心华盛顿过分僵硬甚于担心将它们'出卖'给莫斯科的任何可能性"②。为此，1953 年 10 月出台的 NSC - 162/2 号文件认为"美国应该保持与苏联达成和解的可能性"，尽管"通过谈判达成和解的前景并不令人鼓舞"③。

1953 年艾森豪威尔就任总统后，全球冷战形势发生了明显变化，苏联最高领导人斯大林去世以及朝鲜战争的结束使冷战得以以"新面貌"呈现于世人面前。面对冷战"变局"，艾森豪威尔政府提出了以重视核武器、结盟、"心理战"、隐蔽行动和谈判策略为主要内容的"新面貌"战略，并成为其未来 8 年任期内的主要国家安全战略。这一战略不仅影响了美国对包括缅甸在内的"中立国家"的政策，甚至还在一定程度上塑造了冷战的形态。"新面貌"出台实施后，可谓毁誉参半：有不少冷战史学者认为"新面貌"是一项失败的战略，因为它未能帮助美国实现其预期目标；也有的学者得出了相反的结论，著名冷战史专家约翰·加迪斯评价道："艾森豪威尔的战略是连贯的，差不多在每个层次上都留下他的影响的印记，并在大多数场合仔细处理目的与手段之间的关系，而且总的来说更多的是符合而非损害国家利益。"④

---

① Kenneth A. Osgood, *Total Cold War: US Propaganda in the "Free World", 1953 - 1960*, University of California, Santa Barbara, Ph. D., dissertation, June, 2001, p. 61.

② ［美］约翰·加迪斯：《遏制战略：战后美国国家安全政策评析》，时殷弘等译，世界知识出版社 2005 年版，第 163 页。

③ NSC - 162/2, Statement of Policy by the National Security Council, undated, *FRUS*, 1952 - 1954, Vol. II, National Security Affairs (in two parts), Part I, p. 584.

④ ［美］约翰·加迪斯：《遏制战略：战后美国国家安全政策评析》，时殷弘等译，世界知识出版社 2005 年版，第 204 页。

(二)"杰克逊委员会"报告与行动协调委员会的成立

在"新面貌"战略的指导下,艾森豪威尔政府重新审查了美国现有的文化外交机构,而负责执行这一任务的则是"杰克逊委员会"。1953年1月24日,在查尔斯·D. 杰克逊(Charles Douglas Jackson)等人的提议下,艾森豪威尔批准成立白宫国际信息行动委员会(President's Committee on International Information Activities,PCIIA),负责"调查评估政府行政部门的国际信息政策和活动,以及与此有关的政策和活动,特别是与美国国际关系和国家安全有关的政策和活动"。此外,委员会还就"其认为可取的政策和活动,采取立法、行政或其他行动"向总统提出建议。[1] 威廉·杰克逊(William Jackson)担任该委员会主席,他是一名投资银行家,也曾任中央情报局副局长。其他重要成员包括罗伯特·卡特勒(Robert Cutler,总统行政助理)、C. D. 杰克逊(C. D. Jackson,国务卿代表)、西格德·拉蒙(Sigurd Larmon,共同安全署署长代表)。委员会的执行秘书由 C. D. 杰克逊的副手艾伯特·沃什伯恩(Abbott Washburn)担任,他是战略情报局(Office of Strategic Services,OSS)资深成员,并在后来长期担任美国新闻署副署长。由于委员会的主席为威廉·杰克逊,所以往往称为"杰克逊委员会"。

委员会成立后,艾森豪威尔要求其不迟于 6 月 30 日提交最终报告和建议。通过对 250 多名证人的问询以及审阅一系列高度机密的情报评估和国家安全文件,委员会于 1953 年 6 月 30 日提交了最终报告。《报告》分为两部分:其中第一部分分析了美苏冲突的本质、苏联的动机以及美国对于世界秩序的规划;第二部分主要阐释了抵制苏联扩张的举措,尤其是提出了强化针对自由世界的宣传和信息活动以及建立起更加统一的组织机构。报告认为苏联控制世界主要通过两大武器,其一是外国共产党,它们构成了控制和协调其他活动的中心机制;其二是共产主义意识形态,这种意识形态对苏联体制外的许多人仍然有很大的吸引力。[2] 在亚洲,共产主义进攻的主要途径是"强化共产党组织,削弱亚

---

[1] The President's Committee on International Information Activities Report to the President, Appendix I, June 30, 1953, CK 2349103928, *USDDO*, p. 107.

[2] Report to the President by the President's Committee on International Information Activities, June 30, 1953, *FRUS*, 1952–1954, National Security Affairs, Vol. II, Part 2, p. 1806.

洲与西方的联系，并利用亚洲的中立主义和反殖民主义；利用'越盟'将法国人赶出越南、老挝、柬埔寨……通过经济施压、利诱和其他政治斗争手段，扩大共产主义在日本的影响……在过去的一年里，亚洲领导人，尤其是印度领导人，对共产主义威胁的意识不断增强"①。报告认为唯独东南亚和伊朗的局势最"有利于共产党武装暴动的成功"②，并指出："当前，美国及其盟友可能没有能力通过局部行动在受到攻击或威胁的不同地点，阻止苏联的进一步扩张，特别是在中东和东南亚……因此，只有依靠全面战争的威胁来阻止苏联向这些地区的扩张。"③

在应对共产主义在东南亚扩张的策略上，"杰克逊委员会"建议除了使用传统的经济、军事和政治手段外，还应强化对外宣传和信息活动。对于宣传的作用，《报告》中并未予以高估，而是认为"不能指望宣传成为决定重大问题的决定性因素"，只有当宣传"作为一种辅助手段来创造一种舆论氛围时才是最有效的"，"在这种舆论氛围中国家政策目标能够最容易地实现"④。对于宣传的手段，《报告》则根据国际新闻署的传媒分类列举了广播、人员交流、新闻出版、电影、图书馆和新闻处、电视等6种方式。为了更好地发挥上述宣传武器的威力，《报告》还有针对性地提出了数十条改进意见，归纳起来大致有以下三个方向：第一，在海外文化项目上，加强美国国内各机构的协调和统筹。第二，突出海外文化宣传的当地优先原则。第三，强化海外文化项目的隐蔽性，譬如由"合格的当地公民"替代过多的美国海外信息人员，并通过私人组织来促进美国的目标。⑤

此外，为了更好地整合美国文化外交的机构及行动，《报告》还建议组建行动协调委员会（Operations Coordinating Board，OCB）以代替

① Report to the President by the President's Committee on International Information Activities, June 30, 1953, *FRUS*, 1952 – 1954, National Security Affairs, Vol. II, Part 2, pp. 1810 – 1811.

② The President's Committee on International Information Activities Report to the President, June 30, 1953, CK 2349103928, *USDDO*, p. 19.

③ Report to the President by the President's Committee on International Information Activities, June 30, 1953, *FRUS*, 1952 – 1954, National Security Affairs, Vol. II, Part 2, pp. 1817 – 1818.

④ The President's Committee on International Information Activities Report to the President, June 30, 1953, CK 2349103928, *USDDO*, p. 55.

⑤ Report to the President by the President's Committee on International Information Activities, June 30, 1953, *FRUS*, 1952 – 1954, National Security Affairs, Vol. II, Part 2, pp. 1851 – 1852.

"无法满足需要"的心理战略委员会。正如国家安全顾问罗伯特·卡特勒所言："行动协调委员会就像凤凰一样从心理战略委员会的灰烬中飞起。"① 新成立的行动协调委员会将主要用于"协调各部门对国家安全政策的执行"，并将"详细的职责分配给各部门，对相关计划的充分性、政策连续性和相互一致性进行审查，然后协调和跟踪这些计划的实施，在此过程中寻求为美国获得最大优势"②。9 月 2 日，艾森豪威尔总统发布第 10483 号行政命令，批准成立行动协调委员会。

行动协调委员会批判继承了心理战略委员会的衣钵，并革除了心理战略委员会存在的固有弊端。作为跨部门的政策与行动协调机构，行动协调委员会的成员均来自负责美国安全与外交部门的主要决策者，其中包括副国务卿、国防部副部长、共同安全署副署长、中央情报局局长以及负责"冷战策划"的总统特别助理。总统国家安全事务助理有权参加委员会会议。对外信息项目主管担任委员会顾问，并被邀请参加委员会所讨论的与其职能相关的主题会议。此外，委员会还会邀请其他部门和机构的适当成员参加与其职责相关的会议。副国务卿兼任行动协调委员会主席，亦是委员会的主持官员。③ 委员会领导和运行机制不仅缓和了负责心理战的各部门之间的矛盾，也有效缓解了美国对外心理战总体目标和心理战行动具体实施之间脱节问题。

在职责方面，行动协调委员会不像心理战略委员会那样负责全面制定国家心理战政策，设计、协调和评估国家心理战计划和项目，它的主要职责是负责根据国家安全委员会确定的路线方针，制定有关心理战计划和项目，审查隐蔽行动项目，同时促使政府部门全面实施国家战略目标和对外政策，协调政府各部门及非政府组织实施国家心理战计划和项目，以保证这些计划和项目有助于形成有利于美国国家安全和利益的外部环境。④

行动协调委员会建立后，针对缅甸和东南亚制定并实施了大量的心

① Draw Cramer, *Grant Mullins*, *Lessons Learned from Prior Attempts at National Security Reform*, p. 15. available at https: //www. wm. edu/as/publicpolicy/documents/prs/nsr. pdf#page = 16. 2020 – 7 – 24.

② The President's Committee on International Information Activities Report to the President, June 30, 1953, CK 2349103928, *USDDO*, pp. 89 – 91.

③ The President's Committee on International Information Activities Report to the President, June 30, 1953, CK 2349103928, *USDDO*, pp. 91 – 92.

④ 史澎海、王成军：《从心理战略委员会到行动协调委员会：冷战初期美国心理战领导机构的历史考察》，《陕西师范大学学报》（哲学社会科学版）2010 年第 5 期。

理战和文化项目，譬如深入推进 PSB D－23 计划的实施，以及制定针对缅甸等东南亚小乘佛教国家的心理战项目等。这些文化项目对缅甸和东南亚小乘佛教国家产生了相当大的影响。

（三）美国新闻署的成立与调整

"杰克逊委员会"为改善美国心理战先后提出 40 多条建议，这些建议大部分得到艾森豪威尔总统批准，但其中"有一个特别值得注意的例外"就是他拒绝了委员会所提出的信息项目继续保留在国务院的建议。与之相反，艾森豪威尔支持建立一个独立的信息机构来管理分散在政府各部门的宣传活动。[1]

这项提议主要来自美国白宫政府机构顾问委员会[2]（President's Advisory Committee on Government Organization）主席纳尔逊·洛克菲勒（Nelson Rockefeller）。1953 年 4 月 7 日，"洛克菲勒委员会"向总统建议成立一个新的对外信息机构，负责管理目前由美国国际新闻署、技术合作署、共同安全署、国务院等部门实施的"最重要的对外信息计划和文化与教育交流项目"[3]。这也就意味着将美国对外文化与信息项目从国务院剥离出来，并建立一个新的独立机构统筹实施这些项目。

杜勒斯也"急于从国务院撤除信息项目"，因为在他看来，这样就可以使国务院"尽可能地减轻业务和行政责任，使其能够严格集中于决策"[4]。杜勒斯的另一重考虑则是借此摆脱麦卡锡主义对国务院的干扰。1950 年，来自威斯康星州的国会参议员约瑟夫·雷芒德·麦卡锡（Joseph Raymond McCarthy）在全国范围内煽动了一场声势浩大的政治迫害运动，许多知名人士和政府部门都受到了其诽谤和陷害。1953 年，麦卡锡认为新闻署内部"有叛徒"，随后他发起了一场针对该机构的调查

---

① Kenneth A. Osgood, *Total Cold War*: *US Propaganda in the "Free World"*, 1953－60, University of California, Santa Barbara, Ph. D. dissertation, 2001, p. 77.

② 1953 年 1 月 29 日，艾森豪威尔成立美国总统政府机构顾问委员会，因其负责人是纳尔逊·洛克菲勒，故也被称为"洛克菲勒委员会"。

③ Memorandum for the President by the President's Advisory Committee on Government Organization, Foreign Affairs Organization, April 7, 1953, *FRUS*, 1952－54, Vol. II, National Security Affairs（in two parts）, Part 2, p. 1692.

④ Kenneth A. Osgood, *Total Cold War*: *US Propaganda in the "Free World"*, *1953－60*, University of California, Santa Barbara, Ph. D. dissertation, 2001, p. 78.

运动。不久,调查者报告称:"在美新处的图书馆里,至少发现了75名'共产党作家'的书籍。"① 4月7日,麦卡锡致函杜勒斯指出:"迄今为止,艾奇逊—杜鲁门团队还没有一个人站出来解释,他们是如何看待自己通过购买、发行和给大量知名共产党作家盖上美国的认可章来对抗共产主义这种行为的。"②

1953年6月1日,在富布莱特和洛克菲勒等人的支持下,艾森豪威尔总统向国会提交了"关于建立美国新闻署"的第8号改组计划。早在上一份改组计划中,艾森豪威尔就强调为了"应对前所未有的外交政策负担和承诺的挑战",需要"将意图转化为建设性的事实",他敦促国会通过建立"最有效和最具凝聚力的组织来处理外交事务"来实现这一目标。③ 第8号改组计划则进一步明确指出建立美国新闻署,该机构不仅将负责国务院内部的国际新闻署所管理的信息活动,而且将负责"政府资助下的有关信息项目,如共同安全署和技术合作署的信息项目",艾森豪威尔指出"这似乎是一个提供真正统一和高效的方法"④。

7月15日,国务院政策设计人员沃尔特·A. 雷迪厄斯(Walter A. Radius)和豪兰·H. 萨金特(Howland H. Sargeant)提交了名为"国家安全委员会对美新署的指导"的文件。文件指出赋予美国新闻署相关职能的主要目的是"使外国人民相信,采取符合美国国家目标的行动也符合他们自己的利益"。美国新闻署的详细行动计划需要得到行动协调委员会的接纳,而且美新署署长兼任行动协调委员会顾问,并有权受邀参加相关会议。通常情况下,美新署署长通过行动协调委员会向总统汇报和接受指令。⑤ 7月31日,国务院发布第45号公告,宣布成立美国

---

① Frank Ninkovich, *US Information Policy and Cultural Diplomacy*, New York: Foreign Policy Association, 1996, p. 22.

② The Chairman of the Permanent Subcommittee on Investigations of the Committee on Government Operations of the United States Senate (McCarthy) to the Secretary of State, April 7, 1953, *FRUS*, 1952–54, Vol. II, National Security Affairs (in two parts), Part 2, p. 1698.

③ Editorial Note, undated, *FRUS*, 1952–54, Vol. II, National Security Affairs (in two parts), Part 2, p. 1710.

④ Editorial Note, undated, *FRUS*, 1952–54, Vol. II, National Security Affairs (in two parts), Part 2, p. 1710.

⑤ Paper Prepared in the Department of State, Proposed National Security Council Directive to the United States Information Agency, July 15, 1953, *FRUS*, 1952–54, Vol. II, National Security Affairs (in two parts), Part 2, pp. 1724–1726.

新闻署。此前一天，艾森豪威尔总统任命来自纽约的西奥多·C. 斯特里伯特（Theodore C. Streibert）为首任署长。"杰克逊委员会"的执行秘书艾伯特·沃什伯恩担任副署长。

美新署成立后仍进行了诸多完善和调整。10 月 14 日，杜勒斯致函总统，讨论了信息项目中的官方标签问题，他认为："美新署性质的改变……将使人们质疑其他（信息）输出无法反映美国官方政策。"为此，他提议国务院将定期准备项目，这些项目由美新署发布，在每个项目实施之前和之后都会有一份声明，表明国务院已就美国外交政策发表了一份特别声明。这一提议还得到了斯特里伯特和 C. D. 杰克逊的赞同。①

10 月 24 日，国家安全委员会通过 NSC – 165/1 号文件，对美新署的使命做出了如下界定：美新署的宗旨是通过交流向其他国家人民证明美国的目标和政策，符合并将促进他们对自由、进步、和平合法愿望的实现。为了实现这些目标，将会采取以下行动：向外国民众解释和说明美国政府的目标和政策；富有想象力地描述美国政策与世界其他民族合法愿望之间的联系；对歪曲和阻挠美国目标和政策的敌对企图进行揭露和反击；描绘美国人民生活和文化中重要的方面，促进民众对美国政府政策和目标的理解。此外，除了美国之音的运作，美新署还被授权与其他国家的民众进行沟通，而无须向美国政府汇报，政府在必要时可以就承担归属的事项进行沟通。②

1954 年 3 月 1 日，斯特里伯特向副国务卿史密斯提交了一份长达 18 页的报告，里面详细阐释了美新署的战略原则，并将其"全球主题"设定为"团结自由世界，以非战争手段减少共产主义威胁"。此外，还定义了美新署的功能，作为美国外交政策的工具，美新署将在美国政府的指挥下，与外交、军事和经济手段结合使用，帮助实现美国外交政策的目标。③

① Memorandum for the President by the Secretary of State, the Official Label Information Program, October 14, 1953, *FRUS*, 1952 – 54, Vol. II, National Security Affairs (in two parts), Part 2, p. 1738.

② NSC – 165/1, Statement of Policy by the National Security Council, Mission of the United States Information Agency, undated, *FRUS*, 1952 – 54, Vol. II, National Security Affairs (in two parts), Part 2, p. 1753.

③ The Director of the United States Information Agency (Streibert) to the Under Secretary of State (Smith), March 1, 1954, *FRUS*, 1952 – 54, Vol. II, National Security Affairs (in two parts), Part 2, pp. 1761 – 1762.

这份报告清楚解释了美新署的职能、基本权力、公共角色、工作方式、面临的不利因素及敌方心理战等,标志着这一机构逐步走向完善。

此后,美国之音、海外图书馆和情报中心、电影和电视服务处、新闻和出版机构等部门相继并入美新署。但在参议员富布莱特和卡尔·蒙特(Karl Mundt)的坚持下,人员交流与一些文化项目仍保留在国务院,因为他们担心"这些项目会因为与政府宣传人员操纵公众舆论过于密切而受到玷污"①。遍布全球的美国新闻处是美新署的海外分支机构,其负责人通常被称为公共事务官,他们接受来自美新署的指令,负责监管驻在国家或地区的"文化和信息政策"②。美新署成立之初,在世界上76个国家设有217个美新处,③有9539名雇员,其中有2207人在美国本土工作,7332人在海外工作,而海外工作者中的美国人仅占14%。④

美新署的建立一举解决了美国对外信息和文化项目机构的设置问题。此后,随着该机构的不断扩充,美国对外文化项目越来越集中于美新署。海外美新处的分工便能够很好地说明直接听命于美新署的公共事务官(Public Affairs Officer, PAO)负责处理与媒体、政府、政党以及商业联系等事务,而对国务院负责的文化事务官(Cultural Affairs Officer, CAO)仅负责"结交教育家、艺术家和知识分子等"。不仅如此,信息机构还把控了任务布置、工作调动、财政预算、人员管理和升职提拔等。⑤

二 美缅外交危机与艾森豪威尔政府对缅政策的转变

(一) 蒋军问题与美国对缅援助的暂停

艾森豪威尔上任前后,美缅关系正在遭受缅北蒋军问题的困扰。尽

---

① Kenneth A. Osgood, *Total Cold War: US Propaganda in the "Free World", 1953 – 60*, University of California, Santa Barbara, Ph. D. dissertation, 2001, p. 79.

② Frank Ninkovich, *US Information Policy and Cultural Diplomacy*, New York: Foreign Policy Association, 1996, p. 21.

③ Richard T. Arndt, *The First Resort of Kings: American Cultural Diplomacy in the Twentieth Century*, Washington D. C. : Potomac Books, Inc. , 2005, p. 275.

④ NSC – 5430, Status of United States Programs for National Security as of June 30, 1954, the USIA Program, August 18, 1954, *FRUS*, 1952 – 54, Vol. II, National Security Affairs (in two parts), Part 2, p. 1790.

⑤ Frank Ninkovich, *US Information Policy and Cultural Diplomacy*, New York: Foreign Policy Association, 1996, p. 22.

管新政府对中国台湾当局的态度与其前任相比明显变得"强硬"起来，并要求后者撤离大约 3000 名士兵，但位于中国台湾的国民党政权并不打算"考虑这个问题"。1952 年 12 月，美国驻中国台湾"大使"卡尔·L. 兰金（Karl L. Rankin）警告美国国务院："尽管李弥的部队没有明显的军事价值，但蒋介石仍然相信，他们的存在是对共产主义威胁越南、老挝、柬埔寨的有效防范力量，也可能是对中共向南系统渗透的实际威慑。"① 与此同时，缅甸蒋军的军事活动也比以往有了显著增加，甚至在 1953 年 2 月联合克伦族武装分子发动了对克耶邦首府垒固的攻击。在通过外交手段解决国民党危机无望的背景下，吴努于 3 月 3 日告诉议会，缅甸政府将把蒋军问题提交到联合国大会。3 月 17 日，缅甸外长通知美国驻缅大使泽巴尔德，表示缅甸"不希望援助计划在 1953 年 6 月 30 日以后继续下去"②。

由于美国未能阻止缅甸政府将蒋军问题提交联合国大会以及缅甸单方面停止接受美国经济技术援助，使美缅关系发展遭受严重挫折，并将美国置于不利的形势下。3 月 10 日，代理国务卿史密斯（Smith）致函驻缅甸大使馆，分析认为缅甸将蒋军问题提交联合国不仅会"使苏联有机可乘"，而且缅甸在联合国的立场也会被"操纵"，并由"中立立场转向支持苏联集团"③。对于缅甸单方面宣布停止接受美国经济技术援助的消息，泽巴尔德认为缅甸政府"把国民党的活动同终止技术合作署的活动计划联系起来"，实际上是"把两件完全不同的事情联系起来"④。随后泽巴尔德奉命通知缅甸总理把"取消援助与国民党问题联系在一起"将不利于"美国政府努力解决这一危机"，并说道："美国的援助不可能像水龙头一样随意打开和关闭。如果目前的协定被终止，

---

① *Rankin to Allison*, 18 December 1952, records of the Director, Office of Philippine and Southeast Asian Affairs, correspondence 1949 – 55 and miscellaneous, 1950 – 56, Lot 58D207, box 4, RG59, USNA; *The Cold War and National Assertion in Southeast Asia*, *Britain*, *the United States and Burma*, 1948 – 62, p. 103.

② The Ambassador in Burma（Sebald）to the Department of State, March 17, 1953, *FRUS*, 1952 – 1954, Vol. Ⅻ, East Asia and the Pacific（in two parts）, Part 2, p. 74.

③ The Acting Secretary of State to Embassy in Burma, March 10, 1953, *FRUS*, 1952 – 1954, Vol. Ⅻ, East Asia and the Pacific（in two parts）, Part 2, p. 69.

④ The Ambassador in Burma（Sebald）to the Department of State, March 17, 1953, *FRUS*, 1952 – 1954, Vol. Ⅻ, East Asia and the Pacific（in two parts）, Part 2, p. 74.

那么1954年的援助项目就不可能包含缅甸。"①

　　不过，吴努总理随后同泽巴尔德举行了会晤，并表示停止接受美国援助"是他本人和内阁成员极不情愿做出的决定"，绝大多数内阁成员"希望继续技术合作署项目"，但是反法西斯人民自由同盟政府的重要支持者中"出现了严重的危机，他们实际上指责总理及其同僚假借美国的援助接受'封口费'"。其证据是"过去两年来，缅甸政府在解决国民党问题上的失败，以及表面上的冷漠和满足，使蒋军得以继续驻扎在缅甸境内"。因此，政府不得不"采取严厉措施消除一切指控的借口"②。尽管吴努的理由足以令美国官员信服，但随着经济技术援助的停止，美缅关系依然受到了较大影响。

（二）缅甸与中苏关系的改善及美方的评估

　　缅甸是第一个承认新中国的非社会主义国家。③ 不过，在中美对抗的冷战大背景下，由于缅甸与美国保持着友好往来，故而建交初期的中缅两国关系并不密切。1950年9月缅甸与美国签署经济合作协定后，中国政府表达了强烈不满，《人民日报》在12月13日的评论中指出："众所周知，美帝国主义加强了对我周边国家的侵略，企图把我们的所有邻国都变成侵华的基地。"④ 与此同时，盘踞在缅甸北部的蒋军多次跨越中缅边界袭击中方目标，仅在1952年上半年，蒋军就对毗邻缅甸的腾冲、龙陵、镇康3个县发动了60多次进攻，并杀害100多名中共干部和平民。⑤ 蒋军问题的恶化使中国政府更加怀疑缅甸政府的立场和

---

① The Secretary of State to the Embassy in Burma, March 18, 1953, 1953, *FRUS*, 1952 – 1954, Vol. XII, East Asia and the Pacific (in two parts), Part 2, pp. 75 – 76.

② The Ambassador in Burma (Sebald) to the Department of State, March 19, 1953, *FRUS*, 1952 – 1954, Vol. XII, East Asia and the Pacific (in two parts), Part 2, p. 77.

③ 1949年12月16日，缅甸外交部部长吴义貌（U E Maung）致函中国政府，表示缅甸决定承认中华人民共和国，并希望建立外交关系，互派使节。两天后，中方表示同意与缅甸建交。1950年6月8日，中国与缅甸正式建交。据中情局分析，缅甸之所以尽快承认新中国有以下几个原因：1. 害怕强大邻国的可能入侵，且有历史教训（元朝、清朝）；2. 一个强大亚洲国家的崛起也带来了同样的自豪；3. 厌恶国民政府。参见 CIA, NIE 61 – 56, Probable Developments in Burma, April 10, 1956, CK 2349361217, *USDDO*, p. 11.

④ 社论，《评杜鲁门艾德礼会谈公报》，《人民日报》1950年12月13日第1版。

⑤ *Development of the Military in Contemporary China*, Beijing: China's Social Science Press, 1989, p. 373.

动机，缅甸人也担心中国可能以此作为入侵缅甸的借口。因此，缅甸是否继续接受美国援助和国民党危机的解决与否成为中缅关系能否改善的重要条件。

1953 年 3 月，缅甸宣布将国民党问题提交联合国并单方面停止接受美国援助为中缅关系的发展迎来了契机。中缅两国总理在联合声明中提出双方共同倡导"和平共处五项原则"。11—12 月，吴努访问北京，双方达成了一系列经贸协定，还就解决未定边界问题的步骤进行了讨论。中国同意进行易货贸易，并承诺将从缅甸进口 20 万吨大米。① 此后中缅经贸数额逐年上升，1955 年两国贸易额比 1954 年增长了 30 倍，1956 年则进一步增长了 44%。② 随着中缅两国高层领导人的频繁互访，以及两国经贸关系的不断扩大，双方开启了中缅关系史上的"蜜月期"。

在中缅关系改善的同时，苏缅的政治经济关系也变得日益密切。1955 年初，缅甸贸易代表团访问苏联和东欧，意在推销缅甸大米。缅甸媒体在 3 月报道称，苏联政府已经向缅甸提供了技术援助。③ 7 月，苏联与缅甸签署为期 3 年的贸易协定，根据协定，苏联将从缅甸购买 60 万吨大米，并以车辆、重型机械、化学品和协助修建厂房来抵偿。④ 此后，两国领导人也进行了互访。1955 年 10 月 21 日，吴努对苏联进行了为期两周的访问。11 月 3 日两国签署的联合声明指出"缅甸支持苏联外交政策，并支持恢复中华人民共和国在联合国的合法席位"⑤。12 月 1 日，苏联部长会议主席尼古拉·布尔加宁（Nikolai Bulganin）和苏共中央第一书记尼基塔·赫鲁晓夫（Nikita Khrushchev）访问缅甸。根据双方签署的协定，苏联将在农业和工业发展方面向缅甸提供技术援

---

① Matthew Foley, *The Cold War and National Assertion in Southeast Asia*, *Britain*, *the United States and Burma*, *1948 - 62*, London and New York: Routledge, 2010, p. 120.

② David I. Steinberg, Hongwei Fan, *Modern China-Myanmar Relations*, *Dilemmas of Mutual Dependence*, Copenhagen: NIAS Press, 2012, p. 39.

③ Moscow to the Foreign Office, March 31, 1955, FO371/117046/DB1121/11, UKNA; *The Cold War and National Assertion in Southeast Asia*, *Britain*, *the United States and Burma*, *1948 - 62*, p. 120.

④ Sarell to the Foreign Office, no. 317, July 2, 1955, FO371/117051/DB11338/1, UKNA; *The Cold War and National Assertion in Southeast Asia*, *Britain*, *the United States and Burma*, *1948 - 62*, p. 120.

⑤ Rangoon to the State Department, November 10, 1955, *FRUS*, 1955 - 57, Vol. XXII, Southeast Asia, p. 27.

助，还将帮助缅甸在仰光建造和装备一所技术研究所。[①] 1956 年 3 月 30 日，苏联第一副总理阿纳斯塔斯·米高扬（Anastas Mikoyan）访问缅甸，双方决定将 1955 年签署的经贸协定再延长至 1960 年，在此期间，缅甸每年向苏联出售 40 万吨大米。与此同时，米高扬还宣布已经着手为缅甸建造并装备一座医院、一座剧院、一座展览馆、一座综合体育场和一座宾馆，而且苏联还考虑向缅甸提供长期发展贷款的可能性。[②] 此后，苏联领导人多次就对缅援助项目作出部署。如图 2.1 所示，为赫鲁晓夫视察援缅项目情况。

图 2.1 1960 年 2 月，赫鲁晓夫研究仰光在建工程的模型[③]

---

① *Gore-Booth to Macmillan*, No. 264, December 19, 1955, FO371/117070/DB1631/25, UKNA; *The Cold War and National Assertion in Southeast Asia*, *Britain*, *the United States and Burma*, *1948 – 62*, p. 121.

② Gore-Booth to Selwyn Lloyd, No. 121, April 12, 1956, FO371/123343/DB11338/8, UKNA; *The Cold War and National Assertion in Southeast Asia*, *Britain*, *the United States and Burma*, *1948 – 62*, p. 121.

③ V. Rimalov, Economic Co-Operation between the USSR and Underdeveloped Countries, Moscow: Foreign Languages Publishing House, SC 5110210871, *Archives Unbound*, p. 133.

　　缅甸与中、苏关系的迅速升温引发了美国政府的警惕，相关情报部门对此进行了一系列的评估。1953 年 9 月，中情局向尼克松副总统提交了一份有关国际形势的简报，时值美、泰、缅以及中国台湾四方就撤离蒋军问题举行磋商，由于中国台湾方面在谈判中缺乏诚意，有意拖延并试图阻止撤离计划的实施，缅甸代表愤而退出"联合委员会"。中情局认为："如果新的联合国呼吁和军事行动被证明无效，缅甸可能会退出联合国，或者寻求中共的帮助来驱逐蒋军"，而且"他们可能很快就会对曾经拒绝缅甸共产党人提出的联合政府和联合军事行动的要求进行重新考虑"。更为严重的是，"如果国民党问题不能得到解决，美缅关系可能会严重恶化，"并有可能"严重削弱缅甸政府，阻碍政府恢复镇压共产主义叛乱分子的努力"①。

　　1954 年 10 月 26 日，联合参谋部情报署副署长、海军少将爱德温·T. 莱顿（Edwin T. Layton）在向美军参联会提交的一份"远东地区短期情报评估"中指出："自 1953 年底以来，共产党的总体战略以'和平共处'为主题，并吸引着全世界的中立主义者，他们还从政策上加大力度，试图把美国同其他自由世界国家中孤立出来，并削弱针对共产主义集团的经济禁运。"因此，自斯大林去世以来，共产党的策略"显示出比以前更大的灵活性"。在这一情势下，中共将对"中立且明显受到印度态度强烈影响"的缅甸政府推行"和平共处"政策，长期来看，缅甸"无疑会被纳入共产主义轨道"②。

　　在中缅两国领导人互访后，行动协调委员会于 1955 年 1 月对中缅关系发展进行了评估，并认为，吴努访华使中缅两国关系达到了"近年来最密切"的程度。此外，由于中国承诺不干涉缅甸内政并从缅甸购买大量大米，这也就意味着中国可以通过其"商业和政治优势，扩大其在缅甸的影响力"，甚至还将"明智地利用缅甸人的焦虑情绪"，增强其在缅甸的声望。今后，中国还有可能逐步"限制仰光

---

① CIA, Briefing for the Vice President, September 28, 1953, CK 2349467058, *USDDO*, p. 46.

② Memorandum for Special Assistant to the Joint Chiefs of Staff for National Security Affairs, Short-term Intelligence Estimate for the Far East, October 26, 1954, CK 2349441163, *USDDO*, pp. 2, 7, 12.

在国内外事务中的行动自由"①。行动协调委员会在 9 月的情报评估中重点关注了缅甸派军方代表团访华，美国驻缅大使馆认为此事"具有严重影响"，因为中国对缅甸的军事援助有可能会将缅甸军队与中共"在一些重要方面"绑在一起，甚至包括"向缅甸派驻军事顾问"。驻缅甸大使萨特斯威特（Satterthwaite）敦促美国政府在"不签署新协定"的情况下，以"大幅降低"的价格向缅甸提供美国军事装备，防止"缅甸接受中国援助"②。

1955 年 12·月布尔加宁和赫鲁晓夫访问缅甸后，萨特斯威特认为他们的访问对西方来说是一个"净损失"，但也"没有预期那么严重"，如果能找到办法使缅甸能够把大部分剩余的大米卖给"友好的非共产主义国家"，那么缅甸和苏联集团之间关系进一步密切的趋势仍然可以得到"遏制"③。中情局对此评论道："苏联领导人似乎成功地创造了一种有利于不受阻碍地发展当地共产党人进行公开政治行动的能力的氛围。"④ 1956 年 4 月，中情局提交了名为《缅甸可能出现的事态发展》的评估报告，认为缅甸已经成为苏联集团通过"政治、经济和心理手段扩大其影响的主要目标"。在短期内，苏联集团可能只会试图加强缅甸在某些国际问题上采取与共产党国家相似的立场，并为增强共产党在缅甸的影响力创造有利条件；但从长远来看，苏联集团领导人可能希望通过经济压力和统一战线的联合行动，把缅甸变成苏联集团实际上的俘虏，并随时有可能在中缅漫长的边境地区对缅甸实施军事威胁。⑤

面对社会主义阵营对缅甸的"和平攻势"，美国官员在对形势进行评估的同时也向政府建议运用策略"打击共产主义的颠覆"，例如"合

---

① Operations Coordinating Board, Daily Intelligence Abstracts, No. 294, January 14, 1955, CK 2349329020, *USDDO*, p. 1.

② Operations Coordinating Board, Daily Intelligence Abstracts, No. 461, September 23, 1955, CK 2349037223, *USDDO*, p. 1.

③ Current Intelligence Digest, Southeast Asia, December 12, 1955, CK 2349694162, *USD-DO*, p. 1.

④ Operations Coordinating Board, Daily Intelligence Abstracts, No. 517, December 14, 1955, CK 2349007030, *USDDO*, p. 1.

⑤ CIA, NIE 61 - 56, Probable Developments in Burma, April 10, 1956, CK 2349361217, *USDDO*, p. 12.

理使用商业渠道和文职合同人员"，加强缅甸政府的"反颠覆"能力；建议国务院和国防部向缅甸军队和警察提供武器装备，并训练他们"使用这些装备"，以及"侦查颠覆活动并控制边境和海岸线"；此外，还建议美国新闻署扩大教育交流项目，为更多到美国旅行和培训的缅甸人提供资助，并在 1956 财年预算中拨款 10 万美元支持这一计划。① 不仅如此，面对社会主义阵营针对东南亚国家策略的调整，艾森豪威尔政府多次出台国家安全政策文件，以强化美国对这一地区的争夺。

（三）艾森豪威尔政府对缅"中立主义"态度的转变

缅甸自英国殖民统治下获得独立后，由于历史文化、地缘政治、国内局势以及国际环境等因素的影响，逐步形成了中立主义的外交政策，而这一政策通过缅甸政府领导人，尤其是通过吴努总理的公开讲话不断得到固定和强化。吴努在 1949 年 12 月 11 日谈及缅甸对外关系时指出："我们所处的形势要求我们必须遵循独立的原则，并且不与任何大国结盟。"② 尽管如此，缅甸的不结盟立场并没有影响其向西方寻求援助以应对叛乱和经济发展问题。1950 年 3 月 2 日，吴努谈到缅甸不与大国结盟，并不等于"在经济发展问题上拒绝与西方民主国家开展紧密的合作……如果友好国家的援助即将到来，那么打击叛乱的动力将会增强，和平与稳定将很快得到恢复"③。此后，随着朝鲜战争爆发，中立主义逐步被确立为缅甸外交政策的基石。

艾森豪威尔政府时期，随着社会主义阵营与西方阵营斗争策略的改变，双方都加大了对中立国家的拉拢，在此情势下，缅甸更加坚定了其奉行中立主义外交政策的决心。1956 年 6 月 13 日，吴巴瑞（U Ba Swe）出任缅甸总理后，在对议会的首次演讲中就宣称缅甸"将继续奉行中立外交政策"，而且"我们坚持的是积极的、富有活力的中立主

---

① Operations Coordinating Board, Analysis of Internal Security Situation in Burma and Recommended Action, November 16, 1955, CK 2349580652, *USDDO*, pp. 7 – 8.

② U Nu, *Insurrection: An Analysis and a Remedy*, *Speech in Rangoon*, December 11, 1949; Chi-shad Liang, *Burma's Foreign Relations: Neutralism in Theory and Practice*, New York: Praeger Publishers, 1990, p. 61.

③ *The Nation* (Rangoon), March 7, 1950; *Burma's Foreign Relations: Neutralism in Theory and Practice*, p. 62.

义,以改善两个对立集团之间的关系,并实现相互谅解"①。1957 年 3 月,重新恢复总理职务的吴努仍然没有改变这一政策。1958 年 10 月,奈温(Ne Win)接管政府后声明:"我国政府不打算对正在推行的外交政策作任何改变。我谨声明,我国政府打算继续保持严格中立,不受任何纠缠。"②

面对缅甸的中立政策,艾森豪威尔政府的态度前后不一。在艾森豪威尔政府初期,中立主义被认为是"不道德的",甚至还指出:"在与共产主义世界的斗争中,不支持我们的人一定是反对我们的。"③ 批评者们认为,在西方与苏联集团的竞赛中,中立主义似乎为其追随者提供了一种保护,但这种保护只是一种"幻觉"。此外,中立主义还意味着"基督教、民主和法制"的西方政府与"无神论、血腥和专制"的苏联和中国政府之间道德地位的平等。拒绝对其中一个做出判断并据此采取行动,被认为是不可接受的对道德责任的抛弃。④ 正如罗伯特·A. 斯卡拉皮诺(Robert A. Scalapino)所言:"许多美国人把中立主义视为一种新型的社会病。这或许是因为其与共产主义存在某种亲密关系;其症状是精神错乱、道德沦丧;治疗方案:未知。"⑤

1955 年,随着社会主义阵营冷战策略的转变,美国政府开始重新审视缅甸的中立政策。11 月,中央情报局局长艾伦·杜勒斯(Allen Dulles)在一次国家安全委员会会议上表示,苏联的援助"对美国在世界欠发达地区的地位产生了巨大的影响"⑥。12 月 8 日,布尔加宁和赫鲁晓夫访问印度、缅甸和阿富汗期间,艾森豪威尔不无担忧地说:"很明显,美苏斗争的性质已经改变……因为俄国人并不是真的打算帮助他

---

① Burma Weekly Bulletin, June 21, 1956, p. 74;

② Ne Win's Speech to Chamber of Deputies, October 31, 1958. William C. Johnstone, *A Chronology of Burma's International Relations 1945 – 1958*, Rangoon: Rangoon University, 1959, p. 95.

③ William C. Johnstone, *Burma's Foreign Policy: A Study in Neutralism*, Cambridge: Harvard University Press, 1963, p. 2.

④ Matthew Foley, *The Cold War and National Assertion in Southeast Asia: Britain, the United States and Burma, 1948 – 62*, London and New York: Routledge, 2010, p. 125.

⑤ Robert A. Scalapino, Neutralism in Asia, *American Political Science Review*, Vol. 48, 1954, pp. 49 – 62.

⑥ Memorandum of Discussion, 266th meeting of the National Security Council, November 15, 1955, *FRUS*, 1955 – 57, Vol. X, Foreign Aid and Economic Defense Policy, pp. 28 – 31.

们声称要帮助的国家的经济。"① 杜勒斯则认为，"伟大的美国试验"的声望正在被"伟大的俄国试验"的成功所侵蚀。换言之，共产主义似乎赢得了思想之战；如果美国不做出回应，"将会以苏联统治整个亚洲而告终"②。

此外，吴努总理在 6 月 23 日—7 月 19 日的美国之行也在一定程度上改变了美国人对缅甸中立政策的看法。访问华盛顿期间，吴努在 7 月 1 日应邀出席了美国全国新闻俱乐部（National Press Club）的活动，会上就缅甸的中立政策发表了演讲。吴努首先指出了当前美国民众对"中立"的普遍看法，他说道："7 年多来，缅甸一直是一个主权独立的国家。我们不受外国统治。我们独立于任何基于军事条约的大国集团……'中立'这个词已经获得了一个明显而不利的语义色彩。显然，这个词暗示了鸵鸟把头埋在沙子里的形象，对世界政治的消极态度，对现实的盲目逃避。"随后吴努解释说："在缅甸目前的情况下，她加入任何强大的军事集团，都与她作为一个持续存在的独立国家格格不入……缅甸目前别无选择，只有奉行中立政策，如果她想保持独立的话，这对我们来说比什么都重要。"③

到 1956 年初，华盛顿各方已经就如何对待缅甸中立主义的问题达成了共识。在 1955 年 12 月 8 日的国家安全会议上，艾森豪威尔认为美国应该以更加积极和灵活的外交来应对苏联的策略，而且"美国向中立政府提供援助是合法的，如果另一种选择意味着它们将被共产主义夺走的话"。他还说道："让印度等一些重要国家保持中立……显然对美国的国家安全有利。"④ 杜勒斯也看到应该以更加同情的姿态看待不结盟国家，尽管他本人讨厌一些不结盟国家的领导人，如尼赫鲁（Nehru）。⑤ 1956 年 1 月他对英国外交大臣塞尔文·劳埃德（Selwyn Lloyd）

---

① Memorandum of Discussion, 269th meeting of the National Security Council, December 8, 1955, *FRUS*, 1955 – 57, Vol. X, Foreign Aid and Economic Defense Policy, pp. 44 – 64.

② Memorandum of Discussion, 269th meeting of the National Security Council, December 8, 1955, *FRUS*, 1955 – 57, Vol. X, Foreign Aid and Economic Defense Policy, pp. 44 – 64.

③ U Nu, An Asian Speaks, Speeches in the United States, Washington D. C. , 1955, pp. 13 – 18.

④ Memorandum of Discussion, 269th Meeting of the National Security Council, December 8, 1955, *FRUS*, 1955 – 57, Vol. X, Foreign Aid and Economic Defense Policy, pp. 44 – 64.

⑤ Matthew Foley, *The Cold War and National Assertion in Southeast Asia: Britain, the United States and Burma, 1948 – 62*, London and New York: Routledge, 2010, p. 128.

说："美国向中立国提供帮助是很重要的，以防止它们倒向共产党一边……孤注一掷的做法会使他们在仍有一些被拯救的可能的时候不必要地投入苏联的怀抱。"①

美国决策者对中立主义者的最终态度体现在了 1956 年 9 月出台的 NSC -5612/1 号文件中。在有关结盟的问题上，文件认为东南亚有些国家倾向于加入区域安全协定，但有些国家则宁愿避免与其他国家结盟，但"这两个集团的基本目标都是维持其国家的独立，不受外来干涉或命令"，而且"两个集团国家的独立和活力对美国和彼此都很重要"。1954 年以来，美国积极劝说包括缅甸在内的东南亚国家加入东南亚条约组织（Southeast Asia Treaty Organization，SEATO），② 但缅甸选择保持中立。因此，文件有些无奈地指出："美国应该接受每个国家选择自己的未来道路的权利，不应该施加压力迫使那些不那么倾向于采取积极行动的国家成为盟友。"尽管如此，决策者们仍然意识到："这些国家脱离共产主义的控制，实现真正的独立基本符合美国的利益，即使他们没有正式与美国结盟。"因此，其结论是"美国应该支持和协助他们"③。

在此形势下，美国重新恢复了对缅甸的援助。1956 年 2 月，双方达成协定，美国向缅甸提供价值约 2200 万美元的剩余农产品，包括棉花、乳制品、烟草和水果。3 月，美国向缅甸提供了价值 100 万美元的技术援助以换取 10000 吨缅甸大米。此外，还向缅甸提供 340 万美元的贷款，帮助缅甸人在仰光建立一所医疗中心。不仅如此，美国还帮助缅甸从国际复兴开发银行（International Bank for Reconstruction and Developments，IBRD）获得了一笔贷款。④

---

① Minutes of a US-UK Foreign Ministers' Meeting, January 31, 1956, *FRUS*, 1955 - 57, Vol. XXI, East Asian Security; Cambodia; Laos, p. 169.

② 1954 年 9 月 8 日，美国、英国、澳大利亚、法国、新西兰、巴基斯坦（含孟加拉国）、菲律宾、泰国在马尼拉签订《东南亚集体防务条约》（又称《马尼拉条约》）。1955 年 2 月 19 日，以上各国代表在曼谷正式成立集体防卫组织，总部设于曼谷。其主要目的是防止中国和北越共产主义势力向东南亚地区扩张。1977 年 6 月 30 日正式宣布解散。

③ NSC -5612/1, National Security Council Report, Statement of Policy on US Policy in Mainland Southeast Asia, September 5, 1956, *FRUS*, 1955 - 1957, Vol. XXI, East Asian Security; Cambodia; Laos, pp. 256 - 257.

④ Matthew Foley, *The Cold War and National Assertion in Southeast Asia: Britain, the United States and Burma, 1948 - 62*, London and New York: Routledge, 2010, p. 133.

（四）美国国家安全文件中的对缅政策表述

1954 年前后，由于中南半岛形势的日益紧张，经过美国国家安全委员会多次讨论，1954 年 1 月 16 日通过了名为"美国针对东南亚的目标及行动方针"的政策文件，即 NSC - 5405 号文件。文件中关于针对缅甸的行动建议，基本延续了杜鲁门政府时期的思路，但也有部分调整（相对于 NSC - 124/2 号文件）。首先，由于此前缅甸单方面停止美国的经济技术援助，文件指出：如果缅甸提出要求，美国政府准备"恢复"对缅甸的经济和技术援助。其次，缅甸于 1953 年 3 月将蒋军问题提交联合国后，在美、泰、缅、台组成的"联合委员会"（the Joint Committee）的斡旋下，第一阶段撤出大约 2000 名国民党士兵和 500 名家属。[1] 尽管如此，大部分国民党士兵仍滞留缅甸，为此，在解决缅甸蒋军问题上，应"继续表明美国的兴趣"，并准备为撤离剩余的蒋军"提供有限的后勤支持"[2]。

NSC - 5405 号文件除了继续重视通过有限的经济和技术援助，并鼓励包括缅甸在内的东南亚国家加强与自由世界的联系外，还十分重视精神支持及文化宣传的作用，以"防止东南亚国家进入共产主义轨道"。这些措施主要包括：在精神上鼓励和支持东南亚各国人民抵抗中共的入侵，抵抗当地共产党的反抗、颠覆、渗透、政治操纵和宣传；适当加强宣传和文化活动，促进当地人民与自由世界更紧密地联系。与此同时，还必须向美国公众表明东南亚对美国安全的重要意义，以便使针对这一地区的行动能够获得公众的支持。另外，为了帮助实现美国在这一地区的目标，也需要"酌情加强"秘密行动。[3]

随着东南亚局势的改变，1956 年 9 月 5 日，美国国家安全委员会又提出第二份针对东南亚的政策文件，并命名为"美国对大陆东南亚国家

---

① Kenneth Ray Young, *Nationalist Chinese Troops in Burma: Obstacle in Burma's Foreign Relations (1949 - 61)*, New York University, Ph. D., 1970, p. 133. 具体数据存在稍许偏差，根据联合国大会官方记录，有 1800 人撤出；而根据"联合委员会"的报告，则有 1925 人撤出。

② NSC - 5405, United States Objectives and Courses of Action with Respect to Southeast Asia, Report to the National Security Council by the Executive Secretary (Lay), January 16, 1954, *FRUS*, 1952 - 1954, Vol. XII, East Asia and the Pacific (in two parts), Part 1, p. 375.

③ NSC - 5405, United States Objectives and Courses of Action with Respect to Southeast Asia, Report to the National Security Council by the Executive Secretary (Lay), January 16, 1954, *FRUS*, 1952 - 1954, Vol. XII, East Asia and the Pacific (in two parts), Part 1, p. 371.

的政策声明"①，即 NSC－5612/1 号文件，并借此取代了 NSC－5405 号文件。与前一份政策声明要求积极向缅甸提供各种援助不同，这份声明中对缅甸"援助"的力度明显降低。这主要由于缅甸政府通过军事和外交手段基本解决了蒋军问题和缅共问题。其中前者经过 1953—1954 年前后两个阶段的撤离，所剩的残余部队也在缅甸军队不间断的打击下被迫逃往老挝和泰国。缅共也在政府军事和政治双重措施下逐渐式微，据约翰·H. 巴杰利（John. H. Badgley）记载："从 1954—1958 年，除了大约 15% 的共产党和亲共叛乱武装没有投降外，其他人都投降了。"② 但需要指出的是，这一时期随着"万隆会议"的召开及亚非民族解放运动的兴起，美国尤为注意缅甸局势发展对上述地区的影响，并指出："鉴于缅甸出现的'新机遇'以及那里的事态发展将对亚非尚未做出承诺的地区产生的影响"，所以美国要"特别努力影响缅甸政策中日益有利的方向。"③

这一时期随着社会主义阵营"和平攻势"的推行，美国更加强化了在这一地区文化、教育活动的投入，而且手段也呈现明显的多样化。针对精英阶层，文件指出："通过特别和持续的努力，帮助教育更多的有技术能力、亲西方的文官和军事领导人"，尤其强调培养"潜在领导和次级领导"，以支撑"目前管理中央政府的薄弱的精英阶层"，并使他们支持"公众信息和组织方面的现代方法和技术"。针对普通民众，则通过社区发展项目、教育项目以及其他活动影响村民的福利和态度。当然，同 NSC－5405 相似，这份文件也提到适当加强新闻、文化和教育活动，这些活动的目的除了使当地民众与自由世界更紧密联系在一起外，还致力于"促进对共产主义目标和方法的了解"④。

---

① 该文件所指的东南亚大陆国家主要包括缅甸、柬埔寨、老挝、泰国、越南、马来亚和新加坡。

② Chi-shad Liang, *Burma's Foreign Relations*: *Neutralism in Theory and Practice*, New York: Praeger Publishers, 1990, p. 76.

③ NSC－5612/1, National Security Council Report, Statement of Policy on US Policy in Mainland Southeast Asia, September 5, 1956, *FRUS*, 1955－1957, Vol. XXI, East Asian Security; Cambodia; Laos, p. 260.

④ NSC－5612/1, National Security Council Report, Statement of Policy on US Policy in Mainland Southeast Asia, September 5, 1956, *FRUS*, 1955－1957, Vol. XXI, East Asian Security; Cambodia; Laos, p. 259.

1958 年 4 月 2 日，国家安全委员会根据东南亚形势的发展，再一次颁布"美国对大陆东南亚国家的政策声明"，编号为 NSC - 5809。这份文件与 NSC - 5612/1 号文件中关于缅甸的部分没有做出任何调整，不仅如此，其"总则""政策结论""目标""区域行动纲领"部分也没有进行修改，只是在针对个别国家政策上进行了调整（如老挝、泰国）。其主要原因在于缅甸政局在这一时期逐步趋于稳定，在"中立主义"对外政策的指导下，缅甸与东、西方同时保持和发展友好关系。随着中缅关系的改善，中国对缅共的支持在 1955 年就完全停止了。在失去外部支持的情况下，缅甸共产党的叛乱在这一时期基本上变得微不足道了，更谈不上对缅甸政府构成威胁。故而，缅甸相对稳定的局势，使美国政府感到应该继续"鼓励和支持缅甸境内能够维持稳定的自由政府的那些分子"，以使其利益与"自由世界的利益"一致，并"抵制缅共的引诱、威胁和破坏缅甸独立的计划"①。

1960 年 7 月 25 日，美国国家安全委员会颁布了艾森豪威尔政府时期的最后一份"美国对大陆东南亚国家的政策声明"，即 NSC - 6012 号文件。自 NSC - 5809 号文件出台以来，冷战局势依旧复杂严峻，东南亚一些国家的形势也在这一时期发生了深刻变化。因此，新的安全政策文件不仅在具体内容方面进行了调整，还对措辞进行了修改。由于这一时期缅甸国内政局的变化以及缅甸对美国态度的转变，美国政府趁机进行拉拢。这主要体现在美国对缅甸的援助变得更为"慷慨"，NSC - 5809 号文件关于援助缅甸条款的表述是："出于政治目的，应缅甸要求并根据美国的利益，以贷款或可偿还的方式提供军事装备和物资。"② 但在 NSC - 6012 号文件中则表述为："从政治原则出发，根据美国利益并充分考虑缅甸要求，以赠款方式提供军事训练，以销售或象征性付款方式提供少量军事装备和用品。"此外，新政策声明还将海外华人问题纳入进来，要求鼓励"老挝、泰国、越南政府同'国民政府'保持紧密关系"。对于东南亚华人问题，文件指出，鼓励他们"在切实可行的情况下，充分和迅速地融入东道国的

① NSC - 5809, Statement of Policy on US Policy in Mainland Southeast Asia, April 2, 1958, *FRUS*, 1958 - 1960, Vol. XVI, East Asia-Pacific region; Cambodia; Laos, p. 34.

② NSC - 5809, Statement of Policy on US Policy in Mainland Southeast Asia, April 2, 1958, *FRUS*, 1958 - 1960, Vol. XVI, East Asia-Pacific region; Cambodia; Laos, p. 34.

国民生活，成为忠诚的公民，并认同这些国家的利益"①。

值得注意的是，NSC – 5612/1、NSC – 5809 和 NSC – 6012 号文件中关于对这一地区文化、教育策略的表述完全一样，这表明自 1956 年以来，美国对包括缅甸在内的大陆东南亚国家奉行的文化政策已经趋于定型。在 NSC 文件中相关文化政策的指引下，美国政府以国务院、美新署、中情局等机构为主体，在缅甸开展了形式多样的文化外交活动，其中有些活动专门针对特殊群体，如针对缅甸佛教徒以及缅甸华侨的文化宣传活动，有些则针对缅甸普通民众，如在仰光开设图书馆、举办展览等，无论其针对对象及其活动方式如何，其目的无非围绕"团结自由世界，以非战争手段减少共产主义的威胁"②。

三　艾森豪威尔政府对缅多元文化外交格局的形成

（一）从富布莱特项目到多途径对缅教育交流

早在 1947 年 12 月 22 日，美国就与缅甸签署了富布莱特教育交流协定，并以二战期间美国在缅甸的剩余军用物资所兑换的外汇收入为资金支撑，借以促进双方的文化教育交流活动。杜鲁门时期，两国富布莱特项目的开展颇有成效，在这期间总共资助两国的教授、专家、学者及各类学生达百余名。艾森豪威尔上台后，由于缅甸坚持奉行中立主义的外交政策，美国对缅甸"进行思想渗透寄予很大期望"，借此"作为经济和政治扩张最重要的手段"③。另外，美国还认为："亚洲人把美国的信息传递给亚洲同胞比美国人和其他西方人更有效。"④ 因此，作为"有可能影响最大限度数量的缅甸人"的教育及人员交流项目在艾森豪威尔政府时期得到了进一步发展。

这一时期，受富布莱特资助来缅甸的美国专家学者还参与了缅甸国

---

① NSC – 6012, Statement of Policy on US Policy in Mainland Southeast Asia, July 25, 1960, *FRUS*, 1958 – 1960, Vol. XVI, East Asia-Pacific region; Cambodia; Laos, pp. 214, 216 – 218.

② The USIA Program (January 1, 1954, through June 30, 1954), August 12, 1954, CK 2349084242, *USDDO*, p. 1.

③ ［苏］А. П. 穆兰诺娃：《美国对缅甸的政策》，陈树森译，《东南亚研究资料》1963 年第 2 期。

④ Educational Exchange, Collection：US Relations and Policies in Southeast Asia, 1944 – 1958：Records of the Office of Southeast Asian Affairs, SC5005201681, *Archives Unbound*, p. 30.

民教育改革的筹备，仰光大学的改革以及曼德勒大学的筹建等工作。受此资助前往美国的缅甸人多是新闻出版界人士、电台工作人员以及工会活动家。仰光大学校长锡昂（Htin Aung）以及缅甸教育部部长吴丘（U Cho）均获得了富布莱特项目的资助。[1] 由于这些人在缅甸国内具有较大影响力，通过富布莱特项目可以向其展示美国的生活方式和价值观念，使其对美国产生好感，进而支持美国的对外政策，甚至形成亲美立场。据统计，从 1949 年到 1957 年，参加美缅富布莱特项目的共有 402 人，其中有 290 名是缅甸人。[2] 而从 1958 年到 1962 年的 4 年间，就有 368 名缅甸人受资助赴美，平均每年赴美人数远超出此前时段的年均规模。受此影响，在美国学习的缅甸留学生约占其留学生总数的一半，1955—1956 学年，美国高校中有 230 名缅甸人，而到了 1957—1958 学年这一数字则增加为 248 名。

美国还参与了缅甸政府的"扫盲"教育计划。从 1949 年 4 月起，缅甸政府为了降低农村地区的文盲率，在首都仰光开设了一处"教师培训示范中心"以培养开展"扫盲"教育的师资力量。1950 年春，第一批结业的教师奔赴勃固（Pegu）、永盛（Insein）以及汉达瓦底（Han-thawaddy）的 20 个地点开展工作。但由于物资与设备的缺乏致使缅甸政府很难将这个项目扩大到其他广大农村地区，在一定程度上也制约了该项目的效果。在缅甸政府的要求下，美国派出了两名技术人员前往，与负责实施这一项目的缅甸"大众教育委员会"开展合作，其中一人负责组织和运作成人和农村教育项目，另一人负责开发培训援助。此外，美国还拨款 20 万美元用于资助该项目，其中 5 万美元用于补助当地人员的薪水，另外的 15 万美元则用于购买所需的各种设备。[3]

此外，美国技术合作署还与缅甸签订了技术方面的合作协定，前者提供相关资金支持缅甸技术方面的进步，其中也包括技术人员交流与培训项目。在技术合作署的资金支持下，1951—1953 年，缅甸与康奈尔大学

---

[1] Walter Johnson, Francis James Colligan, *The Fulbright Program: A History*, Chicago and London: The University of Chicago Press, 1965, pp. 117 – 118.

[2] ［苏］A. II. 穆兰诺娃:《美国对缅甸的政策》，陈树森译，《东南亚研究资料》1963 年第 2 期。

[3] *58 – D – 782*: Records of the Office of Southeast Asian Affairs (Economic), Subject Files, *1950 – 1957*: Griffin Mission Reports: Indochina, 1950, SC 5005205634, *Archives Unbound*, p. 110.

等美国著名高校签订了一系列协定，规定由美国科学研究中心派出专家，并提供设备和文献，参加缅甸国家科学研究所的改组和扩充工作。在美国援外事务管理署（Foreign Operations Administration）的资助下，缅甸国家规划部还与康奈尔大学签订了关于对航拍进行释读的协定。另外，缅甸工业和矿业部与美国阿穆尔研究基金会（Armour Research Foundation）签订协定，帮助缅甸的工业研究和发展。根据和马萨诸塞大学的协定，后者派出5名专家协助缅甸工程学院拟订课程计划，购置书籍和设备。[①]不仅如此，在技术合作署的协调和资助下，缅甸人也有机会参加一些相关领域的培训。例如在1953—1954学年，有3名缅甸人参加了教育方面的培训，7名缅甸人参加了公共卫生领域的培训。[②]

　　需要提及的是，美国其他机构也参与了对缅甸的教育和人员交流项目。缅甸独立初期，美国经济合作署向仰光大学拨款17万美元，用于购买科研设备、实验材料以及战时损失的其他替代品。[③] 1954年，美国新闻署也实施了对仰光大学图书馆的扩建计划，借此对抗共产主义在学生中的影响力。[④]另外，为了支持缅甸留美学生的学业，1956年3月，缅甸以10000吨大米换取了价值约100万美元的技术援助，其中22万美元用于支付缅甸在美留学生的学习费用。[⑤]在艾森豪威尔政府"公民外交计划"（People-to-People Program）[⑥]的支持下，缅甸议会议员和财

　　① ［苏］A. II. 穆兰诺娃：《美国对缅甸的政策》，陈树森译，《东南亚研究资料》1963年第2期。

　　② Training-Education-FY *1953 – 1954*，Collection：US and Iraqi Relations：US Technical Aid，1950 – 1958，SC 5000141552，*Archives Unbound*，pp. 7，11。

　　③ Charles E. Griffith，American Books in Southeast Asia，*Graduate School of Library and Information Science*，*University of Illinois at Urbana-Champaign*，Summer，1956，p. 124。

　　④ Report to the National Security Council，the USIA Program，August 18，1954，*FRUS*，1952 – 1954，Vol. II，National Security Affairs（part 2），p. 1787。

　　⑤ ［苏］A. II. 穆兰诺娃：《美国对缅甸的政策》，陈树森译，《东南亚研究资料》1963年第2期。

　　⑥ 1955年，艾森豪威尔总统在与美新署署长斯特里伯特讨论扩大美新署预算时，指出要"增加非政府组织和个人在海外讲述美国故事的参与"。当年夏天，艾森豪威尔发表演讲邀请所有美国人与他合作"让全世界了解美国的目标，为持久和平营造氛围"。1956年9月11日，艾森豪威尔在白宫一次大型招待会上宣布启动"公民外交计划"。年底，民间已经成立了28个"公民外交计划"委员会，他们通过举办展览、电影放映、英语课堂甚至捐献旧课本等形式，向海外民众展示美国的价值观和生活方式。

政委员会主席考察访问了美国。①

总的来看，艾森豪威尔政府时期美缅教育交流及人员往来相比杜鲁门政府时期有明显增加，这显然是前者更加重视教育文化交流项目在冷战中作用的结果。但也要看到，鉴于受众过于狭窄，美国对缅文化外交的重心并没有放在教育及人员交流项目上，而更多的是通过图书、广播、电影等项目，以及针对缅甸特定群体的心理战来宣扬美国的价值观及生活方式。

（二）美新署主导的对缅图书项目

二战期间，美国得益于成功运用印刷材料的宣传并最终击败纳粹分子，这段经历在美国外交政策制定者心中仍然记忆犹新。美新署成立后，尤为重视印刷媒体的重要作用。作为"美国文化冷战的主要武器之一"，图书项目成为"20世纪下半叶美国和世界其他国家之间持续时间最长的文化交流形式"②。通过向外国民众免费开放阅读美国图书，从而促使他们更好地了解"美国的生活和文化"，并进一步理解"美国政府的目标和政策"。

二战结束后不久，缅甸政府便吁请国际社会帮助重建其在战火中损毁严重的图书馆，并补充在战争中大量散佚的图书。③ 在此背景下，各国纷纷向缅甸捐赠图书。美国对缅甸的图书项目也在这时启动。设在仰光的美国新闻处也在这一时期在仰光闹市区设立了一个小型公共图书馆供广大读者免费阅读。④ 作为仰光唯一的公共图书馆，该图书馆每年接待读者达50万人次以上，加上藏书丰富，使其成为美国图书交换计划成员，并进而能够有资格实施美国政府的图书交换项目。故而，美新处成为美国政府在缅甸实施图书项目的主要工具。实际上，除固定图书馆外，美新处还有数座车载移动图书馆向缅甸民众提供借阅服务，如图2.2所示。

---

① Department of State, *International Information and Cultural Series*, No. 36, 1954, p. 18. available at https：//babel. hathitrust. org/cgi/pt? id = osu. 32435065442618；view = 1up；seq = 2.

② Robert A. Findlay, *Captivating Hearts and Minds：The Attempted Americanization of Asian Cultures, 1945 - 1970*, the University of Hawaii at Manoa, Ph. D. Dissertation, 2016, pp. 86 - 87.

③ 仰光大学中央图书馆战前曾藏书最多达40000册，但在战争期间大多被焚毁。浩劫之后，每个院系的图书分馆仅存图书100册左右，可想而知其他图书馆的情况更是不容乐观。

④ Dau Mya Mya, *A Suggested Reference Library for Rangoon*, Burma, Catholic University of America, Master's Thesis, 1959, p. 6.

图 2.2　仰光附近的美新处移动图书馆①

　　据统计，这一时期美新处图书馆藏书 20643 册，另外还发行图书 175205 册，数量非常可观。在图书的选择方面，美新处的动机颇值得怀疑。所选图书大都掺杂了对美国价值观以及美国生活方式的宣扬，苏联新闻记者波罗维克参观了美新处在仰光的图书馆后写道："乍一看，在阅览室里选列的都是些'非政治性'书籍，如地理参考书、历史教科书、艺术文学概论。但这仅仅是表面上看来如此罢了。可是，翻开一些书时，它们的结论大都是说人类的历史是从美国诞生的时候才开始的，文化和艺术只在美国的土地上发展起来了，而美国以外所存在的一切都是原始的，这一切都需要按照美国方式加以改良和进行根本的改造。"②

　　美新处的图书馆不仅向民众免费开放阅览，还负责在缅甸市场推广销售美国图书。为此，美新处官员甚至要跑遍缅甸每一个偏僻地区的书

　　①　Nicholas J. Cull, *The Cold War and the United States Information Agency*: *American Propaganda and Public Diplomacy*, *1945 - 1989*, New York: Cambridge University Press, 2008, p. 265.

　　②　[苏] A. II. 穆兰诺娃：《美国对缅甸的政策》，陈树森译，《东南亚研究资料》1963年第 2 期。

店和书摊。缅甸书店里和书摊上成百上千的图书杂志都是直接经由美新处图书馆从美国选购而来的。为此，一位缅甸新闻记者曾一针见血地指出"书摊是美国宣传的小分支机构，而美国新闻处则是它的老板"①。另外，美新处图书馆还为缅甸政府提供咨询和图书支持。由于没有其他可利用的图书馆，缅甸政府经常通过美新处图书馆寻求技术类的图书。② 不仅如此，美新处图书馆还向缅甸议会上院——民族院（House of Nationalities），提供了一份基本参考资料汇编。

美新处还参与了缅甸的图书翻译和出版活动。由于美新处图书馆从美国获得的大量图书以及各种文献资料基本以英文为主，因此，这就需要将其译为缅文以方便广大缅甸读者的阅读。如图2.3所示，仰光美新处将《白求恩》译为缅文。美国政府还对这个项目进行了资助。③ 当然，在缅甸政府的支持下，缅甸最大的图书生产商——"缅甸翻译协会"（Burma Translation Society）承担了外文图书翻译的主要任务。美国政府还向该"协会"提供了一台现代化印刷设备。到1956年，"协会"已经翻译并出版了近100种图书，总量达30000册，其中大部分都用作学校的教科书。值得一提的是，美新署同样开展了颇有成效的图书翻译项目，其精心挑选的书目意在展现美国人的观点。据统计，1952—1955年，美新署翻译了美国文学与文化类图书35本，医疗和健康类图书12本，公共事务类图书29本。④

由于长期遭受殖民统治及战火的影响，缅甸图书管理方面的专业人才奇缺。独立初期，缅甸全国仅有4名训练有素的图书管理员，其中两名供职于美新处图书馆。⑤ 他们在收到请求的前提下，也会帮助组织建设图书馆并提供相关咨询。例如在仰光大学的请求下，美新处帮助其藏书达3万册的图书馆进行了重新编目，从而方便了师生的使用以及图书

---

① ［苏］A. II. 穆兰诺娃：《美国对缅甸的政策》，陈树森译，《东南亚研究资料》1963年第2期。

② 58 - D - 782：Records of the Office of Southeast Asian Affairs（Economic），Subject Files，1950-1957：Griffin Mission Reports：Indochina，1950，SC 5005205634，*Archives Unbound*，p. 110.

③ 格里芬在报告中建议美国政府提供16万美元资助在缅甸的翻译项目。

④ Charles E. Griffith，*American Books in Southeast Asia*，Graduate School of Library and Information Science，University of Illinois at Urbana-Champaign，Summer，1956，pp. 123 - 125.

⑤ Charles E. Griffith，*American Books in Southeast Asia*，Graduate School of Library and Information Science，University of Illinois at Urbana-Champaign，Summer，1956，p. 123.

管理人员的管理。此外，美新处还与福特基金会联手开设了一门图书馆学培训课程，提供了为期4个月的强化训练课程。

图 2.3 美国驻仰光文化事务主管弗吉尼亚·C.盖格在观看缅语版
《玛丽·麦克劳德·白求恩》的封面制作①

这一时期缅甸从美国的图书进口数额也呈上升态势，1950年缅甸从美国进口了价值6724美元的图书，1952年进口的图书价值则达到29824美元，虽然在1954年这一数字下降为14148美元，但仍是1950年的2倍多。值得注意的是，技术和科学领域的教科书在这一时期增长尤为迅猛，其进口数额从1950年的854美元增加到1954年的10143美元。② 这与缅甸国内局势在这一时期逐渐恢复和平，缅甸政府和民众转而将更多的精力放在国家建设与科教文卫事业的发展上有很大关系。

尽管美国政府在缅甸的图书项目上投入了较多的资金、人员和精力，但其项目开展并非一帆风顺，这既有其自身问题，也有外部原因。首先，缅甸从美国进口图书仍然存在障碍，尽管没有征收关税，却每卢

---

① Theodore C. Streibert, *USIA 3ʳᵈ Report to Congress*, July-December 1954, p. 15.

② Charles E. Griffith, *American Books in Southeast Asia*, Graduate School of Library and Information Science, University of Illinois at Urbana-Champaign, Summer, 1956, p. 122.

比要征收 1 安那①的销售税，这在很大程度上抬高了美国图书的售价。
而且，进口其他国家的图书只需要开放一般的许可证，进口美国图书却
需要单独的许可证。因此，这些不利条件在很大程度上限制了美国图书
在缅甸的推广流通。据估计，缅甸书店 90% 的库存都来自英国，剩下
的 10% 则来自美国的施耐德公司（H. M. Snyder）、麦格劳·希尔出版社
（McGraw Hill）和麦克米伦公司（Macmillan）。② 另外，美国在缅甸的图
书项目还受到社会主义阵营图书项目的抵制。由于苏联和中国图书的价
格相对低廉且往往折扣较高，缅甸许多书店往往都有销售。这些都在无
形中增加了美国图书在缅甸销售的难度。

即便如此，美新处在缅甸实施图书项目依旧得到了美新署的赞许，
这一点在美国报刊上得到了证明，《纽约时报》强调指出过美新处在缅
甸传播美国影响所起的重要作用。③ 例如佩吉·德丁（Peggy Durdin）就
在《纽约时报》发表文章鲜明地指出：仰光美新处图书馆是"民主如
何赢得朋友的典型例子"。他在文章中写道："除了金顶宝塔和佛教寺
庙，缅甸最受欢迎的地方是一个简单的美国图书馆……无须小题大做和
炫耀，它已经为美国赢得了成千上万的朋友。"④

就像教育和人员交流一样，图书成为美国在缅甸推行文化外交的重
要工具。据 1960 年上半年的统计数据，已经连续开放了 4 年的毛淡棉
市（Moulmein）美新处图书馆，有 80% 的读者是来自毛淡棉市专科学
院⑤（Intermediate College）的学生。通过与这些学生的合作，该校阅览
室和办公室曾经大量存在的共产党出版物逐步被美新处图书和杂志取
代。⑥ 正如美新署署长乔治·艾伦（George Allen）在 20 世纪 50 年代末
所言："图书承载着最可信的真理。"⑦

---

① 货币单位，等于1/16 卢比。

② Charles E. Griffith, American Books in Southeast Asia, *Graduate School of Library and Information Science*, *University of Illinois at Urbana-Champaign*, Summer, 1956, p. 124.

③ ［苏］A. II. 穆兰诺娃：《美国对缅甸的政策》，陈树森译，《东南亚研究资料》1963 年第 2 期。

④ United States Information Agency, *Books*, *Exhibits and Cultural Activities in the Overseas Information Program*, 1956, p. 2. Available at https: //babel. hathitrust. org/cgi/pt? id = uc1. b5053385;

⑤ 当时是缅甸南部唯一一所高等院校。

⑥ *USIA's 14th Report to the Congress*, January-June 1960, p. 15.

⑦ Richard T. Arndt, *The First Resort of Kings*, *American Cultural Diplomacy in the Twentieth Century*, Washington D. C. : Potomac Books, Inc., 2005, p. 194.

（三）美新署对缅冷战主题电影宣传

美新署成立后，在其首任署长斯特里伯特的领导下，对海外开展了声势浩大的电影项目。截至 1953 年底，美新署在全世界拥有 210 个电影资料馆、约 6000 个放映机和 350 个移动放映设备，每年全球约有 5 亿观众观看美新署放映的电影。① 这些电影主题大多以冷战宣传为主，竭力宣扬美国的价值观和生活方式。正如斯特里伯特所认为的那样，美新署电影应该要么是"旨在揭露共产主义谎言和扭曲事实的冷战主题电影"，要么"旨在支持和阐明美国的外交政策"②。

不仅如此，为了增加海外观众数量，美新处官员们还"竭尽全力传播视觉媒体制作和放映所需的技术"，以及"增加当地语言和美国的电影、电视节目"③。为了实现这一目的，美新署的电影制作人大都在当地取材，到 1954 年，有超过 2/3 的冷战主题电影都是在当地制作的，并大量使用当地人。1956 上半年，分布于世界各地的美新处总共发布了 65 部纪录片、故事片以及 100 部新闻纪录片，而只有 9 部纪录片的后期是在美国集中制作的。④ 在东南亚，美新处就地取材、制作电影的情况尤为普遍。在缅甸这样的中立主义国家，美新处制作的电影除了涉及冷战主题外，其余大部分电影则在宣扬"公民和民主的基本理念"。

1953 年下半年，为了加强对共产党国家"外围"地区的影响和渗透，在署长斯特里伯特的监督下，美新署重新逐个审查了其在各国的目标和计划。⑤ 为了更有效地制定、实施电影项目，美新署还重组了电影服务处（Motion Picture Service）。在此背景下，曾经以刻画"美国事物"为主的电影逐步被以冷战题材和宣扬美国外交政策的电影所取代。美新署成立之初，由于新片锐减，其海外电影项目骤减为原来的一半左

---

① Nicholas J. Cull, *The Cold War and the United States Information Agency*, *American Propaganda and Public Diplomacy*, *1945 - 1989*, New York: Cambridge University Press, 2008, p. 108.

② Theodore C. Streibert, *USIA 3rd Report to Congress*, July-December 1954, p. 13.

③ Robert A. Findlay, *Captivating Hearts and Minds*: *The Attempted Americanization of Asian Cultures*, *1945 - 1970*, the University of Hawaii at Manoa, Ph. D. Dissertation, 2016, p. 123.

④ Theodore C. Streibert, *USIA 3rd Report to Congress*, July-December 1954, p. 13.

⑤ 为了深入了解远东形势和美国应采取的行动，1953 年 12 月，斯特里伯特视察了美新署在远东国家的设施。负责远东事务的助理署长萨克斯顿·布拉德福德（Saxton Bradford）也在 10—12 月访问考察了驻远东各国的美新处。

右。但经美新署重组后，并在注入大量资金的基础上，这一项目很快重新焕发了活力。

朝鲜战争结束后，美新署利用被关押在韩国文山（Munsan）的北朝鲜战俘拒绝被遣返回祖国为题材进行渲染。他们还通过美国之音报道称，尽管他们"从传统上热爱自己的家人"，但是"这些战俘拒绝返回共产主义国家"。与此同时，电影服务处还以此为主题拍成电影和纪录片在缅甸等远东国家放映。其中包括一部 20 分钟的纪录片，名为《朝鲜的故事》，讲述了朝鲜"侵略"的整个历史。另一部影片名为《联合国战俘报告》，通过各种照片就共产党国家对联合国军虐待战俘的指控进行辩解。①

从 1954 年开始，美新署大大强化了其电影项目，并且开始更多关注带有强烈冷战色彩的电影。不仅如此，放映美新署影片的全球影院相比之前也有了明显增加。在影片的进一步传播，尤其是在向当地有影响力的团体放映上，其海外人员也越来越多地得到了当地组织的帮助。②无论是官方拨款还是私人捐助，美新署电影服务处的项目资金都比前一时期有显著增加。1953 年后半段，官方和私人对电影服务处的拨款和捐赠分别为 3390117 美元和 910929 美元，而 1954 年上半年，这一数字已分别增加到 4612177 美元和 927601 美元。

为了提升电影艺术水平，美新署还与好莱坞（Hollywood）展开合作。美新署电影服务处主任小安德鲁·W. 史密斯（Andrew W. Smith, Jr.）曾担任 20 世纪福克斯电影制片公司副总裁和总经理以及联合艺术家公司和雷电华影片公司（RKO）销售总监。③ 史密斯与好莱坞的联络主要通过其首席顾问塞西尔·B. 德米尔（Cecil B. De Mille）和其在"西海岸的特别代表"——米高梅（MGM）资深制片人兼电影制片人协会主席凯里·威尔逊（Carey Wilson）。史密斯和威尔逊以及"来取代电影审查委员会"（Production Code Administration）的爱迪生·杜兰德（Addison Durland）保持着定期联系，后者也时常来华盛顿听取国务院

---

① Theodore C. Streibert, *USIA 1st Report to Congress*, August-December 1953, pp. 1, 22.

② Theodore C. Streibert, *USIA 3rd Report to Congress*, July-December 1954, p. 13.

③ Theodore C. Streibert, *USIA 2nd Report to Congress*, January-June 1954, p. 31.

和美新署的简报，获取全套的"国家年度计划"①。

与好莱坞的合作，使美新署以较低成本获得了影视行业顶级专业技术人员的加盟。在这一合作框架下，美新署得以制作出较高水平的电影作品。例如《波兰人是一个顽强的民族》就是好莱坞的派拉蒙（Paramount）影片公司出品的，主要记录了共产党政权下波兰民众的生活状态。如图2.4所示，为电影《波兰人是一个顽强的民族》拍摄现场。另一部双方合作的电影《对波罗的海国家的掠夺》由华纳—百代影片公司（Warner-Pathé）制作，主要讲述了苏联是如何占领拉脱维亚、立陶宛和爱沙尼亚三个波罗的海国家的。此外还有环球影业（Universal）出品的《原子能促进和平》，华纳兄弟（Warner Brothers）出品的《朝鲜故事》以及雷电华影片公司出品的《艾森豪威尔的生活》等都是双方合作下的代表作品。

图2.4 《波兰人是一个顽强的民族》拍摄现场②

冷战主题电影依然是美新署在缅甸电影放映的重头戏。例如纪录片《一个不愉快的话题》仍以朝鲜战争为题材，这部影片主要揭露了中国

---

① Nicholas J. Cull, *The Cold War and the United States Information Agency*, *American Propaganda and Public Diplomacy*, *1945 - 1989*, New York: Cambridge University Press, 2008, p. 110.

② Theodore C. Streibert, *USIA 2ⁿᵈ Report to Congress*, January-June 1954, p. 15.

和朝鲜共产党人对联合国军队所犯下的"暴行"①。值得注意的是，有大约70%的冷战题材影片是位于海外的美新处在当地取景，使用当地演员，并用当地语言制作的。电影《我的拉脱维亚》就是其中的代表，这部影片用原始电影的方式记录了共产主义夺取拉脱维亚的过程。影片上映后便很快被译为多种语言在全球上映。②

　　除冷战题材外，向缅甸民众阐释美国外交政策是美新署电影的另一大主题。1953年底，尼克松副总统出访远东和近东国家。此后不久，美新署以此为主题，与派拉蒙影片公司（Paramount Pictures Corporation）合作拍摄了一部尼克松副总统出访的纪录片并通过商业渠道在海外各大影院上映。自1954年7月1日起，美新署每月都会发布一次新闻评论短片，名为《我们的时代》（Our Times）。节目制成后被翻译成30多种语言，向包括缅甸在内的69个国家放映。每部短片时长仅为20分钟，涵盖此前一个月发生的6个主要国际事件，并解释美国的政策和目标。以此来赢得缅甸民众对美国外交政策的理解和支持。另一部表现美国外交政策的电影《互助合作小组》（Combite）则描绘了美国援外事务管理署在海地开展的行动，展示了在美国经济技术援助下，海地所取得的发展成就。③

　　此外，美新署制作的部分电影还着力向缅甸宣传美国社会文化及价值观。其中比较有代表性的有《成长的构思》（Design for Growing），这部彩色电影运用了克利夫兰公立学校的艺术教学片，向观众们展示了艺术的魅力。影片《自由之舞》则描绘了两名匈牙利著名芭蕾舞演员从苏联统治下逃离的故事。④ 这部时长仅为40分钟的影片于1954年在德国制作完成。随后，塞西尔·B. 德米尔促成了这部剧在海外上映，沃什伯恩还将其在白宫放映。⑤ 缅甸的美新处通过放映这部影片，一方面旨在向缅甸民众展示美国社会的自由价值取向，另一方面也在鼓励缅甸人摆脱共产主义的影响，奔向"自由"。

---

① Theodore C. Streibert, *USIA 2ⁿᵈ Report to Congress*, January-June 1954, pp. 15 – 16.

② Theodore C. Streibert, *USIA 3ʳᵈ Report to Congress*, July-December 1954, p. 13.

③ Theodore C. Streibert, *USIA 3ʳᵈ Report to Congress*, July-December 1954, p. 14.

④ Theodore C. Streibert, *USIA 3ʳᵈ Report to Congress*, July-December 1954, p. 14.

⑤ Nicholas J. Cull, *The Cold War and the United States Information Agency*, *American Propaganda and Public Diplomacy*, *1945 – 1989*, New York: Cambridge University Press, 2008, p. 110.

由于缅甸城市人口比重很低，仅有居住在仰光、曼德勒等大城市的少部分居民才有机会在影院观看电影。绝大部分居住在广大农村和偏远地区的村民并不具备看电影的条件，这些地区往往缺乏电影放映的设备，更没有相关的专业人员。所以位于仰光、曼德勒和毛淡棉市的美新处往往组织专业人员带上移动放映设备来乡下放映电影。去乡下放映电影的小卡车上一般配有电影放映机、柴油发电机和屏幕。到 1955 年，缅甸的公路上经常可以见到印有"USIS"标识的汽车。电影放映一般会在市场附近，常伴随节庆活动、集市或其他活动。① 在大城市附近且交通便利的地区尚可驱车前往，但在没有公路的偏远山区则往往需要骡马驮运甚至手提肩扛，条件十分艰苦。

美新署在缅甸的电影项目成为其影响缅甸民众的重要手段，并取得了一定成效。1955 年上半年，美新处制作的电影《总统新闻发布会》，演绎了艾森豪威尔总统在例行新闻发布会上回答记者提出的有关国际事务的问题。这部电影在缅甸等国家上映后引发了强烈反响。美国报业协会在一篇文章中指出：《总统新闻发布会》是"美国民主正在发挥作用的视觉证据"，这是"俄国庞大的宣传机构不太可能复制的一种手段"②。美新署电影受到了缅甸民众尤其是缅甸青年的欢迎。据统计，在 1956 年缅甸青年联盟组织电影节上，约有 3000 人观看了苏联、中国和捷克共同放映的电影。与此同时，大约有 25000 人观看了美新署的电影，成为这次电影节的"高潮"。

与印刷材料不同，看电影并不需要较高的文化素养，这使其成为对文化水平整体较低的缅甸民众的最佳的宣传方式之一。借助当时来说比较先进的设备和技术，美新署的电影项目也吸引到大批的缅甸人前来观看。美国官方声称，有成百上千的人步行数个小时前来观看影片。③ 无疑，美新署在缅甸的电影项目取得了较大成效，正如《新闻周刊》记者欧内斯特·林德利（Ernest Lindley）在遍访亚洲后所说："这些纪录

---

① Marc Frey, "Tools of Empire: Persuasion and the United States' Modernizing Mission in Southeast Asia", *Diplomatic History*, Vol. 27, No. 4, 2003, p. 553.

② Theodore C. Streibert, *USIA 6th Report to Congress*, January-June 1956, p. 11.

③ Marc Frey, "Tools of Empire: Persuasion and the United States' Modernizing Mission in Southeast Asia", *Diplomatic History*, Vol. 27, No. 4, 2003, p. 554.

片只是美新署得到积极回应的众多活动的一小部分。"①

四 艾森豪威尔政府针对缅甸佛教徒与
华人的文化外交

（一）艾森豪威尔政府针对缅甸的"宗教计划"

"文化冷战"作为冷战研究的一个层面已经为学界普遍接受。近来，西方又有学者提出"宗教冷战"的概念，并将其作为文化冷战研究的重要组成部分。著名神学家保罗·蒂利希（Paul Tillich）指出："宗教是文化的实质，文化是宗教的形式。"② 马克·格雷姆肖更进一步认为"宗教冷战是文化冷战的一部分"③。的确，宗教作为美国冷战工具在冷战爆发之初便已经开始运用了。作为虔诚的浸信会教徒，杜鲁门在 1950 年 4 月 20 日向美国报业编辑协会（the American Society of Newspaper Editors）的讲话中说道：冷战"首先是一场人类思想的斗争"。他接着指出："共产帝国主义势力"所进行的宣传，可以被"朴素、简单、公开的真理"征服。④ 随后，杜鲁门总统发动了一场带有浓重宗教色彩的"真理运动"。

与前任相比，艾森豪威尔对宗教的信仰有过之而无不及，甚至他还被认为是"20 世纪最虔诚的总统"⑤。他是唯一一位写下就职祈祷文的美国总统，也是已知唯一一位在白宫受洗的总统，还是首位任命宗教特别事务助理的总统。1952 年 12 月当选总统后，艾森豪威尔在自由基金会的演讲中说道："我们的政府形式毫无意义，除非它建立在深刻的宗教信仰基础上。"⑥ 艾森豪威尔对宗教的笃信更反映在其对冷战的认知上，他认为

① Theodore C. Streibert, *USIA 5th Report to Congress*, July-December 1955, p. 39.

② Paul Tillich, *On the Boundary*, London: Collins, 1967, pp. 69 – 70.

③ Mike Grimshaw, "Encountering Religion: Encounter, Religion, and the Cultural Cold War, *1953 – 1967*", *History of Religions*, Vol. 51, No. 1, August 2011, pp. 31 – 58.

④ Truman, "Address on Foreign Policy at a Luncheon of the American Society of Newspaper Editors", April 20, 1950, in *Public Papers of the Presidents of the United States: Harry Truman, 1945 – 1953*, Vol. 8, pp. 260 – 264.

⑤ Jack M. Holl, "Dwight D. Eisenhower: Civil Religion and the Cold War", in M. J. Rozell, G. Whitney, eds., *Religion and the American Presidency*, New York: Palgrave Macmillan, 2007, p. 133.

⑥ *New York Times*, December 23, 1952, p. 16.

冷战是"基于有宗教信仰的文明与基于唯物主义和无神论信仰的文明"之间的冲突。① 此后，宗教在冷战中的运用被提升到前所未有的高度。

　　早在杜鲁门政府时期，美国政府就已经注意到佛教在东南亚的重要影响，并初步探索了佛教在冷战中的作用。为了影响中立的佛教国家——缅甸，美国政府通过经济合作署捐款建立佛教大学，并将其作为第六次佛教大结集的活动场地。尽管杜鲁门政府的"兴佛"计划受到了缅甸政府的欢迎，但一方面由于时间短，并没有就这一项目深入下去，另一方面由于这一时期的政策制定者们尚未全面了解佛教及其对缅甸人的真正意义。故而，其取得的成效也十分有限。艾森豪威尔时期，随着美国对东南亚历史文化的了解日益深入，再加上中南半岛形势的不断恶化。美国政府认为："中共通过策动武装叛乱和颠覆控制东南亚的可能性远大于其对这一地区公然发动攻击的可能。"② 因此，华盛顿的决策者们感到除了在这一地区继续运用经济、军事和外交手段外，也有必要"利用宗教因素来削弱共产主义在东南亚的影响"③。

　　1953 年 7 月 16 日，海军中将康诺利在给白宫的报告中指出了宗教在心理战中的重要意义。报告认为，共产主义正在"冲浪板上乘着种族主义、民族主义和经济萧条的浪潮前进"，因此，"在整个伊斯兰教、印度教和佛教世界必须通过当地领袖和微妙的秘密行动明确与共产主义对立的性质，并使其对共产主义的目标感到厌恶和反感"④。康诺利团队还进一步指出佛教与共产主义"同床异梦"的关系，这使美国可以趁机利用两者之间的"不自然的关系"。

　　尽管康诺利报告中的重视宗教因素的建议得到了艾森豪威尔政府的认可，但在东南亚局势彻底恶化前，始终没有就此问题进行更深入的研

---

　　① William Inboden, *Religion and American Foreign Policy*, *1945 – 1960*: *the Soul of Containment*, Cambridg: Cambridge university Press, 2008, p. 240; 张杨:《以宗教为冷战武器: 艾森豪威尔政府对东南亚佛教国家的心理战》,《历史研究》2010 年第 4 期。

　　② NSC – 5405, United States Objectives and Courses of Action with Respect to Southeast Asia, Report to the National Security Council by the Executive Secretary (Lay), January 16, 1954, *FRUS*, 1952 – 1954, Vol. XII, East Asia and the Pacific (in two parts), Part 1, p. 368.

　　③ 张杨:《以宗教为冷战武器: 艾森豪威尔政府对东南亚佛教国家的心理战》,《历史研究》2010 年第 4 期。

　　④ A Report to the National Security Council by Task Force "C" of Project Solarium on a Course of Action with the United States might Present or in the Future Undertaken with Respect to the Soviet Power Bloc-Alternative "C", July 16, 1953, CK 2349708136, *USDDO*, p. 138.

究和讨论。更重要的是，政府代表还担心"国会谴责他们对宗教项目的支持"①。1954 年，"越盟"取得抗法战争的决定性胜利后，共产主义在东南亚获得了更大的优势，美国政府越发感受到采取实际行动的紧迫性。在此背景下，1954 年 12 月 22 日，美国政府出台了《国家安全委员会关于美国在远东的政策声明》，即 NSC－5429/5 号文件，这份文件前后经历 5 次修改并参考此前多份国家安全政策文件而提出。文件明确指出："制定和实施更有效的信息、文化、教育和交流计划……加强隐蔽和心理行动，并利用当地人民，以增进亚洲人民对自由世界的了解和认识。"② 在这份文件指导下，美国政府开始重视与东南亚国家佛教团体领袖的联系，并对其进行小规模的资助。例如，这一时期行动协调委员会还专门制定了对柬埔寨国王的心理战项目，打算利用宗教顾问来影响这位专制君主，并使其相信："他的信仰要求他必须与马克思主义和中国共产主义进行斗争。"③

美国政府重新重视对缅甸佛教的关注还与中缅文化关系的改善有直接的关系。此前，随着中缅两国关系的改善，两国间的文化交流也日益频繁。从 1955—1966 年，中缅两国有几十个文化代表团进行了互访，这当然也包括宗教代表团。1949—1959 年，两国文化交往更是高达 39 次，其中中国文化代表团赴缅甸 17 次，共 453 人次，缅甸文化代表团来华 22 次，共 244 人次。④ 两国文化交流随着 1961 年中国代表团对缅甸的访问达到了高潮，这次访问缅甸的中国代表团人数多达 430 人，其中仅文艺代表团就有 300 人，他们在缅甸举行了 24 场表演，总共约 27 万缅甸民众观看了他们的演出。⑤ 为此，有缅甸人士称："1961 年是中

---

① Kathleen D. McCarthy, "From Cold War to Cultural Development: the International Cultural Activities of the Ford Foundation, 1950 – 80", *Daedalus*, Vol. 116, No. 1, 1987, p. 100.

② Statement of Policy by the National Security Council on Current US Policy in the Far East, December 22, 1954, *FRUS 1952 – 1954*, Vol. XII, East Asia and the Pacific (in two parts), Part 1, p. 1067.

③ Religious to OCB, May 20, 1954, Eisenhower Library, White House Office, NSC Staff Papers 1948 – 1961, OCB Central File Series, Box 2, File 1, Folder 1; 张杨：《以宗教为冷战武器：艾森豪威尔政府对东南亚佛教国家的心理战》，《历史研究》2010 年第 4 期。

④ Review by Chinese Embassy to Burma of Sino-Burmese Cultural Ties in the Past Decade, AMFA, File No. 105 – 00603 – 02（1）.

⑤ David I. Steinberg, Hongwei Fan, *Modern China-Myanmar Relations: Dilemmas of Mutual Dependence*, Copenhagen: NIAS Press, 2012, p. 89.

缅关系史上意义特别重大的一年。"①

此外，为了驳斥"佛教在中国被禁止……中国和尚遭到驱逐和杀害"②的指控，1955 年 10 月，中国政府将佛牙舍利运往缅甸供人礼拜，这为"增进两国友好发挥了重要作用"③。佛牙抵达仰光后，缅甸总统、总理、议会议长、政府和军方高官在机场等候迎接，并举行了隆重的迎接仪式。从机场到仰光市区的路旁，成千上万的缅甸民众对圣物顶礼膜拜。一名佛牙舍利的中国护卫队成员说："6 个月前我们的佛教代表团访问缅甸时，缅甸政府和佛教人士对我们报以热情和友好的态度，在对佛牙舍利朝拜期间，一些佛教团体的领袖与我们建立了更密切的关系。一些人的态度也因为这次的活动而发生改变。"④ 显然，中国政府针对缅甸佛教徒的文化外交富有成效。

中缅如此频繁的文化往来，尤其是两国宗教界的友好交流加深了美国决策者的忧虑。在其看来，自由世界与共产主义世界在缅甸的"宗教冷战"已经打响。1956 年 5 月 9 日，行动协调委员会召开会议决定由国务院、美新署、中央情报局指定人员，共同合作研究每一个国家的神职和非神职人员宗教组织在该国所起的作用，描述美国政府和私人机构的当前计划，并就促进美国政策目标的行动方针提出建议。此前已成立的"佛教委员会"（Committee on Buddhism）于 5 月 29 日召开会议，讨论拟定针对某些国家佛教徒的行动纲要。会议指出了新修订的 NSC - 5405 号文件为"利用神职和非神职人员佛教组织来实现美国的政策目标"提供了具体的政策基础。⑤ 此外，会议决定将研究范围限于小乘佛教（Hinayana）国家，包括缅甸、泰国、老挝、柬埔寨和锡兰（斯里兰卡），并在"合适时"扩大到大乘佛教（Mahayana）国家。除美国政府外，参与这一计划的还有许多私人组织，譬如福特基金会、洛克菲勒基金会、基督教青年会（Young Men's Christian Association，YMCA）、基督教女青年会（Young Women's Christian Association，YWCA）、印度教世

---

① 许清章：《缅甸历史、文化与外交》，社会科学文献出版社 2014 年版，第 165 页。

② 赵朴初：《独立、和平、友好》，《人民日报》1955 年 5 月 28 日第 3 版。

③ Review of Sino-Burmese Cultural Ties, AMFA, File No. 105 - 00603 - 02（1）.

④ Report of the Chinese Buddhist Association on Transport of the Buddha's Tooth Relic, AMFA, File No. 105 - 00182 - 10（1）.

⑤ OCB, Memorandum of Meeting: Committee on Buddhism, May 31, 1956, CK 2349152182, *USDDO*, p. 1.

界兄弟会（World Brotherhood，WB）、道德重整组织（Moral Rearmament）、各教会传教组织以及世界教会理事会（World Council of Churches，WCC）。具有政府背景的亚洲基金会也深度参与其中。

6月28日，佛教委员会召开第二次会议，会上讨论了从仰光、曼谷、万象、科伦坡等处大使馆发来的电报，这些电报主要描述了亚洲基金会和美新处在上述地区的活动情况。此外，佛教委员会还提出了"立即行动"和"长期发展"计划。在"立即行动"中，佛教委员会着眼于佛陀涅槃2500周年庆祝活动，并认为这次活动"将继续在所有国家宗教团体的思想中占据重要地位"[1]。为了更好地利用这种"氛围"，佛教委员会建议在10—11月向上述佛教国家派出宗教使团"传达善意"，并使其"了解美国宗教生活的本质"。在"长期发展"计划中，佛教委员会认为应该由美新署负责美国与佛教国家之间宗教团体在信息和人员方面的持续交往，并在华盛顿设立宗教事务办公室管理这一事务。另外，在曼谷、仰光、科伦坡设立宗教文化事务官一职，向所在国家民众传递美国人宗教生活的信息并向华盛顿报告该国宗教团体的活动情况。

7月12日，佛教委员会提交讨论了"美国与小乘佛教国家关系建议"的初稿。报告认为：在缅甸等东南亚佛教国家，小乘佛教"构成了影响人们文化和社会生活的主要因素"，而且，随着在仰光举办的第六次佛教大结集以及东南亚佛教国家庆祝佛陀涅槃2500周年活动，"佛教世界已经联结成为一个整体"[2]。对于缅甸，委员会认为由于英国殖民统治的结果，其僧侣组织和等级秩序已经不复存在，但缅甸政府已经成立了新的组织帮助复兴佛教，而且有越来越多的佛教徒开始参与到缅甸政治事务中来。在官方行动方针上，主要通过美新署制作和分发各种印刷材料、制作和放映电影、广播、人员交往、英语教学、展览、任命佛教事务官员以及其他特殊行动等。其中，报告还专门提到了根据缅甸总理吴努的剧本《人民胜利了》改编的冷战主题电影"在全国范围内广泛放映"[3]。

---

[1]　OCB, Committee on Buddhism, June 29, 1956, CK 2349148155, *USDDO*, p. 1.

[2]　OCB, Proposals Regarding US Relations with Theravada Buddhist Countries, July 13, 1956, CK 2349148157, *USDDO*, p. 1.

[3]　OCB, Proposals Regarding US Relations with Theravada Buddhist Countries, July 13, 1956, CK 2349148157, *USDDO*, p. 4.

与此同时，对东南亚佛教徒的重视随着 NSC - 5612/1 号文件的出台而上升为国家政策。文件第 28 条明确指出致力于"促进亚洲佛教徒与自由世界的接触和认识"，在此基础上"与友好的宗教组织探讨发展佛教兄弟会的路径，以及与自由世界宗教领袖和运动的认同"①。国家安全文件出台后，佛教委员会根据美新署宗教顾问罗纳德·布里奇斯（Ronald Bridges）博士以及华盛顿官员们提供的建议，于 9 月 7 日提交了第二份"美国与小乘佛教国家关系建议"的报告。这份长达 56 页的报告与初稿相比已经有了很大变化，其中最大的不同是对"正文"的完善，此外还增加了"附录 B"。

正文部分的修改主要体现在以下几个方面：1. 引入"公民外交计划"，通过宗教人士交流、设立佛教研究机构、建立宗教图书馆，以及佛教文化艺术交流等方式，向佛教团体展示美国宗教生活的本质，并表达美国教会的善意。2. 在"美国政府的基本责任"上，信息交流处（Information Exchange Service）也参与进来"研究增加支援的可能性，以满足到美国交流的佛教徒的需求"。尤为引人注目的是，委员会建议创办宗教方面的刊物，向东南亚佛教徒"描述美国人的宗教生活……引导他们实现美国精神生活的品质"②。3. 结论部分认为，美国宗教界与佛教发展宗教间关系是依据"生活和工作"而不是依照"信仰和秩序"，促使信徒的相互了解和帮助，并改善其生活，从而"展示自由世界生活方式的价值"③。

"附录 B"对锡兰、泰国、缅甸、柬埔寨和老挝等国的佛教进行了详细地评估。评估指出佛教在缅甸人的传统政治与生活中具有重要影响力，早期僧伽握有重要的政治权力，但英国人的殖民统治破坏了佛教在当地原有的"权威"。尽管吴努政府"努力增加佛教的权力和影响"，但他"也同样小心地把这种权力和影响严格限制在宗教领域内"④。譬

① NSC - 5612/1, Statement of Policy on US Policy in Mainland Southeast Asia, September 5, 1956, *FRUS*, 1955 - 1957, Vol. XXI, East Asian Security; Cambodia; Laos, p. 259.

② OCB, Proposals Regarding US Relations with Theravada Buddhist Countries, September 7, 1956, CK 2349143740, *USDDO*, p. 2.

③ OCB, Proposals Regarding US Relations with Theravada Buddhist Countries, September 7, 1956, CK 2349143740, *USDDO*, pp. 5 - 6.

④ OCB, Proposals Regarding US Relations with Theravada Buddhist Countries, September 7, 1956, CK 2349143740, *USDDO*, pp. 22 - 23.

如吴努为了复兴佛教而于 1950 年建立的"佛教精进会"有神职和非神职佛教徒组成，它在政府宗教事务部的领导下工作。不仅如此，代表政府的非神职佛教徒掌握着这个组织的大权。报告还认为，中国与缅甸佛教人士的频繁交往，为共产主义"渗入僧伽组织"提供了机会。但报告同时指出，"富裕且受到良好教育"的神职和非神职佛教徒领袖"不可能受到共产主义的吸引"，可是"受教育程度低且贫穷"的佛教徒可能会不自觉地成为共产主义的"宣传工具"①。

此后，这份报告被国务院先后发给美国驻柬埔寨、锡兰、泰国、缅甸等国大使馆。11 月 14 日，美国驻缅甸大使萨特斯威特在回电中表示赞成行动协调委员会的佛教计划。但他也建议对缅甸佛教神职人员开展"英语计划"，支持美国学者与缅甸的佛教同行展开面对面交流。同时，他认为应"长期努力"致力于该计划，而不仅仅进行"短期宣传和寻求姿态"②。11—12 月，佛教委员会多次召开会议，对"报告"继续讨论和修改。12 月 21 日，行动协调委员会要求驻相关国家使馆"制定一份关于该地区佛教的非机密附件，内容包括当地的差异、习俗和宗教活动"③。1957 年 1 月 7 日，佛教委员会对"报告"的细节进行了最后一次修改，并于两天后提交行动协调委员会讨论。

1 月 16 日，行动协调委员会正式批准名为"针对锡兰、缅甸、泰国、老挝、柬埔寨等国佛教组织的计划纲要"的文件。这份历经 8 个月才最终被通过的"计划纲要"总篇幅长达 60 页。很明显，这份《计划纲要》与第二份"报告"相比，基本内容没有太大变化，仅在某些具体内容和细节方面进行了调整。"计划纲要"首先指出了将研究范围限定在东南亚佛教国家的原因：1. 佛教组织在该地区的一些国家具有重要的政治意义；2. 东南亚国家的佛教类型相近，不同于中国、朝鲜、日本和越南的佛教；3. 与其他国家不同，佛教在这些国家占有统治地位。此外，"计划纲要"还阐述了所谓"共产党对佛教的利用"，并指出中国与东南亚国家间的宗教交流，使许多人对"中共对待佛教徒的态

---

① OCB, Proposals Regarding US Relations with Theravada Buddhist Countries, September 7, 1956, CK 2349143740, *USDDO*, p. 30.

② OCB, Intelligence Notes, November 15, 1956, CK 2349033589, *USDDO*, p. 1.

③ OCB, Record of Actions, Board Assistants' Meeting, December 26, 1956, CK 2349092129, *USDDO*, p. 1.

度留下了良好的印象"①。

　　在对上述国家的所要采取的行动方面,"计划纲要"中的措辞要明显比前几份草稿更加谨慎。一开始,"计划纲要"就指出:"应该认识到,无论私人还是政府,美国在有效影响佛教组织方面的能力都是有限的。"② 在针对佛教领袖的活动上,应该"谨慎而适度的开始……避免任何可能被视为美国政府利用佛教作为政治或心理工具的行为",不仅如此,还要避免佛教领袖将美国政府的活动当成"作秀",而是向其展现"友好姿态",旨在有益于佛教和美国民间及宗教团体。由于该计划可能会"遭到美国宗教界的严厉批评"并进而"引发国会拨款问题","计划纲要"也谨慎地提出"淡化美国政府对项目的参与……在大多数行动过程中强调'公民外交计划'"③。

　　美国政府在佛教计划中表现出的"审慎",一方面与美国自身的宗教文化有很大关系,另一方面也跟美国政治制度安排有关。作为基督教国家,美国很难真正做到纯粹为了帮助佛教的复兴并提升佛教徒的生活水平而实施该计划。其拉拢佛教徒"亲美"的目的昭然若揭,因此"计划纲要"反复强调淡化美国政府在计划实施中的作用,极力突出私人组织和美国公民个人的效能。此外,美国三权分立的政治制度安排,使政府行政部门尤其重视考虑立法部门的态度,并进而照顾到特殊利益集团的诉求。这反映了美国政府根深蒂固的保守性。

　　尽管美国在"佛教计划"的设计和实施上费了很多心思,但是从其在缅甸的执行效果上来看并不成功。1960 年 7 月 11 日,"总统海外信息活动委员会"总结了美国在亚洲开展的信息活动情况,报告不无遗憾地指出:"亚洲宗教并不足以抵挡共产主义……红色中国在该地区的力量和影响力日益增长。"④ 不仅如此,随着中国佛教界与缅甸佛教界的友好往来,更推动了中缅关系的进一步发展。1956 年,

---

① OCB, Outline Plan Regarding Buddhist Organizations in Ceylon, Burma, Thailand, Laos, Cambodia, January 16, 1957, CK 2349143796, *USDDO*, p. 1.

② OCB, Outline Plan Regarding Buddhist Organizations in Ceylon, Burma, Thailand, Laos, Cambodia, January 16, 1957, CK 2349143796, *USDDO*, p. 3.

③ OCB, Outline Plan Regarding Buddhist Organizations in Ceylon, Burma, Thailand, Laos, Cambodia, January 16, 1957, CK 2349143796, *USDDO*, p. 3.

④ The President's Committee on Information Activities Abroad, Asia, July 11, 1960, CK 2349159285, *USDDO*, p. 1.

中国佛教代表团参加了在仰光举行的佛陀涅槃 2500 周年庆典。[1] 1960 年 12 月—1961 年 1 月,有中国佛教界人士参加的超过 400 人的庞大代表团访问缅甸,同缅甸佛教界人士开展了密切交流。[2] 美国将缅甸佛教徒拉到"亲美"阵营的意图最终没有达成。此后,随着冷战形势的深刻变化,缅甸更加坚定地选择了中立主义的外交路线。

(二) 艾森豪威尔政府针对缅甸华人的冷战宣传

早在新中国刚成立后不久,美国决策者们就已开始关注到"拥有大量财富且在推动或阻碍共产主义在东南亚渗透方面拥有强大政治力量"的东南亚华人。[3] 1950 年 4 月 3 日,杰瑟普从远东归国后向国务院作的口头报告中就专门指出了东南亚华人的状况,他说:"马来亚强烈反华。印尼害怕且不喜欢华人,并在最近的动乱中抢劫和杀害华人。在泰国,华人是令人畏惧的少数民族。人们担心华人(共产主义)运动可能进入越南、老挝、柬埔寨和缅甸……通过利用亚洲本土对华人的恐惧,我们可以获得暂时的优势,但并不清楚 20 年后会产生什么影响。"[4] 4 月 30 日,随着中国政府在广东汕头成立"南洋归侨联合会",美国政府更加相信"中共正在扩大其在东南亚华人中的影响力,并鼓励这个庞大而重要的群体与共产主义祖国建立更紧密的关系"[5]。此后,东南亚华人社区成为美国各机构策划实施冷战行动的重点目标。

根据中国驻缅甸大使馆的数据,20 世纪 50 年代初有大约 35 万华人生活在缅甸。[6] 尽管这一数字与泰国、印度尼西亚的华人数量无法相

---

① OCB, Outline Plan Regarding Buddhist Organizations in Ceylon, Burma, Thailand, Laos, Cambodia, January 16, 1957, CK 2349143796, *USDDO*, p. 1.

② William C. Johnstone, *Burma's Foreign Policy: A Study in Neutralism*, Cambridge: Harvard University Press, 1963, p. 194; David I. Steinberg and Hong Wei Fan, *Modern China-Myanmar Relations: Dilemmas of Mutual Dependence*, Copenhagen: NIAS Press, 2012, p. 90.

③ International Radio Broadcasting by Radio Free Asia, April 1, 1953, CK 2349515446, *USDDO*, p. 3.

④ Oral Report by Ambassador at Large Philip C. Jessup Upon his Return from the East, April 3, 1950, *FRUS*, 1950, Vol. Ⅵ, East Asia and the Pacific, p. 72.

⑤ Association to Develop Relations with Overseas Chinese Reported Established in Swatow, June 20, 1950, CK 2349615177, *USDDO*, p. 1.

⑥ *Reference Material of Overseas Chinese Population*, Research Association of Overseas Chinese, 1956, p. 75.

比，但在美国看来，缅甸华人"为中共开展各种颠覆活动提供了潜在的力量"①。朝鲜战争爆发后，美国由于担心中国可能通过海外华人社区颠覆东南亚国家的政权，于是向东南亚派遣了一个小组调查通过采取何种措施"阻止中国的扩张主义"②。1952 年 6 月 25 日，国家安全委员会通过 NSC - 124/2 号文件，这份名为"美国在东南亚的目标和行动方针"的文件专门阐述了针对东南亚华人的政策，并指出"继续鼓励东南亚华人在本社区组织亲美团体开展冷战活动，抵制亲共团体和亲共活动，促进其转向自由世界"③。

艾森豪威尔上台以后，更加重视东南亚华人的作用。1954 年 1 月 16 日，国家安全委员会通过了 NSC - 5405 号文件，文件对美国东南亚华人政策作了进一步阐释，除了继续鼓励他们在意识形态上"亲美"外，还呼吁他们"忠于当地政府并履行义务"，尤其是要"同情和支持"所谓的"中国国民政府"，并将东南亚华人看作"抵御共产主义在亚洲扩张的纽带"④。这也标志着美国海外华人政策由以往的"亲美"，转向了"亲台"。

为了实现上述目标，早在 1953 年 11 月 6 日，艾森豪威尔总统就批准通过了所谓"美国对台湾的目标及行动方针"，即 NSC - 146/2 号文件，除了鼓励东南亚海外华人社区与中国台湾地区建立更加紧密的联系外，而且鼓励华人社区领导人"以同情和支持作为回报，将国民政府作为中国人在政治上民主的象征"。不仅如此，文件还明确指出美国官员在"适当情况下"可以与意识形态上"亲美"但拒绝同台湾当局合作的海外华人群体保持"谨慎的联系"⑤。

在上述两份国家安全文件的指导下，国务院、美新署等部门对包括

---

① Chi-shad Liang, *Burma's Foreign Relations Neutralism in Theory and Practice*, New York: Praeger Publishers, 1990, p. 72.

② David I. Steinberg, Hongwei Fan, *Modern China-Myanmar Relations: Dilemmas of Mutual Dependence*, NIAS Press, 2012, p. 21.

③ NSC - 124/2, Southeast Asia: Objectives and Courses of Action, June 25, 1952, CK 2349265618, *USDDO*, p. 10.

④ NSC - 5405, Statement of Policy by the National Security Council on United States Objectives and Courses of Action with Respect to Southeast Asia, January 16, 1954, *FRUS*, 1952 - 1954, Vol. XII, East Asia and the Pacific, p. 371.

⑤ NSC - 146/2, US Objectives and Courses of Action with Respect to Formosa and the Chinese National Government, CK 2349248632, *USDDO*, pp. 4 - 5.

缅甸在内的东南亚华人开展了一系列心理战活动，并在项目实施的过程中提交了多份进展报告。1954 年 5 月 6 日，行动协调委员会提交了第一份"进展报告"。在此期间，美国针对东南亚华人的项目旨在使其"疏远中国共产党，积极支持自由世界"。从具体实施来看，主要可分为以下几项：第一，发行杂志。中国香港美新处面向东南亚华人出版发行了两本中文杂志，分别是《今日世界》和《四海》（*Four Seas*）。中国台湾美新处也将本地出版的杂志在东南亚发行。第二，翻译图书。中国香港美新处以及东南亚各国美新处通过文学作品向华人学生和知识分子展现自由世界的图景，从而促使其"转向"。需要提及的是，其中有 85% 的图书都是在香港出版的。第三，电台广播。其具体内容无非通过丑化大陆的方式，使东南亚华人"疏远大陆"。譬如，美国之音极力渲染中国人民生活的贫困，与此同时将中国台湾地区描述为"自由中国"的代表。第四，教育交流。美国援外事务管理署向国会申请拨款 30 万美元用以加强台湾岛的教育设施，吸引东南亚华人学生前来学习。①

在项目开展过程中，由于东南亚各国的美新处往往无法协调各自的行动，从而给项目实施造成了一定困扰。为了解决这个问题，3 月 1 日，美新署以及东南亚各国美新处负责人在香港召集会议，最终决定由香港美新处公共事务官负责协调海外中文资料的制作。7 月 14 日，行动协调委员会提交了第二份"进展报告"，报告指出香港和新加坡美新处"正在向其他东南亚国家的华文学校分发立场客观或亲自由世界的教科书"②。1955 年 1 月 6 日，行动协调委员会在第三份"进展报告"中指出这一时期美新署主要通过发行杂志、图书翻译和电台广播等活动来"劝阻海外华人学生赴中国大陆留学"，而这些广播节目都是在中国香港、中国台北或者华盛顿制作完成的。此外，此前成立的美籍华人委员会（Chinese-American committee）利用援外事务管理署的资金扩建了台湾岛的一些大学、中学的相关教学设施，可容纳约 1000 名海外华人学

---

① OCB, Progress Report on NSC - 146/2, May 6, 1954, CK 2349130136, *USDDO*, pp. 16 - 18.

② OCB, Progress Report on NSC - 146/2, July 14, 1954, CK 2349130211, *USDDO*, p. 13.

生。委员会还计划，到 1955 年 9 月这一数字可以增加到 2600 名。①

实际上，缅甸华人学生前往中国大陆留学的规模并不大。据统计，1949—1955 年，来华留学的缅甸华人学生总数不超过 4000 人。1952 年以后，来华留学率降至更低。② 阻碍缅甸华人前往中国大陆留学的因素主要由以下两点：第一，缅甸华人社区素来注重经商，华人子女读书上学只要满足获得商业成功所必需的学业限度即可，并未对接受高等教育产生浓厚兴趣；第二，缅甸政府并不鼓励华人学生留学中国大陆，并拒绝向在中国大陆完成学业的学生发放再入境许可，"与缅甸的家人、朋友、家庭财产和商业机会永远断绝关系的代价，无疑是学生前往共产主义中国的最大障碍"③。由此可以推测缅甸华人前往中国留学生的规模之小，更不用说其学成归国后对缅甸社会产生的影响了。

尽管缅甸华人学生前往中国大陆留学的人数比较少，但在美国政策制定人员看来，缅甸华人学生的处境"不容乐观"。首先，对华人学生而言，缅甸缺乏足够教学设施和教育机会。缅甸唯一的高等教育机构——仰光大学，不仅不提供中文教学而且录取标准很高，因此极少能有华人学生考取仰光大学。其中，在 1954 年仅有 8 名华人学生考入仰光大学。其次，共产党组织在缅甸华人社区拥有很大影响，在华人教育领域尤其如此。据美国驻缅甸外交官报告称，"缅甸约有一半的中文学校为共产党所控制"，这些学校的"意识形态和民族主义宣传非常多"。不仅如此，缅甸唯一的一所中文普通高中也被共产党控制着，这也就意味着所有想要接受中文高等教育的缅甸华人学生，都会"受到共产党的影响"④。

其实，东南亚华人学生普遍面临教学设施不足、教育机会缺失的问题。对于这一点，无论是华盛顿负责远东事务的官员还是驻在东南亚国家的外交官都深有感触。在此情况下，1955 年 8 月 18 日，国务院规划

---

① OCB, Progress Report on NSC – 146/2, January 6, 1955, CK 2349148701, *USDDO*, p. 12.

② National Intelligence Estimate Number 61 – 56, Probable Developments in Burma, April 10, 1956, CK 2349361217, *USDDO*, p. 5.

③ US Embassy in Rangoon, First Secretary Franklin Hawley Assesses the Status of the Student Exchange Programs between China and Burma, February 8, 1955, CK 2349702084, *USDDO*, p. 3.

④ US Embassy in Rangoon, First Secretary Franklin Hawley Assesses the Status of the Student Exchange Programs between China and Burma, February 8, 1955, CK 2349702084, *USDDO*, pp. 1 – 2.

协调小组向行动协调委员会提交了一份关于海外华人学生问题的备忘录。通过研究新加坡南洋大学创办所遇到的困境，规划协调小组认为"在东南亚建立一所中文大学并不可行"。最终，规划协调小组提出在泰国或菲律宾建立一所"亚洲大学"（Asian University）并接受来自东南亚国家的学生。当然，"亚洲大学"也接受东南亚华人学生，甚至还向其提供"专门设施"。小组成员认为，"亚洲大学"的成立可以缓解因"专为华人学生设立大学"所造成的"固有的政治问题"①。

遗憾的是，规划协调小组关于成立"亚洲大学"的建议并没有得到行动协调委员会的采纳。正如中情局副局长弗兰克·G. 维斯纳（Frank G. Wisner）给规划协调小组的备忘录中所言，"我们认为，教育领域还有其他方面需要考虑。例如共产主义向中学渗透的问题……这甚至比缺少大学设施更重要"②。维斯纳认为，美国应该发挥主导作用帮助华人青年建立更为急需的职业学校和中学，因为"让华人青年男女在本国从事高收入、受人尊敬的行业，比为少数想获得高级培训的人提供大学和专业教育更重要"③。威斯纳的观点更符合缅甸华人学生的实际情况，这与美国驻缅甸大使馆一秘富兰克林·霍利（Franklin Hawley）的观点不谋而合，他在致国务院的备忘录中谈到了缅甸中文学校的问题，并认为"缅甸最关键的教育问题是中学"。他还尖锐地指出："除非有一所足够能与共产主义高中竞争的非共产主义的高中，否则高等教育将仍然是一个次要问题。"④

1955 年 4 月万隆会议的召开使美国越发感到争取以东南亚国家为代表的第三世界的必要性和紧迫性。加上此前美国对东南亚的华人学生的"心理战"取得了一定成效。在此背景下，东南亚国家的华人社区再一次成为美国决策者重点关注的群体。不同的是，此时的华盛顿官员想要看到一份系统针对东南亚华人的行动纲要。1956 年 5 月，行动协

---

① Planning Coordination Group, Overseas Chinese Students and an Asian University, August 18, 1955, IWFCHC 472919273, *USDDO*, pp. 1 - 2.

② CIA, PCG Study on Overseas Chinese Students and an Asian University, August 19, 1955, LAITJI 754018181, *USDDO*, p. 1.

③ CIA, PCG Study on Overseas Chinese Students and an Asian University, August 19, 1955, LAITJI 754018181, *USDDO*, p. 1.

④ US Embassy in Rangoon, First Secretary Franklin Hawley Assesses the Status of the Student Exchange Programs between China and Burma, February 8, 1955, CK 2349702084, *USDDO*, p. 3.

调委员会任命肯尼斯·P. 兰德勒（Kenneth P. Landon）组建"海外华人工作组"，负责分析海外华人方面的相关资料，随后前往东南亚开展调查，征求驻地工作组的意见，并为进一步可能采取的行动提出建议，最终提交一份合理可行的行动计划纲要。① 值得注意的是，在最终定稿阶段，香港美新处公共事务官理查德·麦卡锡（Richard McCarthy）也受邀参与其中以帮助第 5 节"行动建议纲领"的完成。②

7 月 13 日，工作组提交了名为"作为美国政策工具的海外华人"初稿。报告分析认为过去几年来随着缅甸与中国关系的改善，对"亲台"的缅甸华人产生了"不利影响"。缅甸政府已经采取行动限制"亲台"分子的影响。逮捕了持有"亲台"立场的中文报纸《自由每日新闻》（*Freedom Daily News*）的出版人，并以私通缅甸蒋军和克伦族叛军的罪名逮捕了三个亲国民党协会的领导人。但另外，缅甸政府也拒绝向 6 月参加在万隆举行的会议的"亲共"学生发放再入境许可。③ 由此可见缅甸政府将中立主义奉为圭臬，但整体上偏向"亲共"华人，压制"亲台"华人。

8 月 7 日，为了回避政治敏感因素，工作组将修订后的报告标题命名为"海外华人与美国政策"。与初稿不同，这份报告充实了第五部分的内容，尤其是增加了"基本行动前提"。实际上，这部分内容反映了美国决策者对东南亚华人总体面貌的认知及行动依据。报告认为："海外华人有能力通过支持中共在东南亚的目标，从而对美国的政策带来负面影响。"与此同时，"海外华人与当地（主体）民族相互隔绝且普遍存在敌意"。而且，"他们在居住国缺乏重要的政治影响力"，这种情况使其"不太可能成为美国在东南亚实质性的政策工具"④。因此，美国政府针对海外华人的首要目标是"防止这个群体倒向中共"。此外，报告还指出了缅甸政府对华人态度的最新动向，"由于中共对选举的干预"，缅甸政府"默许甚至鼓励亲台华人的活动以对抗中共的影响"⑤。

---

① Kenneth P. Landon, Southeast Asia Status Report Item*1*: Overseas Chinese, May 9, 1956, CK 2349525515, *USDDO*, p. 1.

② OCB, The Overseas Chinese as an Instrument of US Policy, July 13, 1956, CK 2349052399, *USDDO*, p. 1.

③ The Overseas Chinese as an Instrument of US Policy, July 13, 1956, CK 2349332334, *USDDO*, p. 3.

④ The Overseas Chinese and US Policy, August 7, 1956, CK 2349001356, *USDDO*, p. 12.

⑤ The Overseas Chinese and US Policy, August 7, 1956, CK 2349001356, *USDDO*, p. 3.

　　行动协调委员会认为，前一份修订方案第 5 节对海外华人的认知过于消极，既不符合事实，更不利于向国会申请资金。于是，工作组在 8 月 15 日提交了第二份修改方案。与前份报告完全否定海外华人作用不同，新报告认为："海外华人通过支持或者反对中共的目标，有能力促进或者妨害美国在东南亚的政策目标。"尽管报告仍旧认为"海外华人在其居住国并不存在重要的政治影响力"，但也指出新加坡和马来亚联邦华人并非如此。① 此后，工作组又多次对报告进行修改，其研究成果对行动协调委员会最终批准实施的"美国影响东南亚华人的项目指南"产生了重要影响。

　　经过对东南亚华人问题将近一年半的调查研究，其间对所提交的报告几经修改，最终在 1957 年 12 月 11 日，行动协调委员会批准通过了专门针对海外华人政策的第一份正式文件——"美国影响东南亚华人的项目指南"。这份长达 70 页的报告全面分析了东南亚的华人问题，并提出了详细的行动方案。对于缅甸华人，报告指出，由于缅甸政府奉行"中立主义"的外交政策，致使"华人处境持续恶化"，但是"共产主义国家也没有重大收获"，因此这为美国开展"抵消共产主义的活动提供了有限的空间"②。尽管如此，缅甸政府对华人的政策在很大程度上还是受到了中缅关系的影响，而且相对美国而言，中国与缅甸华人有着"直接接触的优势"。报告同时也指出，缅甸由于担心"缅共的破坏"，为美国"悄悄支持亲美华人组织提供了机会"③。

　　在行动指导方针上，报告突出体现了三大特征。第一，隐蔽美国政府的参与。这是美国政府在海外行动中常见的策略。在海外华人事务问题上，美国认为其表现出的领导姿态，不仅会"冒犯东道主国家"，而且还会"鼓励华人依靠美国资金，而不是个人努力"。第二，突出中国台湾的作用。其目的不仅在于增加东南亚华人对中国台湾的认同感，而且还能在国际上提升中国台湾当局的合法性。第三，重视与当地政府的合作。报告认为：美国对各国华人的项目必须"服从其所在国家的目标

---

　　① Overseas Chinese Paper, August 15, 1956, CK 2349062169, *USDDO*, p. 2.

　　② OCB, Guide Lines for United States Programs Affecting the Overseas Chinese in Southeast Asia, December 11, 1957, CK 2349159358, *USDDO*, p. 6.

　　③ OCB, Guide Lines for United States Programs Affecting the Overseas Chinese in Southeast Asia, December 11, 1957, CK 2349159358, *USDDO*, p. 9.

并与其保持一致","不应该因为支持少数民族华人而得罪东道国"①。

尽管美国决策者在对海外华人政策设计上可谓"匠心独运",但在实施过程和实施效果方面则是另一番光景,并不尽如人意。这一点在缅甸这样的中立国家体现得尤其明显。首先,美国海外华人项目的立足点在于将台湾岛打造成东南亚华人共同的精神家园,也就是鼓励当地华人向所谓的"中华民国表示同情和支持"②。实际上,此举根本不可能得到缅甸政府的支持。一方面,缅甸政府此前早已断绝了同中国台湾地区的外交关系,且不再承认其合法性。1950 年 1 月 18 日,时任缅甸外长苏昆雀(Sao Hkun Hkio)在致中国政府的信函中表示:"国民政府驻仰光大使馆已收到通知,缅甸政府已经与其断绝外交关系,并承认中华人民共和国,驻台湾地区'大使馆'将很快关闭。"③另一方面,缅甸东北部蒋军问题致使缅甸与中国台湾交恶。1953 年 3 月 25 日,缅甸政府甚至将蒋军问题上诉至联合国,缅甸外长苏昆雀在致联合国秘书长的电报中建议将台湾界定为侵略者。④尽管此后蒋军相继撤出,但其遗留问题影响至今。

其次,缅甸政府严守"中立主义"外交政策,这就决定了美国针对缅甸华人的项目不可能取得较大成功。与泰国、新加坡等华人数量多、占比高的情况不同,缅甸华人数量少,比重低,对缅甸社会的影响力相对较小,因此缅甸政府对华人的态度往往比较强硬,甚至往往将其当成对外展示其"中立"立场的工具,并根据自身需要加以利用。当缅甸与中国关系改善时,缅甸政府通过逮捕《自由日报》(*Freedom Daily News*)出版人,以及逮捕所谓涉嫌"私通缅甸蒋军和克伦族叛军"⑤等"亲台"华人的方式,向中国政府表达善意。当缅甸政府感到"共产党

①　OCB, Guide Lines for United States Programs Affecting the Overseas Chinese in Southeast Asia, December 11, 1957, CK 2349159358, *USDDO*, pp. 1, 3, 35.

②　NSC - 5612/1, Statement of Policy on US Policy in Mainland Southeast Asia, September 5, 1956, *FRUS*, 1955 -1957, Vol. XXI, East Asian Security; Cambodia; Laos, p. 259.

③　David I. Steinberg, Hongwei Fan, *Modern China-Myanmar Relations: Dilemmas of Mutual Dependence*, Copenhagen: NIAS Press, 2012, p. 19.

④　Kenneth Ray Young, *Nationalist Chinese Troops in Burma: Obstacle in Burma's Foreign Relations, 1949 -1961*, New York University, Ph. D., Dissertation, 1970, p. 93.

⑤　The Overseas Chinese as an Instrument of US Policy, July 13, 1956, CK 2349332334, *USDDO*, p. 3.

的干扰"时，则又会"默许乃至鼓励亲美华人的活动对抗中共的影响"①。但在总体上看来，缅甸政府对自身的中立立场十分"敏感"，既严格限制"亲美"华人的活动，也以拒绝发放再入境许可的方式限制"亲共"华人的活动。

最后，随着中缅关系的升温，美国对缅甸华人的心理战效果大打折扣。新中国成立之初，缅甸政府曾担心华人有可能成为其在海外的"第五纵队"。实际上，当时的中国政府也确实曾鼓励缅甸华人"积极支持白旗的'解放'运动"②。此后，随着中缅关系的逐步改善以及吴努总理于1954年12月访华，缅甸政府的这一疑虑才逐步打消。后来，双方又通过谈判解决了缅甸华人的国籍问题。中缅两国华人问题的解决以及两国关系的改善，首先使华人社区作为各方权力博弈工具的重要性降低；其次，缅甸政府为了表明与中国关系改善的立场，更会有意压制"亲台"华人的活动；最后，"亲共"华人也借此国际形势改善自身处境，"亲共"华人不仅控制着缅甸约一半的中文学校，而且控制着仰光3家华人银行中的2家，以及5家华人报刊中的4家。③

本章小结

自艾森豪威尔上台后，国际冷战形势发生了深刻变化。伴随斯大林去世以及朝鲜战争结束，社会主义阵营改变了以往的强硬姿态，转而通过"和平"方式与西方世界展开对第三世界国家的争夺。有着"世界十字路口"之称的东南亚成为两大阵营展开博弈的重要战场。在美国看来，共产党实现对东南亚控制的"野心"没有改变，改变的不过是行动方式，由之前"对东南亚公然发动攻击"，转变为"通过支持武装叛乱或颠覆实现对东南亚的控制"④。因此，"为了防止东南亚国家被纳入

---

① The Overseas Chinese and US Policy, August 7, 1956, CK 2349001356, *USDDO*, p. 3.

② Chi-shad Liang, *Burma's Foreign Relations Neutralism in Theory and Practice*, New York: Praeger Publishers, 1990, p. 72.

③ The Overseas Chinese and US Policy, August 7, 1956, CK 2349001356, *USDDO*, p. 7.

④ NSC-5405, United States Objectives and Courses of Action with Respect to Southeast Asia, January 16, 1954, *FRUS*, 1952-54, Vol. XII, East Asia and the Pacific (in two parts), Part 1, p. 368.

共产主义集团或在经济上依赖共产主义"①,除了通过传统的军事和经济手段外,艾森豪威尔政府更加强调信息、文化和教育活动的重要性。

为了更好地协调美国各个对外信息机构的行动,加强文化输出,艾森豪威尔上任伊始便成立了"杰克逊委员会",并根据其建议成立了"行动协调委员会",以"协调各部门执行国家安全政策"②。在行动协调委员会的统筹下,国务院、美新署、经济合作署乃至中情局等负责美国对外信息文化事务的机构通过教育及人员交流、图书、电影等项目对缅甸开展了丰富多样且规模宏大的文化外交。而美新署的成立则在很大程度上克服了机构设置问题上存在的固有弊端,使美国对外信息和文化项目集中于一个部门下。

艾森豪威尔政府对缅甸的文化外交对于改善美缅关系起到了一定积极作用。由蒋军问题而引发的缅甸暂停美国经济技术援助事件,一度造成了两国关系的紧张,但美国与缅甸的文化交流尚存。在此期间,美新署将吴努剧本《人民胜利了》改编成的电影成功在美国和缅甸上映。电影上映前,两国领导人曾对此有过密切的信函往来,甚至吴努总理在1955年访问美国期间还观看了这部电影。③ 电影《人民胜利了》成为两国文化交流与合作的典范。不仅如此,美新署在仰光、曼德勒和毛淡棉市设立的图书馆以及电影放映室每天都吸引着成百上千的缅甸民众前来阅读或观看。美国在缅甸发行的杂志在市场上也广受民众欢迎,譬如仰光美新处出版发行的一本名为《黎明》(*Dawn*)的缅文杂志最初计划发行10000册,后来竟增加到原来的3倍,"到1959年底时,缅甸仍有200多家销售点出售该杂志"④。美国通过文化外交不仅拉近了两国政府间的距离,也在一定程度上激发了缅甸民众对美国的好感。随着两国间疑虑的逐渐消除,美缅双方于1956年2月签署协定决定恢复前者的经

---

① NSC – 5612/1, National Security Council Report, Statement of Policy on US Policy in Mainland Southeast Asia, September 5, 1956, *FRUS*, 1955 – 1957, Vol. XXI, East Asian Security; Cambodia; Laos, p. 257.

② The President's Committee on International Information Activities Report to the President, June 30, 1953, CK 2349103928, *USDDO*, pp. 89 – 91.

③ Michael Charney, "U Nu, China and the 'Burmese' Cold War: Propaganda in Burma in the 1950s", in Zheng Yangwen, Hong Liu and Michael Szonyi, eds. , *The Cold War in Asia: the Battle for Hearts and Minds*, Leiden and Boston: Brill Academic Publishers, 2010, p. 54.

④ George V. Allen, *USIA 13th Report to Congress*, July1-December 31, 1959, p. 21.

济技术援助。

尽管艾森豪威尔政府在对缅文化外交上投入了大量资金和人力，其拉拢缅甸的目标最终没有达成。相反，中缅关系得到了明显改善。一方面，缅甸政府严守中立的政策使美国很难将其拉入"自由世界"阵营。实际上，缅甸的"中立主义"已经深深根植于吴努政府的执政理念中，正如吴努在 1955 年夏天访美时所言："缅甸目前别无选择，如果她想保持独立的话，只能奉行中立外交路线，这对于我们来说比任何事情都重要。"① 另一方面，中国在此期间也逐步改变了对周边国家的强硬态度。此后，随着中缅双方领导人高频互访，两国文化交流也来往如梭。

在艾森豪威尔卸任前夕的 1960 年 7 月 11 日，总统海外信息活动委员会执行理事沃尔德玛·A. 尼尔森在报告中称，"亚洲民众普遍陷于贫困、疾病和营养不良……亚洲知识分子对马克思主义的界定模糊。亚洲古代哲学未能为当前的问题提供答案。红色中国的幽灵在该地区的力量和影响正在增强。"② 毫无疑问，这幅"黯淡"的画卷生动描绘了艾森豪威尔政府在缅甸和东南亚斥巨资开展文化外交后的真实场景。

---

① William C. Johnstone, *Burma's Foreign Policy: A Study in Neutralism*, Cambridge: Harvard University Press, 1963, p. 102.

② The President's Committee on Information Activities Abroad, Asia, July 11, 1960, CK 2349159285, *USDDO*, p. 1.

第三章 冷战"新边疆"与肯尼迪政府
对缅文化外交的式微

艾森豪威尔执政后期,其长期奉行的以"战略扩张为主,战术收缩为辅"的对外政策已使美国外交日益陷入一系列新的困境中。恰如民主党和共和党自由派都指责政府说,美国的国际"威望"下降了。① 在1960 年大选中,民主党通过批判政府的内外政策最终赢得了选民的支持,年仅 43 岁的约翰·F. 肯尼迪(John Fitzgerald Kennedy)战胜了共和党候选人理查德·M. 尼克松(Richard Milhous Nixon),成为美国历史上最年轻的当选总统。早在 1960 年 7 月 15 日,肯尼迪在接受民主党总统候选人提名的演说中就提出了著名的"新边疆"口号:"不论我们是不是在寻求'新边疆','新边疆'已是既成事实……未知的科学与空间领域,未解决的和平与战争问题,尚未征服的无知与偏见的孤立地带,尚无答案的贫困与过剩的课题。"② 1961 年 1 月,肯尼迪在宣誓就任前后,已经开始着手制定"新边疆"的施政纲领。

"新边疆"政策是肯尼迪政府为了应对 20 世纪 60 年代美国所面临的日益严峻的国内外问题,在借鉴"新政"和"公平施政"的基础上,提出的内容广泛的改革方案。在对外政策上,"新边疆"施政纲领宗旨依然是维护美国在全球的霸权地位。正如肯尼迪在总统就职演说中所指出的:"为确保自由的存在和自由的胜利,我们准备付出任何代价,承受任何负担,应付任何艰难,支持任何朋友,反抗任何敌人。"③ 但与艾森豪威尔政府强调以核武器为核心的军事手段不同,肯尼迪从上任伊

---

① 刘绪贻等编:《美国通史》,人民出版社 2002 年版,第 166 页。

② [美]西奥多·索伦森:《肯尼迪》,复旦大学世界经济研究所译,上海译文出版社 1981 年版,第 74 页。

③ 郑家顺主编:《历届美国总统就职演说》,东南大学出版社 2017 年版,第 134 页。

始就注意到了"和平的力量"。1961 年 1 月 30 日，他在第一份国情咨文中强调："在总统的徽章上，美国之鹰的右爪抓着一根橄榄枝，左爪抓着一把箭。我们打算给两者以同样的注意。"①

在东南亚，肯尼迪政府高度发挥了其"箭与橄榄枝"的政策。针对形势日益严峻的老挝和南越，肯尼迪政府打算"在需要的时候派遣美国军队来反击共产主义侵略"②；而针对缅甸等中立国家，则意图"真诚发展相互友好关系"③。实际上，肯尼迪政府尤其重视东南亚中立国家的作用，甚至认为："在远东失去一个中立国对自由世界的打击几乎与失去一个盟友一样严重。"④ 为了使缅甸继续保持中立而不至于完全倒向共产主义，肯尼迪不仅继承前任政府继续对缅甸执行军事和经济援助的"橄榄枝"政策，同时也延续了艾森豪威尔政府对缅文化外交路线。不过，由于这一时期缅甸国内政治、经济形势的剧变，肯尼迪政府的对缅文化外交取得的进展十分有限。随着缅甸军政府上台，美国对缅文化外交趋于式微。

一 冷战新形势下肯尼迪政府对缅外交的调整

（一）中苏关系变化及美方的重估

中苏关系的裂痕早已有之，到肯尼迪上台时，中苏分歧已然变得白热化和表面化。实际上，自 20 世纪 50 年代中后期以来，双方摩擦就在不断升级加剧。进入 1960 年后，双方更是多次在公开场合展开了激烈论战。6 月上旬，在北京召开的世界工会联合会理事会和 6 月下旬的布加勒斯特会议成了双方论战的主要阵地，结果双方都不愿意让步。7 月16 日，赫鲁晓夫单方面撕毁同中国签订的合同，并撤走全部在华专家，从而将中苏分歧公之于世。此后几年，中苏论战仍在断断续续进行，虽不时夹杂着短暂的缓和，但可以肯定的是中苏关系破裂早已走上不

---

① John F. Kennedy, *Public Papers of the Presidents of the United States*, Washington D. C. : US-GPO, 1962, p. 23.

② Guidelines for US Policy and Operations in the Far East, August 17, 1961, CK 2349478037, *USDDO*, p. 9.

③ The Laotian Situation, May 1, 1961, CK 2349389448, *USDDO*, p. 5.

④ Guidelines for US Policy and Operations in the Far East, August 17, 1961, CK 2349478037, *USDDO*, p. 4.

归路。

中苏关系恶化引发了美国朝野上下的关注。早在艾森豪威尔政府中后期，美国情报机构就已经开始密切关注中苏矛盾的发展，并进行了一系列分析和评估。1958年5月，中情局在对华评估报告中分析了过去5年中苏关系的发展，并认为在未来中苏间的"牢固"关系"不太可能有任何明显的变化"。报告同时认为，由于中国地位和实力的不断提升，中苏"可能会出现难以解决的问题"①。实际上，虽然当时中苏关系已经起了一些小的摩擦，但两国关系总体向好发展，因此这份报告对未来中苏关系发展持"乐观"态度。甚至还"天真"地认为中苏关系的"凝聚力"不会受到苏联与西方关系缓和的影响。

中苏矛盾日渐扩大化和公开化以后，美国又修正了其原先的认知。1960年8月，在赫鲁晓夫宣布撤回苏联专家后，中情局专门就中苏关系的现状和前景进行了分析和评估。在这份更为"现实"的报告中，美国片面地认为是"中国实力和自信的增长"才造成了中苏不和的"急剧加剧"。报告的矛盾之处在于其一方面认为中苏关系中的"凝聚力比分裂因素更强"，甚至还认为中苏"将继续在各自获得的政治、经济和军事优势中找到共同点"；另一方面，报告还认为"分裂因素将继续存在，而且可能会增加"。这反映了美国在当时很难根据局势预料中苏关系的发展前景，正如报告所言："我们不排除在此期间，两个大国要么公开决裂，要么达成比目前更深的利益一体化。"在美国看来，中苏同盟对美国安全和利益构成了巨大威胁，但同盟关系的变化对美国而言"提供了有利和不利发展的可能性"。中苏关系的紧张向西方提供了"可以利用的局势和机会"，但与此同时，"中共的压力有时可能会影响苏联，迫使其对西方采取更激进的路线"②。

8月18日，在国家安全委员会第456次会议上，时任中情局局长艾伦·杜勒斯在谈及中苏关系时指出"中苏之间的摩擦比此前估计的更为严重"，这的确是事实。可是杜勒斯在谈到中苏矛盾的前景时却武断地认为"中国有可能低头屈服"。此外，他也不相信中国会在"没有俄罗

---

① NIE 13-58, Communist China, May 13, 1958, QIWYQI489811768, *USDDO*, p. 18.

② NIE 100-3-60, Sino-Soviet Relations, August 9, 1960, CK 2349281045, *USDDO*, pp. 1-2.

斯的帮助下采取进攻性的举动"。艾森豪威尔对此有不同的看法，他相信中国"不太可能在台湾采取行动，因为他们没有'东西'"，但他还指出"中国有可能在印度边境、尼泊尔和东南亚地区活动"①。在这次讨论中，不难看出1960年中苏分歧的加剧引发了美国决策者们的高度重视。尽管无法就中苏关系的发展前景做出精准预判，毋庸置疑的是，他们将更加关注中国下一步的行动。

肯尼迪上台以后，美国政府继续关注和分析中苏矛盾的进程及中国的处境。1961年4月1日，中情局"中苏关系任务组"提交了一份长达106页的报告，对中苏分歧的来龙去脉进行了详细阐释，并分析了其带来的影响。报告提到中苏两党之间"几乎没有什么亲密关系，也没有什么尊重"，并确认两党关系的改善"似乎不太可能"。与此同时，报告分析认为中苏关系破裂，可能会导致其他国家的共产党纷纷效仿，从而"严重削弱苏联对社会主义阵营的领导力"。在对美政策上，中苏存在较大分歧，中国对苏联缓和对美关系持批判态度，报告认为中国"在'戴维营'时期破坏美苏关系"，还指责赫鲁晓夫"粉饰敌人"。而赫鲁晓夫为了追求其美国政策的目标，有可能在某种程度上接受中国的批评。②

8月8日，中情局在一份名为"共产主义运动中的权威和控制"的国家情报评估中，讨论了整个国际共产主义运动的情况。报告认为：战后社会主义阵营内部发生的一系列事件使苏联"越来越难以维系一个广泛存在异见和不同利益的如此庞大和多样化的共产主义运动"③。对于中苏分歧，报告认为"中苏两党不会很快找到解决分歧的办法"，但是双方都认识到"公开破裂所造成的巨大伤害"，并有可能不会再让他们之间的"仇恨变得如此公开"④。最后，美国分析人员认为，如果中苏分裂持续下去，最终可能会大大削弱整个共产主义运动的有效性。而这

---

① Editorial Note, *FRUS*, *1958－1960*, Vol. XIX, China, p. 711.

② CIA, The Sino-Soviet Dispute and its Significance, April 1, 1961, CK 2349369266, *USDDO*, pp. 50, 55, 58, 61.

③ NIE 10－61, Authority and Control in the Communist Movement, EOTAME068548283, *USDDO*, p. 2.

④ NIE 10－61, Authority and Control in the Communist Movement, EOTAME068548283, *USDDO*, pp. 14－15.

将给西方带来操纵和施加影响的机会，从而在世界斗争中获取重要的利益。①

中苏关系破裂的原因固然复杂，但一定包含两者对当时国际形势的认知以及实现其政策目标方式的差异。斯大林逝世后，苏联逐步调整了其"强硬"的对外政策，并提出"和平共处、和平竞赛、和平过渡"的路线。苏联认为实现共产主义目标的最有效办法主要应通过"灵活方式"，例如宣传、援助，有时施加军事压力等。中国则认为社会主义阵营应该"更大胆、更积极地朝着共产主义世界的目标迈进"。此外，在对美政策上，中国表现出比苏联更强烈的反美意识，不仅认为"美国在意识形态上是头号敌人"，而且还认为："美国正在阻止中共在亚洲乃至整个国际事务中扩大影响力。"因此，这导致"北京方面对美国的敌意比莫斯科方面更强烈，也更顽固"②。

伴随中苏关系破裂的是美苏关系的缓和。因此美国关注中苏分歧的目的在于利用分歧，分化社会主义阵营，从而使其在战略上获得更大的优势。基于上述考虑，肯尼迪政府利用中苏分歧的基本取向是拉苏联，孤立中国。正如1963年6月10日肯尼迪在演讲中的第四点提到"不以任何明显的方式在莫斯科和北平之间选边站……采取一项更加建设性而较少敌意的对苏政策"③。实际上，肯尼迪是在以"不明显的"方式偏袒苏联。因此，在肯尼迪时期，中国成了美国冷战中事实上的首要对手。在此背景下，位于东南亚的缅甸自然成为美国新政府关注的重点。

（二）蒋军问题复发与肯尼迪政府的居中调解

1961年1月，肯尼迪上台时，吴努政府治理下的缅甸，经历了军事、经济和社会环境的普遍衰败。物价水平重新上涨，犯罪率也在增加，农村安全状况恶化。而执政的联盟党（由"清廉派"改组而来）再次陷于分裂，共产主义运动又重新活跃起来。中缅关系在这一时期获

---

① NIE 10–61, Authority and Control in the Communist Movement, EOTAME068548283, *US-DDO*, p. 16.

② NIE 100–3–60, Sino-Soviet Relations, CK 2349281045, *USDDO*, p. 8.

③ 资中筠主编：《战后美国外交史：从杜鲁门到里根》，世界知识出版社1994年版，第421页。

得了"空前"发展，而缅北蒋军问题则继续困扰着美缅关系。① 因此，解决蒋军问题成为肯尼迪政府初期对缅政策的主要内容。

经过 1953—1954 年联合国主持的撤离行动后，仍有大约 6000—10000 名蒋军滞留缅甸北部地区。到 1954 年底时，这些部队仍控制了 80—100 平方英里的领土，最北到景栋，最南到泰国清莱（Chiang Rai）。此处正好位于缅甸、老挝、泰国和中国边境的三角地区，四国军队的任何一国对其发动军事进攻，他们都可以穿越边境进入另一个国家。② 在随后相当长的一段时间内，缅甸军队定期对其进行军事打击，但始终没有彻底解决这一问题。

1960 年 10 月 1 日，中缅边界条约签订后，负责签约的缅方代表昂吉（Aung Gyi）将军同时也负责起了对蒋军的军事行动。③ 从 1960 年 12 月中旬开始，大约有 6000 名缅甸士兵在空军的掩护下，向边境地区的蒋军发动了大规模进攻。④ 到 1961 年 1 月上旬时，缅甸军方行动已经取得了很大进展，许多蒋军的据点纷纷落入政府军手中。除了地面部队向前推进以外，缅甸空军也集中轰炸了缅甸蒋军的"总部"——孟巴寮（Mong Pa-liao）。在空袭中，飞行员报告发现孟巴寮有一条飞机跑道，而且他们还遭到高射炮和机枪的攻击，很显然这些武器不是当地制造的。空军还报告说，他们偶尔发现外国或不明身份的飞机出现在孟巴寮上空。这一消息后来得到缅甸陆军的证实。⑤ 1 月 26 日，孟巴寮被缅甸军队收复，在这次行动中，有大约 350 名蒋军士兵被击毙或俘虏，剩下了约 5000 人被迫逃往缅甸北部、老挝或泰国边境地区。⑥

1961 年 1 月 11 日，缅甸铲除蒋军的军事行动尚在进行时，缅甸总理吴努的私人顾问吴翁（U Ohn）与美国驻缅大使举行了会谈，双方就缅甸蒋军问题交换了意见。吴翁表示缅甸政府决心消灭一切叛乱分子，但优先集中力量对付蒋军，因为他们继续接收外界的装备和支持。在吴翁看来，这些蒋军配备了现代美式武器，其中有些武器的性能好于缅甸

① NIE 50 - 61, Outlook in Mainland Southeast Asia, CK 2349365296, *USDDO*, p. 10.

② Kenneth Ray Young, *Nationalist Chinese Troops in Burma: Obstacle in Burma's Foreign Relations (1949 - 61)*, New York University, Ph. D. 1970, p. 138.

③ *The Guardian* (Rangoon), January 13, 1961.

④ *The New York Times*, February 26, 1961.

⑤ *The Guardian* (Rangoon), January 13, 1961.

⑥ *The Guardian* (Rangoon), February 15, 1961.

军队的装备，这给缅甸制造了很大麻烦。不仅如此，他们还在帮助缅境内的共产党人，不仅因为他们转移了政府军对共产党叛乱分子的注意力，而且还向与共产党人有联系的克伦族防卫组织（KNDO）提供武器装备。吴翁认为，由于蒋军的活动，美国在缅甸的声望持续受到"损害"。让缅甸新闻界很难理解的是，既然美国对缅甸友好，为什么还要继续允许向蒋军提供武器。①

在这次谈话中，吴翁的立场非常明确，他表示将会敦促即将上任的美国政府发表新声明，明确美国对蒋军的立场，并进一步努力迫使中国台湾当局停止对蒋军的帮助，最好使其离开缅甸。然而，其中的矛盾在于美国向其盟友提供的武器装备被后者用于资助缅甸蒋军，而美国对此却无能为力。所以，缅甸政府和民众自然对美国的无所作为感到十分恼火。驻缅大使馆认为，吴翁所表达的态度在缅甸国内十分普遍。为了"平息众怒"，除了继续强烈要求其停止进一步支持蒋军外，大使馆建议美国政府发表公开声明以表明其在蒋军问题上的立场。②

驻缅大使馆的建议得到了美国国务院的认可。2 月 4 日，国务院指令驻台"大使馆"向蒋介石提出美方立场，要求台湾必须"避免对非正规部队采取任何行动"，其中尤为强调"可能被视为挑衅行为的空投航班"。此外，国务院强调"必须毫不拖延地将军事人员撤回台湾，并会同有关政府遣散和重新安置所有其他人员"③。但蒋介石的反应并不符合美国的心愿，他"十分尖刻地"答应会安排正式答复，但他还抱怨道："美国对缅甸和老挝的中共部队视而不见，而只关心国民党非正规部队，这些部队不属于政府武装部队，也不接受台湾的命令。"美国驻台湾"大使"埃弗雷特·F. 德鲁姆莱特（Everett F. Drilmright）认为："蒋介石可能会象征性地提出撤军，以满足美国的最低撤离要求。"④

实际上，台湾当局甚至连"象征性撤军"都不愿意执行，而是对美

①　Telegram from the Embassy in Burma to the Department of State, January 12, 1961, *FRUS*, Vol. XXIII, Southeast Asia, p. 84.

②　Telegram from the Embassy in Burma to the Department of State, January 12, 1961, *FRUS*, 1961 - 1963, Vol. XXIII, Southeast Asia, p. 85.

③　Telegram from the Department of State to the Embassy in the Republic of China, February 4, 1961, *FRUS*, 1961 - 1963, Vol. XXIII, Southeast Asia, pp. 86 - 87.

④　Telegram from the Department of State to the Embassy in the Republic of China, February 4, 1961, *FRUS*, 1961 - 1963, Vol. XXIII, Southeast Asia, p. 87.

国的建议置若罔闻，并继续对蒋军实施空投。2 月 15 日，一架来自台湾的空投飞机与缅甸三架升空拦截的战斗机在缅甸领空交火，空投飞机和一架缅甸战斗机被击落，缅甸飞行员诺埃尔·彼得斯（Noel Peters）中尉遇难。2 月 21 日，也就是彼得斯火化这天，仰光爆发了大规模的反美游行示威，美国驻缅甸大使馆和泛美航空办事处遭到袭击，骚乱造成"使馆大楼严重破坏"。国务院对此感到"失望"，并认为缅甸民众的反美示威游行"不可避免地给世界留下了一种印象，即美缅正常和长期的友好关系受到了影响"。这一事件极大触动了肯尼迪政府，并促使其加大了对台湾当局的施压。3 月 5 日，美国已经说服台湾撤离边境地区蒋军的明智性。正如肯尼迪总统在回复吴努总理的信中所言："美国已经得到台湾坚定的保证，它将根据其影响将所有非正规部队撤回，并将与那些不服从命令的部队脱离关系，不再向他们提供补给。"①

3 月 11 日，泰国、美国以及中国台湾地区、蒋军代表组成的工作组在曼谷召开撤离会议。15 日，工作组提出了一项撤离约 5000 名国民党士兵的计划。从 3 月 17 日第一架运载蒋军的飞机离开清迈，到 5 月 5 日台湾当局宣布行动结束，此次秘密开展的撤离行动总共持续了约 50 天。台湾当局宣布总共有 4400 名游击队员及其家属被撤往台湾。3 月 31 日，撤离行动尚在进行期间，缅甸外交部常任秘书长詹姆斯·巴林顿和国务卿迪安·腊斯克（Dean Rusk）在曼谷举行会谈，巴林顿要求"美国政府提供一切可能的协助，以确保彻底解决国民党问题"。腊斯克对此给予了肯定回答，但他希望"表明美国没有参与其中"。②

蒋军问题的暂时解决一度为美缅关系的改善提供了新的机遇。4 月 29 日，吴努致信肯尼迪对美国协助撤离蒋军表示感谢，吴努在信中直言不讳地说道："我和我的同事们非常感谢美国政府提供的帮助……我相信在有关各方的继续合作下，国民党问题将很快得到全面解决，从而使我们两国关系比以往任何时候都更加牢固。"③ 肯尼迪也在 5 月 26 日

---

① Kenneth Ray Young, Nationalist Chinese Troops in Burma：Obstacle in Burma's Foreign Relations (1949 - 1961), New York University, Ph. D. , 1970.

② Telegram from the Embassy in Burma to the Department of State, March, 31, 1961, *FRUS*, 1961 - 1963, Vol. ⅩⅩⅢ, Southeast Asia, pp. 99 - 100.

③ *U Nu to President Kennedy*, John F. Kennedy Library, Burma：General, 1961 - 1963, JFK-POF - 112a - 007 - p0013. available at https：//www. jfklibrary. org/asset-viewer/archives/JFKPOF/112a/JFKPOF - 112a - 007.

的回信中表示："我相信，我们可以满怀信心地期待我们两国之间的关系日益和谐与相互理解。"① 8 月 5 日，副国务卿鲍尔斯（Bowles）在新德里与吴努举行了会谈，双方就国民党残余部队问题交换了意见，鲍尔斯就这一问题向吴努进行了 "道歉、解释和保证"。但鲍尔斯认为台湾当局所报告的 3000 名在缅蒋军 "令人不安"。不过，吴努相信台湾与蒋军残余势力已经 "彻底决裂"②。此后，蒋军问题不再构成肯尼迪政府与缅甸关系发展的主要障碍。不仅如此，两国关系的缓和还在一定程度上促进了双方正在进行的军事援助谈判。

（三）美缅关系发展中的 "机遇" 与 "困境"

20 世纪 60 年代初，由于中缅关系的进一步发展，肯尼迪政府继续通过军事、经济援助和推动高层外交等方式拉拢缅甸，防止其彻底倒向中国一边。此外，随着缅北蒋军问题的暂时解决，美缅关系发展前景一度十分明朗。不过，美国针对缅甸的 "橄榄枝" 政策最终因为吴奈温发动的军事政变而未能奏效，两国关系也重陷困境。

1. 军事援助的停滞

艾森豪威尔政府时期，美国对缅甸进行了较大规模的军事援助。1953 年，美国向缅甸 "出售" 了价值约 4000 万美元的设备，而后者只象征性地支付了 200 万美元。这项协定主要涉及军用直升机和其他空军设备，但不包括喷气式战斗机。1957 年，双方开启第二轮军事援助谈判，但由于各种因素并没有达成任何协定。1960 年缅甸政府重启了第二阶段的军事援助谈判，并列出了一份详细的需求清单，其中包括战斗机。到 1962 年初，除空军装备方面外，两国已经就谈判取得较大进展，缅方准备支付清单费用的 1/10。③

美缅军事援助谈判的分歧主要在于飞机类型的供需矛盾。美国准备向缅甸提供 C－47 运输机，但不提供喷气式战斗机。但缅甸并不需要

---

① *Kennedy to Prime Minister U Nu*, John F. Kennedy Library, Burma：General，1961－1963，JFKPOF－112a－007－p0012. available at https：//www. jfklibrary. org/asset-viewer/archives/JFK-POF/112a/JFKPOF－112a－007.

② Telegram from the Under Secretary of State（Bowles）to the Department of State，August 5，1961，*FRUS*，1961－1963，Vol. XXIII，Southeast Asia，p. 102.

③ CIA，United States-Burma Negotiations for the Supply of Military Equipment，January 13，1962，CK 2349374798，*USDDO*，p. 3.

C‒47运输机，而是想要"北美驯鹿"（陆军战术运输机）、T‒38A（武装喷气式教练机）以及V‒107直升机。在这个问题上，缅甸空军副参谋长克里夫特（Clift）准将直言不讳地说道："缅甸空军必须实现现代化，需要能够拦截越境的外国飞机。"[1] 尽管法国已经提供了满足这些需要的飞机，但缅甸人怀疑法国是否有能力提供这些飞机，而且缅甸也没有相应的资金购买。苏联已经答应向缅甸提供米格战斗机，但缅甸人更倾向于美式战斗机。而且，如果缅甸无法获得上述装备，他们可能不得不向苏联求助。

为了避免缅甸向苏联寻求军事援助，驻缅甸大使和美国空军武官敦促美国政府"在一定程度上满足缅甸的需求"[2]。在谈判中，缅甸也拒绝接受美国提供的其他替代性装备。1962年1月17日，美国空军副官戈弗雷·T. 麦克休（Godfrey T. McHugh）准将向肯尼迪总统提交的一份备忘录中列出了美国空军可以提供的机型名单。如表3.1所示。

从美方向缅甸提供的空军机型可以看出，美国在谈判中的确在尽可能地满足缅甸军方的要求，甚至有些机型是缅甸政府没有要求的。

表3.1　　　　　　　　美国向缅甸提供的军用飞机机型[3]

制造商	飞机	原价（万美元）	现价（万美元）	交货时间
诺斯罗普	T‒38A 教练机	181.65	69.5	21 个月
洛克希德	T‒33A	12.28	6.08	10 个月
德·哈维兰	AC‒1 "北美驯鹿"	65	65	20 个月
波音	V‒107 Ⅱ	65.04	65.04	20 个月
道格拉斯	C‒47	9.55	9.72	12 个月
北美	F‒86F 战斗轰炸机	21.11	8.92	12 个月
北美	F‒86L 全天候战斗歼击机	34.38	10.87	13 个月

---

[1] CIA, United States-Burma Negotiations for the Supply of Military Equipment, January 13, 1962, CK 2349374798, *USDDO*, p. 3.

[2] CIA, United States-Burma Negotiations for the Supply of Military Equipment, January 13, 1962, CK 2349374798, *USDDO*, p. 2.

[3] Air Force Military Assistance Program for Burma, January 17, 1962, CK 2349356738, *USDDO*, p. 3.

1962 年 4 月 13 日，负责美国对外援助事务的国际开发署署长福勒·汉密尔顿（Fowler Hamilton）向肯尼迪总统建议根据 1961 年修订的《对外援助法》允许使用资金向缅甸提供军事援助。根据汉密尔顿的建议，美国将从 1962 年开始的 4—5 个财政年内向缅甸提供总费用不超过 4300 万美元的军事装备、物资和服务。① 汉密尔顿认为，美国对缅甸的军事援助具有军事和政治双重目的。其中，军事目标是增强缅甸军队改善国内安全的能力，尤其是在"打击两个被取缔的共产党和几个不满的少数民族持续不断的叛乱方面"。其政治目的则是增加美国对缅甸军队的影响力，同时阻止缅甸从共产主义国家购买所需的军事装备和服务，从而"切断中苏集团影响缅甸的渠道"②。

实际上，奈温在 3 月 2 日成功发动军事政变后，美国决策者更是看到了军队在缅甸政治中发挥的巨大影响力，因此更加急于通过在谈判条件上做出妥协，以便早日达成协定。正如汉密尔顿在报告中所言："在目前和可预见的未来，军队及其领导人是美国影响缅甸发展以及与世界其他国家关系的主要目标。"③ 4 月 30 日，肯尼迪总统根据《对外援助法》授权向缅甸提供 900 万美元的军事援助资金。④

缅甸政府也渴望获得美国的军事援助来对付日益强大的少数民族叛乱武装。除了此前反叛的克伦族武装外，"训练有素且装备精良"的克钦族独立军也在这一时期加入叛乱中，"人们相信它的力量正在增强"⑤。早在军事政变前，缅甸军队就计划针对叛乱的少数民族进行军

---

① Determinations and Authorizations under Sections *506* （b） and *614* （a） of the Foreign Assistance Act of *1961*, as Amended, Permitting the Use of Funds for Military Assistance to Burma, April 13, 1962, *Archives Unbound*, Collection: JFK and Foreign Affairs, 1961 – 1963, SC5000089085, p. 65.

② Determinations and Authorizations under Sections *506* （b） and *614* （a） of the Foreign Assistance Act of *1961*, as Amended, Permitting the Use of Funds for Military Assistance to Burma, April 13, 1962, *Archives Unbound*, Collection: JFK and Foreign Affairs, 1961 – 1963, SC5000089085, p. 66.

③ Determinations and Authorizations under Sections *506* （b） and *614* （a） of the Foreign Assistance Act of *1961*, as Amended, Permitting the Use of Funds for Military Assistance to Burma, April 13, 1962, *Archives Unbound*, Collection: JFK and Foreign Affairs, 1961 – 1963, SC5000089085, p. 66.

④ Determinations and Authorizations under *614* （a） of the Foreign Assistance Act of *1961*, as Amended, Permitting the Use of Funds to Furnish Military Assistance to Burma, April 30, 1962, *Archives Unbound*, Collection: JFK and Foreign Affairs, 1961 – 1963, SC5000089085, p. 78.

⑤ Memorandum from the Director, Far East Region （Heinz） to the Assistant Secretary of Defense for International Security Affairs （Nitze）, March 15, 1962, *FRUS*, 1961 – 1963, Vol. XXIII, Southeast Asia, p. 106.

事镇压，并打算在 1963 年中期对其发动全面进攻，而 1962 财年美国军事援助项目就是为了协助这一计划。然而，随着掸邦发动公开叛乱的可能性增加，美国海军少将海因茨（L. C. Heinz）认为："缅甸军政府可能需要更早地对付这些叛乱组织。"[1]

尽管如此，奈温上台后并没有增加对美国军事援助的依赖，到 1963 年 5 月时，缅甸已经成为接受美国援助最少的东南亚国家，总援助额仅为 1130 万美元（其中经济领域为 60 万美元，军事援助以签订新的出售协定的方式进行，数额为 1070 万美元）。而同期共产主义国家对缅甸的援助金额则高达 9600 万美元。[2] 1963 财年美国对缅甸军事援助项目签订前，因为"中国人的关注"，缅甸要求"低调签约"。美驻缅大使馆甚至担心"中缅关系是否已经变得如此密切，以至于缅甸的独立无法通过协定得到进一步推进"，而无法签署协定将可能会促使缅甸与中共建立更紧密的联系。[3]

2. 经济援助的夭折

艾森豪威尔时期，美国先后两度对缅甸实施经济援助。中间由于蒋军问题，缅甸政府一度暂停了双方经济援助协定。尽管在 1956 年，美国恢复了中断近 3 年的对缅援助，但从那以后，美国向缅甸提供的援助始终是不定期的，仅用于有限的特定任务，而且也没有在缅甸派驻大规模永久援助小组。[4] 肯尼迪政府对缅甸的援助基本延续了这一模式。这一时期，美国对缅甸的经济援助计划主要表现为仰光—曼德勒高速公路计划。

早在 1959 年，美国政府就同意"在有足够资金的情况下"，向"仰—曼公路"计划和仰光大学计划提供 3000 万美元的资助，但条件是"缅甸政府提供必要的资助，并在技术方面达成协定"[5]。尽管如此，由

① Memorandum from the Director, Far East Region (Heinz) to the Assistant Secretary of Defense for International Security Affairs (Nitze), March 15, 1962, *FRUS*, 1961 – 1963, Vol. XXIII, Southeast Asia, p. 106.

② Politico-Economic Forces in the Southeast Asian Countries and US Aid, Burma, *Archives Unbound*, Collection: JFK and Foreign Affairs, SC5000173110, p. 118.

③ Telegram from the Department of State to the Embassy in Burma, August 30, 1963, *FRUS*, 1961 – 1963, Vol. XXIII, Southeast Asia, p. 130.

④ Vietnam and Southeast Asia, Report of Senator Mike Mansfield to the Committee on Foreign Relations, United States Senate, 1963, Report, VI00897, *DNSA*, p. 15.

⑤ NSC – 6012, US Policy in Mainland Southeast Asia, July 25, 1960, CK 2349377947, *US-DDO*, p. 33.

于各种具体原因,到艾森豪威尔卸任时,这项计划仍处于讨论中,距离实施更是遥遥无期。

肯尼迪上台后的第一年,美缅外交的焦点在于缅甸北部的蒋军,援建"仰—曼公路"的计划退居其次。1962 年 3 月 19 日,美国驻缅甸大使埃弗顿(Everton)与奈温总理举行了长达 45 分钟的私人通话。其间,双方就"仰—曼公路"计划交换了意见。埃弗顿向奈温介绍了美方对这一项目的"理念",并认为:"当前应尽快开始仰光—勃固段的施工,同时对有争议的勃固—彪关(Pyu)段进行新的工程勘察。"然而,美国政府反对奈温政府提出的美、缅根据 3:1 的比例承担公路修建的费用,而是坚持原来修建公路所承诺的 3176 万美元的援助。正如埃弗顿所言:"我们现在既不减少也不增加原有的财务承诺。"但在费用问题上,美国也并非没有回旋余地,而是"通过调查存在争议路段并获得确切的成本评估结果后,再次坐下来与缅甸人商定如何进行"①。

奈温则更在意公路的路线选择问题,并指出他个人希望设计新的路线,而且不希望在路线"无法令人满意"的情况下进行建设,因为稍后由于洪水或其他原因可能会对整个工程产生不良影响。不仅如此,奈温还重申了缅甸政府对高速公路的优先考虑,并向埃弗顿保证将会迅速做出决定。有关公路的细节问题奈温指示美方代表与公共工程部代理部长廷佩(Tin Pe)准将进行商谈。② 从这次会谈中可以看到,双方关于仰—曼高速公路建设的分歧主要集中在资金分摊和路线选择上。

对于公路修建的资金问题上,美方坚持出资 3176 万美元,而奈温政府则希望美国能够承担全部费用的 3/4,这显然超出了美国所能接受的数额。1962 年 7 月,双方协商调整后的路线总费用为 8500 万美元。③ 若是根据缅方要求,这就意味着美国可能承担 6375 万美元的高额费用。而更大的分歧在于高速公路的路线选择上。美方希望能尽快修建仰光—勃固段的公路,对于有争议的勃固—彪关段重新进行勘测。美国工程师报告称,

---

① Telegram from the Embassy in Burma to the Department of State, March 19, 1962, *FRUS*, 1961–1963, Vol. XⅧ, Southeast Asia, p. 110.

② Telegram from the Embassy in Burma to the Department of State, March 19, 1962, *FRUS*, 1961–1963, Vol. XⅧ, Southeast Asia, p. 110.

③ Status of Action Programs for Southeast Asia, July 25, 1962, *Archives Unbound*, Collection: JFK and Foreign Affairs, SC5000097418, p. 70.

将所建的高速公路与西部的公路连接起来会更科学，但这条路线不符合缅甸人的需要，因为不经过居民聚居区且运输量也主要局限于当地。①

　　到 1962 年 9 月初时，美国政府一些部门已经渐渐对这一长期不能达成共识的项目失去了兴趣。国际开发署甚至认为"没有理由把美国的钱花在仰光和曼德勒之间的任何公路上"。实际上，国际开发署的不满主要在于"缅甸人所考虑的新路线缺乏经济上的理由"。不仅如此，国际开发署还认为："这条现代化公路的当前路线缺乏工程上的可行性。"②

　　驻缅大使馆则在此时提出了一个折中方案，其中既包含一部分原有路线，也包含新路线。国际开发署表示"除非得到国务院有关政治必要性的强有力声明的支持"，否则不能接受这种"妥协"。此外，国际开发署还准备向该项目的主管哈里曼提交一份备忘录，以阐述其对高速公路的看法。即使事实证明双方有可能达成妥协性的协定，缅甸政府能否接受也远不能确定。③ 随后，国务院要求国际开发署与缅甸进一步探讨经济方面的考虑，并指出美国之所以无法接受缅甸政府在新路线上修建高速公路，恰恰是出于经济因素。国务院希望缅甸重新考虑美方的立场，否则将"就是否选择大使馆的折衷办法做出决定"④。

　　1962 年 9 月底，缅甸外长蒂汉（Thi Han）在纽约参加联合国大会时与国务卿腊斯克进行了会晤。此后，蒂汉访问华盛顿，并与美国国务院、国际开发署和农业部的代表举行了会谈。会谈中，美方代表指出其反对缅甸所提出的按照新路线建设高速公路的建议是基于"美国严格的援助政策考虑"，而且也是为了避免"不经济地使用缅甸资源来帮助缅甸"。而蒂汉似乎对美方的解释"印象深刻"。后者希望蒂汉能对奈温施加影响，推动这些问题沿着"科学、合理"的路线解决。⑤

---

① NSF, Conversation with the General Ne Win, March 19, 1961, JFK National Security Files, Asia and the Pacific 1961–1963, Box 16, Burma.

② Status of Action Programs for Southeast Asia, September 5, 1962, *Archives Unbound*, Collection: JFK and Foreign Affairs, SC5000173307, p. 21.

③ Status of Action Programs for Southeast Asia, September 5, 1962, *Archives Unbound*, Collection: JFK and Foreign Affairs, SC5000173307, p. 21.

④ Status of Action Programs for Southeast Asia, September 19, 1962, *Archives Unbound*, Collection: JFK and Foreign Affairs, SC5000173307, p. 52.

⑤ Status of Action Programs for Southeast Asia, October 4, 1962, *Archives Unbound*, Collection: JFK and Foreign Affairs, SC5000173374, p. 24.

最终，奈温政府并没有向美方的建议妥协。双方在公路的建设费用分摊以及路线选择的分歧最终没有弥合。1964 年 6 月，奈温政府正式通知美国终止其参与高速公路的建设。① 这一援助项目的夭折，使美国丧失了一次对缅甸施加影响的绝佳机会，更使其失去了"平衡中国、俄国和其他国家在缅甸影响的一个项目"②。

3. 高峰外交的失败

1962 年 1 月，美国邀请吴努总理于当年 7 月对美国进行为期 5 天的国事访问。但不料奈温于 3 月 2 日通过军事政变上台，致使原来的访问计划付诸东流。美国决策者深知奈温个人对美国充满"怀疑和敌视"的态度。在一定程度上，这种态度正是由他曾以参谋长身份于1960 年访问美国时的不悦经历造成的。在那次访问中，五角大楼在没有事先商量的情况下向奈温赠送勋章使其感到尴尬，因为他不想接受，但又觉得自己无法拒绝。③ 因此，美国政府希望尽快安排奈温再一次访美，从而"抹去"上次访问的记忆，促进其对美国和美国人的好感。④

3 月 16 日，国务院指示埃弗顿大使转告奈温，在方便的情况下，美国总统邀请其于 7 月访美。19 日，埃弗顿同奈温通电话并向后者转达了总统的邀请。奈温表示希望能尽快到华盛顿与总统会面，但不确定能这么早离开。奈温说希望暂时推迟决定，并认为到 4 月底就可以完全确定是否能访美。不仅如此，奈温还提到推迟副国务卿鲍尔斯的来访，理由是"时间不合适"。奈温还指出，在政府更迭后这么快就对他进行访问可能会被误解，而且他和政府所有成员都很忙，可能无法见任何人。⑤

---

① T. D. Roberts, Jan M. Matthews, David S. McMorris, Kathryn E. Parachini, William N. Raiford, Charles Townsend, *Area Handbook for Burma*, US Government Printing Office, Washington, D. C. , 1968, p. 291.

② NSF, Incoming Telegram Department of State, From Rangoon to Secretary of State, No. 137, August 23, 1962, JFK National Security Files, Asia and the Pacific 1961 – 1963, Box 16, Burma.

③ Telegram from the Consulate General in Geneva to the Department of State, July 18, 1962, *FRUS*, 1961 – 1963, Vol. XXIII, Southeast Asia, p. 113.

④ Department of State, Subjects, State Visits, Schedules, Use of Aircraft and Miscellaneous, January 12, 1963, *Archives Unbound*, Collection: JFK and Foreign Affairs, SC5000039828, p. 74.

⑤ Telegram from the Embassy in Burma to the Department of State, March 19, 1962, *FRUS*, 1961 – 1963, Vol. XXIII, Southeast Asia, p. 109.

实际上，奈温始终没有对美国的邀请给予正式答复。7月18日，正在参加日内瓦会议的哈里曼专程前往维也纳与奈温举行了会晤。奈温提到了肯尼迪总统对他的访美邀请，并希望后者不会误解他拒绝了华盛顿的邀请，因为他不能离开缅甸。而他之所以能离开缅甸来维也纳，主要是因为"缅甸的局势正在平静下来"。在会谈结束之际，奈温表示愿意在方便的时候访问美国，但他更倾向于以非正式的方式进行。①

1963年，华盛顿的官员仍然期待着奈温访美。正如代理国务卿乔治·W.鲍尔（George W. Ball）向肯尼迪总统提交的备忘录中所言："我们将密切关注缅甸局势的发展，这可能使我们有必要再次发出一次邀请。当似乎无法通过特别的努力来争取他时，我们也在时刻寻找机会让奈温与美国重要官员和其他美国人取得联系。"② 为此，国务院还建议鲍尔斯在7月访问东南亚时也能够访问仰光。

尽管美方对于奈温访美如此热心，但奈温却表现冷淡，一直以各种理由加以推脱。终肯尼迪政府时期，奈温始终没有造访美国。直到1966年中缅关系恶化以后，奈温才首次以政府首脑身份访美。

总的来看，肯尼迪时期美缅关系大体可分为两段，即吴努时期和奈温时期。在吴努时期，美缅关系发展因为蒋军问题遭遇"寒冬"，仰光爆发大规模反美游行示威即是明证。不过，肯尼迪政府在解决蒋军问题上也发挥了举足轻重的作用，从而为两国关系的发展带来了新的"机遇"。奈温的军事政变使美缅关系再次陷入不确定的状态中，奈温本人的"疑美"态度和政策最终使肯尼迪政府的对缅拉拢归于失败，美缅关系也不可避免地走向疏远。正如埃弗顿大使在其递交的辞呈中所言："在任何情况下，美缅关系的下一个阶段都将是艰难的。缅甸政府具有强烈的反西方情绪，且无法保证尽快消除这种情绪。"③

---

① Telegram from the Consulate General in Geneva to the Department of State, July 18, 1962, *FRUS*, 1961 – 1963, Vol. XXIII, Southeast Asia, p. 112.

② Memorandum from Acting Secretary of State Ball to President Kennedy, May 4, 1963, *FRUS*, 1961 – 1963, Vol. XXIII, Southeast Asia, p. 118.

③ Letter from the Ambassador to Burma (Everton) to President Kennedy, May 9, 1963, *FRUS*, 1961 – 1963, Vol. XXIII, Southeast Asia, p. 121.

二 肯尼迪政府对缅主题性冷战宣传

缅甸经历了为期一年半的军事看守政府后,于 1960 年 2 月 6 日举行了全国范围的投票选举。选举结果是,吴努领导的"清廉派"获得了压倒性胜利。新的民选政府继续执行其所谓"积极中立"的对外政策,既发展与中、苏的关系,又积极寻求美国的援助。这段时期,美国在缅甸的文化活动大致延续了艾森豪威尔政府的策略和手段,即通过文化宣传引导缅甸更加亲美。不仅如此,由于 20 世纪 60 年代初美苏对抗的加剧以及共产主义在东南亚的迅速蔓延,肯尼迪政府相对其前任更加强化了在缅甸的文化外交。

肯尼迪上台前后,有媒体报道称缅甸军队对蒋军有效的军事打击归功于中共部队的支援。早在 1960 年 12 月 27 日,《曼谷世界》就开始报道中共部队在缅甸出现。[①] 中国台湾当局也声称:"中共向缅甸派出了一支强大的部队,他们和缅甸军队合作对国民党非正规部队发动了当前的军事进攻。"此外,共产党还加紧了在老挝和南越的活动,使得"安全局势持续恶化,并已达到严重程度"[②]。在此"危急"情势下,美国新闻署在"四面楚歌"的东南亚加强了其"努力",以使民众支持"友好的政府"和加强对颠覆活动的抵抗。[③] 缅甸则因其在美国决策者眼中的特殊地位再一次成为美国政府在东南亚开展文化外交活动的重要目标国家。1961 年 1 月 20 日,肯尼迪总统的就职典礼通过美国之音和美新署电视服务处向包括缅甸在内的世界各国进行直播。与此同时,肯尼迪的著作《当仁不让》(*Profiles in Courage*)以缅甸文、中文等文字出版了 47000 册。[④] 总体来看,1961 年初至 1962 年 3 月,美新署在缅甸的文化活动主要围绕重要事件展开,诸如以"老、越危机"为主题开展冷战宣传、以空间探索为主题开展"崇美"宣传、以重启核试验为主题开展"谴苏谅美"宣传等。

---

① Kenneth Ray Young, *Nationalist Chinese Troops in Burma: Obstacle in Burma's Foreign Relations* (1949–61), New York University, Ph. D., 1970, p. 147.

② NIE 50–61, Outlook in Mainland Southeast Asia, CK 2349365296, *USDDO*, p. 7.

③ Edward R. Murrow, *USIA*, 16th *Review of Operations*, January 1–June 30, 1961.

④ Edward R. Murrow, *USIA*, 16th *Review of Operations*, January 1–June 30, 1961, p. 6.

（一）应对"老、越危机"与美新署对缅甸的冷战宣传

肯尼迪上台伊始，老挝、越南局势的演进对美国日渐不利。在东南亚这个地方，美国"必须证明自己不是纸老虎"①，美新署斥巨资强化了其在东南亚国家的文化项目。起初，美新署更关注老挝，后来随着日内瓦峰会召开，老挝危机暂时缓解，越南危机日益加剧，美新署将越来越多的精力投放在缅甸这个"对美国的全球声誉具有象征意义的地方"②。这一时期，美新署在缅甸的文化活动更多是展现其应对"老、越危机"而付出的"努力"。

老、越危机自然使老挝和越南成为美新署在东南亚活动的"主战场"。不过，作为美新署在东南亚活动的"副战场"，缅甸在美国决策者眼中的地位绝非无足轻重。1961 年上半年，有美新处参与的"缅甸—美国研究所"举办了第一届教育研讨会，此次会议在缅甸广受关注，总共有来自全国各个学校的 785 名教师参加。尽管这项活动遭到左派的反对，却得到了缅甸教育部的积极支持。其间，美新处向与会者分发了材料，而参会者也强烈要求来年再次举办这项活动。③

1961 年下半年，仰光美新处的缅甸雇员吴妙纽（U Myo Nyunt）撰写并出版了一本介绍美国的畅销书，借以表达他在 1957 年访美后对美国的仰慕之情。书中，他以富有洞察力和满含深情的语言描绘了美国的生活。他写道："总的来说，美国人给人的印象是非常坦率、友好、善解人意、守信和同情穷人，而且他们总是对别人感兴趣。他们像马一样工作，只要有机会，他们就会尽情地打发时间。他们很有文化，而且对信仰非常虔诚。总而言之，美国人的生活水平是世界上最高的。他们痛恨共产主义，随时准备为民主献出生命。"④

这一时期，美新处继续通过翻译图书来"表达美国的政策"，并将 168 本图书翻译成 7 种东方国家的语言，在远东发行总量达 90 多万册，

---

① KFKL, NSF, Subjects: Policy Planning: box 303, Rostow to President, Top Secret, April 21, 1961, "The Problem We Face".

② Nicholas J. Cull, *The Cold War and the United States Information Agency*, *American Propaganda and Public Diplomacy*, *1945 - 1989*, Cambridge: Cambridge University Press, 2008, p. 218.

③ Edward R. Murrow, *USIA*, *16ᵗʰ Review of Operations*, January 1 - June 30, 1961, p. 23.

④ Edward R. Murrow, *USIA*, *17ᵗʰ Review of Operations*, July 1 - December 31, 1961, p. 7.

譬如将《西藏的反抗》（*The Revolt in Tibet*）和《当仁不让》翻译成缅甸文，供缅甸民众阅读。① 值得一提的是，肯尼迪总统还亲自为缅文版的《当仁不让》撰写了序言，他写道："缅甸以其光辉的宗教和政治遗产，孕育了许多杰出的政治家，其中包括昂山，他成功地捍卫了国家的自由……为了纪念他，也为了纪念缅甸所有伟大的爱国者，我恭敬地献上这本缅语版的《当仁不让》。"②

此外，美新处还在缅甸广泛发行有关越南战争的小册子、海报和杂志，故事的主题主要包括："（美国）在越南有什么利害关系"，展示了共产主义生活方式和自由世界生活方式的不同；"越南战争的模式"，描述了共产党的"暴行"；"美国援助越南"，鼓励东南亚其他国家政府参与援助项目，并有效利用美国的援助。此外，美新处还以月刊的形式在缅甸发行《自由世界》杂志，被称为"东半球发行量最大的杂志"③。

除杂志外，电台广播依然是美新处对缅甸文化宣传的最主要的手段。为了应对共产党在这一地区活动的强化，美国之音增加了泰语、老挝语和柬埔寨语的广播。在缅甸为美国之音听众举办的听众广播竞赛中，仅一周就有超过 11000 个答复，而缅甸全国上下大约仅有 50000 台收音机。④ 足见美国之音对缅甸听众的广泛影响。

（二）空间探索与美新署对缅甸的"崇美"宣传

早在艾森豪威尔政府时期，美苏两国就展开了太空领域的竞争。1958 年，美国根据《国家航空航天法》成立了国家航空航天局（National Aeronautics and Space Administration，NASA）专门负责策划实施美国的太空计划。肯尼迪当选总统后，组建了以杰罗姆·B. 维斯纳（Jerome B. Wiesner）为主席的空间问题特别委员会，就太空计划向总统提供咨询。委员会在报告中指出，必须"纠正"将空间系统最紧迫和最

① Edward R. Murrow, *USIA*, *17ᵗʰ Review of Operations*, July 1 – December 31, 1961, p. 8.

② John F. Kennedy, *To My Burmese Friends*, John F. Kennedy Library, Burma: General, 1961 – 1963, JFKPOF – 112a – 007 – p0021. available at https://www.jfklibrary.org/asset-viewer/archives/JFKPOF/112a/JFKPOF – 112a – 007.

③ Edward R. Murrow, *USIA*, *17ᵗʰ Review of Operations*, July 1 – December 31, 1961, pp. 8 – 9.

④ Edward R. Murrow, *USIA*, *17ᵗʰ Review of Operations*, July 1 – December 31, 1961, p. 9.

直接的目标用于对世界各个大陆的监视和目标侦查，从而更好地发展"其他的军事太空计划"①。从后来的事实看，维斯纳所谓的"其他军事太空计划"主要是指载人航天计划。美国原计划先于苏联将人类送上太空，但这一计划随着1961年4月12日苏联宇航员加加林乘坐"东方1号"宇宙飞船进入太空而宣告失败。不过，美国也并没有落后太多。5月5日，美国宇航员艾伦·谢泼德（Alan Shepard）乘坐"自由7号"宇宙飞船进入太空。此后，美苏两国在空间探索上既相互竞争又相互合作，一时之间成为媒体上最引人注目的话题之一。

谢泼德遨游太空成功以后，美新署对这一事件进行了大量的报道和宣传，并在世界各地举办展览，借以展示美国航天科技的强大。对此，新闻出版处准备了一个有关"水星计划"②的资料袋，其中包括参与该项目的科学家署名的故事，所有宇航员的传记和大量照片。美新署通过电报向包括缅甸在内的85个国家的90个美新处传送了谢泼德的个人介绍，远在委内瑞拉、波兰和巴基斯坦的报纸都暂停了原有报道，转而刊登美新署发送的资料。③太空飞行结束后，谢泼德在一位新闻编辑的帮助下，准备了一篇约2500字的署名文章，讲述了其冒险的经历。随后这篇文章通过无线电发送到世界各地。此外，美新署还制作了一档电视节目，名叫《无尽的阴影》，它用25分钟时间，以循序渐进的方式讲述了谢泼德在飞行前72小时的经历。④

1961下半年，美新署继续向世界各国宣传美国在太空探索方面取得的成就，以"帮助纠正一种普遍存在危险印象"，即苏联在科技成就方面领先美国。美新署有关太空计划的信息多半与和平利用空间探索有关，其余部分则是致力于宣传国防目的。由于对美国太空成就方面的信息需

---

① Report by the Ad Hoc Committee on Space to President-Elect Kennedy, January 10, 1961, *FRUS*, 1961 – 1963, Vol. XXV, Organization of Foreign Policy; Information Policy; United Nations; Scientific Matters, p. 799.

② 作为美国第一个载人航天计划，启动于1958年10月7日。最开始由美国空军负责，后来转由国家航空航天局负责。该计划的目标是发射载人航天器在地球轨道运行，并使宇航员和航天器平安返回，而且最好先于苏联完成这一目标。

③ Nicholas J. Cull, *The Cold War and the United States Information Agency, American Propaganda and Public Diplomacy, 1945 – 1989*, Cambridge: Cambridge University Press, 2008, p. 198.

④ Edward R. Murrow, *USIA, 16th Review of Operations*, January 1 – June 30, 1961, p. 9.

求巨大，1961 年底，美新署还专门成立了帮助外国科普作家的服务处。①

7 月 21 日，宇航员古斯·格里森（Gus Grissom）乘坐"自由钟 7 号"执行了"水星计划"的第二次太空飞行。在缅甸，美新署创办的月刊《黎明》用缅甸语刊登了美国太空探索取得进展的专题报道。此外，美新署还以几十种语言在 80 多个国家进行了广泛宣传。譬如，巴黎美新处在其双周刊《资料及文件》上完整地报道了美国的太空成就。伦敦美新处月刊《科学视野》也对此进行了报道。《自由世界》在马尼拉以 8 种语言出版发行有关美国太空探索的报道。在香港，中文杂志《今日世界》以半月刊的方式对东南亚华人展开报道，其中包括缅甸华人。月刊《美国杂录》则通过英语和印尼语进行了报道。②

除了杂志外，美国之音也对美国的太空故事进行了大量的跟踪报道，其中包括格里索姆的飞行，"水星计划"中的黑猩猩之旅，"发现者"号太空舱在太平洋上空的回收，使用泰洛斯气象太空舱定位飓风以及一些重要的太空军事成就，例如导弹防御警报卫星（MIDAS）。美新署广播报道员在卡纳维拉尔角的发射现场进行了跟踪实时报道。原有的新闻广播被火箭发射、宇航员说的第一句话等报道打断。当格里索姆被发射进入太空时，整个事件在当天被传播到包括缅甸在内的全世界所有国家。③

随着电视在全球的普及，美新署十分注意利用这一崭新平台对美国的太空计划进行宣传报道。电影和静态图片被送往 54 个拥有电视的国家，有超过 1.5 亿观众观看了节目。一部 15 分钟的纪录片《无限的阴影》记录了第一次载人航天飞行，在缅甸等国家受到了热烈欢迎。时长仅有 13 分钟的电影《行星地球》中的主角是美国的科学卫星。黑白原版纪录片《阿特拉斯》，以 17 种语言在 90 个国家发行，包括缅甸。《泰洛斯实验气象卫星》是从美国无线电公司获取的彩色电影，以 14 种语言在 75 个国家上映。美新署制作的黑白电影《世界观察太空实验》记录了谢泼德早期的飞行，以 37 种语言在包括缅甸在内的 102 个国家上映。这部影片戏剧性地展示了美国是如何在公众和世界新闻媒体的众目睽睽下进行飞船的

① Edward R. Murrow, *USIA*, *17ᵗʰ Review of Operations*, July 1 – December 31, 1961, p. 18.

② Edward R. Murrow, *USIA*, *17ᵗʰ Review of Operations*, July 1 – December 31, 1961, p. 18.

③ Edward R. Murrow, *USIA*, *17ᵗʰ Review of Operations*, July 1 – December 31, 1961, p. 18.

发射和回收的，而不像苏联那样秘密进行这些活动。① 1962 年上半年，美国宇航局制作的长达 1 小时的彩色纪录片《友谊 7》被美新署广泛传播到海外。总共向 71 个国家分发了 225 份英文印刷品，后来又进一步翻译为缅甸语、法语、西班牙语、阿拉伯语等语言进行了深入宣传。②

举办海外展览也成了美新署宣传太空探索的重要途径。正如肯尼迪在致美新署署长默罗（Murrow）的信中所言："为支持美国外交政策目标而举办富有活力、想象力和精心策划的大型海外展览符合美国的国家利益。"而且，作为国际交流的形式之一，举办展览正变得"越来越重要"③。位于海外的美新处图书馆和信息中心展示了官方文件、展览品、海报和幻灯片。有些美新处还组织了关于太空主题的讲座。所选的图书包含了从技术和工业研究到流行出版物。有 15 种图书被翻译为缅甸语、孟加拉语、泰米尔语、泰卢固语等语言，每个版本最多印制了 10000 册，譬如维尔纳·冯·布劳恩的《征服月球》被翻译为缅甸语、阿拉伯语、希腊语、印度语和马来语等。④ 位于海外的美新处图书馆大量使用美国官方出版物，其中包括第一届全国和平利用空间会议的记录（来自美国宇航局），美国首次载人亚轨道飞行结果的记录（来自美国宇航局），太空探索的实用价值（来自众议院科学与航空委员会）。⑤ 全尺寸的"水星太空舱"模型在世界各国广为展出，数以百万计的观众进行了观摩。2000 多份关于载人航天的彩色海报向包括缅甸在内的全球发行，引发了公众的广泛兴趣，还受到了新闻界的好评。此外，有关"外层空间—新边疆"的彩色展览海报以多种语言向全世界分发了多达 86000 份。这些文件完整地补充了 13 场有关"无限空间"的展览，100 场"X-15 实验飞机"展览以及 8 场"泰洛斯卫星"和"先锋 5 号太空探测器"展览。⑥

关于美国空间探索的宣传和报道是 20 世纪 60 年代初美新署海外文

---

① Edward R. Murrow, *USIA*, *17ᵗʰ Review of Operations*, July 1 – December 31, 1961, p. 19.

② Edward R. Murrow, *USIA*, *18ᵗʰ Review of Operations*, January 1 – June 30, 1962, p. 8.

③ Letter From President Kennedy to the Director of the United States Information Agency (Murrow), August 11, 1961, *FRUS*, 1961–1963, Vol. Ⅵ, Public Diplomacy, p. 128.

④ Edward R. Murrow, *USIA*, *17ᵗʰ Review of Operations*, July 1 – December 31, 1961, p. 19.

⑤ Edward R. Murrow, *USIA*, *17ᵗʰ Review of Operations*, July 1 – December 31, 1961, p. 20.

⑥ Edward R. Murrow, *USIA*, *17ᵗʰ Review of Operations*, July 1 – December 31, 1961, p. 20.

化项目的一大鲜明主题。其目的除了向海外透露美国太空计划的"事实真相"外，更多是在向世人表明美国航天科技的强大，从而增强对美国的崇尚和向往。美新署将缅甸作为其海外宣传的众多目标之一，亦不外乎出于上述动机。透过大量的缅甸民众前往美新处观看美国航天展览，不难证明美国的先进科技对缅甸民众具有较强的吸引力。如图 3.1 所示，曼德勒美新处演出的太空探索主题戏剧吸引了大量缅甸观众。

图 3.1　曼德勒美新处将美国太空探索改编成的戏剧吸引了约 40000 名缅甸民众前来观看①

（三）苏、美重启核试验与美新署对缅甸的"谴苏谅美"宣传

自 1945 年核武器诞生到肯尼迪时期，美、苏、英、法等国多次在地面、地下、水体或大气层进行核试验，核爆炸所产生的放射性物质引发了一系列毁灭性生态危机，导致国际社会一再爆发声势浩大的"反核运动"。1958 年 3 月 31 日，在完成一系列大规模核试验以后，苏联单方面宣布"停止在苏联境内进行一切类型的原子武器和氢弹试验"②。苏联的外交攻势迫使美国与其在日内瓦开启核禁试谈判，尽管双方直到 1963 年才达成部分核禁试协定，但有记录表明，从 1959—1960 年美苏

---

① George V. Allen, *USIA*, *13th Review of Operations*, July 1 – December 31, 1959, p. 17.

② ［英］杰弗里·巴勒克拉夫：《国际事务概览（1956—1958 年）》，寥涤胜等译，上海译文出版社 1990 年版，第 716 页。

两国均未进行核试验。

早在 1961 年 7 月 24 日，美新署署长默罗就指令将"核禁试"列为美新署各部门及其海外站点的"特别重点项目"之一。① 美国东部时间 8 月 30 日晚 7 点，苏联通过塔斯社宣布将恢复核试验。② 8 月 31 日，美国原子能委员会的仪器探测到了自 1958 年以来苏联的首次核试验。苏联进行核试验当天，默罗向肯尼迪总统提交的一份备忘录中建议对这一事件加以"适当运用"，以"孤立共产主义集团，恐吓其卫星国和中立国家，很好地摧毁英国的禁核运动，甚至可能使其核政策恢复理智"。同时，针对国内要求立即重启核试验的呼声，默罗建议："安排一位政府发言人通过电视和广播解释为什么美国不应立即效仿苏联，从而致使美国失去对非共产主义世界领导地位的机会。"③

同一天，默罗在向肯尼迪提交的另一份备忘录中说明了美新署收到的外国媒体有关苏联恢复核试验的反应。从这些评论中，可以看出无论是共产主义国家还是非共产主义国家对此基本持反对态度。譬如南斯拉夫共产党官方报纸《战斗报》发表社论称："苏联恢复核试验的决定可能会产生灾难性的反响。"④《巴黎日报》则对此评论道："赫鲁晓夫发表了一项声明，其严重性盖过了过去三个星期全世界对柏林危机的担忧。"⑤ 此外，还有众多外国媒体纷纷表示对苏联的这一决定感到"震惊、惊愕和谴责"。

苏联进行核试验后，美新署制作了一幅标有苏联核试验场及其放射性危害的地图向海外分发。随后，这张地图纷纷被海外媒体转载。伦敦《每日快讯》在头版顶部专门为其预留出了 5 个专栏。在奥地利发行量最大的日报《信使报》上，这张地图几乎占据了整个头版的上半页。

---

① Memorandum From the Director of the United States Information Agency（Murrow）to the Heads of all USIA Elements and all USIS Posts, July 24, 1961, *FRUS*, 1961 – 1963, Vol. Ⅵ, Public Diplomacy, p. 122.

② Editorial Note, *FRUS*, 1961 – 1963, Vol. Ⅶ, Arms Control and Disarmament, p. 149.

③ Memorandum From the Director of the United States Information Agency（Murrow）to President Kennedy, August 31, 1961, *FRUS*, 1961 – 1963, Vol. Ⅶ, Arms Control and Disarmament, p. 150.

④ Memorandum From the Director of the United States Information Agency（Murrow）to President Kennedy, August 31, 1961, *FRUS*, 1961 – 1963, Vol. Ⅵ, Public Diplomacy, p. 131.

⑤ Memorandum From the Director of the United States Information Agency（Murrow）to President Kennedy, August 31, 1961, *FRUS*, 1961 – 1963, Vol. Ⅵ, Public Diplomacy, p. 132.

在东京,有两家主流报纸使用了它,《朝日新闻》印刷了这张地图并提供了完整的说明,《东京新闻》用它来配一篇关于放射性尘埃危险的专题文章。①

美国之音对苏联恢复核试验进行了大规模报道,其内容包括核试验的实际日期、爆炸规模及其造成的健康危害。与此同时,美新署还明确了美国可能必须恢复核试验的原因,并希望获得世界各国的同情与理解。美新署的报道引发了世界各国媒体的关注和评论。缅甸《民族报》在 1961 年 9 月 1 日评论说:"那些不断寻求苏联友好迹象与和平意图的人,会发现莫斯科恢复核试验的决定,不亚于俄罗斯坦克在布达佩斯街头的轰鸣。"② 卡拉奇广播电台 9 月 7 日报道称:"巴基斯坦外交部常任秘书长对俄罗斯重启核试验表示担忧,并提醒苏联核试验可能给人类带来广泛的危险和破坏。他指出,这种情况将迫使西方大国重新进行这种试验,因为它们坚持先前暂停核试验的决定将危及他们的安全。"③

美国之音还借此向铁幕另一侧的苏联民众进行了大规模的广播,旨在使苏联民众了解事实真相。1961 年 11 月 5 日,美国之音调集了 52 台发射机,向"铁幕后"的听众广播苏联恢复在大气层进行核试验的情况。④ 其中有一档名为"有人告诉过你吗?"的节目,用俄语、英语、乌克兰语、格鲁吉亚语、亚美尼亚语以及波罗的海周边国家的语言,讲述了苏联在与美国谈判期间仍在进行违反暂停核试验的行为,核试验的规模、对子孙后代产生的不良后果以及由此引发的国际舆论的抗议。广播是在 8 小时的黄金时段播出,并取代了原先在苏联及其卫星国播出的其他节目。美国之音的广播获得了部分共产主义国家听众的积极回应。据统计,美国之音在 1961 年总共收到了 20 多万封听众来信。其中仅在 1961 年下半年,每周就有多达 100 封信件从古巴通过第三国走私到美国之音。⑤

美新署对苏联恢复核试验的广泛报道,获得了包括缅甸在内的世界

---

① Edward R. Murrow, *USIA*, *17th Review of Operations*, July 1 – December 31, 1961, p. 15.

② Edward R. Murrow, *USIA*, *17th Review of Operations*, July 1 – December 31, 1961, p. 16.

③ Edward R. Murrow, *USIA*, *17th Review of Operations*, July 1 – December 31, 1961, p. 16.

④ *The United States Information Agency*, *A Commemoration*, p. 25. available at https://web. archive. org/web/20100616203738/http://dosfan. lib. uic. edu/usia/abtusia/commins. pdf

⑤ Edward R. Murrow, *USIA*, *17th Review of Operations*, July 1 – December 31, 1961, p. 16.

上多数国家的响应，它们纷纷谴责苏联的行为。美新署的"借题发挥"与署长默罗的运筹有着直接的关系，他将"核禁试"确立为"特别重点项目"，并向肯尼迪总统建议："我们可以在几周内实现自由、理智和生存的最后一线希望。要做到这一点，不仅要揭露苏联的两面之词，而且要充分利用人们对危害健康和子孙后代的恐惧。"① 不得不说，默罗的策略在赢得各国舆论谴责苏联方面起到了积极作用。

苏联恢复核试验后，美国朝野上下一片哗然。仅在 1961 年 8 月 31 日当天，肯尼迪总统就先后召集了 3 次会议进行商讨。默罗在第一次会上极力主张"再等一段时间"发表美国决定恢复核试验的声明，借此"让苏联的声明在全世界发挥最大的影响"②。但以国务卿腊斯克为代表的美国其他官员反对默罗的主张，腊斯克赞成"现在就发表声明，以免给人留下总统在这个问题上优柔寡断的印象"③。9 月 1 日，默罗向肯尼迪总统写信说：

> 显然，我们推迟宣布的时间越长，国际政治利益就越大。我们对外国媒体和电台的调查表明，苏联的决定是一笔巨大的政治斗争方面的意外之财。赫鲁晓夫已经成为恐惧的焦点。美国目前是希望之地。我们的态度应该是保持克制、勉为其难，再加上在决心诉诸竞争前穷尽所有可能，这可能最终是无法控制的。④

当时，肯尼迪的确听从了默罗的建议。而且档案记录显示，这是他对肯尼迪外交政策的唯一决定性贡献。⑤ 但更多的官员对这一建议持异议。1961 年 9 月 5 日，肯尼迪在召见国家安全顾问麦克·邦迪（Mac Bundy）、军事顾问马克斯韦尔·泰勒（Maxwell Taylor）等人后，下令

---

① Memorandum From the Director of the United States Information Agency（Murrow）to President Kennedy, August 31, 1961, *FRUS*, 1961 – 1963, Vol. Ⅶ, Arms Control and Disarmament, p. 149.

② Editorial Note, *FRUS*, 1961 – 1963, Vol. Ⅶ, Arms Control and Disarmament, p. 153.

③ Editorial Note, *FRUS*, 1961 – 1963, Vol. Ⅶ, Arms Control and Disarmament, p. 153.

④ JFKL USIA Director File, reel 4, *Murrow to President*, Confidential, September 1, 1961.

⑤ Nicholas J. Cull, *The Cold War and the United States Information Agency*, *American Propaganda and Public Diplomacy*, *1945 – 1989*, Cambridge：Cambridge University Press, 2008, p. 203.

恢复地下核试验，并指示将于 9 月 15 日进行一次"武器测试"①。

美国政府确定重启核试验后，美新署再一次开动了其强大的宣传机器，通过各种方式促进各国对美方行动的"理解"。实际上，在美国恢复核试验之前的几个月里，美新署就一直通过其所有的传播媒体，"为这一不测事件准备海外舆论"，并不断向所有海外站点分发资料，以便提供了解情况的背景。② 尽管美国于 9 月 15 日恢复了地下核试验，但在 9 月底前，美新署对外宣称，美国也成立了裁军管理局（Disarmament Administration），这是世界上第一个声称致力于裁军与和平的政府机构。③

美新署在报告中说：美国恢复核试验的决定是经过了最周全的考虑，而且经过了与苏联就核试验达成协定的艰苦努力后才做出的。与此同时，美新署还指出美国的核试验在将放射性沉降物限制在绝对最低限度的条件下进行，并高调宣称："这不仅是为了保卫美国，而且是为了保卫整个自由世界。"最后，美新署强调，美国随时准备通过一项具有充分控制和核查能力的国际禁试条约来约束所有的核试验。④

1962 年 3 月 2 日，肯尼迪总统通过广播和电视发表了一篇有关核试验的重要讲话。肯尼迪指出，美国试图"在世界范围内有效地结束核试验"，但 1961 年 8 月苏联打破核试验的禁令，促使他决定重新进行地下核试验，并开始为大气层试验做准备。⑤ 肯尼迪的讲话通过无线电发报机发送到海外 93 个美新处站点，其中包括仰光美新处。随后，这篇讲话迅速被翻译为当地语言并被刊登在报纸上发行。⑥

1962 年 4 月，美新署以 27 种语言向包括缅甸在内的 106 个国家发送了 550 张一卷的 35 毫米和 16 毫米的名为《寻求签约》的电影胶卷。这部影片展示了苏联拒绝接受一项可行的核试验协定，并以肯尼迪总统

① National Security Action Memorandum No. 87, September 5, 1961, *FRUS*, 1961 – 1963, Vol. Ⅶ, Arms Control and Disarmament, p. 162.

② Edward R. Murrow, *USIA*, *18ᵗʰ Review of Operations*, January 1 – June 30, 1962, p. 29.

③ JFKL WHCF Subject file：FG296 USIA, box 184, Executive, Murrow to all Posts, September 27, 1961.

④ Edward R. Murrow, *USIA*, *18ᵗʰ Review of Operations*, January 1 – June 30, 1962, p. 30.

⑤ Editorial Note, *FRUS*, 1961 – 1963, Vol. Ⅶ, Arms Control and Disarmament, pp. 356 – 357.

⑥ Edward R. Murrow, *USIA*, *18ᵗʰ Review of Operations*, January 1 – June 30, 1962, p. 30.

在 3 月 2 日的讲话告终。此外，美新署还向 57 个国家的站点发送了一档名为"聚焦莫斯科"的节目，在当地电视台进行播映。这个节目包括英语、西班牙语、葡萄牙语和阿拉伯语版本，以及其他带有国际音轨的版本（原版声音允许添加本地旁白）。所发行的另一部电视节目《摆脱恐惧的自由》讲述了苏联在核试验方面的背信弃义。在美国重启大气层核试验前的几周，有数千万来自"自由世界"的观众观看了这些电影和电视节目。①

1962 年 4 月 25 日，美国在太平洋地区进行了第一次大气层核试验后，各国媒体纷纷表达了各自的"关切"。部分西欧国家的媒体对此表达了"理解"的态度，譬如伦敦《泰晤士报》说："很明显，美国正引导其西方盟友做好准备，以应对来自世界任何地方任何级别的共产主义军事威胁。"巴黎《世界报》评论说："在非共产主义国家，美国重启核试验引发的更多的是理解而不是怨恨。许多人认为，莫斯科的不妥协态度几乎没有给美国留下任何余地。"②

在缅甸等远东国家，民众普遍对放射性沉降物的污染感到焦虑，并对恢复核试验感到"遗憾"。缅甸《汉达瓦底报》对此评论道："缅甸不能指责美国恢复核试验，因为正如她所言，如果苏联每次违反协定，美国都保持沉默，这将影响其的声望。缅甸必须考虑美国的声明，如果苏联同意全面禁止核武器，缅甸甚至不希望了解核武器的破坏力，更不希望提升这些武器的破坏力。"③ 由此可以看到，缅甸媒体虽表达了其对美国恢复核试验的"遗憾"，但语气中也暗含对美国的"谅解"。

奉行中立主义的缅甸对美苏恢复核试验的态度主要基于核试验本身所带来的全球放射性污染以及由此引发的更为剧烈的核竞赛。因此，缅甸对美苏重启核试验的做法总体上是不赞成的。无论美新署在缅甸的宣传的实际效果如何，缅甸官方媒体对苏联恢复核试验所表现出的态度明显比对美国更强硬。这正是美国决策者们想要看到的结果。

总体而言，肯尼迪政府初期，美国对缅文化外交基本延续了艾森豪威尔政府的路径。不过，随着 20 世纪 60 年代初国际形势的急剧变化，

---

① Edward R. Murrow, *USIA*, *18ᵗʰ Review of Operations*, January 1 – June 30, 1962, p. 30.

② Edward R. Murrow, *USIA*, *18ᵗʰ Review of Operations*, January 1 – June 30, 1962, p. 31.

③ Edward R. Murrow, *USIA*, *18ᵗʰ Review of Operations*, January 1 – June 30, 1962, p. 32.

美国对缅文化外交又呈现出了鲜明的时代特征和主题性：譬如随着老、越危机的加深，美新署通过在缅甸发行小册子、播放电影等手段强化冷战宣传；此外，随着美苏太空探索竞争的加剧，美新署通过广播、展览、影视等方式向缅甸展示美国雄厚的航天科技实力，并进而培育缅甸民众的"崇美"情感；由于核禁试谈判事关地球上每个国家的切身利益而广受关注，美新署紧紧抓住这一点大张旗鼓地宣传苏联是如何"背信弃义"重启核试验的，与此同时宣扬美国重启核试验是出于应对苏联的"无奈"，从而获得国际社会对美国的"谅解"，正如美国新闻署对全球媒体反应的一项调查显示："全世界都认为肯尼迪的决定是一个温和的人所做出的最低限度的反应，以跟上对手咄咄逼人的步伐。"①

三 缅甸军政府上台与美国对缅 文化外交的"去意识形态化"

(一) 缅甸军政府的上台及其文化管控

1960 年 4 月 4 日，赢得选举的吴努带领"清廉派"第三次上台组阁。尽管民选政府的上台受到了西方的欢迎，但这一态度并没有持续下去。6 月，英国驻缅甸大使艾伦向英国外交部的报告中称："政府还没有安定下来做事情。正在进行的政策议题被委托给越来越多的咨询委员会，这助长了优柔寡断和拖沓的风气。叛乱活动也在不断增加，共产党在木各具（Pakokku）发动的野蛮袭击造成了 70 人死亡。仰光大学的亲共产主义活动也在上升。"② 美国大使馆报告称："尽管仰光政治形势呈现出表面的'平静'，但实际上相当大的分歧、混乱和不确定性撕裂了仰光的政局。"③ 吴努政府的分裂混乱和一系列施政纲领加剧了军方的不满。1962 年 3 月 2 日，奈温发动军事政变，缅甸进入军政府时代。

4 月 30 日，军政府宣布施行"缅甸式社会主义道路"。这被美国官

---

① JFKL POF, Depts. & Agencies: USIA, box 91, USIA Research and Reference Service, "Reaction to the Presidential Announcement on Nuclear Testing", R – 21 – 62, March 6, 1962.

② Matthew Foley, *The Cold War and National Assertion in Southeast Asia: Britain, the US, and Burma, 1948 – 1962*, London and New York: Routledge, 2010, p. 151.

③ Political Situation in Burma, June 12, 1961, 790B. 00/6 – 1261, CDF, Box 2103, RG59, USNA.

员视为"令人不安的"和"含混不清的"。另据一份美国评估报告得出的结论认为："奈温统治下，缅甸政府似乎正以更大的决心迈向社会主义道路，他们可能奉行马克思、列宁主义路线，并逐渐脱离西方知识分子的影响。"① 事实证明了这份评估的正确性，奈温政府的确在和美国渐行渐远。奈温上台后，军政府强化了对缅甸新闻媒体及教育文化领域的管制力度。1962 年 8 月 31 日至 9 月 5 日，信息部部长索敏（Saw My-int）上校为来自全国各地的 700 名记者安排了一个短期的新闻培训课程，旨在提升记者团队的专业水平，并在政府和媒体间建立积极联系，从而使媒体对新政府的态度比过去更加友好。② 然而，事实并非如此简单。奈温政府强化对媒体的关注并不仅仅出于政治因素，而是出于"一种民族主义和缅甸清教徒式的文化观"，"它认为西方的殖民和后殖民影响都损害了其民族精神"③

事实表明，奈温对西方国家的不信任尤其是对美国的疑惧已为美国情报部门所知晓。1962 年 8 月 22 日，国防情报局在简报中鲜明地指出："（缅甸）革命政府将奉行中立和不结盟的政策，近乎孤立主义。它将寻求平衡西方和苏联对该国的影响，但首先更关心的是减少美国的影响。奈温不信任美国在缅甸及其邻国的动机和行动，他与美国的关系将是冷淡和疏远的。"④ 国防情报局的分析并没有夸大之词。奈温在1962 年上台后，确实在运用多种手段消除美国在缅甸的影响，其中最具代表性的就是管控在缅美国媒体。

缅甸政府的具体做法是将缅甸的私营报纸与外国的新闻来源隔离开来。政府将外国媒体描述成是由"资产阶级右翼报纸、期刊和杂志"组成的，而且受到西方势力的引导，国外对缅甸的报道一直存在偏见。为此，军政府在 1963 年 7 月 26 日成立了缅甸通讯社（News Agency Burma），在与塔斯社、法新社、美联社以及路透社等外国驻缅新闻机

---

① Semi-Annual Politico-Economic Assessment, June 4, 1962, CDF, 790B. 00/6 - 462, RG59, USNA.

② Donald E. Smith, *Religion and Politics in Burma*, Princeton：Princeton University Press, 1965, p. 295.

③ Michael W. Charney, *A History of Modern Burma*, NY：Cambridge University Press, 2009, p. 111.

④ Brief Prepared in the Defense Intelligence Agency, August 22, 1962, *FRUS*, 1961 - 1963, Vol. XXIII, Southeast Asia, p. 116.

构签署协定后，该机构接管了在缅甸运营的外籍通讯社的新闻发布权。缅甸政府指出，这一做法的目的在于"审查冷战期间对两个集团的任何一方都有利的偏见，以保持缅甸在外交政策上的严格中立"①。同月，缅甸国有经济发展公司（Burma Economic Development Corporation，BEDC）的子公司艾瓦出版公司（Ava House）垄断了外国图书和杂志的进口。② 对于私营出版机构，缅甸政府也以看似"微不足道的投诉"而逮捕编辑或出版商，一家又一家的出版社相继被关闭或收归国有。首先被收归国有的是在缅甸影响巨大的《民族报》。到 1966 年 12 月，除所有中文和印地语报纸外，其余大部分私营报纸都已被明令禁止发行。1969 年 3 月 14 日，缅甸私人拥有的 13 家出版机构被收归国有，而 29 家外资出版社受到了更严格的审查。12 月底，政府将著名的《汉达瓦底报》和《缅甸新光报》收归国有。③

此外，美缅双方原有的教育文化交流项目以及美国官私机构的在缅甸的文化活动也相继被取缔。奈温上台后不久，美国大使埃弗顿在与奈温的通话中就讨论了双方根据《480 号公法》以及《富布莱特法》开展的教育文化交流合作项目的情况。奈温表示"所有的项目都在接受新政府的审查"。至于媒体所报道的缅甸政府将暂停向海外派遣缅甸学者的国家奖学金项目，奈温指出"这并不一定准确，不过目前正在考虑这样做"④。尽管缅甸政府在当时并没有明确终止以富布莱特项目为代表的政府间教育文化交流项目，却明令禁止了亚洲基金会和福特基金会在缅甸的活动。

在奈温政府决心走向以排除原有的西方影响和剥削形式为特征的"缅甸化"道路后，⑤ 美新处在缅甸的活动也越来越多地受到政府的限

---

① Michael W. Charney, *A History of Modern Burma*, NY：Cambridge University Press, 2009, p. 112.

② Donald E. Smith, *Religion and Politics in Burma*, Princeton：Princeton University Press, 1965, p. 294.

③ Michael W. Charney, *A History of Modern Burma*, NY：Cambridge University Press, 2009, p. 112.

④ Telegram From the Embassy in Burma to the Department of State, March 19, 1962, *FRUS*, 1961–1963, Vol. XXIII, Southeast Asia, p. 111.

⑤ Telegram From the Embassy in Burma to the Department of State, October 28, 1963, *FRUS*, 1961–1963, Vol. XXIII, Southeast Asia, p. 139.

制。在政府的禁令下，美新处可以散发的信息量不仅受到严格限制，而且还禁止使用有争议的以及有明显意识形态色彩的材料。缅甸新闻和文化部不仅审查所有要印刷的材料，而且负责印刷后的分发。美新处在外交场合放映的影片以及举办的展览也同样必须经过文化部门的批准方可实施，譬如美新处每天要向新闻和文化部送交 1000 份《每日新闻公报》以及每月送交 5000 份《每月公报》用于对外分发。此外，美新处还须向缅甸政府中央图书馆分发纪录片和教育片，供其使用。①

与此同时，奈温政府还关闭了所有外国人开办的学校、图书馆和文化机构。受此影响，广受缅甸民众欢迎的美新处图书馆也被迫关闭，但其一半的藏书作为赠礼被缅甸政府接收。② 为了减少美国文化的影响，奈温甚至还取消了小学阶段的英语教学。③ 至此，除了美国之音外，美新处在缅甸的文化活动基本被取缔。而仅剩的广播节目也主要致力于体育、科学、农业、音乐等远离意识形态的领域。据估计，其听众每天只有 2000 人左右。④

随之，美国传教士、游客和学者也陆续被缅甸政府驱逐出境。在仰光以及缅甸其他地区的美国外交官也遭受旅行限制。对此，美国政府并没有提出抗议，正如美国驻缅甸大使亨利·A. 拜罗德（Henry A. Byroade）所言："我国致力于建立一个多样化的世界，在这个世界上，每个国家都可以发展自己的政治和经济形式。"⑤ 不过，《纽约时报》的一篇社论指出："就目前所能确定的情况来看，军政府的动机，在一定程度上似乎是出于仇外和极权主义，希望结束缅甸与西方个人和

① T. D. Roberts, Jan M. Matthews, David S. McMorris, Kathryn E. Parachini, William N. Raiford, Charles Townsend, *Area Handbook for Burma*, Washington, D. C. : U. S. Government Printing Office, 1968, p. 207.

② T. D. Roberts, Jan M. Matthews, David S. McMorris, Kathryn E. Parachini, William N. Raiford, Charles Townsend, *Area Handbook for Burma*, Washington, D. C. : U. S. Government Printing Office, 1968, p. 208.

③ T. D. Roberts, Jan M. Matthews, David S. McMorris, Kathryn E. Parachini, William N. Raiford, Charles Townsend, *Area Handbook for Burma*, Washington, D. C. : U. S. Government Printing Office, 1968, p. 195.

④ T. D. Roberts, Jan M. Matthews, David S. McMorris, Kathryn E. Parachini, William N. Raiford, Charles Townsend, *Area Handbook for Burma*, Washington, D. C. : U. S. Government Printing Office, 1968, p. 208.

⑤ *Far Eastern Economic Review*, Asia 1964 Yearbook, Hong Kong: Far Eastern Economic Review. 1963. Distributed by Arthur H. Wheeler in uk. p. 95.

机构之间的关系，这些并非完全属于政府行为。这种趋势与其说是政治上反西方，不如说是民族主义。"①

军政府的上台及其推行的以抵制外国影响为主要目标的对外政策给美国在缅甸的文化外交活动以最后一击。奈温之所以断然取缔美新处图书馆及亚洲基金会、福特基金会在缅甸的活动，除了固有的"中立主义"政治思想外，更有深层次的心理文化因素，正如代理国务卿鲍尔（Ball）分析的那样，"仇外心理是缅甸外交政策的一个重要组成部分"，同样也是美国"在缅甸遇到困难的一个重要根源"。鲍尔认为"这是一种深深植根于缅甸民族心里的态度"，且"针对包括美国在内的所有外国"②。

（二）中、苏在缅文化活动的加强及其对美国影响的抵制

奈温政变前后，随着不结盟运动的兴起，"第三世界"在国际舞台上的影响力大大增强。作为不结盟运动的重要创始成员，缅甸在中、美、苏对外战略中的地位迅速提升，东西方阵营不断强化对缅甸的援助和渗透。此外，由于中苏交恶，中国更是不惜代价改善与缅甸的关系。

20 世纪 50 年代末至 60 年代初，中苏关系已呈现出明显的裂痕。对中国而言，国际形势的恶化迫使其主动改善与缅甸等周边国家的关系。譬如 1960—1961 年，中缅边界条约的签订以及中国人民解放军帮助缅甸军队打击缅北蒋军，在一定程度上将中缅关系发展推至高潮。这一时期，两国文化交往更是达到空前繁荣。1960 年 10 月，吴努总理率领由 350 名成员组成的庞大代表团访问北京，参加新中国成立 11 周年庆祝活动并签订中缅边界条约。在此期间，中国政府组织了约 300 万民众表示欢迎。③ 1961 年 1 月，有超过 400 人的中国代表团到访仰光，其中仅文艺代表团就多达 300 人，他们通过各种形式的演出庆祝缅甸独立日。当然，中国在缅甸的文化外交活动不仅限于高层外交的形式，还包括中国在缅文化机构的一系列宣传活动。

---

① "A Dissersice to Burma" *New York Times*，April 23，1962.

② Memorandum From Acting Secretary of State Ball to President Kennedy，May 4，1963，*FRUS*，1961 – 1963，Vol. XXIII，Southeast Asia，p. 119.

③ David I. Steinberg，Hongwei Fan，*Modern China-Myanmar Relations*：*Dilemmas of Mutual Dependence*，Copenhagen S，Denmark，Copenhagen：NIAS Press，2012，p. 64.

从 1961 年开始，中国政府通过广播强化了其在海外的政治宣传，包括缅甸在内的远东地区是广播宣传的主要阵地，占到了国际广播总时长的 60%。其主题仍以反美为主，譬如"是大量资本家造成了老挝的混乱，美国在其中扮演了主要的反派角色，它是一个试图破坏谈判的干涉主义者"。到 4 月下旬，中国每周的国际广播总时长从 734 小时增加到了 751 小时。这一时期，中国官方通讯社——新华社的海外分社从 1954 年的 8 个增加到 1962 年的 22 个，并在缅甸仰光设立分社，向客户提供的无线电电传服务每天约有 12000 个英文单词和 10000 个俄文单词，提供的照片服务覆盖了包括缅甸在内的 87 个国家。①

中国在缅甸发行的图书和报刊也比前一时期有所增加。1961 年，北京出版了一本 102 页的《列宁主义万岁》的小册子在缅甸等国发行。不仅如此，缅甸民众还可以读到更多的中国报纸。1960 年，海外读者只能订阅到《人民日报》，但在 1961 年增发了《大公报》《光明日报》《工人日报》《青年新闻》和《红旗报》。而 1961 年底的一则广告显示，海外读者可以订阅 29 种中文科技期刊。②

举办展会成为中国强化在缅影响的又一重要手段。1961 年初，中国政府在仰光举办了一场工业展览会。据统计，1961 年中国共参加了 43 次国际展览，其中在加纳、几内亚、古巴和缅甸的展会可谓"最精心制作"。在哈瓦那的展览中，中国在 4 个展馆展出了 6000 件展品，主题包括重工业、轻工业、农业、手工业产品，以及图书。此外，中国还参加了 1961 年在缅甸举行的国际电影节，并在缅甸举办了"中国电影周"③。

20 世纪 60 年代初，苏联也将更多的精力放在了不结盟国家身上，并试图将中国"拉回正轨"，以制衡美国。1961 年 1 月 6 日，赫鲁晓夫向挑选出的宣传人员秘密宣布苏联将"扩大共产主义革命"，并在世界各地发动"民族解放战争"。直到 12 天后，这一讲话才被媒体披露。④很明显，赫鲁晓夫的讲话是苏联在全世界发动新一轮攻势的宣言。在此

---

① Edward R. Murrow, *USIA*, *18ᵗʰ Review of Operations*, January 1 – June 30, 1962, p. 36.

② Edward R. Murrow, *USIA*, *18ᵗʰ Review of Operations*, January 1 – June 30, 1962, p. 37.

③ Edward R. Murrow, *USIA*, *18ᵗʰ Review of Operations*, January 1 – June 30, 1962, p. 37.

④ Nicholas J. Cull, *The Cold War and the United States Information Agency*, *American Propaganda and Public Diplomacy*, *1945 – 1989*, Cambridge: Cambridge University Press, 2008, p. 189.

期间，苏联增加了其电台广播的强度。在东南亚，苏联新建了 4 个秘密电台，开展对老挝等国的宣传战，其中 3 个电台使用老挝语，1 个使用法语。到 1962 年中期，苏联的国际广播工作已经增加到每周 1128 小时，远超出前一时期的广播时间。广播的基调以反美为主，譬如将美国对"第三世界"的示好看作"史无前例的虚伪"，将美国外交官、作家、政治领袖以及艺术家（如路易斯·阿姆斯特朗）等人的访问当成"帝国主义渗透"①。

　　海外图书出版与发行同样是苏联关注的重点。自 1958 年以来，苏联的图书行业一直在增加新的语种，从 16 种增加到 34 种。到 1961 年时，又增加了 10 种新的语言。另据统计，1961 年共产主义集团出版了大约 140 种期刊，并以 500 多种语言的版本在广大非共产主义国家发行和销售。这比前一年增加了 15 种期刊和 100 种语言的版本。② 这些变化直接反映了苏联对缅甸等中立国家文化宣传的强化。如图 3.2 所示，苏联报纸对美国士兵的负面宣传。

图 3.2　苏联报纸对美国士兵的讽刺③

---

① Edward R. Murrow, *USIA, 18ᵗʰ Review of Operations*, January 1 – June 30, 1962, pp. 33 – 35.

② Edward R. Murrow, *USIA, 18ᵗʰ Review of Operations*, January 1 – June 30, 1962, p. 35.

③ Edward R. Murrow, *USIA, 18ᵗʰ Review of Operations*, January 1 – June 30, 1962, p. 35.

中、苏两国在缅甸文化活动的加强，在一定程度上弱化了美国在缅甸文化项目的影响力，这一点在双方高层外交上体现得尤其明显。奈温上台后，中缅两国领导人的互访促进了两国"胞波情谊"进一步发展。与之相反，奈温对美国的多次相邀却无动于衷，甚至还拒绝了副国务卿鲍尔斯的来访。这一事实直接反映了缅甸军政府对中国的友好和对美国的不信任。

（三）美新署对缅甸的"去意识形态化"宣传

奈温上台后并没有立即禁止美国在缅甸的文化活动，而是让其延续了一段时间。不过，由于军政府管控力度的加大，美新处文化项目中的冷战宣传几乎不复存在，取而代之的是报道宣传一些远离意识形态的问题，譬如美国国内种族矛盾、通信卫星发射以及肯尼迪遇刺等。

1. 粉饰美国国内种族矛盾

肯尼迪时期，美国国内种族矛盾非常尖锐，尤其体现在美国主流社会对非裔美国人的种族隔离与歧视上。1962 年下半年，黑人学生詹姆斯·梅雷迪斯（James Meredith）申请进入位于密西西比州牛津市的密西西比大学学习，此举得到第五巡回法庭和美国联邦法院的支持，却遭到了有种族主义倾向的州长罗斯·巴奈特（Ross Barnett）的拒绝，由此引发了联邦政府与密西西比州政府间的紧张对立。苏联以此为题煽风点火，抨击美国的种族政策。美国之音的所有新闻节目都在报道这个故事，并将重点放在了联邦政府的行动上。此外，美国之音还在全球范围内播放了一部关于美国黑人的纪录片，并对这部纪录片进行更新，亦称"1962 年密西西比大学骚乱"，以便"进一步强调司法部在巴奈特一案上所做的努力"①。

美国之音对此事报道后，世界各国媒体纷纷发表评论。值得注意的是，有不少媒体竟对此持"理解"态度，其中包括缅甸主流媒体。缅甸《尤瓦迪报》（*Yuwadi*）评论说："美国政府正在试图压制种族歧视，只有少数美国反动派在违抗法律。"不仅如此，埃塞俄比亚、肯

---

① Memorandum From the Special Assistant to the Deputy Director of the United States Information Agency（Carter）to the Deputy Director（Wilson），September 27，1962，*FRUS*，1961 – 1963，Vol. Ⅵ，Public Diplomacy，pp. 250 – 251.

尼亚、英国、挪威、埃及、黎巴嫩、日本等国的媒体也发表了类似的评论,譬如英国曼彻斯特《卫报》强调:"联邦政府的坚定行动是最好的证据,它证明凶手和暴徒并非凶兆,而是余孽。"为此,美国官方也对这一事件进行了回应。10月9日,司法部部长罗伯特·肯尼迪在美国之音的一次广播中评论道:"全世界在密西西比州看到的是一个民主国家正在整顿自己的国家。这证明了我们不以人治而以法治生活的意愿。"①

值得注意的是,每当美国国内发生严重的种族暴力冲突后,肯尼迪总统总会在第一时间站出来阐明美国政府的立场,例如密西西比大学骚乱事件发生后不久,肯尼迪总统通过美国之音强调"联邦政府执行法律的决心"②。亚拉巴马州种族暴力事件发生后,肯尼迪总统则在1963年6月11日发表了公开讲话,以表达政府立场。不得不说,肯尼迪总统通过美国之音发表的声明在一定程度上消解了海内外媒体和民众的不满情绪。肯尼迪本人也由此赢得了国际舆论的好感,正如尼日利亚《晨报》称赞肯尼迪是"有史以来最伟大的人权捍卫者之一"③。

20世纪60年代,美国国内长期存在的种族矛盾始终是其海外宣传的"软肋",为了弥补这一"短板"并有效反击社会主义国家对美国种族问题的抨击,美新署试图通过多种手段为美国的不良形象"正名",甚至连肯尼迪本人都经常站出来为此发声。透过缅甸主流媒体的评论可以看到,美新署对美国种族问题的美化的确取得了一定成效。

2. 宣介"电星1号"

1962年7月10日,美国第一颗"电星"(Telstar)系列通信卫星——"电星1号"在佛罗里达州卡纳维拉尔角发射升空。随后,这颗卫星成功地传送了第一批电视图像和电话、电报图片,并提供了第一次跨大西洋电视直播。这颗卫星的顺利升空在人类通信史上具有里程碑式的意义,并在全球引发热议。美新署也趁机向缅甸等国家进行了大规模宣传,展示美国的前沿科技水平。

早在卫星发射前的2月,美新署就已开始为"电星1号"的海外宣

---

① Edward R. Murrow, *USIA*, *19th Review of Operations*, July1 – December 30, 1962, p. 17.

② Edward R. Murrow, *USIA*, *19th Review of Operations*, July1 – December 30, 1962, p. 20.

③ Nicholas J. Cull, *The Cold War and the United States Information Agency*, *American Propaganda and Public Diplomacy*, *1945 – 1989*, Cambridge: Cambridge University Press, 2008, p. 213.

传做了大量准备，向世界各地的美新处发送了许多附有插图的文章。从5月开始，美新署又向海外站点派发了以"和平探索空间——美国的计划和进步"为主题的资料。此后又有一篇关于《卫星是太空通讯的先驱》的通稿提前经由无线电发送到所有美新处，随着卫星的成功在轨运行而予以发布。在卫星发射前，有3万多张照片被散发到世界各地。①

"电星1号"发射升空后，美国之音用包括缅甸语在内的38种语言进行了全面的跟踪报道。其中有一档名为"太空轨道之梦"的节目在"电星1号"发射成功不久即进行播出，被美国教育广播协会评为优秀节目，并通过无线电发送到所有电台。此外，美新署还用6种语言制作了一档20分钟的电视节目，介绍了这颗卫星的发展情况。其历史意义在于这是第一个跨大西洋的电视节目，并昭示着通信卫星技术的广阔发展前景。②

举办展览是向海外民众宣介"电星1号"最直观、有效的手段。1962年，总共2000套"电星1号"模型展品被运往缅甸在内的100多个国家展出，这些展览由美新署和美国宇航局（NASA）联合举办。位于仰光、曼德勒或毛淡棉的美新处将图片配以缅语说明供当地民众阅读。展出吸引了当地众多游客前来观看。据统计，"电星1号"模型在曼德勒美新处图书馆展出时，每天有多达7500人前来观展，创下了日接纳访客的纪录。③ 如图3.3所示，美新处向缅甸民众展出"电星1号"模型。

美新署通过广播和展览对"电星1号"的宣介，引发了海外媒体的纷纷热评。值得深思的是，有些评论是从美苏空间竞争的角度阐发的，譬如缅甸《民族报》写道："这些夜晚，全世界的共产主义者一定在熬夜思考'电星1号'的成功发射所引发的马克思主义教条的奇怪矛盾。'电星1号'的巨大成功是西方资本主义的产物。"黎巴嫩的《斗争报》更是一针见血地指出："美国已经超过了苏联……如果将美国发射'电星1号'的胜利与苏联的所有胜利进行比较，美国将占据优势。"④

---

① Edward R. Murrow, *USIA*, *19th Review of Operations*, July1 – December 30, 1962, p. 39.

② Edward R. Murrow, *USIA*, *19th Review of Operations*, July1 – December 30, 1962, p. 40.

③ Edward R. Murrow, *USIA*, *19th Review of Operations*, July1 – December 30, 1962, p. 40.

④ Edward R. Murrow, *USIA*, *19th Review of Operations*, July1 – December 30, 1962, p. 41.

图 3.3 仰光美新处向民众展示"电星 1 号"模型①

正如美国信息咨询委员会所建议的那样："美国通信卫星——'电星 1 号'的意义和影响可能跟原子能的发现以及空间探索一样深远。美新署应该充分把握这一机会,这一点对国家利益至关重要。"② 实际上,美新署也的确抓住了这一"机会"向海外大规模宣传了这颗可以"生动展示美国目标和世界各地自由民众的成就"之星。③ 不仅如此,从世界各国媒体的反应来看,美新署对"电星 1 号"的海外展览使缅甸等国再一次认识到美国科学技术的领先。

3. 播报肯尼迪遇刺

1963 年 11 月 22 日,肯尼迪在副总统约翰逊陪同下到得克萨斯州达拉斯访问时不幸遇刺身亡,这个消息成了 1963 年底国际新闻界的一颗"重磅炸弹"。对美新署而言,这一事件甚至是其"十多年来面临的最富挑战性的任务之一"④。更重要的是,这一消息令所有人始料未及,在美国之音工作的朱瑞(Jurey)接到这条消息时"惊呆了",而新闻编

---

① Edward R. Murrow, *USIA*, *19ᵗʰ Review of Operations*, July 1 – December 31, 1962, p. 38.

② Editorial Note, *FRUS*, 1961–1963, Vol. Ⅵ, Public Diplomacy, p. 266.

③ Editorial Note, *FRUS*, 1961–1963, Vol. Ⅵ, Public Diplomacy, p. 267.

④ Carl T. Rowan, *USIA*, *21ˢᵗ Review of Operations*, July 1 – December 30, 1963, p. 5.

辑室里"顿时一片寂静"①。在证实肯尼迪去世的消息后，美国之音才播送了这条新闻。

仰光时间 11 月 23 日约凌晨 2 点，仰光美新处收到肯尼迪总统遇刺的消息。不久之后，美新处官员就开始以美国之音广播为基础编写新闻事件。当天，仰光美新处的所有主题活动都围绕着肯尼迪总统遇刺事件展开。上午 7 点 45 分，美国大使馆、美新处图书馆以及电影广播室的展览区都陈列着肯尼迪总统和约翰逊副总统的照片，照片上的标题用缅甸语和英语书写。8 点 30 分，美新处摄影室展出了两位总统的巨幅照片。9 点 30 分以前，《每日新闻》的首页被张贴在美新处的公告栏上，仰光民众纷纷前来阅读。不仅如此，美新处图书馆当天的所有活动都被取消。所有展板都被用来展示有关肯尼迪总统的事迹或照片。此外，图书馆还在特别区域展出了有关肯尼迪总统的图书以及肯尼迪本人的著作。②

肯尼迪遇刺的第二天，仰光美新处向曼德勒、毛淡棉美新处图书馆寄送了大量关于肯尼迪的小册子，其中包含英文版的《肯尼迪演讲录》、缅文版《当仁不让》以及一本关于肯尼迪的漫画书。曼德勒和毛淡棉美新处的运作方式和仰光相似，在图书馆举办展览，并向当地新闻界发放资料。有数以百计的信件被送抵仰光、曼德勒和毛淡棉的美新处办公室，表达对肯尼迪总统遇刺的同情和慰问。悼念期间，美新处还在缅甸各地制作、散发了纪念肯尼迪总统和介绍约翰逊副总统的海报。③

11 月 25 日，美新处新闻组特别报道了追悼会的情况，并向新闻界提供了美国驻缅大使讲话的文本和图片。值得注意的是，仰光美新处的材料被缅甸媒体大量转载或使用。一些缅甸英文报纸和有官方背景的《劳动人民报》（*Working People's Daily*）全文刊登了美国驻缅大使的讲话。譬如《仰光论坛报》（*Rangoon Tribune*）出版了一期纪念肯尼迪总统的特别版，内容主要来自美新处发布的文字材料。美新处还为缅甸《奥维报》（*Oway*）周六和周日晚间常规版提供了大部分文字和图片。此外，缅甸一家泰米尔语日报也发行了一期特别版，其中也大量运用美

---

① Nicholas J. Cull, *The Cold War and the United States Information Agency*, *American Propaganda and Public Diplomacy*, *1945 – 1989*, Cambridge：Cambridge University Press, 2008, p. 224.

② Carl T. Rowan, *USIA*, *21ˢᵗ Review of Operations*, July 1 – December 30, 1963, p. 20.

③ Carl T. Rowan, *USIA*, *21ˢᵗ Review of Operations*, July 1 – December 30, 1963, pp. 20 – 21.

新处的材料。①

肯尼迪遇刺成为世界各国媒体在 1963 年底关注的焦点。美新署利用所有媒体描述了约翰逊继任总统以及肯尼迪总统去世之后权力的有序移交。② 通过广播、展览、报纸等媒介,美新署向缅甸民众及时披露了肯尼迪总统的简介及其遇刺的过程。这不仅增加了缅甸民众对肯尼迪的同情,也使缅甸民众对美国新闻播报及时公开透明的做法感到由衷赞赏。

本章小结

肯尼迪上台时,国际冷战形势和艾森豪威尔时期相比已经发生了很大变化。为了适应局势变化,肯尼迪政府提出了以"灵活反应战略"为核心的"新边疆"政策,并以此为指导将"箭与橄榄枝"策略进行了高度发挥。针对中立国家缅甸,肯尼迪政府主要采取以拉拢利诱为主的"橄榄枝"政策。这一政策的重要表现之一就是更加理性务实地对待中立主义国家,与艾森豪威尔政府最初认为中立主义是"不道德的"观点相左,肯尼迪政府则认为中立主义"在大多数情况下符合我们的利益且违背了苏联的利益"③。基于这一立场,肯尼迪政府为改善美缅关系多次抛出"橄榄枝",譬如居中调解缅北蒋军问题,主动提供军事和经济援助以及再三邀请缅甸领导人访美。但是,正当肯尼迪的努力取得成效时,一场突如其来的军事政变打断了这一进程,并使美缅关系陷入不可逆转的恶化境况中。面对"对美国的影响态度极为敏感"的奈温政府,美国除了"继续关切地看待缅甸"外,似乎也找不到更好的办法。④

总的看来,肯尼迪政府对缅文化外交前后可分为两个阶段。第一阶

---

① Carl T. Rowan, *USIA, 21ˢᵗ Review of Operations*, July 1 – December 30, 1963, p. 20.

② Memorandum From the Acting Director of the United States Information Agency (Wilson) to President Johnson, November 25, 1963, *FRUS*, 1964 – 1968, Vol. Ⅶ, Public Diplomacy, p. 1.

③ Chester Bowles, Some Requirements of American Foreign Policy, July 1, 1961, CK 2349263123, *USDDO*, p. 14.

④ Memorandum From Acting Secretary of State Ball to President Kennedy, May 4, 1963, *FRUS*, 1961 – 1963, Vol. XXⅢ, Southeast Asia, p. 120.

段，即肯尼迪上台至吴努政府被推翻（1961—1962.3）。这一时期美国对缅文化外交基本延续了艾森豪威尔政府以冷战为目标的对缅文化外交路线，其原因主要在于当时美缅两国的外交政策并未发生较大变化。无论是艾森豪威尔政府的"新面貌"还是肯尼迪政府的"新边疆"都以冷战为中心任务，只是具体方式和侧重点有差异。缅甸吴努政府则始终保持了所谓"积极中立"的外交路线，在东西方关系中寻找平衡，从而使美国意识形态色彩较强的文化项目得以继续在缅甸开展。

第二阶段，即奈温政变上台至肯尼迪遇刺身亡（1962.3—1963.11）。在此期间，美国在缅甸的文化活动逐步走向式微。此外，这一时期美新署在缅甸的文化项目还呈现出一个全新特点，即全面淡化意识形态色彩。实际上，这一改变并非美国决策者的主动选择，而是迫于缅甸军政府的压力。缅甸学者貌貌季（Maung Maung Gyi）将奈温政府的外交称为"消极的中立主义"①，其实这是有其合理性的。这段时期缅甸对美国和西方采取了极端排斥的态度，美国等西方国家在缅甸的文化活动被明令禁止，美新处图书馆等文化机构被强制关闭，大批美国交流人员遭到驱逐。

对美国而言，奈温走向"反美"显然成了美国对缅文化外交走向失败的重要标志。缅甸政府走向"孤立"固然有地缘政治及被殖民历史因素，但不可忽视奈温个人对美国不良意图的怀疑和担忧。正如奈温所认为的"艾森豪威尔—杜勒斯时代"的美国"失去了善意，而且像俄国人一样自私"②。可以料想，时任总司令的奈温对美国暗中支持蒋军和少数民族武装的看法及其在对蒋军的军事行动中缴获大量美式武器装备时的感受。奈温心理上对美国的疑惧恐怕无法释怀。

缅甸最终走上排外的道路，实质上是反对以美国为首的西方国家的政治经济和文化对缅甸的渗透。与疏远美国相反，奈温政府与中国政府的往来日渐密切，中缅"胞波"情谊进一步发展。1963 年 4 月，中国领导人访问缅甸并在促成军政府与缅甸共产党谈判的过程中扮演了关键

---

① ［缅］貌貌季：《1962 年以来的缅甸外交政策——为维护集团生存的消极中立主义》，林锡星摘译，《东南亚研究资料》1985 年第 4 期。

② Telegram From the Consulate General in Geneva to the Department of State, July 18, 1962, *FRUS*, 1961 - 1963, Vol. XXⅢ, Southeast Asia, p. 114.

角色。① 不过,最令美方难以接受的是,缅甸军政府实施的"缅甸式社会主义道路"为"共产主义者影响政府提供了机会",甚至会"使共产主义分子渗透到政府建立的组织中去"②。不管美国决策者们愿不愿意,肯尼迪去世之际的美缅关系跌到了双方建交以来的谷底,而缅甸也似乎更加坚定地倒向了与美国对立的中国一边。

① Foreign Ministry's Reply to the Chinese Embassy to Burma on the 1963 Burmese Politics Summary and the 1964 Work Program, AMFA, File No. 105 – 01864 – 01.

② Brief Prepared in the Defense Intelligence Agency, August 22, 1962, *FRUS*, 1961 – 1963, Vol. XXIII, Southeast Asia, p. 116.

第四章　亚洲基金会与缅甸文化外交

本书前三章以杜鲁门、艾森豪威尔、肯尼迪三任总统时期为三个阶段阐述了美国政府的在缅甸的文化外交活动，其中既有杜鲁门时期仰光美新处对吴努剧本《人民胜利了》的改编，也有艾森豪威尔政府建立美新署并对缅甸佛教徒及缅甸华人开展的心理战，还有肯尼迪时期美新署对缅甸的主题性宣传活动。然而，不管其具体表现形式如何复杂多样，它们都存在明显的共性，即这些活动均由美国官方直接筹划并亲自组织实施。实际上，除了上述文化项目以外，仍存在一些"政府乐见其成却又无法（或不愿）直接参与的活动"①。在这种情况下，一些接受政府资助和指导的半官方组织，遂成为美国政府在当地开展文化项目的前线组织。在亚洲，这类组织机构的典型代表则是亚洲基金会（The A-sia Foundation，TAF）②。

与政府机构相比，亚洲基金会在缅甸的活动不仅具有更大的自主性和灵活性，而且其活动的方式也更具有多样性，譬如根据当地需要和资源提供赠款、旅费、咨询人员、设备、图书以及其他物质援助，或者协助亚洲和非亚洲组织建立专业合作关系。③ 此外，基金会所针对的目标群体也更加多元化，从普通民众到政府高官，从天真的儿童到佛教高僧，从缅甸青年到华人领袖等群体无不包含在亚洲基金会文化冷战的列表名单中。尽管如此，冷战手段及目标的多元化并不意味着基金会在选

---

① The Asia Foundation, Database: the CIA Records Search Tool (CIA CREST), DOC _ 0001088617.

② 亚洲基金会的前身为"自由亚洲委员会"，除在必要时进行区分外，为方便叙述，本书将"自由亚洲委员会"和亚洲基金会统称为"亚洲基金会"。

③ Happy H. Pierson, "Asia Foundation Aid to Education", *The Phi Delta Kappan*, Vol. 39, No. 3, December 1957, p. 158.

择受众时一视同仁。通过解读相关档案发现，亚洲基金会在缅甸活动的目标群体以青年、华人和佛教徒为主，并根据不同社群的特点有针对性地策划实施了不同的文化项目。

一　亚洲基金会与文化冷战

（一）亚洲基金会的创生与转型

早在 1949 年 3 月 17 日，艾伦·杜勒斯（Allen Dulles）等人就在纽约创建了国家自由欧洲委员会（National Committee for Free Europe）负责在欧洲传播美国的影响力并抵制苏联势力在欧洲的扩张。冷战在亚洲爆发后，美国人决定将应对欧洲冷战的经验运用于亚洲战场，并试图创建一个相似的组织以"帮助增强亚洲人在自己的土地上抵抗共产主义的愿望和能力"。[1]

1951 年初，朝鲜战争尚在激烈进行时，一群来自加州的社会名流便已开始酝酿这一新组织的筹建。1951 年 2 月 7 日，经中情局政策协调办公室（the Office of Policy Coordination）批准，2 月 10 日，隐蔽协调委员会（Covert Coordination Committee）秘密召开了一次重要会议，会议确立了代号为 DTPILLAR[2] 的计划。该计划决定"成立一个类似于自由欧洲委员会的组织，只不过新成立的组织将面向亚洲而不是欧洲"[3]。3 月 12 日，名为"自由亚洲委员会"（Committee for Free Asia，CFA）的崭新组织以"慈善公司"的身份在加州旧金山注册成立。

初建的"自由亚洲委员会"并没有立即在海内外开展项目，而是将主要精力放在机构创建、人员聘任、目标设定以及资金募集上。在"自由亚洲委员会"下设的 10 个部门中，最具代表性的是自由亚洲电台（Radio Free Asia，RFA）和海外华人联络部（Overseas Chinese Contacts Branch）。其中，前者作为"自由亚洲委员会"最主要的媒体，其目标

---

[1]　Robert Blum，"The Work of the Asia Foundation"，*Pacific Affairs*，Vol. 29，No. 1，March，1956，p. 47.

[2]　中情局的活动项目，其目标在于通过"在亚洲创建私人行动机构和团体，为亚洲人提供更广大的机会，抵消共产主义的吸引力"。

[3]　"Recommended Financial Plan for OPC Proprietary Project DTPILLAR"，CIA FOIA，Collection：Nazi War Crimes Disclosure Act，Vol. 1，097，p. 1.

在于"用确凿、准确、真实的新闻刺破亚洲的'铁幕'"①。后者则是策划实施海外华人项目的最主要的工具。"自由亚洲委员会"的高层管理者大都有在华工作的经历或曾从事涉华工作。譬如临时主席乔治·格林（George Green）作为国家城市银行高管曾在中国工作长达20年，此后他还担任美国经济合作署援华项目的工业重建部门的主管。海外华人联络部主任詹姆斯·亨利（James Henry）曾任岭南大学校长和联合国善后救济总署驻广东省副主任。②"自由亚洲委员会"在官方文件中毫不隐讳其目标，即"反对共产主义和一切形式的极权主义，促进、帮助亚洲国家与个人的自由事业……帮助亚洲国家的非共产主义和非极权主义团体实现并保持个人和国家的自由理想"③。在资金募集方面，"自由亚洲委员会"除了接受来自民间的资助外，还接受中情局的资助。不仅如此，中情局还向"自由亚洲委员会"提供政策指导，是"自由亚洲委员会"创建及运作过程中事实上的幕后推手。

此后，"自由亚洲委员会"在中情局的指导和资助下，策划并实施了一系列文化冷战项目，其中比较重要的包括RFA广播和海外华人项目。RFA广播始于1951年9月，信号从旧金山发出，在马尼拉进行中转。具体节目包括"新闻选播""时事评论""特别专题"和"音乐播送"等。④RFA主要运用英语和汉语（普通话、粤语、客家话）进行每天4小时，每星期6天的广播。⑤后来，RFA逐渐增加了其广播语种和时间。对于遍布东南亚各国且具有重要影响力的华人群体，"自由亚洲委员会"则千方百计地予以拉拢，譬如针对"亲美"的海外华人领袖给予支持，并最终使其"影响其他海外华人同中国大陆的共产主义做斗

---

① Cold War Radio, September 4, 2012. http://coldwarradio.blogspot.com / 2012 / 09 / September - 04 -1951 - original-radio-free.htm. 转引自白建才、杨盛兰《20世纪50年代初美国对中国隐蔽宣传战探析：以台北"国史馆"藏档案为中心》，《四川大学学报》（哲学社会科学版）2018年第5期。

② "Committee for a Free Asia, 2 Pine Street, San Francisco, California", CIA FOIA, Collection: Nazi War Crimes Disclosure Act, Vol. 1, 001, p. 2.

③ "Committee for a Free Asia, 2 Pine Street, San Francisco, California", CIA FOIA, Collection: Nazi War Crimes Disclosure Act, Vol. 1, 001, p. 1.

④ Memorandum Regarding the Future for International Radio Broadcasting by Radio Free Asia, April 1, 1953, CK2349139128, *USDDO*.

⑤ Feinstein Donald, "Free Voices in the Battle for Men's Minds", *Journalism Quarterly*, Volume 31, Number 2, 1954.

争"；针对"无家可归"和"饥馑"的"重要华人"（Key Chinese）则予以救助和安置；针对接受过情报训练或其他任务训练的华人则进行"重点培养"①。

　　尽管"自由亚洲委员会"凭借自身优势策划实施了许多项目，但这一组织也存在许多先天不足，最终迫使其改组转型为亚洲基金会。其中既有"自由亚洲委员会"资金、组织架构、人员等"硬件"方面的问题，同时也有意识形态、运作理念等"软件"方面的问题。值得注意的是，"自由亚洲委员会"这一名字本身也成了其"构建自身属性的障碍，其政治含义冒犯了亚洲民众"②。而这一问题的背后显示了亚洲民众对民族自决的追求与渴望，正如"自由亚洲委员会"主席罗伯特·布鲁姆（Robert Blum）所言："亚洲人不希望美国人试图告诉他们谁是他们的朋友，谁是他们的敌人。他们非常正确地坚持自己做出这个选择，通过行为而不是言辞做出判断，他们同样想以自己的方式来显示或隐藏他们的友谊或敌意。"③

（二）亚洲基金会的宗旨与运作方式

　　亚洲基金会不仅继承了"自由亚洲委员会"的基本实体和法人地位，同时也借鉴了后者的有益经验，同时对其不足进行了深刻反思和订正。早在1953年春，"自由亚洲委员会"在运作过程中就逐步对其实际作用以及适当目标和业务范围有了更加明确的概念。同时，"自由亚洲委员会"在其早期的活动中也表明，其最富有成果的合作领域是由亚洲人设计、指导和实施的项目。基于这一经验，"自由亚洲委员会"进行了大规模改组。譬如废止了RFA，并终止了一些其他的信息活动。通过18个月的经验表明新原则的正确性后，根据这些原则，1954年秋通过了对该组织章程的修订，同时将组织的名称改为"亚洲基金会"④。

---

① The Committee for a Free Asia, 21 Dec., 1951, CIA FOIA, Collection: Nazi War Crimes Disclosure Act, Vol. 1, No. 084, p. 3.

② To Approve a FY – 1955 Budget for the Committee for Free Asia (Project DTPILLAR), CIA FOIA, Collection: Nazi War Crimes Disclosure Act, Vol. 2, 034, p. 8.

③ Robert Blum, "The Work of the Asia Foundation", *Pacific Affairs*, Vol. 29, No. 1, March, 1956, p. 47.

④ Robert Blum, "The Work of the Asia Foundation", *Pacific Affairs*, Vol. 29, No. 1, March, 1956, pp. 47 –48.

与"自由亚洲委员会"较为露骨的使命和目标相比，亚洲基金会的宗旨显得更为温和，譬如"自由亚洲委员会"在文件中将其使命表述为："通过协助亚洲团体和个人组建、加强他们的社团和机构，从而使其国家成为自由世界更强大的成员，以此来对抗国际共产主义并促进美国外交政策目标的实现。"[1] 与之类似，"自由亚洲委员会"的目标主要包括以下四点：1. 为亚洲人提供有别于共产主义的道路和机会，使其实现自己的理想，从而抵消共产主义对亚洲人的吸引力；2. 鼓励亚洲个人和组织向其人民宣传共产主义的威胁；3. 加强"亲美"的非政府组织；4. 促进公民实践和公民责任方面的实际培训，以利于亚洲政府和社会的稳定。[2] 在转型为亚洲基金会后，其宗旨则调整为：1. 向为实现和平、独立、个人自由和社会进步而努力的个人和团体提供美国私人的支持；2. 在相互尊重和理解的基础上，鼓励并加强具有类似目标和理想的亚洲、美国和国际志愿组织之间的积极合作；3. 同其他美国个人和组织合作，以便使美国民众更好地理解亚洲人民及其历史、文化和价值观念。[3]

与"自由亚洲委员会"类似的是，亚洲基金会依然受到中情局的资金资助并接受其政策指导。亚洲基金会的组织、运作和核算是以"自由亚洲委员会"修订后的行政计划为依据的。这就意味着，亚洲基金会只能从事经中情局批准的活动，所有筹集到的资金只能按照中情局的指示分配和使用，每个季度的财务报告都要提交给中情局，并由中情局指定的公司对亚洲基金会进行一年一度的审计。[4] 亚洲基金会作为私人组织一方面接受来自民间及非政府组织的资金，但是作为其预算核心的一般性拨款则来自美国政府（中情局和国务院），基于其双重属性，亚洲基金会是一个名副其实的"准政府组织"。

中情局对亚洲基金会的支持直到约翰逊政府时期才被公开。1967 年 2

---

① CFA Budget for FY－1955, June 25, 1954, CIA FOIA, Collection: Nazi War Crimes Disclosure Act, Vol. 2, No. 034, p. 2.

② CFA Budget for FY－1955, June 25, 1954, CIA FOIA, Collection: Nazi War Crimes Disclosure Act, Vol. 2, No. 034, p. 2.

③ Robert Blum, "The Work of the Asia Foundation", *Pacific Affairs*, Vol. 29, No. 1, March, 1956, p. 48.

④ CFA Budget for FY－1955, June 25, 1954, CIA FOIA, Collection: Nazi War Crimes Disclosure Act, Vol. 2, No. 034, p. 14.

月 15 日约翰逊总统任命以副国务卿卡岑巴赫（Katzenbach）为首的委员
会调查美国政府机构与海外私人组织之间的关系。根据该委员会的建议
并经总统批准，中情局长理查德·赫尔姆斯（Richard M. Helms）下令
"尽早终止亚洲基金会的秘密资金"。而亚洲基金会董事会由于早已预料
会与中情局脱离关系，便在 3 月 21 日发表了一份措辞谨慎的声明"承认
了中情局在过去给予的支持"①。然而，中情局停止对亚洲基金会的资金
资助的局面并没有持续太久。根据《华盛顿邮报》在 1968 年 2 月 26 日的
报道，美国国际开发署（United States Agency for International Develop-
ment，USAID）和国务院的官员要求"国会为中情局埋单"，他们认为
"亚洲基金会正在并一直在海外从事有价值的教育和文化工作"，而这些
"工作"应该"光明正大地继续下去并公开得到美国政府的帮助"②。

　　亚洲基金会的运作方式既借鉴了"自由亚洲委员会"一些有益经
验，同时也进行了较大调整。其管理机构是由 24 名成员组成的董事会，
根据规定，董事会每季度举行一次会议，会议在旧金山和纽约轮流举
办。董事会下设一个由 8 名成员组成的执行委员会（执委会），在董事
会休会期间根据需要在旧金山召开会议。在美国本土，亚洲基金会除了
在旧金山设立总部外，还在纽约和华盛顿特区设有办事处，以加强与华
尔街资本和政府的联系。在海外，基金会在亚洲 14 个国家和地区设立
了办事处并派驻代表。③

　　值得注意的是，亚洲基金会为保持行动上的灵活性，赋予了其海外代
表们尤为重要的权力。对于如何以及何时提供援助的决定由派驻各国的代
表做出，而不是由位于旧金山的总部。从实际的经验表明，这种方式提供
了额外保障，有效遏制了先入为主的美式解决方式，而这些方式可能完全
无法适用于审议中的亚洲问题。④ 海外代表的主要任务就是与当地人合作，
以探求如何以最好的方式提供适当的援助，其援助对象主要针对那些"似

---

① Memorandum From the Central Intelligence Agency to the 303 Committee, April 12, 1967,
FRUS, 1964 – 1968, Vol. X, National Security Policy, p. 550.

② "State Department to Ask Congress For Asia Foundation Funds", February 26, 1968, *The
Washington Post*, CIA FOIA, Collection: Nazi War Crimes Disclosure Act, Vol. 3, No. 001, p. 1.

③ 包括阿富汗、缅甸、柬埔寨、锡兰（斯里兰卡）、印尼、日本、韩国、马来亚（马来
西亚）、巴基斯坦（包括孟加拉国）、菲律宾、泰国、越南，以及中国香港地区、台湾地区。

④ Happy H. Pierson, "Asia Foundation Aid to Education", *The Phi Delta Kappan*, Vol. 39,
No. 3, December 1957, p. 158.

乎有能力并希望对其社区和国家的发展做出重大贡献的当地志愿组织"①。
这种形式可以保证基金会以更加灵活多样的方式提供资助，以支持当地项
目，从而增加项目成功的可能性。一般而言，基金会所提供的帮助主要包
括提供资金或物资支持，譬如为当地领导人提供旅行补贴，帮助其分享他
人的有益经验，或者将外国专家（包括亚洲人）带到其他亚洲国家培训当
地领导人，并帮助找到解决现有问题的切实可行的办法。②

　　亚洲基金会认为："一个得不到当地认可和无法吸引越来越多公众
支持的项目不应该——事实上也不可能——继续得到外国援助来维
持。"③ 因此，大部分项目都由当地民众和组织来策划和执行。在涉及
具体活动项目时，亚洲基金会主要依靠当地的力量，即项目必须获得受
众的支持。不仅如此，亚洲基金会对项目的资助是建立在逐步减少的基
础上的，也就意味着，所有项目都必须走向自给自足或者得到本国的资
金赞助。在某种程度上，这一标准也成了亚洲基金会判定某一项目是否
能够帮助当地民众满足其需要的最简单的方法。

　　基金会海外代表往往对所派驻的国家和地区有广泛了解，正如菲律
宾著名小说家 F. 西里尔·何塞（F. Sionil José）所回忆的："基金会的
大多数海外代表都是亚洲研究领域的大学教授、记者和前政府官员。"④
其使命之一就是深入当地民众，了解他们的真实处境和需要。由于海外
代表们经常与当地民众打交道，长此以往，就能加深其对当地问题的关
注与投入，从而更真实地了解当地民众的实际需要和愿望。此外，海外
代表们也深知亚洲基金会的活动离不开当地政府的支持，而亚洲各国政
府也需要亚洲基金会提供的资金以及其他支持。因此，在一些项目上，
基金会也十分注重通过与当地政府合作来完成。即使在一些不需要与当
地政府合作的项目上，基金会同样需要得到当地政府的信任，才能有效

① Robert Blum, "The Work of the Asia Foundation", *Pacific Affairs*, Vol. 29, No. 1, March, 1956, pp. 48 – 49.

② Robert Blum, "The Work of the Asia Foundation", *Pacific Affairs*, Vol. 29, No. 1, March, 1956, p. 49.

③ Robert Blum, "The Work of the Asia Foundation", *Pacific Affairs*, Vol. 29, No. 1, March, 1956, p. 49.

④ Sangjoon Lee, "Creating an Anti-Communist Motion Picture Producers' Network in Asia: the Asia Foundation, Asia Pictures, and the Korean Motion Picture Cultural Association", *Historical Journal of Film, Radio and Television*, Vol. 3, No. 3, 2017, p. 520.

发挥其作用。而且，在某些情况下，亚洲基金会的项目须经东道国政府的审查和事先核准。① 不仅如此，海外代表们往往还需要与联合国、科伦坡计划、美国政府以及其他外国和当地的组织保持联系，以"确定问题并评价为解决这些问题所做的努力"。基金会有时会与上述政府或组织制订联合或合作项目，但在通常情况下则是就某一项目交换意见，以使其注意到这些项目及其支持者，从而能及时有效地提供援助。与此同时，类似的联系还有效减少了项目的重叠或冲突。②

(三) "争夺人心"：亚洲基金会的冷战项目

亚洲基金会在其宗旨中就明确要帮助亚洲人实现"个人自由和社会进步"，而真正实现这一目标的手段除了发展经济、提升亚洲民众的物质生活水平外，还要通过促进亚洲各国教育文化的繁荣，以提升亚洲民众的基本素养。因此，对亚洲各国文化教育领域的支持在亚洲基金会的活动项目中占有十分特殊和重要的地位。总的来看，亚洲基金会对各国的文化教育支持因其需要的差异而有所不同，其中主要包括帮助改善学校和图书馆的教学设施与设备，鼓励和支持建立更多的学生中心和宿舍，协助扫盲和成人教育并与亚洲教育机构、组织和研究中心合作解决他们存在的问题。所以，根据教育阶段划分，亚洲基金会的文化教育项目涉及高等教育、教师培训、成人教育和职业教育，在一些情况下，甚至还会参与中小学教育的资助。

实际上，早在"自由亚洲委员会"时期，该组织就已经开始从事文化教育领域的冷战活动，其中比较有代表性的是"哈佛研讨班"项目。1952 年 6 月，在"自由亚洲委员会"的秘密资助下，来自亚洲的 20 名学员参加了当年在哈佛大学举办的研讨班。而候选人的标准之一就是必须在意识形态上同共产主义保持距离，对于符合上述标准却"反美"的候选人，则通过施加影响使其"对美国更加友好"③。"哈佛研讨班"

---

① Congressional Research Service, "The Asia Foundation: Past", Present and Future, February 1983, CIA. available at https://www.cia.gov/library/readingroom/docs/DOC_ 0001088617.pdf.

② Happy H. Pierson, "Asia Foundation Aid to Education", *the Phi Delta Kappan*, Vol. 39, No. 3, December 1957, p. 158.

③ Proposed Project for a Foreign Student Seminar at Harvard University, CIA FOIA, Collection: Nazi War Crimes Disclosure Act, Vol. 1, 088, p. 4.

是"自由亚洲委员会"与哈佛大学合作进行的文化冷战项目，这反映了以哈佛大学为代表的美国高等学府也卷入了美国政府主导的冷战中。

1. 图书的赠送与出版

"自由亚洲委员会"转型为亚洲基金会以后，其文化教育项目不断得以扩大和完善，其中图书计划占有十分重要的地位。由于历史及其他各方面原因，亚洲各国图书馆和高校收藏的图书面临严重短缺。为了应对共产主义在文化宣传上的攻势，同时扩大美国文化对这一地区的影响，亚洲基金会展开了以赠书为主要内容之一的亚洲图书计划。不仅如此，亚洲基金会赠书规模十分惊人。在成立后的最初两年，基金会向泰国朱拉隆功大学、清迈佛学院、青年佛教协会图书流动中心、马哈马库塔大学（Mahamakuta University）、苏安库拉布学校（Suan Kularb School）以及教育部图书馆等单位赠送了大约 10500 本社会科学和人文科学图书以及 982 本学术期刊。另外，基金会还向登博斯克技术学校和孤儿院（Don Bosco Technical School and Orphanage）提供了大量技术方面的图书，向妇女团体领导人提供了关于社区发展方面的图书。① 当然，在此期间，菲律宾、印度尼西亚、马来亚、缅甸、柬埔寨等国也收到了大量来自亚洲基金会的赠书。

当然，在赠书项目下，亚洲基金会往往会资助开展一系列的主题活动，譬如"亚洲学生图书"计划就是其中颇有成效的项目之一。早在基金会成立之初，一些学术界领导人就呼吁对亚洲高校的教科书进行补充。受此影响，基金会海外代表们对各国情况进行实地调查后，把信息汇总到旧金山总部。后者向美国各大学、图书馆、书店和出版商发出呼吁，要求其提供有缺口的相关图书，基金会则负责将收集来的图书运往亚洲各国。据统计，截至 1956 年 1 月 1 日，共有 117196 本图书和10535 本期刊在这一计划下运往亚洲各国。而参加这一计划的美国大学有 50 多所，此外还有不计其数的美国出版商、图书馆和书店。②

除直接向海外赠书外，资助当地出版机构同样是基金会图书计划的重要内容。其中比较有代表性的是资助香港的出版社。而较早受到基金

---

① Charles E. Griffith, *American Books in Southeast Asia*, Graduate School of Library and Information Science, University of Illinois at Urbana-Champaign, Summer, 1956, pp. 129 – 130.

② Robert Blum, "The Work of the Asia Foundation", *Pacific Affairs*, Vol. 29, No. 1, March, 1956, p. 54.

会资助的是友联出版社（Union Press）和亚洲出版社。对于友联出版社，美国政府将其视为"冷战组织"，并认为该出版社将"在东南亚华人社区文化及反颠覆工作中发挥效能"①。在亚洲基金会的资助下，友联出版了许多的冷战著作和期刊，譬如赵聪的《中共的文艺生活》（1955）、《大陆文坛风景画》（1958）等，还出版了《祖国周刊》《大学生活》《中国学生周报》《儿童乐园》等刊物。② 亚洲出版社是直接在基金会的资助下成立的出版机构，其负责人就是著名香港报人张国兴。此前，他曾担任美联社特派记者并著有《竹幕八月记》。在基金会的支持下，亚洲出版社出版了大量冷战作品，其中政治哲学方面的著作如南宫博《郭沫若批判》（1954）、罗香林《历史之认识》（1955）、余英时《民主制度的发展》（1955）；代表性的文学作品有赵滋蕃《半下流社会》、易君左《祖国山河》、杰克《乱世风情》等。如图 4.1 所示，亚洲出版社 20 世纪 50 年代出版本的著作。基金会对亚洲出版社资助力度之大令人瞠目结舌，据统计，1952—1959 年，基金会向亚洲出版社总投资额高达 76.4 万美元。③

2. 冷战主题电影的制作与发行

值得注意的是，亚洲基金会还卷入了亚洲冷战主题电影的制作与发行。20 世纪 50 年代，基金会秘密资助了亚洲电影工作者，包括制片人、导演、评论家、作家和知识分子等。1953 年 7 月 11 日，在"自由亚洲委员会"的资助下，身为亚洲出版社负责人的张国兴在香港容华（Yung Hwa）影业公司的基础上创立了亚洲影业公司（Asian Pictures）。如张国兴所言，该公司的目标是"在中文电影领域清除共产主义的影响"④。此后，该公司先后拍摄了《传统》（1955）、《长巷》（1956）、

---

① Operations Coordinating Board, Guide Lines For United States Programs Affecting the Overseas Chinese in Southeast Asia, December 11, 1957, CK 2349159358, *USDDO*, p. 56.

② 常贝贝：《冷战初期美国的心理战与海外图书项目（1945—1961）》，博士学位论文，东北师范大学，2015 年，第 162 页。

③ Report of Audit of the Asia Foundation for the Year Ended 31 July 1960 – Letter to President, December 23, 1960, CIA FOIA, Collection: Nazi War Crimes Disclosure Act, Vol. 3, 032, p. 12.

④ Chang Kuo-sin, "The Asia Pictures Limited"（July 15, 1953）, AFR, Box 9, Asia Pictures file; Sangjoon Lee, "Creating an Anti-Communist Motion Picture Producers' Network in Asia: the Asia Foundation, Asia Pictures, and the Korean Motion Picture Cultural Association", *Historical Journal of Film, Radio and Television*, Vol. 3, No. 3, 2017, p. 523.

《半下流社会》等冷战题材电影，绝大部分相关费用由亚洲基金会承担，并且数额巨大。譬如在拍摄第一部电影《传统》前，张国兴曾向基金会香港办事处提交了16.7万美元的预算。[①] 截至1959年，基金会总共向亚洲影业公司提供了高达39.7万美元的资助。[②]

图4.1　20世纪50年代亚洲出版社出版的著作[③]

香港电影只是亚洲基金会资助的对象之一，亚洲其他国家或地区的电影也都曾或多或少地得到了基金会的资助。在韩国，1956年亚洲基金会向韩国电影文化协会批准了一笔数额达5.8万美元的拨款，并利用这些钱为其购买了一台35毫米的米切尔相机、一台自动显影器以及灯光设备等，这笔费用占了基金会在韩国所有项目年度预算的1/3。次

---

① Sangjoon Lee, "Creating an Anti-Communist Motion Picture Producers' Network in Asia: the Asia Foundation, Asia Pictures, and the Korean Motion Picture Cultural Association", *Historical Journal of Film*, *Radio and Television*, Vol. 3, No. 3, 2017, p. 524.

② Report of Audit of the Asia Foundation for the Year Ended 31 July 1960 – Letter to President, December 23, 1960, CIA FOIA, Collection: Nazi War Crimes Disclosure Act, Vol. 3, 032, p. 12.

③ available at https://hongkongcultures.blogspot.com/2014/03/blog-post_9424.html.

年，基金会又向韩国电影文化协会拨款 5 万美元用于安装现代录音设备。① 在东南亚，亚洲基金会甚至通过聚焦亚洲电影制片人联合会（Federation of Motion Picture Producers in Asia，FPA）及其主办的年度电影节，旨在亚洲建立冷战主题电影制片人联盟。② 在亚洲其他地区，基金会同样以各种不同的方式资助当地冷战题材电影的制作。

3. 资助教育和科研

除了图书项目外，亚洲基金会还积极资助亚洲学校和研究所。其中有些项目旨在改善硬件设施，有些则重在帮助其完善和提升学术研究水平。在日本，基金会向国际基督教大学提供了一笔可观的赠款，以帮助该校建立一间可以容纳 45 名学生的宿舍。在新加坡，1954 年基金会向进修的青年教师捐建了宿舍。③ 在印度尼西亚，基金会向北苏门答腊伊斯兰大学提供了教学及住宿设备，还向加札马达大学提供了教具、参考资料等。基金会帮助亚洲学校和科研机构提升学术水平的案例更是不胜枚举。在菲律宾，基金会协助 "东南亚教授奖学金和交流委员会"（Southeast Asian Board of Scholarships and Exchange of Professors），促进了其他亚洲国家的学生来菲律宾学习，并鼓励了东南亚社会科学的研究。④

亚洲基金会不仅参与资助亚洲已有的学校和研究所，还出资筹办新的学校和研究所，最具代表性的要数 1956 年 10 月资助广侨书院等香港 8 所私立大学成立联合书院。在此之前，亚洲基金会就通过其在香港设立的孟氏教育基金会向这些独立的大学提供资助，并取得了明显成效。在孟氏基金的资助下，8 所中文大学的学生数量从 1951—1952 学年的 772 人，迅速增长到 1953 年的 1400 人。⑤ 在联合书院成

---

① Sangjoon Lee, "Creating an Anti-Communist Motion Picture Producers' Network in Asia: the Asia Foundation, Asia Pictures, and the Korean Motion Picture Cultural Association", *Historical Journal of Film*, *Radio and Television*, Vol. 3, No. 3, 2017, pp. 528 – 529.

② Sangjoon Lee, "The Asia Foundation's Motion-Picture Project and the Cultural Cold War in Asia", *Film History*, Vol. 29, No. 2, 2017, p. 128.

③ Robert Blum, "The Work of the Asia Foundation", *Pacific Affairs*, Vol. 29, No. 1, March, 1956, pp. 51 – 52.

④ Happy H. Pierson, "Asia Foundation Aid to Education", *The Phi Delta Kappan*, Vol. 39, No. 3, December 1957, p. 159.

⑤ Priscilla Roberts, ed., *The Power of Culture: Encounters between China and the United States*, Newcastle: Cambridge Scholars Publishing, 2016, p. 159.

立后，基金会协助制订了协调、系统的中文高等教育体系的长远计划。[①] 1957 年，联合书院与崇基学院、新亚书院组成"香港中文专上学校协会"，而亚洲基金会就提供了"协会"一半的预算，主要用于行政及业务开支。此后亚洲基金会继续资助并参与"协会"的学术活动。[②] 1963 年 10 月 17 日，三所书（学）院合并为香港中文大学后，基金会依然对其有着较强的影响。

4. 创办、发行刊物

亚洲基金会不仅通过各种方式资助其他冷战作品的出版和发行，甚至还创办了独家刊物，并定名为《亚洲学生报》（*The Asian Student*）。作为基金会在 20 世纪 50 年代唯一直接赞助出版的刊物，《亚洲学生报》每周出版，专门面向在美国学习的亚洲学生发行。值得注意的是，该报的工作人员主要由亚洲人组成，他们将报纸作为亚洲学生的论坛，提供故乡的新闻，而这些新闻在大多数美国报纸上都不容易获得，报纸可以向在美国学习的其他国家的亚洲学生进行宣传，并为亚洲学生撰写的有关亚洲特别问题的文章提供平台。[③] 由于该报仅面向在美国学习的亚洲学生，所以其发行量十分有限，譬如在 1956—1957 学年，基金会仅向在美国学习的 10000 名亚洲学生发行了该报。[④]

亚洲基金会成立后，在其首任主席罗伯特·布鲁姆的带领下通过图书、电影、教育以及出版刊物等方式，在亚洲展开了一场"争夺心灵和思想"文化冷战。然而，正如"自由亚洲委员会"没有充分考虑到亚洲民众的心理机制而被迫转型一样，亚洲基金会在亚洲各国的活动成效同样受制于亚洲国家不稳定的政治，以及时刻与亚洲民众相伴的民族主义情绪，而这种情绪往往伴随着"红色恐慌"。譬如由于与当地政府关系的紧张，基金会驻印度尼西亚代表被迫于 1957 年关闭了他们在雅加

---

① Happy H. Pierson, "Asia Foundation Aid to Education", *The Phi Delta Kappan*, Vol. 39, No. 3, December 1957, p. 159.

② Priscilla Roberts, ed., *The Power of Culture*: *Encounters between China and the United States*, Newcastle: Cambridge Scholars Publishing, 2016, p. 162.

③ Robert Blum, "The Work of the Asia Foundation", *Pacific Affairs*, Vol. 29, No. 1, March, 1956, p. 56.

④ Happy H. Pierson, "Asia Foundation Aid to Education", *The Phi Delta Kappan*, Vol. 39, No. 3, December 1957, p. 160.

达的工作室。① 与之类似，基金会在缅甸的活动同样与缅甸民众的社会心理、缅甸政局有着不可分割的联系，甚至有可能随着其国内形势的剧变而完全退出该国。随着活动的长期深入开展，布鲁姆也将越来越深刻地体会到："无论（基金会）提供的援助是多么巨大和多样，亚洲人争取经济发展、社会正义、政治团结和个人自由的斗争将不是外国人替他们赢得的，而是通过他们自己的领导、智慧和精力赢得的。"②

二　以青年为中心的图书项目：捐赠与营销

亚洲基金会在缅甸的活动开始得比较早，大体上始于 1952 年春。但早期的活动规模相对较小也缺乏系统性。尽管如此，基金会似乎从一开始就对缅甸青年展现出了浓厚的兴趣，将其列入主要的受众名单，甚至不惜为之投入重金。譬如，亚洲基金会 1952—1953 财年的总支出约为 26 万美元，其中仅青年项目费用占比高达 27%，超过了基金会的日常费用。③ 基金会对缅甸青年的重视固然有类似于重视其他国家青年群体的一般性因素，同样也有基于缅甸青年特殊情况的考虑。一方面，缅甸青年在缅甸社会中发挥着领导力量，缅甸主要国家领导人大都属于青年人，譬如在 1951 年基金会成立时，缅甸总理吴努 44 岁，军队总司令奈温 42 岁，而两位副总理吴觉迎和吴巴瑞年仅 37 岁。另一方面，20 世纪 50 年代初缅甸共产党在青年人心中具有巨大的号召力，共产主义思想也在这一群体中间广泛传播。

相对缅甸普通社会青年而言，亚洲基金会给予缅甸学生群体特殊的关注，尤其是对仰光大学学生。作为缅甸当时唯一的一所大学，仰光大学几乎成了培养缅甸领导人独一无二的摇篮。值得一提的是，缅甸国父昂山以及时任总理吴努等缅甸国家最高领导人都毕业于该校。仰光大学

① Sangjoon Lee, "The Asia Foundation's Motion-Picture Project and the Cultural Cold War in Asia", *Film History*, Vol. 29, No. 2, 2017, p. 128.

② Robert Blum, "The Work of the Asia Foundation", *Pacific Affairs*, Vol. 29, No. 1, March, 1956, p. 56.

③ Richard Conlon, "Preliminary CFA Plan-Burma", March 20, 1953, Hoover Institution Archive, The Asia Foundation Records, Box P-31, Folder: Burma Program, General.

在缅甸极为特殊的地位，使其具备了亚洲基金会心理战目标的必要性。而共产主义在仰光大学师生中的迅速渗透，则又加剧了这一行动的紧迫性。1953 年 3 月 20 日，基金会在一份名为"缅甸初步计划"文件中指出"共产党在青年中的活动对缅甸政府的目标制造了相当大的危险"，他们"超越了对其他国家大学生的投入"①。面对共产主义对缅甸学生的"争夺"，亚洲基金会以别样的方式展开了对这一群体的文化冷战。

（一）"塑造未来公民"：缅甸教科书计划

图书作为重要的知识和思想传播媒介，始终是美国政府及非（准）政府组织表达立场、抨击对手、引导价值观的重要工具。亚洲基金会深知图书在对外信息活动中的巨大作用，因此将大量的资金预算投入到与图书项目有关的活动中。1952 年 4 月 15 日，基金会正式推出了其在缅甸活动项目的首份官方文件。文件中明确规定向基金会缅甸代表马文·G. 麦卡利斯特（Marvin G. McAlister）提供总额为 22300 美元的年度总预算。其中，仅与图书项目有关的预算为 19300 美元，占比竟然高达 86.5%。②

教科书是图书的特殊组成部分，具有使用强制性、使用人群单一性和流通广等特点，因此掌握教科书的发行和流通就等于掌握了这个国家的未来。显然，极力渴望扩大在缅甸学生群体影响力的亚洲基金会自然热衷于这一项目的策划实施。此外，由于缅甸教育水平落后，再加上连年战乱，导致全国上下缺少教科书。而大学阶段的英文和缅文教科书尤为短缺，不仅如此，缅甸国内也缺乏生产这些教科书的"动力和能力"③。缅甸政府和学校向基金会要求提供教科书的例子更是屡见不鲜。在此背景下，亚洲基金会在其"亚洲学生图书"（Books for Asian Students）项目下逐步制定并实施了针对缅甸的教科书项目。

1955 年 10 月亚洲基金会正式启动"缅甸教科书"项目。仰光大学

---

① Richard Conlon, "Preliminary CFA Plan-Burma", March 20, 1953, Hoover Institution Archive, The Asia Foundation Records, Box P – 31, Folder: Burma Program, General, pp. 3 – 4.

② "Proposed Project for Initial Development of Burma Program in Rangoon", April 15, 1952, Hoover Institution Archive, The Asia Foundation Records, Box P – 31, Folder: Burma Program, General.

③ Marvin G. McAlister, "Inquiry from Planning Department", March 19, 1955, Hoover Institution Archive, The Asia Foundation Records, Box P – 31, Folder: Burma Program, General, p. 2.

是首个通过这一项目接收教科书的单位，该项目的最初预算设定为
3400 美元。实际上，仰光大学之所以能成为亚洲基金会"缅甸教科书"
计划的接收单位与仰光大学副校长、最高法院大法官吴伯基（U Bo
Gyi）的努力有很大关系。早在这一项目开始前，他就积极地与仰光大
学理事会合作，以确定仰大对教科书的需求，并敦促后者尽快实施这一
计划。[①] 需要提及的是，这一时期的仰光大学还包括位于曼德勒、毛淡
棉、实兑（Sittwe）和勃生（Pathein）的各个学院。上述学院同样参与
了这一项目，而且其图书需求量与仰大本部的需求量"不相上下"。因
此，为了向"这些边远地区有效地提供帮助"，基金会代表往往需要离
开仰光，与这些学院的领导进行"有价值的接触"[②]。

出人意料的是，活动开始后，仰光大学 35 个院系及其附属学院积
极参与，到 1956 年 1 月时提交的书名已有 5000 多个。[③] 而这些图书所
需的费用已远远超出基金会的预算。在这种情况下，基金会不得不额外
增加 16600 美元，使该项目在 1955—1956 财年总预算达到 20000 美元，
以尽可能满足仰光大学师生的图书需求。尽管如此，该预算距离师生提
交的总价达 31050 美元的书单需求仍有一定距离。[④] 需要指出，基金会
驻缅甸助理代表威廉·L. 艾勒斯（William L. Eilers）在此期间曾建议
基金会"不要试图满足所有订单"，否则将是"愚蠢的"[⑤]。艾勒斯的建
议可能构成了基金会没有完全满足师生需求的原因。

基金会认为，向仰大及其附属学校提供教科书应当遵循下列原则：
1. 为科学系图书馆提供有关人文、社科领域的重要参考资料；2. 鼓励
各系发展图书室，提供一定数量的教科书，供学生补充阅读；3. 在可

---

① "Book for Asian Students", Hoover Institution Archive, The Asia Foundation Records, Box P-
31, Folder: General, Burma Program, p. 8.

② "Book for Asian Students", Hoover Institution Archive, The Asia Foundation Records, Box P-
31, Folder: General, Burma Program, p. 9.

③ J. Scarborough, "Report on Burma Project 204 - Book for Burmese Students", May 2,
1956, Hoover Institution Archive, The Asia Foundation Records, Box P-31, Folder: Textbooks for
Burmese Students, 1956, p. 1.

④ J. Scarborough, "Report on Burma Project 204 - Book for Burmese Students", May 2,
1956, Hoover Institution Archive, The Asia Foundation Records, Box P-30, Folder: Textbooks for
Burmese Students, 1956, p. 1.

⑤ "Mr. Stewart", Hoover Institution Archive, The Asia Foundation Records, Box P-30,
Folder: Textbooks for Burmese Students, 1956, p. 1.

行的情况下，提供足够数量的教科书，使该书能够作为一门课程的基本
教材，并借给学生一个学期。很明显，基金会这样的安排恰是为了使师
生充分利用这些"图书收集项目"所获得的图书，从而发挥其最大价
值。① 值得注意的是，基金会特别重视意识形态色彩较浓的人文、社科
领域的图书资料，而不是那些不涉及意识形态的理工类图书，这本身就
意味深长。

6月1日仰光大学新学期开学前，由基金会负责运送的第一批图
书经由香港抵达仰光，其中包含4867本精装图书和杂志以及2290本
普通杂志，这些图书总共分装在40个箱子里。最初的3400美元资金
主要用于购买订单的剩余部分，包括来自化学、地理学、数学、心理
学、历史学、英语、经济学、工程学等院系的图书。实际上，这部分
资金对于工程学图书的资助最多，达到1575美元，化学方面的图书
开支为150美元，地理学图书开支仅为95美元，425美元用于购买
巴利语系所需图书，剩余的约1100美元用于购买其他专业的图书。②
从基金会资金分配比例上可以看到，经历过战乱的缅甸社会，更急需
工程科学类的图书来指导国家的恢复重建，其次为化学、地理学等其
他实用学科方面的图书，而对人文社科领域的图书需求则明显"冷
淡"。显然，这与基金会主要提供人文、社科领域的图书之初衷有很
大出入。

在"缅甸教科书"项目的运作上看，基金会在一般情况下将十分有
限的资金只用于支付运送图书的费用，仅此而已。当然也会在某些特殊
情况下用于直接购买图书，譬如在1957年上半年，基金会为仰大商务
及经济学系专门购买了240本基础性教科书，内容涵盖市场营销、企业
组织及销售管理等。这些图书主要用作商务及经济学系企业管理课程的
教科书。而讲授这门课程的教师则是受福特基金会资助的三位美国教授
和讲师，但是他们并没有这些课程所需的教科书，而且福特基金会也无

① "AP - 204 Textbooks for Burmese Students", June 30, 1957, Hoover Institution Archive, The Asia Foundation Records, Box P - 30, Folder: Textbooks for Burmese Students, 1957, p. 1.

② J. Scarborough, "Report on Burma Project 204 - Book for Burmese Students", May 2, 1956, Hoover Institution Archive, The Asia Foundation Records, Box P - 30, Folder: Textbooks for Burmese Students, 1956, p. 1. Joel W. Scarborough, "Textbook for Burmese Students", April 12, 1956, Hoover Institution Archive, The Asia Foundation Records, Box P - 30, Folder: Textbooks for Burmese Students, 1956, p. 1.

法提供这些图书。于是，仰光大学请求亚洲基金会出面解决图书的问题。后者之所以最终满足了仰大的要求，主要在于亚洲基金会十分看重这门课程的影响力，它不仅面向仰大本校学生，而且还面向很多来自政府、民营企业、商界和法律界的"特殊学生"①。

此后，在"缅甸教科书项目"下，每月都会有大约 2000 本英文书刊被运往缅甸。② 而且随着这一项目的深入开展，图书需求方的范围也在不断扩大，甚至有些中学也纷纷加入这一索要图书的浪潮中。1957年 2 月 28 日，位于曼德勒的拉丰纪念高中的校长 A. 杜卡（A. Duca）向东洛杉矶学院的本杰明·K. 斯沃茨（Benjamin K. Swartz）主任写信，希望帮助该高中的阅览室筹集一些图书。杜卡在信中尤为高调地写道："通过帮助我们，你们将帮助我们的孩子们成为这个国家更好的公民，通过合作塑造缅甸未来的公民，你们将帮助缅甸赢得正在世界各地肆虐的冷战。"③ 杜卡校长的言语从侧面揭露了"缅甸教科书"项目的本质，绝非单纯帮助缅甸发展教育事业，其更为首要的任务显然是服务美国的亚洲冷战战略。

从图书的来源上看，缅甸教科书项目的图书主要来自基金会的购买和美国各学校、图书馆、书店、出版商乃至私人的捐赠。对于第三方捐赠的图书，基金会一般首先将其集中到设在旧金山的图书总库里，在进行统一处理后，再分批次运往亚洲诸国。在收到亚洲基金会的图书捐赠倡议后，美国各大高校教授纷纷倾力支持。华盛顿大学远东系教授弗兰克·C. 威利斯顿（Frank. C. Williston）就是早期的积极参与者之一。1955 年 1 月，他向"亚洲学生图书"项目捐助了数百本人文、社科方面的图书。此外，威利斯顿还倡议建立一个"校园小组"以发起和跟踪图书收集计划。④ 像大学教授积极参与这一计划的例子还有很多，譬如密歇根学院已故教授哈里·布沙尔（Harry Bouchard）的遗孀向仰光

① "AP – 204 Textbooks for Burmese Students", June 30, 1957, Hoover Institution Archive, The Asia Foundation Records, Box P – 30, Folder: Textbooks for Burmese Students, 1957, p. 1.

② "Books for Burmese Students", October 25, 1957, Hoover Institution Archive, The Asia Foundation Records, Box P – 30, Folder: Textbooks for Burmese Students, 1957, p. 1.

③ A. Duca to Benjamin K. Swartz, February 28, 1957, Hoover Institution Archive, The Asia Foundation Records, Box P – 30, Folder: Book Program, General, 1957, p. 1.

④ Carlton Lowenberg to Williston, January 23, 1955, Hoover Institution Archive, The Asia Foundation Records, Box P – 30, Folder: Book Program, General, p. 1.

大学工程学院捐赠了不少专业图书。[①]

　　私人通过亚洲基金会积极向缅甸师生捐赠教科书，构成了"缅甸教科书"项目的一大特色。其中最具代表性的是曾在缅甸生活、来自美国俄勒冈州的玛丽·C. 斯特恩（Mary C. Stern）女士，她曾多次借助亚洲基金会的这一项目向缅甸大规模捐赠图书。1956 年 5 月，斯特恩女士将 500 磅图书赠送给缅甸文化部和位于仰光的基督教联合高中。这些图书在缅甸受到了隆重欢迎。[②] 据统计，这批书籍总共包括 1921 本图书和 80 本杂志。[③] 缅甸文化部部长吴塔密（U Tha Myat）为此还专门安排了赠书仪式。[④] 1957 年 4 月，斯特恩女士又向基督教联合高中和仰光"图书馆发展项目"捐赠了图书。[⑤]

　　为了避开较高的关税，基金会也会选择采用一种更加简便且廉价的做法，即由基金会出面联络美国与当地的出版商合作，出版价格更为低廉的教科书。通常情况下，美国教科书出版商以一定的费用将他们的印版借给亚洲出版商，后者专门经营廉价教科书。这笔费用将包含版税和排版费等。然而当地出版商必须签订合同，只在指定国家销售图书，而不与美国出版商的市场竞争。[⑥] 譬如在基金会的努力下，美国著名出版社麦格劳·希尔（McGraw Hill）在 1956 年授权日本一家出版社出版一批教科书，其出版的第一本书就是保罗·萨缪尔森（Panl A. Samuelson）的《经济学》。这本书随后以半价被分销到亚洲其他国家。[⑦] 此后，基金会缅甸办事处也时常效法这种方式，促成缅甸出版商与美国出版商合

---

① Margaret E. Pollard, "Shipment of Engineering Books", November 1, 1955, Hoover Institution Archive, The Asia Foundation Records, Box P – 30, Folder: Book Program, General, p. 1.

② Joel W. Scarborough, "Mrs. Stern, Books to Burma", May 11, 1956, Hoover Institution Archive, The Asia Foundation Records, Box P – 30, Folder: Textbook for Burma Students, 1956, p. 1.

③ "Books for Ministry of Culture", Hoover Institution Archive, The Asia Foundation Records, Box P – 30, Folder: Textbook for Burma Students, 1956, p. 7.

④ William L. Eilers, "Mrs. Stern, Books to Burma", June 13, 1956, Hoover Institution Archive, The Asia Foundation Records, Box P – 30, Folder: Textbook for Burma Students, 1956, p. 1.

⑤ "Books for Burma from Mrs. Stern", Hoover Institution Archive, The Asia Foundation Records, Box P – 30, Folder: Book Program, General, 1957, p. 1.

⑥ William L. Eilers, "Textbook for Asian Students", September 14, 1956, Hoover Institution Archive, The Asia Foundation Records, Box P – 30, Folder: Book Program, General, p. 1.

⑦ Joel W. Scarborough, "Textbook for Burmese Students", November 2, 1956, Hoover Institution Archive, The Asia Foundation Records, Box P – 30, Folder: Textbooks for Burmese Students, 1956, p. 1.

作出版廉价的缅甸教科书。

　　尽管亚洲基金会的图书通过轮船接连不断地运往仰光，但这对于缅甸英文图书市场巨大的缺口而言仍旧是杯水车薪。此外，由于历史及英镑兑换制度等因素的影响，缅甸图书馆和学校的英文图书大部分来自英国。而来自美国的教科书和参考资料却很少。不仅如此，由于苏联同缅甸关系升温，一些缅甸研究所还从苏联那里获得了不少英文技术资料。1957 年 7 月，詹姆斯·J. 达尔顿（James J. Dalton）就任基金会驻缅甸代表后，认为应当扩大缅甸教科书项目的规模。7—9 月，达尔顿在同仰光美新处、国际合作署、联合国教科文组织以及英国文化协会等驻缅机构深入接触后，更加确定在缅甸开展"大规模图书分发项目"的必要性。

　　达尔顿指出，基金会原先将图书输入仰光大学等特定的教育机构，可以很好地满足仰大及其附属学院的图书需求，但是这一制度无法使基金会的当地办事处对图书的使用情况进行仔细地跟踪。此外，这一制度也无法实现通过在当地书库立即获得图书而取得心理上的优势。[①] 鉴于此，达尔顿建议基金会效仿在巴基斯坦卡拉奇建立图书仓库的经验，在缅甸也建立同样的书库，供缅甸"教育工作者、学校领导、图书馆员和其他人员选择适合自己需要的图书和参考文献"。这间位于仰光的书库平均每月获得来自旧金山总书库的 2000 本二手教科书。[②] 在这样一种体制下，尽管基金会继续向仰光大学及其附属院校提供图书，但仰大的教授及讲师们要么必须访问仓库以选择所需数量的图书，要么从定期提供给他们的列表中选择图书。这样将使基金会能够衡量教育工作者对某些类型的图书和出版水平的反应，并由此确定教育政策和实践之间重要的细微差别。在达尔顿看来，由于美新处、联合国教科文组织、国际合作署、英国文化协会和福特基金会的预算限制和政策因素的影响，亚洲基金会在缅甸开展这种性质的图书发行计划将非常有帮助。[③] 不仅如此，

---

　　① James J. Dalton, "Books for Asian Students Program", September 8, 1957, Hoover Institution Archive, The Asia Foundation Records, Box P – 30, Folder: Textbooks for Burmese Students, 1957, p. 2.

　　② "Books for Asian Students", November 30, 1957, Hoover Institution Archive, The Asia Foundation Records, Box P – 30, Folder: Textbooks for Burmese Students, 1957, p. 1.

　　③ "Books for Asian Students", November 30, 1957, Hoover Institution Archive, The Asia Foundation Records, Box P – 30, Folder: Textbooks for Burmese Students, 1957, p. 1.

达尔顿还认为这种图书发行方式有助于"避开一些缅甸人对于接收'旧书'的挑剔"，同时也有助于"改变一些缅甸教育者的偏见，使其从英语教育的角度来探讨英语教材"。达尔顿还指出"考虑到这个国家的教育工作者和其他决策者所受到的各种各样的影响"，在缅甸建立图书仓库"似乎比在巴基斯坦"更为重要。①

10 月 24 日，基金会主席布鲁姆签署指令采纳达尔顿的建议，并为此拨款 12335 美元，其中 5835 美元用于建立仰光书库，3000 美元用于特别采购，剩余的 3500 美元用于购买当地缅甸文图书。② 对于最后一项，缅甸办事处是想借此向图书馆和学校资料室提供缅甸文的优秀图书，正是由于他们无法支付这些书的市场零售价而致使其在仓库货架上"萎靡不振"。而基金会将以批发价和成本价购买当地图书，所购买的材料也都是非政治性的，并通过图书仓库与"亚洲学生图书计划"的英语材料一并赠送。③ 根据这一计划，1957 年下半年，缅甸办事处用 800 美元购买了荷兰贾马巴坦（Djamabatan）出版社出版的关于中学科学示范主题的缅甸文图书，以促进缅甸学生对科学研究的兴趣。此外，缅甸办事处还购买了"民主理想推广会"（Society for the Extension of Democratic Ideals）出版的几本描述联合国运作方式的缅甸文图书。这些图书仅向指定的学校提供。④

"缅甸教科书"项目是亚洲基金会针对缅甸青年学生开展的规模空前、持续时间最久、影响最深远的心理战项目之一。尽管亚洲基金会试图通过这一项目将意识形态色彩浓厚的人文、社科类图书大规模投放到缅甸的大中学校园，但无奈以仰大为代表的缅甸高校迫切需要的并不是这些人文、社科类的图书，而是实用性更强的理工、经济等专业的图书。因此，亚洲基金会不得不改弦更张，首先满足缅甸学校的实际需

---

① James J. Dalton, "Books for Asian Students Program", September 8, 1957, Hoover Institution Archive, The Asia Foundation Records, Box P - 30, Folder: Textbooks for Burmese Students, 1957, pp. 2 - 3.

② "Burma Book Program", October 15, 1957, Hoover Institution Archive, The Asia Foundation Records, Box P - 30, Folder: Textbooks for Burmese Students, 1957, p. 1.

③ "Books for Burmese Students", October 25, 1957, Hoover Institution Archive, The Asia Foundation Records, Box P - 30, Folder: Textbooks for Burmese Students, 1957, p. 1.

④ "Books for Asian Students", November 30, 1957, Hoover Institution Archive, The Asia Foundation Records, Box P - 30, Folder: Textbooks for Burmese Students, 1957, p. 1.

求。此外，由于这一项目的图书主要来自美国组织和民众的捐赠，这就不可避免有许多旧书。实际上，这一点也的确给驻地代表造成了一定困扰，譬如发现"有超过50%的图书都是平装书"，抑或是"感觉在向仰光大学倾销旧书"等等。① 尽管"缅甸教科书"项目前前后后遇到了不少难题，但这丝毫没有削弱亚洲基金会对这一项目实实在在的重视和资助。正如缅甸助理代表威廉·L. 艾勒斯致信基金会主席布鲁姆时所言："我们应该把教科书计划作为针对学生的最重要的项目，这将极大地帮助我们自己更好地了解大学师生。"②

（二）由台前转到幕后：亚洲基金会在缅甸的图书营销策略

20世纪50年代初，有许多大大小小的书店充斥着仰光街头，其中包括受到西方资助的书店，主要出售来自英国和美国的图书。另一些书店则带有明显的"红色背景"，主要销售社会主义国家的图书。不仅如此，有些书店更愿意销售苏联和中国的图书，主要因为这些书的价格便宜，折扣多。③ 不管这些书店销售何种图书及其原因何在，仰光的图书市场俨然已经成了东、西方冷战较量的主要战场之一。双方都试图让更多的书店销售宣扬自身意识形态的图书，从而在文化冷战中占据优势。

1952年初，亚洲基金会在缅甸开展活动伊始就已将图书项目列为其重点资助的目标。在其1952—1953财年的项目预算中，格外引人注目的是基金会预备在缅甸建立两个书店，并在预算中拿出8000美元以支持这项计划。④ 实际上，仅这一项支出就占了当年总预算的35.87%，足见亚洲基金会对这一行动的重视程度。在确立这项行动后，时任缅甸代表麦卡利斯特就开启了一系列的准备工作，譬如"与店主面谈寻找空

① William L. Eilers, "Barnes & Nobles Outlines", June 27, 1956, Hoover Institution Archive, The Asia Foundation Records, Box P - 30, Folder: Textbooks for Burmese Students, 1956, p. 1.

② William L. Eilers, "Textbooks for Burmese Students", March 7, 1956, Hoover Institution Archive, The Asia Foundation Records, Box P - 30, Folder: Textbooks for Burmese Students, 1956, p. 2.

③ Charles E. Griffith, *American Books in Southeast Asia*, Graduate School of Library and Information Science, University of Illinois at Urbana-Champaign, Summer, 1956, p. 124.

④ "Proposed Project for Initial Development of Burma Program in Rangoon", April 15, 1952, Hoover Institution Archive, The Asia Foundation Records, Box P - 31, Folder: Burma Program, General, p. 1.

置的店面；为批发商颁发适当的许可证；调查图书发行的可能性；调查在唐人街建立书店的可能性"等等。[1]

1952 年 8 月 1 日，麦卡利斯特已经确定好了新书店的位置并完成了装修与木工工程。这家坐落于剧院区（Theater District）的书店正好处于仰光市中心，被麦卡利斯特称为"极好的位置"。尽管麦卡利斯特认为空间"比想象中小"，但"从资金角度看，也相当便宜"[2]。实际上，这家书店不单单是一间销售图书的商店，还包括一间较大的流通图书馆、一间阅览室（或会议室）和一间小办公室。

10 月 9 日，这家被命名为"钦特"（Chinthe）[3] 的书店正式在仰光开业。自此，缅甸成了除香港外，唯一拥有亚洲基金会直接经营书店的地区。[4] 开业之初，仰光的读者就对这家新书店"表现出极大的兴趣"。在此之前，麦卡利斯特聘请了一位名叫 A. T. C. 伯恩（Bone）的英国人做书店经理。需要提及的是，伯恩长期生活在缅甸，与一名家庭条件优越的缅甸女孩结婚。多年来，他们一直以经营仰光的一家书店为业。而麦卡利斯特向"自由亚洲委员会"举荐伯恩的原因是他"在缅甸文化出版界享有盛誉，而且是坚定的冷战分子"[5]。此外，店内还有 4 名雇员，实行两班制，直到晚间 9—10 点才关门。因为麦卡利斯特发现在晚上"这个地方挤满了人"，而这是"将他们请进书店的好时机"[6]。

值得注意的是，钦特书店的借阅部具有尤为特殊的功能，甚至构成了整个书店最重要的组成部分。同其他公共图书馆一样，这间图书馆也向公众开放，但是针对书友会会员，书店还会向他们提供"最便宜的图书"，并免费提供借阅部的图书。前提是他们必须定期参加会议讨论，

---

① Marvin G. McAlister, "General Progress Report", June 9, 1952, Hoover Institution Archive, The Asia Foundation Records, Box P-31, Folder: Burma Program, General, p. 1.

② Marvin G. McAlister, "Summary Report", August 1, 1952, Hoover Institution Archive, The Asia Foundation Records, Box P-31, Folder: Burma Program, General, p. 1.

③ "Chinthe" 在缅语中的意思为护法神狮，是缅甸传说中一种半狮半龙的动物。经常以成对的方式出现，用以守卫宝塔。

④ Robert V. Sedwick, "The CFA Burma Program", February 9, 1954, Hoover Institution Archive, The Asia Foundation Records, Box P-31, Folder: Burma Program, General, p. 1.

⑤ "Burma-Program Development, National Committee", December, 1952, Hoover Institution Archive, The Asia Foundation Records, Box P-31, Folder: Burma Program, General, p. 7.

⑥ Marvin G. McAlister, "Summary Report", August 1, 1952, Hoover Institution Archive, The Asia Foundation Records, Box P-31, Folder: Burma Program, General, p. 1.

否则将会被开除出书友会，并取消上述特权。在晚上，书友会往往会组织会员们"喝茶、吃蛋糕或者品尝缅甸人爱吃的其他美食"，在此期间还会组织集体观影。麦卡利斯特甚至还得出结论说："缅甸人热爱电影胜过世界上所有人。"对于年轻的缅甸知识分子，麦卡利斯特指出"如果我们想让他们大量地、经常地发表言论，我们必须提供的不仅仅是关于图书和政治的讨论"。麦卡利斯特还乐观地认为"如果处理得当，这个项目将会取得巨大的成功"①。

钦特书店的主要业务是发行美国图书和杂志，并借此影响其他书店的图书发行。钦特书店在仰光开业时，缅甸尚没有专门发行美国图书的书店。在杂志方面，除了英文版的《生活》与《时代》周刊外，也没有其他的美国杂志在缅甸发行。自从钦特书店成功将美国图书和杂志引入缅甸，其他书店也纷纷开始重视存储和销售美国图书和杂志。自此，美国图书和杂志被越来越多地引入缅甸市场。尽管如此，钦特书店仍然是仰光冷战题材书刊的最主要的销售商。钦特书店的书架上"隆重推出"了美国出版的图书，其中有整整一书架图书是专门宣扬冷战思维的，尤其宣扬是"反苏"的。②钦特书店之所以垄断了仰光的冷战主题图书市场，主要原因在于当地其他书店几乎以美国的原价在缅甸销售这些图书，因此这些书店并没有大量库存这种类型的图书；另外，钦特书店购进这些冷战主题图书后，以极低的价格对外出售。颇有意思的是，钦特书店还吸引了吴努、吴觉迎和吴强顿等缅甸政要的注意，他们认为钦特书店是"极其重要的"，甚至认为"这是缅甸冷战宣传材料的唯一来源"③。

除了出售美国图书和杂志外，钦特书店也会组织丰富的图书促销及捐赠活动。譬如针对缅甸大学生出售折扣图书以及向大学捐赠图书等。1955年1月，钦特书店开展了针对仰光大学的图书捐赠活动，但由于其库存太低且缺乏新的图书进口许可证，使其不得不从美国订购所需的

---

① Marvin G. McAlister, "Summary Report", August 1, 1952, Hoover Institution Archive, The Asia Foundation Records, Box P‒31, Folder: Burma Program, General, p. 1.

② C. Martin Wilbur, *China in My Life: A Historian's Own History*, London and New York: Routledge, 2016.

③ Marvin G. McAlister, "A Review: End of Second Quarter", January 1, 1955, Hoover Institution Archive, The Asia Foundation Records, Box P‒31, Folder: Burma Program, General, pp. 8‒9.

图书。实际上，钦特书店除了设在仰光市剧院区的固定书店外，还有几部车载或船载移动书店。它们不时穿梭在仰光市郊的公路上或游弋在缅甸大大小小的运河中，吸引了大量读者阅读和选购。有时，这些车载移动书店还会进入大学校园散发印有英文或缅文的冷战宣传材料。譬如钦特书店所属的车载移动书店曾在 1955 年向仰光师范学院的师生提供图书服务。①

此后，随着钦特书店库存的不断增加，麦卡利斯特甚至还打算在仰光其他零售书店开辟冷战主题图书杂志和"大众文学"的销售点，有许多书店对于获得这些图书杂志有相当大的兴趣。对当地书商而言，这些出版物通常是他们不容易获得的。此外，仰光钦特书店的成功还促使麦卡利斯特计划在曼德勒也开设一间同样的书店。②

尽管钦特书店在仰光的运作比较稳定，但是与仰光出售共产党资料的书店相比，钦特书店仍存在明显的缺陷，其中价格昂贵是最大的劣势。由于成本方面的原因，来自中国和苏联的图书价格往往很低，但美国图书的售价却非常高，这令许多缅甸读者望而却步。此外，美国向钦特书店的发货量也远小于社会主义国家向仰光左翼书店的发货量。据书店经理伯恩回忆，有一次他去海关拿书时，发现只有 200 个包裹，而运往中国和苏联大使馆的包裹则多达 2000 多个。③ 由于价格高昂再加上图书库存较少，钦特书店的客源不可避免地受到很大影响。曾经光顾钦特书店的美国学者 C. 马丁·威尔伯（C. Martin Wilbur）写道："在一个半小时里，我看见只有几个人进来阅览。"④

1954 年秋，随着"自由亚洲委员会"转型为亚洲基金会，其运作模式也发生了相当大的转变，更加强调依靠当地的力量在缅甸开展项目。在此情势下，原先由基金会直接经营的钦特书店也受到了冲击。基金会认为：尽管钦特书店是一个基金会乐意提供资助的项目，

---

① Marvin G. McAlister, "A Review: End of Second Quarter", January 1, 1955, Hoover Institution Archive, The Asia Foundation Records, Box P－31, Folder: Burma Program, General, pp. 2, 3, 9.

② Marvin G. McAlister, "Summary Report", August 1, 1952, Hoover Institution Archive, The Asia Foundation Records, Box P－31, Folder: Burma Program, General, p. 1.

③ C. Martin Wilbur, *China in My Life: A Historian's Own History*, London and New York: Routledge, 2016.

④ C. Martin Wilbur, *China in My Life: A Historian's Own History*, London and New York: Routledge, 2016.

但这一行动本身应由缅甸人来实施。① 此外，随着在缅甸活动经验的积累，麦卡利斯特的理念也发生了较大转变。1955 年 4 月 27 日，麦卡利斯特在卸任缅甸代表前致亚洲基金会主席布鲁姆的信中指出："当一个项目被公开支持、资助或被美国组织需要时，那么美国努力的很大一部分价值便已经丧失了。而更有效的做法是交给亚洲人处理所有提案以及随后的项目，而美国的利益较少或根本不参与这些事务。"为此，麦卡利斯特建议所有具有明确目标的项目"都应该以最少的美国人参与和宣传来处理"。不过，对于有些项目则"应被有意设计为'公开'或'公共关系项目'"，以便使亚洲基金会在"绝对无争议的项目上尽可能得到最好的宣传"②。显然，作为具有明显意识形态色彩的钦特书店属于前者。此后，基金会在钦特书店项目上逐步开启了"减少美国人参与"的进程。

到 1955 年 9 月 30 日，基金会已经开始着手制订处理钦特书店的计划。经过周密的调查与权衡，基金会决定将其出售给一家佛教协会，这个协会同时还经营着位于曼德勒、毛淡棉和勃生的书店，而仰光的这家书店将成为这些连锁店的总部。③ 实际上，钦特书店的背后买主正是亲美的缅甸"青年僧人协会"（Yahan Pyo Ahpwe）。该协会与亚洲基金会渊源深厚，甚至还在"关键时刻"向后者提供过帮助。1953 年初，受缅北蒋军的影响，缅甸政府单方面终止了美国技术合作署对缅甸的经济援助项目，在此期间，其他美国驻缅机构也受到了严格审查。亚洲基金会在缅甸的活动岌岌可危。关键时刻，在缅甸具有重要影响力的青年僧人协会向缅甸政府提供了"令人信服的证据"，亚洲基金会才得以继续留在缅甸并继续运作。④ 此后，亚洲基金会与青年僧人协会的往来更加频繁。1957 年夏，受亚洲基金会指导和资助的文化艺术家联合会（Union Cultural Artistes Uplift Society）的主要官员访问曼德勒。他们此访的

---

① "Chinthe Bookshop", Hoover Institution Archive, The Asia Foundation Records, Box P – 31, Folder: General, Burma Program, p. 6.

② Marvin G. McAlister to Robert Blum, Hoover Institution Archive, The Asia Foundation Records, Box P – 31, Folder: General, Burma Program, p. 1.

③ "Chinthe Bookshop", Hoover Institution Archive, The Asia Foundation Records, Box P – 31, Folder: General, Burma Program, p. 7.

④ "The Yadana Bookstore", June 30, 1957, Hoover Institution Archive, The Asia Foundation Records, Box P – 30, Folder: Bookstores, Chinthe (Yadana), 1956 – June, 1957, p. 2.

目的是会见曼德勒地区的 40 多个主要的文化娱乐团体，并邀请他们正式加入协会。抵达曼德勒后，艺术家协会官员们首先会见了青年僧人协会的领导人，尤其会见了其最高领导人吴库塔拉（U Kuthala），希望借此寻求后者的支持和赞助。由于吴库塔拉十分清楚艺术家协会的背景，便"毫不犹豫"地提供了他们的支持，为艺术家协会争取到了缅北歌手、舞蹈演员和戏剧演员的支持。① 由此，不难看出亚洲基金会在当地同青年僧人协会的关系之紧密。

不仅如此，亚洲基金会还十分看重青年僧人协会与缅甸政府的关系。正如麦卡利斯特所指出的："我们必须与之打交道的最重要的对象是政府。是他们将决定这个国家的政治前途，而不是普通民众。"② 缅甸青年僧人协会恰恰在这点上具有无与伦比的优势。协会与缅甸执政党——反法西斯人民自由同盟党以及缅甸政府有着密切的联系，他们根据一些关键政府部门的要求，经常积极协助政治事务。尽管有少数政府领导人对协会持批评态度，但他们很快就认识到该组织的权力和声望。缅甸政府有时也会通过协会与亚洲基金会建立联系或做出暗示，譬如缅甸一位重要部门的部长曾告诉协会，希望亚洲基金会一定继续支持缅甸杂志出版事业。③ 因此，基金会与青年僧人协会的紧密关系以及该协会与缅甸政府的关系，使亚洲基金会更加乐意将钦特书店出售给青年僧人协会。

为使书店完全脱离与基金会的关联，基金会极力敦促新的书店业主以新名字在新的地点开业。④ 1956 年 1 月，以"亚达那"（Yadana）命名的新书店在仰光挂牌营业。基金会以 10000 美元的价格将钦特书店的图书库存、家具、车载移动书店以及其他设备转让给了青年僧人协会，后者以长期还款的形式向基金会支付相应的费用。此外，还有正从美国运来的价值 14400 美元的书刊。根据双方达成的协定，基金会将每半年

---

① "The Yadana Bookstore", June 30, 1957, Hoover Institution Archive, The Asia Foundation Records, Box P - 30, Folder: Bookstores, Chinthe (Yadana), 1956 - June, 1957, p. 2.

② Marvin G. McAlister to Robert Blum, Hoover Institution Archive, The Asia Foundation Records, Box P - 31, Folder: General, Burma Program, p. 1.

③ "The Yadana Bookstore", June 30, 1957, Hoover Institution Archive, The Asia Foundation Records, Box P - 30, Folder: Bookstores, Chinthe (Yadana), 1956 - June, 1957, p. 2.

④ "Chinthe Bookshop", Hoover Institution Archive, The Asia Foundation Records, Box P - 31, Folder: General, Burma Program, p. 7.

从亚达那书店获得60%的利润来抵偿这笔图书款项。① 因此,尽管基金会已将书店转让给了他人,但仍通过债务间接影响着亚达那书店的运营。不仅如此,亚洲基金会还通过继续向亚达那书店供应西方作家的杂志和新书,使两者继续保持着业务上的合作关系。②

钦特书店成立于亚洲冷战爆发不久,亚洲基金会刚开始在缅甸开展文化活动的时期。当时,亚洲冷战呈现出明显的"热战"特征,双方对抗冲突尤为激烈。缺乏经验的亚洲基金会从一开始就高调宣扬冷战对抗的思想,所开展的活动也大都以直接介入为主。随着各种项目的深入开展,基金会越发认识到与当地组织合作的重要性。故而改弦更张,将以往自身直接介入的活动转交给当地组织策划实施,自己则退居幕后通过各种手段进行操控。这一巨大的转变,是建立在当局对亚洲冷战重新认识的基础上的,同时也标志着亚洲基金会的活动日益走向本土化。

三 抓住关键少数:亚洲基金会与缅甸华人社区

早在亚洲基金会成立前,美国政府就已经注意到了东南亚的华人社区。1950年初,菲利普·C. 杰瑟普受国务院委托遍访亚洲诸国后,在其口头报告中就指出:"华人社区已成为东南亚共产主义力量最重要的组成部分。"③ 此后,"海外华人"群体逐渐成为美国策划冷战行动机构所关注的焦点。受此影响,基金会在成立之初就将这一"对东南亚发展的重要性与其人数远远不成比例"的群体列为其"重点目标"。亚洲基金会认为,华人"坐拥东南亚的大部分财富,在推进或阻碍共产主义在东南亚渗透方面,具有潜在的强大政治力量"④。为此,基金会还专门设立负责策动海外华人参加冷战的"海外华人联络部"(Overseas Chi-

① "The Yadana Bookstore", June 30, 1957, Hoover Institution Archive, The Asia Foundation Records, Box P – 30, Folder: Bookstores, Chinthe (Yadana), 1956 – June, 1957, p. 1.

② "Chinthe Bookshop", Hoover Institution Archive, The Asia Foundation Records, Box P – 31, Folder: General, Burma Program, p. 7.

③ Memorandum of Conversation, by Mr. Charlton Ogburn, Policy Information Officer, Bureau of Far Eastern Affairs, Oral Report by Ambassador-at-Large Philip C. Jessup Upon His Return From the East, April 3, 1950, *FRUS*, 1950, East Asia and the Pacific, Vol. Ⅵ, p. 71.

④ International Radio Broadcasting by Radio Free Asia, April 1, 1953, CK 2349515446, *US-DDO*, p. 3.

nese Contacts Branch）。在此后很长一段时间里，该部门始终占有十分重要的位置。

20世纪50年代初，在缅甸生活的华人共约30万，这一群体约占缅甸总人口的1.7%。无论是人口数量还是人口比重，缅甸华人在东南亚的情况都处于较少或较次要的行列。亚洲基金会之所以重视缅甸华人社区，除了亚洲基金会对华人的一般性侧重外，最重要的一点是缅甸与中国大陆接壤而且两国关系密切。基金会担忧，中缅友好关系为共产主义在缅甸华人群体中的渗透提供了"温床"。实际上，基金会的担忧不无道理。共产主义的确在缅甸华人社区具有强大影响力，譬如在仰光的3家华人银行，有两家为共产党所控制。此外，共产党还控制了仰光5家中文日报的4家。① 面对缅甸华人所构成的"严峻形势"，1952年进入缅甸后，亚洲基金会就专门针对华人群体开展了一系列意识形态色彩鲜明的文化冷战项目。

（一）华人学生与亚洲基金会的冷战宣传

1. 分发中文书刊

从1952年6月起，亚洲基金会就已经开始系统地向缅甸华人青年分发中文书刊。需要指出的是，这些中文书刊大都来自香港。20世纪50年代初，在多种因素的交织影响下，香港已经成了美国冷战行动机构在东南亚华人群体中开展冷战宣传的大本营和中文材料的制作中心，并在东南亚建立起了以香港为中心的宣传网络。为此，亚洲基金会缅甸办事处与香港办事处建立了紧密的合作关系。

亚洲基金会向缅甸华人分发的刊物主要包括《中国学生周报》（*Chinese Student Weekly*）、《自由儿童》（*Free Children*）、《中国学生读者》（*Chinese Schoolboy Reader*），由于这些刊物均由香港的亲美人士编辑出版，所以其内容带有明显的意识形态色彩和煽动性。当然，根据某些中文学校的要求，亚洲基金会也捐赠了一些意识形态色彩较弱的中文图书，譬如《四库全书珍本》和《万有文库简编》等大部头的中国古典丛书。但是，通过基金会对上述书刊的资金支持力度及其发行的广度来看，这些意识形态色彩明显的刊物才是其资助的重点所在。

---

① The Overseas Chinese and US Policy, September 6, 1956, CK 2349005672, *USDDO*, p. 7.

　　《自由儿童》是由香港高地出版社（Highland Press）出版的专门针对东南亚华人儿童和青少年的冷战主题读物，如图 4.2 所示。由于这本刊物内容简单并带有一定的趣味性，因而广受东南亚华人的欢迎。在缅甸，《自由儿童》同样是亚洲基金会重点推广的刊物，其发行量之大令人瞠目结舌。譬如，1953 年 5 月，麦卡利斯特从香港订购了 5000 本《自由儿童》，并通过飞机运抵仰光。此后，基金会每周五都会通过固定航班将5000 本《自由儿童》从香港运往缅甸。[1] 尽管亚洲基金会进行了如此大规模的供给，却仍无法满足缅甸华人对这本刊物的庞大需求。到 1955 年时，基金会运往缅甸的《自由儿童》已经增加到每周 15000 册。为此，基金会每周要向高地出版社支付 1300 港元的成本费用并额外支付 100 港元以帮助"进一步发展工作"[2]。据此，高地出版社把《自由儿童》的出版信息和出版安排及时与亚洲基金会分享，而且只有在双方达成协定的前提下出版社才会对刊物的内容、版式等做出更改。

图 4.2　《自由儿童》页面[3]

　　《中国学生周报》是香港著名出版机构——友联出版社（Union

---

　　[1]　"Schoolboy Reader", May 20, 1953, Hoover Institution Archive, The Asia Foundation Records, Box P – 30, Folder: Publications Chinese Schoolboy Reader and Chinese Reader, p. 1.

　　[2]　From James T. Ivy to Yu Ying-shih, January 20, 1955, The Asia Foundation Records, Box P – 30, Folder: Publications Chinese Schoolboy Reader and Chinese Reader, p. 1.

　　[3]　Hoover Institution Archive, The Asia Foundation Records, Box P – 30, Folder: Publications Chinese Schoolboy Reader and Chinese Reader.

Press）出版的首份刊物。1952 年 7 月，从中国大陆南来香港的余德宽、黄崖、方天、黄思骋等人在香港创办《中国学生周报》，意图建立中国海外学生的沟通平台。在文化战线上，《中国学生周报》通过大量的资金与物资援助影响当地的传媒、教育、出版机构，宣扬美式西方民主、自由、科学和美国生活方式以抗衡中共的文化统战。① 亚洲基金会在缅甸发行《中国学生周报》同样出于上述文化冷战的考虑。起初，缅甸对《中国学生周报》的需求并不多，每周仅有 1000 份。1953 年 5 月，这一数字迅速增加到了每周 2000 份。而到了 1955 年初，则戏剧性地增加到每周 10000 份。② 其速度增长之快，令人惊叹。

需要提及的是，在基金会缅甸代表麦卡利斯特的倡议和支持下，《中国学生周报》缅甸版于 1955 年 1 月 14 日创刊（如图 4.3 所示）。需要提及的是，在获取缅甸方面的新闻材料时，《中国学生周报》工作人员直接通过在缅甸中文学校的学生通讯员获得，而无须亚洲基金会人员的参与。③ 此后，基金会进一步与《中国学生周报》达成合作协定，根据该协定，亚洲基金会将资助在《中国学生周报》仰光分社办公室建立一间学生图书馆。当时正在仰光参加“亚洲文化自由会议”的友联出版社代表燕归来（Maria Yen）也表示：“最迫切的需要是建立一个不大的非共产主义中文图书馆，作为仰光学生阅读、学习和召开会议的中心，并将其作为进一步开展组织活动的出发点。”④ 此后，在友联出版社和亚洲基金会的共同资助下，《中国学生周报》学生图书馆最终得以在仰光建立。

此外，基金会还专门针对缅甸华人学生分发了《中国学生读者》。《中国学生读者》是由旧金山亚洲基金会总部统一印制的，这本刊物最先在缅甸境内发行，并“深受中国学生的欢迎”⑤，以至于基金会亚洲

---

① 罗卡：《冷战时代〈中国学生周报〉的文化角色与新电影文化的衍生》，载黄爱玲、李培德编《冷战与香港电影》，香港电影资料馆 2009 年版，第 111—116 页。

② “A Review：End of Second Quarter”, January 1, 1955, Hoover Institution Archive, The Asia Foundation Records, Box P – 31, Folder：General, p. 2.

③ From James T. Ivy to Marvin G. McAlister, January 13, 1955, Hoover Institution Archive, The Asia Foundation Records, Box P – 30, Folder：Book Program, General, p. 1.

④ “Agreement with the Chinese Student Weekly”, June 16, 1955, Hoover Institution Archive, The Asia Foundation Records, Box P – 30, Folder：Publications Chinese Student Weekly, p. 1.

⑤ Marvin G. McAlister to Delmer M. Brown, March 12, 1953, Hoover Institution Archive, The Asia Foundation Records, Box P – 30, Folder：Publications Chinese Schoolboy Reader and Chinese Reader, p. 1.

图 4.3　1955 年 1 月 14 日《中国学生周报（缅甸版）》创刊号①

业务主管詹姆斯·斯图尔特（James L. Stewart）认为其"如此有用"，并希望这本刊物能"继续为缅甸出版"，甚至还打算吸引"更多的基金会海外代表对其发行产生兴趣"②。缅甸代表麦卡利斯特也欣然指出："《中国学生读者》非常符合我们使用它的目的，中国人非常乐于阅读这本刊物。"③ 此后，为了扩大《中国学生读者》在缅甸的发行量，同时也是为了节省开支，麦卡利斯特还向基金会提议在缅甸当地印刷《中国学生读者》。除了节省开支和"避免《中国学生读者》通过海关和印刷品审查委员会的定期斗争"外，麦卡利斯特还认为借此可以"通过向印刷行业的朋友们提供业务，从而在经济上帮助他们"④。麦卡利斯特的要求最终得到基金会的批准，为了资助这一项目，后者甚至还"从

① Hoover Institution Archive, The Asia Foundation Records, Box P – 30, Folder: Publications Chinese Student Weekly.

② James L. Stewart, "Chinese Schoolboy Reader", Hoover Institution Archive, The Asia Foundation Records, Box P – 30, Folder: Publications Chinese Schoolboy Reader and Chinese Reader, p. 1.

③ Marvin G. McAlister, "Chinese Reader", November 4, 1952, Hoover Institution Archive, The Asia Foundation Records, Box P – 30, Folder: Publications Chinese Schoolboy Reader and Chinese Reader, p. 1.

④ Marvin G. McAlister, "School Reader", July 9, 1952, Hoover Institution Archive, The Asia Foundation Records, Box P – 30, Folder: Publications Chinese Schoolboy Reader and Chinese Reader, p. 1.

其他国家向缅甸转移资金"①。此后，《中国学生读者》在缅甸的发行量不断增加，到 1955 年初，已经增加到了每周发行 15000 份，比《中国学生周报》还多出 5000 份。②

尽管亚洲基金会针对缅甸华人的图书分发项目在 20 世纪 50 年代取得了很大进展，但其间也遇到不少突出问题。第一，基金会缅甸办事处因为缺少必要的资金而不得不多次向旧金山总部和香港办事处申请在仰光印刷刊物。1952 年 7 月 22 日，麦卡利斯特在致斯图尔特的信中直截了当地指出："我没有钱从香港购买它们，而且我也相信在缅甸印刷这些材料比从香港购买来得更便宜。"③ 第二，由于分发的书刊大部分来自香港或美国等境外地区，需要长途运输才能抵达仰光，这本身就增加了不确定性。例如 1952 年下半年，当第一期共 2000 本《中国学生读者》运抵仰光时，由于缅甸海关官员对中文印刷品存有偏见，从而致使这些刊物没能进入缅甸。④ 不过，这些问题在基金会和当地组织的支持下，均得到了不同程度的解决。

尽管亚洲基金会向缅甸华人分发书刊的初衷在于向其宣传冷战思想，但从客观上讲，这些来自域外的中文书刊，对中文资料极度匮乏的缅甸华人而言，显然是一种心灵上的慰藉。这也构成了《自由儿童》《中国学生周报》《中国学生读者》等刊物在缅甸广受欢迎的现实与心理因素。

2. 资助"亲美"中文学校

华人学生群体始终是亚洲基金会华人青年项目关注的重点。与普通华人青年不同，这些受过教育的华人青年才是华人社区的"未来领导者"，而中文学校则是这些"未来领导者"们成长和成才的摇篮。因此，通过提供资金、图书以及设备等方式资助"亲美"中文学校，构

---

① James L. Stewart to Marvin G. McAlister, July 29, 1952, Hoover Institution Archive, The Asia Foundation Records, Box P – 30, Folder: Publications Chinese Schoolboy Reader and Chinese Reader, p. 1.

② "A Review: End of Second Quarter", January 1, 1955, Hoover Institution Archive, The Asia Foundation Records, Box P – 31, Folder: General, p. 2.

③ From Marvin G. McAlister to James Stewart, "Chinese Books (Pamphlets)", July 22, 1952, Hoover Institution Archive, The Asia Foundation Records, Box P – 31, Folder: Books, General, p. 1.

④ "Burma-Program Development", Hoover Institution Archive, The Asia Foundation Records, Box P – 31, Folder: Burma Program, General, p. 4.

成了亚洲基金会赢得缅甸华人学生"心灵"的最主要的手段。

据亚洲基金会档案表明，1952年亚洲基金会初入缅甸时，当地许多中文学校已经处于共产党的影响和控制下。据统计，截至1952年7月，仰光共有14所"亲共"中文学校，大约有学生2500—3000人；与此同时，仰光的"亲美"中文学校有16所，有学生3000—4000人。[①]"亲共"和"亲美"学校双方势均力敌，不同意识形态的学校之间的竞争往往十分激烈。由于这一时期共产党加大了对华人学校的资金投入，为学校配备了铜管乐队和长笛乐队，使得"亲共"学生在游行、集会等"对年轻人意义重大的场合"中占尽优势。正如麦卡利斯特给斯图尔特的信中所描述的那样：

> 华人共产党的组织是工人、学生、各类男女青年、妇女以及来自各行各业人员的组织。他们组成工会或联合会。在组织学生的过程中，他们成立了男女学生都参加的歌唱小组……他们还组织管弦乐队、铜管乐队、长笛乐队，安排音乐会、舞台剧，组织野餐、艺术节和运动会等。[②]

而"亲美"学校由于买不起像长笛这样的"装备"，所以其在这些场合仅处于"可怜的劣势地位"[③]。结果，"亲共"学校的学生在全国节日游行和其他公共活动中得到了所有的掌声和认可，"亲美"学校的学生只剩下沮丧和失败的感觉。[④]

为了扭转这一不利局面，亚洲基金会也逐步加大了对"亲美"中文学校的支持力度。此前，麦卡利斯特就已经对缅甸"亲美"中文学校的

---

① "Chinese in Rangoon", July 1, 1952, Hoover Institution Archive, The Asia Foundation Records, Box P - 31, Folder: Social and Economic, Overseas Chinese General (Chinese Youth Project), p. 2.

② "Chinese Schools", August 10, 1952, Hoover Institution Archive, The Asia Foundation Records, Box P - 31, Folder: Social and Economic, Overseas Chinese General (Chinese Youth Project), p. 1.

③ "Burma-Program Development", Hoover Institution Archive, The Asia Foundation Records, Box P - 31, Folder: Burma Program, General, p. 3.

④ "Burma-Program Development", Hoover Institution Archive, The Asia Foundation Records, Box P - 31, Folder: Burma Program, General, pp. 3 - 4.

情况进行了切实的考察。通过考察，麦卡利斯特推翻了此前有人在报告中所提到的"由于高中教师的严重短缺，学生们被迫投入共产党控制的学校"。恰恰相反，仰光市的5所"亲美"中文高中并不缺少教师，只有一些低年级的学校才有师资不足的问题。尽管如此，麦卡利斯特并不建议在低年级学校开展项目，而是"找到更好地利用这些钱的项目"[1]。麦氏的方案是在5所"亲美"中文学校里组建长笛乐队，以"帮助他们重新找回自我"。之所以建立长笛乐队而不是其他管弦乐队的原因在于"这是一个深受中国人喜爱的乐队类型，而且这种类型的帮助将被欣然接受"[2]。此后，亚洲基金会将组建长笛乐队的资金交给了一个由4名所谓"杰出亲美华人"组成的委员会，由该委员会下拨资金给各所学校。亚洲基金会则不公开参与这些活动。基金会还希望通过这一行动，为仰光大批"亲美"华人在更大范围采取行动和团结一致铺平道路。[3]

除了资助中文学校的乐队外，双方还看准了缅甸各级中文学校教科书"供不应求"的情况。[4] 因此，向中文学校出售教科书同样是"亲共"和"亲美"组织争夺和控制缅甸华人学校的主要手段之一。受历史因素影响，缅甸"亲美"华人学校的教科书最初主要来自新加坡。但是，许多华人对新加坡中文教科书并不满意。随后，"亲美"中文学校当局通过投票废止了旧版教科书，欲接纳来自中国台湾的教科书。对此，麦卡利斯特认为，中文学校并非偏爱"国民党版本"的教科书，而是新加坡的图书太过陈旧，没有准确体现中文的发展，无法教孩子们正确阅读当前主流的中文。他们认为台湾的图书"做了这些事"，但其中有较多意识形态宣传。[5] 所以，麦卡利斯特认为"亲美"华人接受

---

① "Chinese Schools", August 10, 1952, Hoover Institution Archive, The Asia Foundation Records, Box P - 31, Folder: Social and Economic, Overseas Chinese General (Chinese Youth Project), p. 1.

② "Chinese Schools", August 10, 1952, Hoover Institution Archive, The Asia Foundation Records, Box P - 31, Folder: Social and Economic, Overseas Chinese General (Chinese Youth Project), p. 2.

③ "Burma-Program Development", Hoover Institution Archive, The Asia Foundation Records, Box P - 31, Folder: Burma Program, General, p. 4.

④ "Information for Burma Planning", Hoover Institution Archive, The Asia Foundation Records, Box P - 31, Folder: Burma Program, General, p. 2.

⑤ "Project Approvals", September 9, 1952, Hoover Institution Archive, The Asia Foundation Records, Box P - 30, Folder: Media, Textbooks, p. 1.

"台湾版本"的教科书非明智之举，主要原因在于缅北蒋军问题尚未解决，"任何在缅甸有国民党影子的事情都会让缅甸政府紧锁眉头"①。

最终，在亚洲基金会的协调下，缅甸几所"亲美"华人学校同意不接受来自中国台湾的中文教科书，而是将目光转向香港。在亚洲基金会香港代表吉姆·艾维（Jim Ivy）的帮助下，麦卡利斯特从香港获得了几种没有"国民党标签"的中文教科书。随后，麦卡利斯特组织缅甸华人知识分子将新加坡和中国香港地区、中国台湾地区版本中"最好的"中文教科书结合起来，以编写"他们自己的"教科书。这些教科书"不会有国民党的污点"，但是"绝对亲美"。而这些教科书的印刷则是由基金会开办的印刷厂来完成。②

在实际操作中，向缅甸华人提供"亲美"教科书依然离不开香港方面的支持。作为东南亚冷战宣传素材的制作和发行中心，香港与东南亚许多国家达成了有关教科书出版方面的合作协定。通常情况下，亚洲基金会各国办事处会协调本地小组与香港小组（Hong Kong group）进行合作，其中后者主要负责处理版权和"其他类似的安排"，并负责基本的编辑、出版和发行安排；本地小组主要由教育工作者组成，负责对文本进行修改，以引入"足够的地方色彩"，并进行"其他类似的修改"，以满足当地教育体系的要求，并负责"获得当地政府的批准"③。亚洲基金会在其中的任务主要则是协调香港和当地小组之间的联系。在某些情况下，基金会届时将安排香港小组的代表访问当地，并直接与当地的教育工作者小组制订日程。当然，如果香港小组所列出的教科书不符合缅甸方面的要求，亚洲基金会将可能据此制定一个联合项目。④ 在亚洲基金会的资助下，通过香港和本地小组的合作，既帮助缅甸华人学生编写出适合他们自身的教科书，也不至于因为"国民党色彩"而遭到缅甸当局的否定，还能在教科书中贯彻基金会的"亲美"思想。

----

① "Project Approvals", September 9, 1952, Hoover Institution Archive, The Asia Foundation Records, Box P‑30, Folder: Media, Textbooks, p. 1.

② "Project Approvals", September 9, 1952, Hoover Institution Archive, The Asia Foundation Records, Box P‑30, Folder: Media, Textbooks, p. 1.

③ "Chinese Textbooks", March 27, 1956, Hoover Institution Archive, The Asia Foundation Records, Box P‑30, Folder: Media, Textbooks, p. 2.

④ "Chinese Textbooks", March 27, 1956, Hoover Institution Archive, The Asia Foundation Records, Box P‑30, Folder: Media, Textbooks, p. 2.

除了向"亲美"中文学校提供教科书外，亚洲基金会还向一些中文高中提供硬件设备。譬如在 1955 年 5 月，基金会向崇新（Chung Chin）、崇德（Chong Der）和约克塔克（York Tuck）等 3 所中文高中提供了油印设备。由于有些中文学校缺乏合适的教科书，只能通过印刷设备，对一些教科书进行编写和复制。针对崇新高中，基金会还拿出 500 缅元为其安装电线，借以改善这所学校的照明设施，还可以使其能够放映电影。此外，基金会还向仰光的中文高中捐赠了一部电影放映机，并规定仰光所有的"自由"高中都可以使用这部放映机。①

此外，基金会还会依托中文学校开展一系列冷战项目，譬如组织露营、建立成人夜校等。麦卡利斯特认为"为童子军建立一个小而精的营地"比"向其提供校服"，更有助于他们"政治思想或信仰"的形成。②对麦卡利斯特而言，定期和封闭式的露营活动是"控制华人群体"的上佳方式，因为这可以"有足够长的时间，让他们接受简短而彻底的教育"，甚至还能"定期地对他们进行教育，从而使最初的教育得到加强"③。1955 年，受到亚洲基金会资助的"缅甸非共产主义华人教师协会"，在仰光"中国城"开设了 4 所成人夜校，均由华人高中来运作，并在教师协会的监督下开办自己的课程。值得注意的是，由于缅甸华人社区"缺乏类似的活动"，因此，对阅读和写作感兴趣的"亲共"和"亲美"华人都争相参加这样的夜校。④

当然，无论是分发中文书刊，还是资助中文学校，亚洲基金会绝非单纯为了提升缅甸华人的文化水平，其含有大量冷战政治宣传色彩的刊物对缅甸华人青年而言具有很大的蛊惑性。显然，亚洲基金会并不在乎书刊内容的真实性与客观性，他们在乎的是所选的书刊是否站在"亲美"的政治立场上。对中文学校的资助亦是如此，"亲美"与否成为亚洲基金

---

① "Assistance to Chinese Schools", May 5, 1955, Hoover Institution Archive, The Asia Foundation Records, Box P-30, Folder: Media, Textbooks, p. 1.

② "Chinese Schools", August 10, 1952, Hoover Institution Archive, The Asia Foundation Records, Box P-31, Folder: Social and Economic, Overseas Chinese General, Chinese Youth Project, p 2.

③ "Chinese Schools", August 10, 1952, Hoover Institution Archive, The Asia Foundation Records, Box P-31, Folder: Social and Economic, Overseas Chinese General, Chinese Youth Project, pp. 2-3.

④ "A Review: End of Second Quarter", January 1, 1955, Hoover Institution Archive, The Asia Foundation Records, Box P-31, Folder: General, p. 7.

会资助的唯一标准。而麦卡利斯特反对将来自中国台湾的图书作为中文学校的教科书，从侧面反映了亚洲基金会在开展项目时尤其重视当地政府的立场和态度。显然，这对于项目能否在当地顺利开展至关重要。

（二）"远东书局"

20 世纪 50 年代初，在东南亚所有华人社区中，缅甸是唯一一个没有为冷战主题出版物提供足够分销渠道的国家。① 亚洲基金会进入缅甸以后，就积极与缅甸代理商合作在当地发行来自香港的冷战主题中文图书。即便如此，基金会始终未能在仰光建立以销售冷战主题中文图书为主的书店。截至 1955 年底，仰光华人社区共有 7 家大型书店。但这些书店要么直接归共产党所有，要么处于共产党的有效控制下。因此，这些书店里并没有"亲美"著作，甚至根本没有任何形式的自由世界的书刊。当然，除了这些书店外，仰光还有 5、6 家中文书报摊，这些在晚上才营业的书报摊不但出售"亲共"书刊，而且出售"亲美"书刊。他们一直不愿意存储来自"自由世界"的政治图书原因，只是"没有现成的图书供应来源"②。与此相反，这些书报摊却喜欢收集共产党出版物，因为"共产党书店为书摊经营者提供了一个专区，使他们随时可以看到陈列的出版物，并根据这些书店的销售记录来衡量他们的购买量"。此外，由于中共出版物有大幅补贴，由此带来的折扣对他们来说更具有吸引力。③

在仰光中文图书市场对"自由世界"一方越来越不利的情况下，亚洲基金会开始积极物色适合经营中文图书的人选。于是，专门经营冷战主题书刊的经销商默文·莫兰（Mervyn Mollan）逐渐进入基金会的视野。莫兰本人是英印混血，且在早先曾一直为基金会"服务"。早在 1951 年，

---

① "Rangoon Bookstore and Distribution Enterprise", December 24, 1955, Hoover Institution Archive, The Asia Foundation Records, Box P – 30, Folder: Media, Bookstores, Chinese Bookstores, Far East Agencies, p. 3.

② "Rangoon Bookstore and Distribution Enterprise", December 24, 1955, Hoover Institution Archive, The Asia Foundation Records, Box P – 30, Folder: Media, Bookstores, Chinese Bookstores, Far East Agencies, p. 1.

③ "Rangoon Bookstore and Distribution Enterprise", December 24, 1955, Hoover Institution Archive, The Asia Foundation Records, Box P – 30, Folder: Media, Bookstores, Chinese Bookstores, Far East Agencies, p. 1.

莫兰就开始从事出版发行行业。此后，其业务稳步在缅甸扩张。到 1955 年时，莫兰在缅甸主要城市和乡镇已经获得了 25 家代理商。基金会看重莫兰的原因除了其在缅甸有充足的代理商外，还包括以下几点：第一，在过去几年里，基金会缅甸办事处与莫兰进行了良好的合作；第二，莫兰在缅甸发行的香港中文刊物引发了基金会的关注和兴趣；第三，莫兰在缅甸的代理商依然在不断增加，而且他本人也相信"自由世界中文书刊的发行规模可以扩大到目前的几倍"①。最后还有莫兰在香港出版商中间建立起来的良好信誉，基金会认为这是其"最宝贵的资产"②。

实际上，早在 1955 年 10 月，莫兰就曾前往香港，并在基金会香港办事处华人项目顾问苏先生（Mr. Su）的帮助和建议下，与香港多家出版商和经销商签订了代理合同，这些出版商或经销商还将莫兰指定为缅甸市场的独家代理人。③ 在签订这些协定后，莫兰发现，以前从香港出版商手里购买图书的本地书商，现在更愿意从他手里购买中文图书。而且，莫兰还可以通过降低一些中文期刊的销售价格，以大幅扩大销售数量。譬如，以前在缅甸只有 15—20 份的《新闻天地》（Newsdom）出售，而莫兰则可以降低零售价格，更迅速地将这些期刊送到仰光，并将发行量提高到 500 份左右。④ 当然，这一因素也直接促成了基金会缅甸办事处与莫兰的合作。

莫兰从香港返回仰光后，基金会缅甸办事处建议他开设一家专门经营冷战主题书刊的书店。此后，基金会又与莫兰商谈了贷款的问题，莫兰认为自从与香港出版商签订合同以来，其业务有了大量增加，因此"在不到 3 年时间里偿还贷款不会有什么困难"⑤。后来，莫兰正式向基

---

① "Rangoon Bookstore and Distribution Enterprise", December 24, 1955, Hoover Institution Archive, The Asia Foundation Records, Box P‐30, Folder: Media, Bookstores, Chinese Bookstores, Far East Agencies, p. 1.

② "Chinese Bookstore", March 19, 1956, Hoover Institution Archive, The Asia Foundation Records, Box P‐30, Folder: Media, Bookstores, Chinese Bookstores, Far East Agencies, p. 1.

③ 将莫兰指定为缅甸独家代理的香港出版商和经销商包括南风出版公司、《香港时报》、东方出版社、香港大学出版社、友联出版社（友联传播公司）、智胜图书公司、彩虹出版社。

④ "Rangoon Bookstore and Distribution Enterprise", December 24, 1955, Hoover Institution Archive, The Asia Foundation Records, Box P‐30, Folder: Media, Bookstores, Chinese Bookstores, Far East Agencies, p. 2.

⑤ "Rangoon Bookstore and Distribution Enterprise", December 24, 1955, Hoover Institution Archive, The Asia Foundation Records, Box P‐30, Folder: Media, Bookstores, Chinese Bookstores, Far East Agencies, p. 2.

金会申请贷款，以在仰光"中国城"的中心区域开设第一家冷战主题中文书店，并进一步扩大其在缅甸的中文出版物发行公司。基金会缅甸办事处在仔细研究了这一项目后，决定向莫兰提供总额为 7400 美元（35000 缅元），为期 3 年的无息贷款。[①] 双方在 12 月 3 日达成贷款协定，与此同时，基金会和莫兰签下了一张附有协定书的发票，协定书规定了贷款的相应条件。值得注意的是，这份在缅甸被公认为"法律文书"的协定书，为基金会控制莫兰的活动以及对其进行政策指导提供了途径，而且基金会无须承担任何运营方面的责任。[②]

1956 年 3 月 15 日，这家被命名为"远东书局"（Far Eastern Book Agency）的书店在仰光后街 158 号开业。书店从周一到周六营业 6 天，营业时间从早上 8 点到晚上 9 点。最初，书店雇用了 3 名华人员工。尽管这家书店在周日不营业，但仍遵循当地习俗，周日时会在商店前的几张桌子上摆出一些畅销书和一些政治类图书。开业后，书店的期刊和儿童图书业务繁忙，但政治图书和大部头的小说却很难卖出。[③]

对于基金会而言，远东书局最重要的功能之一就是其批发和分销活动。由于拥有莫兰所有出版物的批发渠道，这家书店有机会大幅增加对仰光当地书商的销售，因为他们可以通过观察书架上陈列的图书，以确定哪些图书正在热销中。而莫兰在缅甸各地的销售代理也是通过这一"热度表"来衡量他们在该地区的采购情况。此外，基金会还认为同莫兰的合作还可能产生对其"具有特殊价值的其他一些活动"。譬如，莫兰还准备出版一些缅文版的友联出版社出版物，为此他还与民主出版公司的人士就该项目进行洽谈。不仅如此，莫兰还通过其他途径向基金会提供帮助。例如，出版商沃尔特·布里格斯（Walter Briggs）曾写信给基金会缅甸代表托尔曼询问基金会是否可以帮他在当地报纸订户中争取

---

① 贷款得来的资金主要用于以下开支：保证金 20000 缅元、绘图 1400 缅元、书架和桌子 1700 缅元、拆除旧楼梯并新建楼梯 2200 缅元、家具 1700 缅元、复印机 1200 缅元、打字机 750 缅元、吉普车 5000 缅元、其他费用（最初的办公用品、执照费用、标志画、广告、推销等）1050 缅元。

② "Rangoon Bookstore and Distribution Enterprise", December 24, 1955, Hoover Institution Archive, The Asia Foundation Records, Box P – 30, Folder: Media, Bookstores, Chinese Bookstores, Far East Agencies, p. 1.

③ Joel Scarborough to Blum, August 21, 1956, Hoover Institution Archive, The Asia Foundation Records, Box P – 30, Folder: Media, Bookstores, Chinese Bookstores, Far East Agencies, p. 1.

到一些《中国通讯》的订户。后来，基金会并没有与具体的经销商进行交谈，而是直接告诉莫兰《中国通讯》似乎是一份对共产主义中国发展趋势精心策划的刊物。莫兰意识到基金会的兴趣所在后，便主动去拜访了一些当地的出版商。在没有提及基金会的情况下，他建议他们可以订阅《中国通讯》。结果，有多家当地出版商对这份刊物表示有兴趣。①

倘若莫兰的书店能如此平稳运营且与基金会继续保持密切合作的话，那么无论莫兰本人还是亚洲基金会想必都会因为这家中文书店而受益良多。但事实恰恰与之相反，基金会很快就因为经营目标的差异以及债务问题而与莫兰分道扬镳。实际上，莫兰从一开始就错误估计了两个因素：第一，他相信香港人会将更宽松的信贷延长 3—6 个月；第二，他认为自己有足够的资本购买书店的初始库存，然后可以迅速地将这些库存卖出以支付给他在香港的客户。② 莫兰曾向基金会缅甸办事处保证自己有额外的资金购买书店的库存，但他并没有向基金会表明自己需要依赖 6 家甚至更多的香港出版商和经销商提供 4—6 个月的贷款。因此，当莫兰发现书店的库存并没有像他预期的那样迅速出手时，莫兰意识到自己在香港出版界有失去信誉的危险。对此，基金会缅甸办事处向莫兰提供一笔 1000 美元的短期小额紧急贷款，帮助其进行资本重组。③

从 3 月底开始，有关莫兰书店的以下活动日益引起基金会缅甸办事处的警惕。首先，几乎没有中文出版物被送到学校；其次，在一间政府仓库里发现了无人认领的中文出版物；最后，在废纸市场发现有中文出版物的原版包装。至此，基金会认为莫兰"变得越来越不可靠，对书店业务越来越漠不关心"，甚至还有人觉得"他对'一夜暴富'的快速投资越来越感兴趣"。5 月，基金会决定召回对莫兰的贷款，并迫使其清算书店的业务。为了偿还莫兰所欠香港出版商的全部债务（16428. 18

---

① "Rangoon Bookstore and Distribution Enterprise"，December 24，1955，Hoover Institution Archive，The Asia Foundation Records，Box P‑30，Folder：Media，Bookstores，Chinese Bookstores，Far East Agencies，pp. 3 ‑ 4.

② William L. Eilers，"Chinese Bookstore"，March 19，1956，Hoover Institution Archive，The Asia Foundation Records，Box P‑30，Folder：Media，Bookstores，Chinese Bookstores，Far East Agencies，p. 1.

③ Joel Scarborough to Blum，August 21，1956，Hoover Institution Archive，The Asia Foundation Records，Box P‑30，Folder：Media，Bookstores，Chinese Bookstores，Far East Agencies，p. 1.

港元），基金会已经安排出售书店的动产。而莫兰本人最终不得不退出书店和图书经销业务。①

基金会与莫兰在中文书店方面的合作最终失败的根本原因在于两者的动机和目标相左：毋庸置疑，亚洲基金会与莫兰进行合作目的在于借助莫兰在香港出版商中的信誉及其在缅甸所拥有的众多代理商，从而更好地在缅甸华人社区推广"自由世界"的中文书刊，借以打破"中共对缅甸中文阅读材料的日益垄断"②。但书商出身的莫兰不可能将意识形态对抗当成其开办书店的首要目标，他更看重的是如何迅速获得更多的利润，正如基金会缅甸办事处所认为的那样"莫兰近乎完全忽视了这项业务，而是把他的时间和金钱都花在了'一夜暴富'的冒险上"。"远东书局"是基金会与当地合作的失败案例，尽管地方代表无法完全免除自身固有的责任，但可以确定是的，在合作前，缅甸办事处确实对莫兰的情况尽可能地进行了彻查和摸底，并一致认为"他在开设书店前为我们所做的工作是令人满意的"③。即便如此，亚洲基金会最终还是在人选上出了问题。香港美新处官员袁伦尊（L. Z. Yuan）曾对此不无遗憾地评论道："这是苏先生唯——次在对他人性格的估计上出现失误。"④

（三）"冷战文化中心"：仰光华人社区图书馆

20 世纪 50 年代初，缅甸华人社区就已经存在许多共产党间接经营的图书馆。这些图书馆里往往陈列着大量的最新书刊，并且经常会有人光顾。⑤ 为了与共产党争夺缅甸华人的"人心"，基金会缅甸办事处也

————————

①　Joel Scarborough to Blum, August 21, 1956, Hoover Institution Archive, The Asia Foundation Records, Box P – 30, Folder: Media, Bookstores, Chinese Bookstores, Far East Agencies, pp. 1 – 2.

②　"Free Chinese Bookstore and Distribution Enterprise", May 21, 1956, Hoover Institution Archive, The Asia Foundation Records, Box P – 30, Folder: Media, Bookstores, Chinese Bookstores, Far East Agencies, p. 1.

③　"Free Chinese Bookstore and Distribution Enterprise", May 21, 1956, Hoover Institution Archive, The Asia Foundation Records, Box P – 30, Folder: Media, Bookstores, Chinese Bookstores, Far East Agencies, p. 1.

④　Joel Scarborough to Blum, August 21, 1956, Hoover Institution Archive, The Asia Foundation Records, Box P – 30, Folder: Media, Bookstores, Chinese Bookstores, Far East Agencies, p. 2.

⑤　"Free Chinese Community Library", December 16, 1955, Hoover Institution Archive, The Asia Foundation Records, Box P – 30, Folder: Media, Libraries, Free Chinese Community Library, p. 2.

逐步将建立图书馆的计划提上日程。对于"亲美"华人社区而言，建立图书馆除了能促进他们更加"亲美"外，还能给他们带来实实在在的好处。为此，持"亲美"立场的缅甸华人文化教育促进会（Burma Chinese Cultural and Educational Advancement Association，BCCEAA）最先倡议与亚洲基金会合作建立一座华人社区图书馆。

实际上，早在 1954 年底，基金会缅甸代表麦卡利斯特就同缅甸华人文化教育促进会（以下简称"华促会"）主席陈文恒进行了商谈，双方一致同意"华促会"将在仰光"中国城"的中心区域建立一座"中文参考书和一般出版物图书馆"，供当地所有的"自由华人"使用。为了支持这一项目，基金会在 1954—1955 财年预算中批准出资高达 5000 美元。其中有 4500 美元用于通过香港办事处订购中文图书，剩下的 500 美元则用于购买书柜、家具、地图，以及订阅一年的中文报纸和期刊。[①]

在 1954 年的亚洲基金会地区会议上，仰光办事处先向香港办事处提交了一份图书馆所需图书的名单，香港办事处再根据具体情况对这份书单进行了修改。到 1955 年 3 月 1 日，香港办事处正式通知缅甸"4100 册图书已经备妥待运"。然而，由于缺乏图书进口许可证且缅甸办事处与"华促会"在图书馆的建设和运营方面产生了分歧，致使这批货物的运输被推迟数月。好在从香港回来的莫兰答应根据他的一般进口许可证，将存放在香港办事处的 4100 册图书运往仰光。12 月 5 日，香港办事处终于将这些图书发给莫兰，并于 1956 年 1 月抵达仰光。[②]

在图书馆的装修改造方面，"华促会"预计重新布置和装饰图书馆，以及提供所需的最少订阅量的报章杂志，并支付图书馆场地一年的租金，三项加在一起耗资将近 3000 美元。由于基金会此前承诺的 500 美元没有拨付，因此根据 707 项目条款一次性向图书馆拨款 2000 美元，剩余的 1000 美元则由"华促会"补足。此外，"华促会"还同意支付一名全职且经验丰富的图书管理员薪水。[③] 需要指出的是，"华促会"

---

① "Free Chinese Community Library", December 16, 1955, Hoover Institution Archive, The Asia Foundation Records, Box P – 30, Folder: Media, Libraries, Free Chinese Community Library, p. 1.

② "Free Chinese Community Library", December 16, 1955, Hoover Institution Archive, The Asia Foundation Records, Box P – 30, Folder: Media, Libraries, Free Chinese Community Library, p. 1.

③ "Free Chinese Community Library", December 16, 1955, Hoover Institution Archive, The Asia Foundation Records, Box P – 30, Folder: Media, Libraries, Free Chinese Community Library, p. 1.

最终聘请了邱诺生（Khoo Nock Sein）管理这座图书馆。邱诺生曾担任缅甸规模最大的中文高中校长，后来这所高中被缅共接管。在当地华人眼里，邱诺生具有很高威望，是缅甸华文教育的领袖人物。此外，另有两名学生辅助邱诺生运营这座图书馆。① 其实，"华促会"的这一举动与基金会的授意有很大关系。1955 年 12 月 13 日，缅甸代表托尔曼在致陈文恒的信中曾表示："您聘用的专职图书馆长必须受过良好的图书管理训练，并具备足够的经验和背景。"② 显然，邱诺生是满足上述条件的。

在图书来源上，除了亚洲基金会向图书馆提供的 4100 册图书外，"华促会"也出资 300 缅元（约 63.42 美元）购买图书。③ 此外，陈文恒还告诉基金会缅甸助理代表艾勒斯"图书馆将立即在目前保存的 1000 本中文典籍基础上进行增加"，而且陈文恒预计"华促会"还会收到更多的额外捐款，并利用这些资金从香港订购数百册新书。④ 需要提及的是，陈文恒对基金会选择的图书"有点不满"，因为他希望大部分图书会"更新"，从而为读者提供更轻松的阅读。此后，"华促会"向缅甸办事处提交了一份书单，后者则表示愿意通过远东书局购买一些最近在香港出版的图书。艾勒斯相信通过增加此类图书，图书馆的入座率将会大幅增加。⑤

1956 年 3 月 4 日，华人社区图书馆正式开馆。大约有 150 人参加了当天的开馆仪式，其中主要是教师和学生，当地华人社区的几位商界、

① "Overseas Free Chinese Community Library", March 9, 1956, Hoover Institution Archive, The Asia Foundation Records, Box P - 30, Folder: Media, Libraries, Free Chinese Community Library, p. 1.

② J. H. Tallman to Chen Wen Heng, December 13, 1955, Hoover Institution Archive, The Asia Foundation Records, Box P - 30, Folder: Media, Libraries, Free Chinese Community Library, p. 2.

③ "Overseas Free Chinese Community Library", March 9, 1956, Hoover Institution Archive, The Asia Foundation Records, Box P - 30, Folder: Media, Libraries, Free Chinese Community Library, p. 1.

④ "Free Chinese Community Library", December 16, 1955, Hoover Institution Archive, The Asia Foundation Records, Box P - 30, Folder: Media, Libraries, Free Chinese Community Library, p. 2.

⑤ "Overseas Free Chinese Community Library", March 9, 1956, Hoover Institution Archive, The Asia Foundation Records, Box P - 30, Folder: Media, Libraries, Free Chinese Community Library, p. 1.

教育界领导人以及专业人士也出席并致辞。出人意料的是，其间还有一封发给"华促会"的来自中国台湾的贺电，以祝贺其建立新图书馆。① 这座位于仰光华人社区中心的图书馆，还含有一个"可以俯瞰街道的宽敞舒适的阳台"，"华促会"将其辟为阅览室。图书馆借阅室每天从早上 8 点到晚上 8 点对外开放，其间会有一名图书管理员值守，读者只需缴纳 5 缅元押金便可以从中借阅书刊了。此外，阅览室等其他活动场所则是 24 小时向公众开放。② 图书馆不仅面向普通华人群体开放，还特别面向"华促会"师生。因此，这就意味着该图书馆将为来自华人学校和成人夜校的数百名教师和数千名学生提供借阅服务。③ 起初，每天会有 25—30 名读者来到图书馆，随着时间推移，图书馆的访客一直在不断增加。因此，这座图书馆在很大程度上成了仰光华人群体的文娱活动中心。

实际上，在图书馆的运作与管理问题上，亚洲基金会与"华促会"多有冲突。但结果往往是"华促会"最终接受基金会的意见。譬如，在图书馆的运作管理模式方面，一个颇有意思的现象是，在缅甸所有华人社区图书馆中，除了共产党的图书馆把书放在向公众开放的书架上外，其他图书馆则习惯上将书锁在实木门后的书架上。当读者需要某一本书时，必须等着图书管理员把书发给他。正如艾勒斯所言："在缅甸，图书就像著名的红宝石和蓝宝石一样，往往作为知识财富锁在保险柜里，而不是供所有人阅读。"为此，基金会同"华促会"进行了多次争论，最终使后者接受了"书架应该对所有人开放"的理念，即便"这可能意味着丢失几本书"④。不仅如此，亚洲基金会还给予了图书馆许

---

① "Overseas Free Chinese Community Library", March 9, 1956, Hoover Institution Archive, The Asia Foundation Records, Box P - 30, Folder: Media, Libraries, Free Chinese Community Library, p. 1.

② "Overseas Free Chinese Community Library", March 9, 1956, Hoover Institution Archive, The Asia Foundation Records, Box P - 30, Folder: Media, Libraries, Free Chinese Community Library, p. 1.

③ "Free Chinese Community Library", December 16, 1955, Hoover Institution Archive, The Asia Foundation Records, Box P - 30, Folder: Media, Libraries, Free Chinese Community Library, p. 2.

④ "Overseas Free Chinese Community Library", March 9, 1956, Hoover Institution Archive, The Asia Foundation Records, Box P - 30, Folder: Media, Libraries, Free Chinese Community Library, p. 1.

多原则性的指导。基金会认为："最重要的是，我们要确保鼓励所有华人利用图书馆的设施，既向他们提供一个可以休闲阅读的地方，还可以向他们借阅图书和期刊。"对于图书，基金会认为应当将其"视为'华促会'的财产"，而不是"协会成员的个人财产"。如果图书馆因任何原因停办或不再经营，"华促会"必须和亚洲基金会讨论如何妥善处置这些图书。此外，基金会还希望"华促会"能够"特别努力邀请商界、学界和教育界的领袖人士使用图书馆，并在借阅书刊时给予他们特别的考虑"①。

按照基金会的指示，"华促会"还成立了专门管理图书馆的董事会，其成员都是"华促会"会员。图书馆董事会负责"决定所需的政策，并向亚洲基金会报告和提出建议"。此外，基金会还要求董事会"应积极努力，通过征求华人社区的捐款，使图书馆的藏书数量有实质性的增加"②。作为图书馆的实际管理部门，董事会还精心策划了图书馆的开馆仪式，并邀请了许多来自仰光"中国城"的商界、知识界和教育界领袖以及专业人士。此外，应基金会的要求，图书馆董事会还在开馆后的半年内每月向基金会提交一份业务报告。基金会将会借此决定其在下一财年所提供援助的数额，并对其活动进行评价。③ 在图书馆的半年中期报告中，托尔曼认为应当包括以下内容：

　　本期图书流通量的估算；使用设施的人员类别（包括年龄、职业、其所需图书的类型等）；最受欢迎的图书或期刊；关于如何改进图书馆的一些建议等。④

---

① J. H. Tallman to Chen Wen Heng, December 13, 1955, Hoover Institution Archive, The Asia Foundation Records, Box P－30, Folder：Media, Libraries, Free Chinese Community Library, p. 1.

② J. H. Tallman to Chen Wen Heng, December 13, 1955, Hoover Institution Archive, The Asia Foundation Records, Box P－30, Folder：Media, Libraries, Free Chinese Community Library, p. 2.

③ "Free Chinese Community Library", December 16, 1955, Hoover Institution Archive, The Asia Foundation Records, Box P－30, Folder：Media, Libraries, Free Chinese Community Library, p. 2.

④ J. H. Tallman to Chen Wen Heng, December 13, 1955, Hoover Institution Archive, The Asia Foundation Records, Box P－30, Folder：Media, Libraries, Free Chinese Community Library, p. 2.

毋庸置疑，仰光华人社区图书馆的设立，亚洲基金会出资最多。因此，在图书馆的运营与管理上，基金会亦握有最高的控制权限。尽管如此，基金会却坚持"让华人社区自己为这座图书馆的建立负全责"，甚至建议"华促会"主席陈文恒"不要将图书馆与亚洲基金会的名字联系在一起"①。其实这一做法正符合转型后的基金会的运作模式，即更加重视与当地组织合作开展项目，且在项目开展过程中更加突出强调当地组织的作用，而淡化甚至隐匿基金会的实际参与。

总的来说，华人社区图书馆是亚洲基金会与缅甸当地华人组织成功合作的范例，不仅有助于双方冷战目标的达成，而且也切实为当地华人提供了丰富的文化资源。正如仰光华人社区领袖李博田（Li Boon Tin）所认为的那样，图书馆的建立"对于这里的自由华人是一个非常令人鼓舞的发展"。李博田相信这座图书馆"是为真正的需要服务的"，并相信"它会得到很好的资助"②。亚洲基金会对此也持乐观态度，托尔曼在致陈文恒的信中明确指出："如果管理得当，图书馆将发展成为仰光非共产主义社区真正的文化中心和新的力量源泉。"③ 此后，亚洲基金会还试图将这一成功的经验运用于缅甸更多的华人社区，譬如在曼德勒、八莫、腊戌等城市的华人社区建立图书馆。④

四　以宗教为文化外交武器

国内外学界对冷战期间双方利用宗教进行对抗的研究早已有之，但已有研究较多侧重政府的直接行动，对于像亚洲基金会这样的准政府组

---

① J. H. Tallman to Chen Wen Heng, December 13, 1955, Hoover Institution Archive, The Asia Foundation Records, Box P – 30, Folder: Media, Libraries, Free Chinese Community Library, p. 2.

② "Overseas Free Chinese Community Library", March 9, 1956, Hoover Institution Archive, The Asia Foundation Records, Box P – 30, Folder: Media, Libraries, Free Chinese Community Library, p. 1.

③ J. H. Tallman to Chen Wen Heng, December 13, 1955, Hoover Institution Archive, The Asia Foundation Records, Box P – 30, Folder: Media, Libraries, Free Chinese Community Library, p. 1.

④ "Inquiry from Planning Department", March 19, 1955, Hoover Institution Archive, The Asia Foundation Records, Box P – 31, Folder: Burma Program, General, p. 3.

织是如何卷入宗教冷战的则鲜有论及。实际上，作为中情局、国务院等美国政府部门在亚洲推行文化冷战的主要前线工具之一，亚洲基金会同样将宗教作为武器大规模地在亚洲冷战战场上运用。

在缅甸等东南亚大陆国家，小乘佛教（Hinayana）占有绝对主导地位，譬如缅甸就有85%的民众信仰佛教。① 因此，能否取得佛教徒的支持，成为美国各组织机构在缅甸取得成功的关键所在。实际上，早在1951年，时任美国驻缅甸大使大卫·基（David Key）就在发给国务院的电报中指出："如果我们希望能有效地协助吴努和他的政府……最重要的就是资助政府振兴宗教，在缅甸则意味着振兴佛教，因为缅甸大多数居民都信奉这种宗教。"② 此后，美国政府立刻批准了"通过缅甸的佛教计划来加强冷战活动"的建议，并拨出款项予以支持。③

受美国政府的影响，初入缅甸的亚洲基金会也将其活动项目的重点放在了佛教徒身上。"自由亚洲委员会"在1953年制订的关于在缅甸活动的初步计划中就明确指出了佛教徒在其项目中的"首要位置"，并认为这是"针对缅甸现有情况的现实做法"④。为此，基金会将其资金预算的大约45%都投入了资助缅甸佛教活动中。⑤ 另外，基金会注意到，尽管佛教在缅甸民众心中有着重要地位，但由于各种历史及现实因素导致缅甸佛教面临"整体组织结构薄弱"的问题，而且"佛教徒本身已经从一个中立者转向亲西方立场"⑥。更为紧迫的是，缅甸佛教组织还面临着"共产主义渗透"。由是，基金会开展了以资助佛教组织、促进佛教学者交流访问为主要内容的宗教项目。

---

① Memorandum by the Acting Assistant Secretary of State for Far Eastern Affairs（Allison）to the Acting Secretary of State, December 27, 1951, *FRUS*, 1951, Asia and the Pacific, Vol. Ⅵ, Part I, p. 327.

② Memorandum by the Ambassador in Burma（Key）to the Special Assistant to the Secretary of State（Battle）, November 13, 1955, *FRUS*, 1951, Asia and the Pacific, Vol. Ⅵ, Part I, p. 309

③ 张杨:《以宗教为冷战武器——艾森豪威尔政府对东南亚佛教国家的心理战》,《历史研究》2010 年第 4 期。

④ "Preliminary CFA Plan-Burma", March 20, 1953, Hoover Institution Archive, The Asia Foundation Records, Box P – 31, Folder: Burma Program, General, p. 1.

⑤ "Preliminary CFA Plan-Burma", March 20, 1953, Hoover Institution Archive, The Asia Foundation Records, Box P – 31, Folder: Burma Program, General, p. 9.

⑥ "Preliminary CFA Plan-Burma", March 20, 1953, Hoover Institution Archive, The Asia Foundation Records, Box P – 31, Folder: Burma Program, General, p. 7.

（一）资助缅甸佛教组织

缅甸佛教徒不仅占该国总人口的比例高，其绝对数量同样不可小觑。据估计，1951 年，缅甸大约有佛教徒 1500 万人。数量如此庞大的佛教徒（可以简单划分为出家僧人和在家居士两类）实际上分属于各种不同的大大小小的佛教组织中，而这些佛教组织的领导者实际上成了数量众多的佛教徒的代言人。在某些情况下，较为重要的佛教组织领袖还能影响政府政策的制定，甚至直接进入政府担任重要职务。

20 世纪 50 年代，对缅甸社会有重要影响的佛教组织团体主要有以下几个：1. 佛陀教法会（Buddha Sasana Council），成立于"第六次佛教大结集"开始前不久。作为政府的宗教部门，该组织的主要功能之一就是帮助政府组织和控制缅甸国内众多的佛事活动。因此，佛陀教法会实际上是缅甸官方佛教的代言人；2. 青年僧人协会（Yahan Pyo Aphwe），其活动中心位于缅甸古都曼德勒。该组织是一个典型的"亲美"佛教团体，并同基金会保持着密切合作。此后，基金会还重建了曼德勒的藏经出版社（Pitaka Press），并将其转让给了青年僧人协会；3. 明加拉青年会（Mingala Youth），该组织主要由缅甸青年佛教徒构成，旨在向学生传播缅甸的佛学思想和行为准则，并在缅甸教育体系中建立奖学金激励机制；4. 全国僧人团体（National Pongyi Organization），是一个激进的佛教组织，致力于"将佛教的光芒通过各种交通工具传播到全国各地"。由于传教的繁重体力要求，该组织主要由青年僧人组成；5. 佛教青年会（Young Men's Buddhist Association），该组织主要由青年僧人组成且在本质上是一个私人组织。① 在上述佛教团体中，亚洲基金会提供资助最多的要数官方背景浓厚的佛陀教法会，其次是与基金会关系紧密的青年僧人协会。

1951 年 8 月，缅甸政府为了复兴佛教并筹办第六次佛教大结集而创立了佛陀教法会（以下简称"佛法会"）。"佛法会"主要致力于在世界范围内对现存缅甸语、巴利语、印地语等版本的佛经进行修订，以消除绝对的神秘主义，使其更好地与世界各地的佛教学者相适应。② 虽然

---

① "Burmese Buddhist Activities", October 25, 1955, Hoover Institution Archive, The Asia Foundation Records, Box P - 31, Folder: Social and Economic, Religion and Buddhist, p. 1.

② "Burma-Program Development", Hoover Institution Archive, The Asia Foundation Records, Box P - 31, Folder: Burma Program, General, pp. 4 - 5.

如此，佛经的刊印需要足够的印刷设备，这正是历经战火的缅甸所缺少的。1951 年，斯图尔特访缅期间就认识到在印刷佛经方面，"自由亚洲委员会"向"佛法会"提供援助"不仅对项目的成功至关重要"，而且也"对基金会的工作至关重要"①。此后，"自由亚洲委员会"批准向"佛法会"提供一座印刷厂以印制佛经。"佛法会"则负责提供厂房、劳动力、纸张等。值得一提的是，这项工程成为麦卡利斯特来缅甸就任后的"第一个也是最重要的一个项目"。尽管由于缅方未能如期完成厂房建设，致使印刷厂到 1953 年 5 月才最终建成，麦卡利斯特在致斯图尔特的信中仍然表现得相当乐观。他在信中指出："'亚委会'为此项目设计以及交付机器的效率与速度，不仅给缅甸人留下了深刻印象，也给驻缅甸的美国官方机构留下了深刻印象。"②

事实证明麦卡利斯特的乐观态度是合乎情理的。1955 年 1 月，基金会缅甸办事处在其报告中指出，印刷厂建成投产以后，很快就"产生了预期效果"。不仅如此，其在很长一段时间里也"生产得非常好"。此后，基金会继续向印刷厂运送印刷设备，以"提高其生产潜力"，并使其"真正成为一座杰出的工厂"③。除了向印刷厂提供设备外，基金会还会派出专业人士到厂进行设备调试和检修。譬如在 1954 年底，基金会委派印刷方面的专家弗兰克·奥尔登（Frank Allden）前往"佛法会"的印刷厂"检查设备，并规划新机器的布局"④。

实际上，基金会不只向"佛法会"提供了印刷设备，也向"青年僧人协会"（以下简称"青僧会"）提供了类似的援助。"青僧会"总部位于缅甸重要的佛教文化中心曼德勒，同样坐落于曼德勒的还有许多著名佛寺和佛教文化机构，这其中就包括著名的藏经出版社。早在二战以前，该出版社就已经因为其发行的佛教文献和宣传单而闻名全国。二战期间，出版社遭到战火破坏，基金会进入缅甸后，麦卡利斯特建议将

①　"Burma-Program Development", Hoover Institution Archive, The Asia Foundation Records, Box P – 31, Folder: Burma Program, General, p. 5.

②　"Burma-Program Development", Hoover Institution Archive, The Asia Foundation Records, Box P – 31, Folder: Burma Program, General, p. 5.

③　"A Review: End of Second Quarter", January 1, 1955, Hoover Institution Archive, The Asia Foundation Records, Box P – 31, Folder: Burma Program, General, p. 7.

④　"A Review: End of Second Quarter", January 1, 1955, Hoover Institution Archive, The Asia Foundation Records, Box P – 31, Folder: Burma Program, General, p. 7.

原先资助"佛法会"印刷厂的剩余资金用于重建藏经出版社，以此推动在缅甸北方"弘扬佛法"，并"努力增进该地区的缅甸人和华人之间的相互理解"①。后来，基金会将重建好的藏经出版社转让给"青僧会"经营，从而在很大程度上提升了该组织在缅甸国内的影响力。对基金会而言，帮助缅甸佛教组织建立印刷厂，不仅能带来直接的利润，还能通过与这些重要的宗教团体合作间接赚取更多的好处。正如麦卡利斯特在报告中所言："我同这两个组织（'佛法会'和'青僧会'）领导人之间的亲密友谊以及这些领导人对亚洲基金会的友好情感，也许是使我们能够在这里工作的最持久、最有效的因素。"②

作为激进的右翼佛教组织，"青僧会"在基金会的资助下还经常举办一些冷战思想宣传活动甚至出版书刊。1954年，"青僧会"组织召开了"缅北学生会议"，借此团结自由派学生对抗在缅甸学校蔓延的共产主义运动。在基金会的资助下，"青僧会"积极在各地建立书店，譬如在师范院校建立起校园书店，甚至还在缅共活动集中的密支那（Myitkyina）建立了"亲美"书店。1954年2月，"青僧会"还发行了"亲美"月刊，该杂志一经推出，便广受缅甸读者欢迎。实际上，这本杂志不仅通过书摊和书店进行出售，还分发给了"青僧会"的30000多名会员。同年，"青僧会"还出版了两本宣扬冷战思想的小说。③

对于新成立且极端右翼的佛教组织，基金会也给予了大量支持，其中比较有代表性的就是对全国僧人团体（以下简称"僧团"）的帮助。与其他佛教组织相比，"僧团"在宣扬佛教和冷战对抗方面更加狂热，甚至一度成了"在缅甸宣扬佛教并捍卫其免于受到共产主义入侵"的"旗手"。其实，这一组织的成立与麦卡利斯特的鼓励和支持有一定关联。麦卡利斯特与许多佛教领袖关系密切，他建议后者成立这一组织以"满足当前对中央宗教权威的需要，使其能够发出强有力的声音，并为缅甸境内的所有佛教人士提供必要的沟通渠

---

① "Burma-Program Development", Hoover Institution Archive, The Asia Foundation Records, Box P – 31, Folder: Burma Program, General, pp. 5 – 6.

② "A Review: End of Second Quarter", January 1, 1955, Hoover Institution Archive, The Asia Foundation Records, Box P – 31, Folder: Burma Program, General, p. 7.

③ "A Review: End of Second Quarter", January 1, 1955, Hoover Institution Archive, The Asia Foundation Records, Box P – 31, Folder: Burma Program, General, p. 8.

道"①。"僧团"成立后，很快就吸引了众多佛教徒的加入。当然，这主要得益于在缅甸各地开展"工作"的组织成员的积极宣教，这些人"受到了普通民众的高度尊重"，而"他们所传达的佛祖的话和共产主义的威胁正在被认真地接受"。实际上，除了直接派员外出宣教外，"僧团"也创办了自己的刊物，名为《佛光》（Light of Buddhism）。该月刊成为"僧团"宣传其佛教思想的主要阵地，其发行量高达每月20000 册。② 尽管基金会并没有直接向"僧团"提供资金援助，却以通过提供便利的方式间接帮助其开展活动。譬如，基金会曾允许"僧团"的一个宣教小组搭乘自己的一艘书船旅行，只要船一靠岸，宣教小组就登岸开展行动。当然，基金会支持这个小组的原因与其强大的宣传实力不无关系。麦卡利斯特在其报告中就曾提到过这个宣教小组，并指出其拥有 4 台大型移动放映设备，每周都为成千上万的人放映电影，甚至在一场放映会上能吸引到 8000—10000 人。③ 最后，麦卡利斯特还毫不掩饰地指出："'亚委会'与该组织业务有关的某些费用可能是我们在缅甸最重要的投资，也是为实现我们所期望的结果影响最为深远的。"④

由于明加拉青年会（以下简称"明青会"）在学生群体中具有较大影响力，因此也得到了基金会的资助。到 1955 年初，"明青会"就已经在仰光大学及其附属学院，以及仰光的高等学校拥有了数千名会员，并继续向缅北派出组织成员负责在当地各个学校发展会员。在仰光大学附属学校——延金学院（Yankin College），基金会向其中一个"明青会"小组提供了 6 个奖学金名额。此外，基金会还通过向会员提供奖品的方式鼓励其活动。然而，基金会对该组织的支持不仅限于小规模资助。1954 年底，基金会在吴努及缅甸其他高官的支持下，帮助"明青会"在仰光市中心地区建立了青年中心。麦卡利斯特在对基金会的报告中强调了这一项目的重要性，他指出："这种类型的项目是非常必要的，

① "Burma-Program Development", Hoover Institution Archive, The Asia Foundation Records, Box P-31, Folder: Burma Program, General, p. 6.

② "A Review: End of Second Quarter", January 1, 1955, Hoover Institution Archive, The Asia Foundation Records, Box P-31, Folder: Burma Program, General, p. 8.

③ "A Review: End of Second Quarter", January 1, 1955, Hoover Institution Archive, The Asia Foundation Records, Box P-31, Folder: Burma Program, General, p. 8.

④ "Burma-Program Development", Hoover Institution Archive, The Asia Foundation Records, Box P-31, Folder: Burma Program, General, p. 7.

那里几乎没有或根本没有提供给年轻人娱乐或教育的方式。"① 在青年中心完工前，基金会则协助"明青会"获得了一个小型的临时总部。

基金会资助"亲美"佛教组织的过程一般波澜不惊，但在争取立场较为中立的佛教团体时，其过程则往往表现得较为波澜起伏，譬如在1952 年 10 月，共产党邀请"青年和尚联合会"（Young Pongyi's Association，以下简称"青联"）主席以及该组织的其他几名领导人前往维也纳参加共产党召开的会议，希望借此赢得年轻和尚对共产主义的同情。对此，缅甸政府倍感"困扰"：一方面政府不支持这次旅行并犹豫是否直接拒绝发放护照，另一方面也没有相关法律允许政府为佛教神职人员的其他旅行提供资助。在缅甸政府的请求下，基金会很快便向"青联"主席及其 3 名助手承诺，将资助他们赴锡兰（斯里兰卡）进行为期两个月的学习和冥想，返程途中再朝拜印度佛教圣地。面对这个更有吸引力的选择，几名"青联"领导人很快拒绝了共产党提出的维也纳之行。② 对基金会而言，这笔费用显然并不算高昂。此后，麦卡利斯特还提出设立专项资金资助杰出僧人前往老挝、柬埔寨、泰国、锡兰等东南亚佛教国家旅行。麦卡利斯特的出发点是通过上述国家的佛陀教义进一步对这些僧侣进行"教化"，并认为这"将有助于强调佛教与共产主义之间存在的巨大鸿沟"，从而"使这些宗教领袖能够从一个恰当的角度考虑共产主义对他们的姿态"③。

在探讨基金会为何会如此大力资助缅甸佛教组织时，我们往往更看重佛教在缅甸的重要性以及美国政府一般性佛教政策的影响。然则在注重对客观事物分析的情况下，我们往往容易忽视其他一些关键因素对基金会"兴佛"项目的影响，即人的因素。毋庸置疑，在基金会大力资助佛教组织的前前后后，驻地代表麦卡利斯特本人的作用是显而易见的。早在麦卡利斯特履职仰光后不久，就曾以私人身份陪同吴努总理访问了缅甸重要的佛教中心曼德勒和东吁（Toungoo）。访问期间，麦卡利

① "A Review: End of Second Quarter", January 1, 1955, Hoover Institution Archive, The Asia Foundation Records, Box P – 31, Folder: Burma Program, General, pp. 3 – 4.

② "Burma-Program Development", Hoover Institution Archive, The Asia Foundation Records, Box P – 31, Folder: Burma Program, General, p. 6.

③ "Burma-Program Development", Hoover Institution Archive, The Asia Foundation Records, Box P – 31, Folder: Burma Program, General, p. 6.

斯特会见了许多宗教界领袖并参加了隆重的佛教仪式。由于史料问题，无法充分证明麦卡利斯特本人是否信仰佛教，但一个特别引人注意的点是吴努在向其他宾客引荐麦卡利斯特时，称他是"我的朋友，一位美国佛教徒"①。此外，隆重的佛教仪式也给麦卡利斯特留下了深刻印象，正如他在信中写道："我第一次对缅甸人对佛教的笃信以及佛教在他们生活中所起的重要作用有了真实而持久的印象。"② 更有趣的是，吴努在谈话中发现麦卡利斯特对佛教"有真正的兴趣和好奇心"，于是还为后者特别安排了为期两个月的佛教学习和冥想课程。不得不说，麦卡利斯特与身为总理且是虔诚佛教徒的吴努之间的友谊，对基金会对缅甸佛教组织的大力资助产生了很大影响，而麦卡利斯特在旅行中广泛结识佛教领袖则为后来基金会"兴佛"项目的实施进一步提供了可能。

除麦卡利斯特外，亚洲基金会主席布鲁姆也对缅甸的佛教项目给予了大力支持。在任期间，布鲁姆曾多次到缅甸访问，并同当地政府领导人参观佛教场所。譬如在 1954 年 12 月，布鲁姆参观了著名的仰光大金塔，回国后，他在感谢信中提到这是其"在缅甸逗留期间的亮点之一"③。显然，布鲁姆同样被缅甸佛教文化深深吸引。在 1957 年 8 月的缅甸旅行期间，布鲁姆还同吴努以及宗教人士商谈了在佛教徒中引入世俗教育的问题。对此，吴努表示反对，而较为狂热的佛教徒和佛学学生则持支持立场，他们认为"如果没有现代化，僧伽会失去在人民心中的一切影响力"④。当然，由于缅甸国内经济形势的恶化以及政局动荡，这一项目最终不了了之。纵然如此，最高领导层的重视对基金会最终能在缅甸顺利开展"兴佛"项目的促进作用同样不应被有意忽略。

（二）促进佛学研究与交流

除了资助佛教团体以促进佛教在缅甸的传播并抵御共产主义的扩张

---

① "Trip with U Nu, Prime Minister of Burma", May 22, 1952, Hoover Institution Archive, The Asia Foundation Records, Box P - 31, Folder: Social and Economic, Religion, Buddhist, p. 1.

② "Trip with U Nu, Prime Minister of Burma", May 22, 1952, Hoover Institution Archive, The Asia Foundation Records, Box P - 31, Folder: Social and Economic, Religion, Buddhist, p. 1.

③ Robert Blum to U Kawida, December 29, 1954, Hoover Institution Archive, The Asia Foundation Records, Box P - 31, Folder: Social and Economic, Religion, Buddhist, p. 1.

④ "Notes on Visit to Burma", August 16 - 22, 1957, Hoover Institution Archive, The Asia Foundation Records, Box P - 31, Folder: Social and Economic, Religion, Buddhist, p. 2.

外，基金会也试图从更深层次上参与挖掘和剖析这一宗教的内在逻辑与机理，从而更好地利用所取得的研究成果"进行对华心理战和文化冷战"，并"增强以冷战为目标的学术交流和思想输出行动"①。的确，早在基金会刚开始在缅甸活动时，吴努总理就曾对麦卡利斯特说道："东西方之间缺乏了解，很大程度上是因为西方不了解佛教，没有这种了解，就永远无法了解缅甸。"② 因此，为了更好地在东南亚策划实施佛教项目，基金会不得不求助于相关领域的专家学者，并聘任耶鲁大学教授、佛学研究专家理查德·加德（Richard A. Gard）担任基金会佛教项目顾问。

在基金会对缅佛教项目的策划与实施方面，加德可谓功不可没，其中尤其体现在促进双方佛学的研究与交流上。1955 年 8 月，在位于美国首都华盛顿的约翰斯·霍普金斯大学保罗·尼采高级国际研究学院（SAIS）召开的有关东南亚问题的国际会议上，加德结识了当时正在参会的缅甸国际佛学高等研究所（International Institute of Advanced Buddhistic Studies，IIABS）所长吴佩昂（U Hpe Aung）及其助理吴拉貌（U Hla Maung）。此后，加德与国际佛学高等研究所（以下简称"佛研所"）结下了不解之缘。

需要特别指出的是，"佛研所"绝非一般的学术研究机构，而是具有政府背景的"准官方"机构，其直属上级领导机关就是缅甸宗教事务和社会福利部。其宗旨在于"促进佛学研究，尤其是资助和指导佛学高级研究"③。早在 1954 年 12 月，在仰光举行的世界佛教联谊会（WFB）会议上，缅甸官员就提出了建立一座"佛教大学"的设想。在吴佩昂看来，"'佛研所'终将成为一所大学"④。实际上，"佛研所"背后昭示了缅甸政府"兴佛"的雄心壮志，其不仅希望该机构能够培

---

① 张杨：《冷战与学术：美国的中国学（1949—1972）》，中国社会科学出版社 2019 年版，第 56—57 页。

② "Trip with U Nu, Prime Minister of Burma", May 22, 1952, Hoover Institution Archive, The Asia Foundation Records, Box P – 31, Folder: Social and Economic, Religion, Buddhist, p. 2.

③ "International Institute of Advanced Buddhistic Studies", December 17, 1956, Hoover Institution Archive, The Asia Foundation Records, Box P – 31, Folder: Social and Economic, Religion, Buddhist, p. 1.

④ Richard A. Gard to Bill, "International Institute of Advanced Buddhist Studies", November 17, 1955, Hoover Institution Archive, The Asia Foundation Records, Box P – 31, Folder: Social and Economic, Religion, Buddhist, p. 1.

训缅甸的僧侣和佛教领袖，还希望借此吸引亚洲其他国家乃至西方的佛教学生，从而将缅甸塑造成佛教的"研学与实践中心"①。

正是"佛研所"的官方背景和学术功能引发了亚洲基金会的兴趣。实际上，对"佛研所"感兴趣的并不只有亚洲基金会，还有美国其他驻缅机构，譬如福特基金会（Ford Foundation）。更令人叹为观止的是福特基金会对"佛研所"的资助力度，仅在 1955 年福特基金会就资助"佛研所" 15 万美元的巨额资金用来建造一座图书馆，并资助 6 名讲座研究员。② 由此，足见美国人对"佛研所"的重视程度。值得一提的是，"佛研所"所长吴佩昂曾担任仰光大学哲学系教师。作为学者的他更看重"佛研所"的学术发展与对外交流，而这一点正好是佛学功底深厚、学缘脉络广布的加德所拥有的。所以，双方此后的合作便顺理成章。

一般情况下，加德可以通过私人通信的方式帮助吴佩昂解决一些佛学研究和"佛研所"发展等方面的问题，但当需要资金支持或采取具体行动时，远在万里之外的加德则不得不通过缅甸代表的协助来完成。譬如 1955 年 11 月，吴佩昂向加德请教了有关图书馆发展、人员配备、课程设置等方面的问题，加德认为在有些方面，基金会可以给"佛研所"提供帮助。随后，加德致信托尔曼，建议其访问"佛研所"，以弄清其真实需要。与此同时，加德也准备了"一套适当的资料"供缅甸办事处参考，这其中就包含了"佛研所"所急需的有关佛教图书馆图书分类方面的指导。③

随着基金会与"佛研所"合作的不断深化，吴佩昂还提出邀请加德访问缅甸，并"在可能的条件下待一段时间，以便提供建议和教学"④。

---

① Richard A. Gard to Bill, "International Institute of Advanced Buddhist Studies", November 17, 1955, Hoover Institution Archive, The Asia Foundation Records, Box P - 31, Folder: Social and Economic, Religion, Buddhist, p. 1.

② "International Institute of Advanced Buddhistic Studies", December 17, 1956, Hoover Institution Archive, The Asia Foundation Records, Box P - 31, Folder: Social and Economic, Religion, Buddhist, p. 1.

③ Richard A. Gard to Bill, "International Institute of Advanced Buddhist Studies", November 17, 1955, Hoover Institution Archive, The Asia Foundation Records, Box P - 31, Folder: Social and Economic, Religion, Buddhist, p. 1.

④ Richard A. Gard to Bill, "International Institute of Advanced Buddhist Studies", November 17, 1955, Hoover Institution Archive, The Asia Foundation Records, Box P - 31, Folder: Social and Economic, Religion, Buddhist, p. 1.

但由于加德当时已经接受了泰国马哈姆库塔学院大学（Maham Kuta Institute University）和斯里兰卡康堤（Kandy）佛教大学的邀请，因此其正式访缅时间被推迟至 1956 年 10 月。需要指出的是，加德访缅不单是出于吴佩昂的邀请。早在 1955 年初，基金会主席布鲁姆就已经计划安排其访问缅甸、日本、泰国、柬埔寨、锡兰（斯里兰卡）等佛教国家，以"更好地确定加德如何能全身心地从事佛教事务，并考虑驻扎东京的可能性，从而可以延长其对东南亚的定期访问"①。这样，在基金会与缅甸当地佛教团体的合作下，加德的访缅计划最终得以成行。

加德访缅前夕，艾勒斯还专程拜访了吴佩昂。显然，双方的这次会晤主要是为了加德的来访做铺垫。会晤中，吴佩昂希望加德能够提供研究方法论以及管理方面的图书，基金会则授权加德可以"购买任何对'佛研所'有帮助的材料"，其费用将由基金会的"PD‑3 发展项目"提供。② 此后不久，加德抵达缅甸开始了为期两周的访问。其间，加德参观了"佛研所"并会见了吴佩昂，还在"'佛研所'的组织结构和图书馆安排"方面向后者提供了咨询意见。③

实际上，除了"佛研所"外，加德还造访了缅甸其他佛教组织或科研机构，并同各组织机构的领导人举行了会晤。譬如，在缅期间，加德先后两次会见了"佛教学者协会"成员，并向其发表了长达 3 个小时的演讲。在演讲中，加德主要阐述了佛教大学的组织和发展，介绍了其本人出访过的其他国家佛教教育机构的状况。其间，加德还向"全国佛教传道人协会执行委员会"介绍了其他国家的佛教教育工作。出于对加德佛教知识及其从事佛学教育工作的敬仰，该组织的领导人还授予其"图拉觉知佛"（Thura Kyaw Htin Buddha Thathanapy）称号，即"以传播佛陀教义而闻名于世的人"④。此外，加德还会见了大法官吴强顿（U

---

① Robert Blum to John Tallman, January 3, 1955, Hoover Institution Archive, The Asia Foundation Records, Box P‑31, Folder: Social and Economic, Religion, Buddhist, p. 1.

② "Library, International Institute of Advanced Buddhistic Studies", September 10, 1956, Hoover Institution Archive, The Asia Foundation Records, Box P‑31, Folder: Social and Economic, Religion, Buddhist, p. 1.

③ "Dick Gard's Visit to Burma", October 17, 1956, Hoover Institution Archive, The Asia Foundation Records, Box P‑31, Folder: Social and Economic, Religion, Buddhist, p. 1.

④ "Dick Gard's Visit to Burma", October 17, 1956, Hoover Institution Archive, The Asia Foundation Records, Box P‑31, Folder: Social and Economic, Religion, Buddhist, p. 1.

Chan Htoon），同其讨论了佛教国家的交流、教育以及政府参与佛教事务等问题；帮助仰光大学巴利和阿毗达摩（Abhidhamma）系主任昂丹（Aung Than）教授获取原始资料；会见了被大多数人视为缅甸最博学僧侣的蒂蒂拉住持。① 总体而言，加德的这次访问不仅切实解决了缅甸佛学发展存在的一些问题，也拉近了基金会与缅甸佛教团体的距离，正如艾勒斯在致布鲁姆的信中所言："从与他交谈过的人的反应来看，他在佛教方面的渊博知识使他备受尊敬，而他在对佛教教育、学术和原始资料等有关问题上提出的建议也当然令人赞赏。"②

　　尽管加德的这次访问取得了很大成功，但由于其访问对象过多，而未能拿出充足的时间在"佛研所"举办学术讲座，这对于吴佩昂来说也颇有些遗憾。因此，1957 年在缅甸宗教事务和社会福利部部长吴巴索（U Ba Saw）充分知情并批准的前提下，吴佩昂亲自邀请加德来"佛研所"做有关"佛教教育"的讲座，并就组织程序、图书馆建设、研究方法等问题向吴氏提出建议。③ 可以说，加德 1957 年访缅的主要目的地就是"佛研所"。访问期间，加德还以"佛学高等教育：佛学与非佛学的关系"④ 为主题举办了为期 3 周的学术讲座。在讲座中，加德还邀请"佛研所"的师生就该专题提出自己的意见和建议。⑤ 通过举办讲座，加德不仅向缅甸佛学师生传达了美国佛教学者的研究内容和研究方法，也促进了两国佛学领域的交流。

　　加德离开缅甸后，无论是吴佩昂还是新上任的缅甸代表詹姆斯·达尔顿都给予了较高的评价。吴佩昂表示："对我们而言，他是第一位做

---

① "Dick Gard's Visit to Burma", October 17, 1956, Hoover Institution Archive, The Asia Foundation Records, Box P - 31, Folder: Social and Economic, Religion, Buddhist, p. 1.

② "Dick Gard's Visit to Burma", October 17, 1956, Hoover Institution Archive, The Asia Foundation Records, Box P - 31, Folder: Social and Economic, Religion, Buddhist, p. 1.

③ "Interview with Mr. Edwin Arnold, Representative of the Ford Foundation in Burma", August 12, 1957, Hoover Institution Archive, The Asia Foundation Records, Box P - 31, Folder: Social and Economic, Religion, Buddhist, p. 1.

④ 根据"佛研所"的实际需要，加德将讲座内容分为 10 部分，分别是：1. 导论；2. 佛学高等教育的目标和方法；3. 佛学高等教育机构评论；4. 佛学和语言科学；5. 佛学和历史学；6. 佛学和社会科学；7. 佛学、神话学、宗教和哲学；8. 佛学和文化艺术；9. 佛学和自然科学；10. 佛学和图书馆学与博物馆学。

⑤ Richard A. Gard to U Hpe Aung, August 7, 1957, Hoover Institution Archive, The Asia Foundation Records, Box P - 31, Folder: Social and Economic, Religion, Buddhist, p. 1.

过这类讲座的外国学者。研究学者们深受启发。"① 而达尔顿也在致布鲁姆的信中这样评价道："他帮了我很大的忙，把我介绍给了各位佛教学者以及政府的部长和秘书们。"当然，除了对他本人的好处以外，达尔顿也指出了加德访问对基金会的意义，并认为："作为一名公认的佛教学者和权威，他有力支持了基金会所秉持的反对通过宗教组织推行冷战战略的理念。"② 其实，达尔顿的评价并不过分，有佛教专家参与并指导的佛教项目，更容易将其控制在合理状态下而不至于过度偏离基金会的目标。

不得不承认，亚洲基金会试图借助佛教在缅甸遏制共产主义的发展取得了一定成效，使本来就"亲美"的佛教组织实力有所增强，使某些立场较为中立的佛教组织倾向于"亲美"。此外，在基金会的资助下，双方的佛学研究与交流也开展得如火如荼。尽管如此，由于美缅两国文化的异质性以及基金会将佛教的"工具化"利用，都决定了其不可能借助佛教在缅甸赢得冷战。1956年初，针对加德"教导及协助东南亚佛教机构"的提议，缅甸学者吴坤泽（U Kun Ze）表示"谨慎的赞同"。吴坤泽说道：加德"将踏上非常微妙和棘手的土地，他永远不应该忘记，作为一名基督徒，他将在一个以佛教徒为主的国家处理佛教问题，而此时佛教教义正被带到公众视线的前沿……他所引起的任何失误，任何严重的争议，对他的事业都将弊大于利"③。显然，类似的困境同样适用于加德背后的组织——亚洲基金会。

本章小结

成立于朝鲜战争时期的亚洲基金会，是美国政治精英和社会精英对亚洲冷战形态重新解构的产物。这标志着亚洲冷战从此以一种新形态展现于世人面前。新形态一方面体现为美国政府对亚洲文化冷战认

---

① U Hpe Aung to James J. Dalton, September 27, 1957, Hoover Institution Archive, The Asia Foundation Records, Box P - 31, Folder: Social and Economic, Religion, Buddhist, p. 1.

② "Gard Visit to Burma", August 13, 1957, Hoover Institution Archive, The Asia Foundation Records, Box P - 31, Folder: Social and Economic, Religion, Buddhist, p. 1.

③ John Tallman to Robert Blum, January 24, 1956, Hoover Institution Archive, The Asia Foundation Records, Box P - 31, Folder: Social and Economic, Religion, Buddhist, p. 1.

知的改变。朝鲜战争的爆发从一开始就将中美在亚洲的对抗与美苏在欧洲的对抗从形式上明显区分开来。当美国政界发现中国不仅是"比苏联更具威胁"的敌人，而且也不惧与美国武装冲突时，后者不得不改弦更张，通过借助更加隐蔽的准政府组织在军事领域以外的文化领域遏制共产主义扩张，并传播所谓的"自由"和"民主"。另一方面，亚洲基金会首先是由加利福尼亚的行业精英们发起成立的，尽管其中许多人士都有明显的政府背景，但从另一侧面考虑，他们同时也是美国社会中较有影响力的公民，因此，亚洲基金会的成立与运行具有明显政府主导、社会积极参与的色彩。该组织的成立说明在共产主义扩张压力下，美国政府和社会在亚洲问题上"冷战共识"（Cold War Consensus）的形成。

在具体的运作模式上，亚洲基金会先后经历了"自由亚洲委员会"和"基金会"两个阶段。两者的区别绝不仅体现在名字上，更表现在其宗旨和运行方式的不同，这在上文已有论述。在缅甸，亚洲基金会的转型也有明显的体现，其中由基金会直接经营的"钦特书店"转型为由"青年僧人协会"经营的"亚达那书店"一例最为典型。当然，1956年初，基金会通过贷款资助莫兰开设中文书店同样体现了亚洲基金会主要通过借助当地组织帮助基金会实现其冷战目标。此外，通过解读材料发现，自转型后，亚洲基金会在缅甸开展的项目一般都是由驻地代表提出，再经由基金会总部的批准，方可实施。实际上，无论麦卡利斯特还是托尔曼，抑或是达尔顿所提的议案基本上都被布鲁姆批准通过了。这就意味着驻地代表成了基金会握有实际权力的一方"诸侯"，而位于旧金山的基金会总部则近乎蜕变为向冷战前沿阵地提供资金、图书或其他设备的"后勤保障基地"。从实际效果上看，这一分权体制不仅给基金会带来了更充足的活力，而且使其项目开展更有针对性和前瞻性。

基金会同当地政府、组织或个人的关系，实际上是一组复杂的合作与对抗并存的博弈关系。作为名义上的"非政府组织"，基金会同缅甸政府的关系更多地表现为同政府高级官员的关系，而较少直接同缅甸政府打交道，正如加德在与福特基金会驻缅甸代表艾德温·阿诺德（Edwin Arnold）会谈时所提及的，"亚洲基金会主要帮助亚洲非政府团体加强其组织"①。这一点在对缅甸佛教组织的资助中表现更加突出：譬如在帮助吴努政府的"兴佛"项目中，基金会并没有直接与政府部门进行合作，而是向缅甸政府的前线佛教组织"佛法会"提供了大量资助。类似这样基金会与缅甸政府间接合作的例子不胜枚举，在此不再赘述。与此同时也要看到，缅甸政府与基金会对佛教的支持绝非"同心同德"，实乃"貌合神离"，吴努政府复兴佛教的政策固然有吴努的个人因素，但其主要目的则是要在支离破碎的国家建立起统一的精神基础并借此尽快消弭叛乱；亚洲基金会的目的则更为简单明了，即贯彻美国国家冷战战略。两者的目标大相径庭，这就容易导致双方在合作中发生矛盾。基金会同当地组织或个人的合作中，类似的情况同样屡见不鲜，譬如资助莫兰开设中文书店则是双方由于目标不一而最终分道扬镳的典型案例。

1962 年，随着吴奈温军政府的上台，并施行所谓"缅甸式社会主义道路"，美缅关系再度紧张。根据美方的一份评估报告显示，奈温统治下的缅甸政府"似乎正以更大的决心朝着社会主义社会的方向发展，或许是沿着马克思列宁主义的路线，并逐步摆脱西方知识分子的影响"②。1962 年 3 月 19 日，美国驻缅大使埃弗顿（Everton）同奈温举行的交谈中，后者表示将"暂停"亚洲基金会的项目，具体原因则是他对亚洲基金会在仰光大学的一些项目"感到不满"，并认为"这些项目从来没有对资金进行过全面核算"③。不过，"暂停"项目尚不足以消除奈温对美国的疑惧。1963 年初，亚洲基金会最终被缅甸政府驱逐，一同被驱逐的还有福特基金会。

---

① "Interview with Mr. Edwin Arnold, Representative of the Ford Foundation in Burma", August 12, 1957, Hoover Institution Archive, The Asia Foundation Records, Box P – 31, Folder: Social and Economic, Religion, Buddhist, p. 1.

② Matthew Foley, *The Cold War and National Assertion in Southeast Asia: Britain, The United States and Burma, 1948 – 62*, London and New York: Routledge, 2010, p. 162.

③ Telegram from the Embassy in Burma to the Department of State, March 19, 1962, *FRUS*, 1961 – 1963, Vol. XⅧ, Southeast Asia, p. 111.

第五章　福特基金会与缅甸文化外交

20 世纪 40 年代末 50 年代初，随着美国社会各界对"共产主义扩张"担忧的加剧，再加上美国政府对国内舆论的操纵和引导，美国朝野内外形成了空前一致的"反共"情绪和倾向，即"冷战共识"①。在"冷战共识"的指引下，以私人基金会为代表的民间力量也开始加入政府主导的东西方冷战对抗中。与政府机构相比，私人基金会不仅可以凭借其充足的资金在海外大规模实施文化项目，而且私人基金会的"非政府"属性可以在很大程度上避免外国政府和民众对其行动的质疑。上一章所论及的亚洲基金会也正是通过掩盖其政府背景而得以长年在缅甸等亚洲国家顺利开展活动。同具有政府背景的亚洲基金会相比，私人基金会在海外活动中往往具有更多的优势：一方面，私人基金会根本不必担心其与政府的关系会遭到揭露；另一方面，私人基金会可以假借其"慈善机构"的身份从事隐性的"冷战"活动。

实际上，即使是私人基金会同美国政府的界限也绝非泾渭分明，有些人本身就在"学术—政治"间反复横跳，在政府机构和私人基金会间不断转换身份，譬如福特基金会主席保罗·霍夫曼（Paul G. Hoffman）、基金会第一任驻缅甸代表约翰·埃弗顿、第二任驻缅甸代表艾德温·阿诺德都曾先后为美国政府和福特基金会服务过。不仅如此，私人基金会所从事的文化活动大都是政府"乐见其成"的，在这一过程中，双方的交流与合作有时候也相当频繁。

透过美国相关解密文件可知，20 世纪五六十年代，参与美国在缅甸文化外交的私人基金会不止一个，但在其中起关键作用的是福特基金

---

① 张杨：《冷战共识：论美国政府与基金会对亚洲的教育援助项目（1953—1961）》，《武汉大学学报》（人文科学版）2013 年第 3 期。

会。一方面，这固然与福特基金会雄厚的资金实力有关；另一方面，一个不能忽略的重要事实是，福特基金会对亚洲冷战的卷入程度要远超其他私人基金会。其实，福特基金会在 1950 年前后的战略转向是关键因素，即从一个地区性的筹措捐款组织转变成一个全国性的、国际化的资助者。[①] 当前，国内外学者对福特基金会在缅甸活动的关注不多，利用一手档案进行研究者则更少。本书的研究更多是站在冷战背景下，探讨福特基金会在缅甸的文化活动，并揭示其对缅甸援助的本质。

一　福特基金会的转型与缅甸项目的开启

（一）盖瑟报告与福特基金会的转型

1936 年 1 月 15 日，福特汽车公司创始人老亨利·福特（Henry Ford）和其长子埃兹尔·福特（Edsel Ford）在美国密歇根州创立了福特基金会。在埃兹尔的领导下，基金会主要用于资助医学、自然科学、历史保护、艺术和社区服务等领域。进入 20 世纪 40 年代以后，随着埃兹尔和老亨利的相继去世，领导福特基金会的重任已然落在了埃兹尔的长子亨利·福特二世（Henry Ford Ⅱ）的肩上。亨利·福特二世（以下简称"福特"）致力于将学界领袖吸纳进董事会，并大大扩展了基金会的活动领域和范围。与此同时，老亨利和埃兹尔将福特汽车公司近90% 的股份留给了基金会，总共有超过 300 万股无投票权股份，其中每股价值 135 美元。[②] 因此，如何充分利用这笔庞大的资金成为福特考虑的首要问题。在 1948 年，基金会仅向外捐赠了 1500 万美元，显然，像这样的规模远无法发挥基金会的真正价值。

1948 年，在著名物理学家卡尔·康普顿（Karl Compton）的建议下，福特将目光投向了一名来自旧金山的律师罗文·盖瑟（Horace Rowan Gaither, Jr.）[③]。此前，福特和盖瑟素昧平生。盖瑟后来回忆到：

---

① Kathleen D. McCarthy, From Cold War to Cultural Development: The International Cultural Activities of the Ford Foundation, 1950 – 1980, *Daedalus*, Vol. 116, No. 1, 1987, p. 94.

② Patricia Rosenfield, *The Ford Foundation: Themes*, 1936 – 2001, Rockefeller Archive Center, 2015, p. 3.

③ 罗文·盖瑟，曾在旧金山担任律师和投资银行家。二战期间，盖瑟在麻省理工学院担任辐射实验室主任助理。1948 年，受军方委托将隶属于国防部的一所研发机构转为私人公司，即美国知名智库——兰德公司（Rand Corporation）。

在他们见面时，"他想知道福特是否真的打算让基金会成为一个伟大的信托机构，以及福特是否知道需要做些什么来实现这一点"①。福特则认为基金会不应该代表一个家族的利益，而应该代表国家的利益。② 由此可以看出，两人对于福特基金会的发展规划大体上是一致的。1948年11月，盖瑟接受了福特的邀请，负责组织一项研究来确定福特基金会的政策和规划，以使基金会"最有效和明智地将其资源用于造福人类"③（如图5.1所示）。

图5.1　福特基金会的高层会议。从左至右依次为：亨利·福特二世、保罗·霍夫曼、切斯特·戴维斯、罗伯特·哈钦斯、罗文·盖瑟④

①　Gaither's Memorandum in Greenleaf's unpublished Study, "the Ford Foundation: The Formative Years", FFA, p. 5.

②　Francis X. Sutton, The Ford Foundation: The Early Years, *Daedalus*, Vol. 116, No. 1, 1987, p. 46.

③　The Study Committee, *Report of Study for the Ford Foundation on Policy and Program*, Michigan: The Ford Foundation, 1949, p. 10.

④　Patricia Rosenfield, *The Ford Foundation: Themes, 1936 – 2001*, Rockefeller Archive Center, 2015, p. 4.

此后，盖瑟迅速组建了以他本人为首的研究委员会。[1] 他要求每一位成员提出其领域内有关人类福利最紧迫问题的最佳想法。在此期间，该委员会行程 25 万英里，有 1000 多名专家接受了其调查和采访。除去无偿参与的顾问和与会者花费的时间外，这项研究总共历时 7 人·年，其间准备和积累的材料多达数千页。[2] 1949 年 11 月，研究委员会最终向董事会提交了一份长达 3400 页的书面报告，其正式名称为《关于福特基金会政策和规划的报告》，习惯上称之为"盖瑟报告"[3]。这份报告被董事会誉为"代表了今天美国最优秀的思想"，后来有福特基金会"大宪章"之称。

"盖瑟报告"首先界定了何谓"人类福祉"（human welfare），其中提到"物质生活水平的提升"只是人类福祉的"基本部分"，而充分发挥人的"心智、情感和精神"的能力同样不可或缺。[4] 所谓的"心智、情感和精神"能力主要包含人的尊严、自由、权利与义务等，一言以蔽之，即"民主理想"（democratic ideals）。报告指出"当今世界的民主正面临挑战"，而挑战主要来自"共产主义""极权主义"以及战争。随着"共产主义浪潮在亚洲和欧洲的兴起"，在"加强世界各地自由人民的力量"方面，美国的地位已变得"至关重要"。基金会则因其"无党派性"和"客观性"，使其能够在帮助实现民主目标"这一困难的、有时是有争议的"任务中发挥独特和有效的作用。[5] 也就是说，在研究委员会看来，福特基金会也应当在遏制共产主义方面充当生力军。而为了实现所谓的"人类福祉"，报告建议福特基金会将其活动集中在以下五个方面，包括：实现和平、强化民主、发展经济、民主社会教育、个人行为和人际关系等。

---

[1] 其余成员主要包括：盖瑟在旧金山律所的同事戴克·布朗（Dyke Brown），前新闻记者威廉·麦克皮克（William McPeak），公共管理领域专家唐·普莱斯（Don Price，曾任胡佛委员会主席的助手），安提阿学院图书管理员保罗·比克斯勒（Paul Bixler）。

[2] Report of the Trustees of the Ford Foundation, September 27, 1950, p. 5.

[3] 另一份更为著名的"盖瑟报告"是 1957 年 11 月提交给艾森豪威尔总统的关于"加强美国战略进攻和军事防御能力"的报告，又名《核时代的威慑与生存》。两份"盖瑟报告"均由罗文·盖瑟主持撰写。

[4] The Study Committee, *Report of Study for the Ford Foundation on Policy and Program*, Michigan: The Ford Foundation, 1949, p. 17.

[5] The Study Committee, *Report of Study for the Ford Foundation on Policy and Program*, Michigan: The Ford Foundation, 1949, p. 23, 26.

"盖瑟报告"用大量篇幅宣扬"自由""民主"等"人类福祉"，而将"共产主义"视作对这一精神的"挑战"。故而，"盖瑟报告"更像是福特基金会在冷战形势对"自由世界"（美国）日益不利情况下的一份"冷战宣言"。也是恰恰在这一时期，美国社会对共产主义阵营的担忧与日俱增，尤其是苏联爆炸第一颗原子弹与中华人民共和国成立后，无论美国朝野还是民众都深感重新审视战后美国国家安全体制的必要性。1950 年 4 月 7 日，被视为美国冷战战略指导性文件的 NSC – 68 号文件出台，并指出美国的根本目标在于"确保建立在个人的尊严和价值之上的自由社会的完整和活力"①。显然，就目标一致性而言，"盖瑟报告"已同美国政府达成了"冷战共识"。

"盖瑟报告"被提交后，很快即获得基金会理事们的一致通过，并由此成为福特基金会于 1950 年 9 月发布的公开报告的蓝本。值得一提的是，福特基金会在 1950 年 10 月发布的装帧精美的完整版"盖瑟报告"还受到了美国新闻界的高度赞扬。②

（二）阿诺德—布朗访缅与缅甸项目的启动

"盖瑟报告"提出并被通过以后，福特基金会一系列的调整和转型也由此拉开帷幕。1950 年 12 月 6 日，基金会董事会选出任期刚满的经济合作署署长保罗·霍夫曼（Paul G. Hoffman）担任新一任基金会主席（总监）。需要指出的是，霍夫曼此前曾任"马歇尔计划"执行长官，负责实施 1948—1950 年的对欧援助项目。报告的主要起草者盖瑟被任命为基金会副总监（associate director）。此外，芝加哥大学校长罗伯特·哈钦斯（Robert M. Hutchins）、圣路易斯联邦储备银行行长切斯特·戴维斯（Chester C. Davis）以及哈佛大学法学教授弥尔顿·卡茨（Milton Katz）一同被授予此职。于是，在这批拥有丰富学识和开拓精神的精英们组成的团队运作下，福特基金会完成了其华丽转型，进而向"国际化"的方向挺进。

---

① NSC – 68, A Report to the President Pursuant to the President's Directive of January 31, 1950, April 7, 1950, *FRUS*, 1950, National Security Affairs; Foreign Economic Policy, Vol. I, p. 238.

② Francis X. Sutton, "The Ford Foundation: The Early Years", *Daedalus*, Vol. 116, No. 1, 1987, p. 48.

　　基金会在完成人事安排后，很快就启动了在海外的活动。1951 年 8 月，霍夫曼和他的团队访问了印度、巴基斯坦和中东地区。10 月，福特基金会董事会召开会议，批准了向上述地区拨款 655 万美元的提议，以便通过"更好的教育手段和社会生活组织……使其达到更好的生活水平"①。其实，基金会之所以将其海外活动的重点放在这一地区，是由于基金会海外项目主管卡尔·斯佩思（Carl B. Spaeth）② 提交的一份政策文件。他在文件中指出中东和亚洲"处于苏联共产主义轨道的边缘且岌岌可危"，而"民主在这些地区的失败将意味着世界共产主义将无限加强，第三次世界大战的危险将急剧增加"③。在这一理念指导下，基金会着重强化了其在上述地区的活动规模，并于 1952 年先后在印度和巴基斯坦设立代表处，并在贝鲁特设立了负责中东地区项目的代表处。显然，三个代表处的设立远无法满足这一广大地区的实际需求，在何处继续增加其海外机构成为基金会决策层亟须考虑的问题。

　　就在此时，一封来自美国驻缅甸特别经济技术代表团团长艾伯特·莫法特（Abbot Low Moffat）的信件引起了基金会的注意。在信中，莫法特首先提到了其在数月前曾向美国政府提出拨款资助缅甸宗教项目的建议，但后者以"资助非基督宗教……可能会引起政治上的反应"为由拒绝了这项提议。④ 莫法特详细陈述了缅甸政府复兴宗教计划的决心和蓝图并附上了大法官吴强顿的一份备忘录。吴强顿在备忘录中指出，他们将要建立的佛教大学将"成为东南亚的精神中心，并放射出不可抗拒的智慧、真理和正义的光芒，将那些根植于贪婪、仇恨和妄想中的黑暗和邪恶力量从地球上驱散，而这些力量现在正威胁着吞没整个亚洲和世界"⑤。此

---

　　① Report of the Trustees of the Ford Foundation, December 31, 1951, p. 10.

　　② 斯佩思是一位著名的国际主义者，他于 1940—1946 年供职于美国国务院。此后长期担任斯坦福大学法学院院长直到 1962 年。其中在 1952—1953 年，斯佩思短暂离开斯坦福就任福特基金会海外项目主管，其间斯佩思帮助基金会制定了针对印度、巴基斯坦和缅甸的农村和工业援助项目。

　　③ Edward H. Berman, *The Influence of the Carnegie, Ford, and Rockefeller Foundations on American Foreign Policy: The Ideology of Philanthropy*, New York: State University of New York Press, 1983, p. 56.

　　④ "Burma Historical Documents and Correspondence, 1952–1964", Reports 012245, 1964, Ford Foundation Records, Catalogued Reports, Reports 11775–13948, p. 8.

　　⑤ Dwight MacDonald, *The Ford Foundation: The Men and the Millions*, New Brunswick and Oxford: Transaction Publishers, 2011, p. 67.

外，他还强调了吴努总理对这一项目的重视，"美国对这一项目的援助，将比经济合作署开展的任何其他单一活动对缅甸人民产生的影响都更加有益"①。需要提及的是，莫法特此前就曾委托时任经济合作署和共同安全署远东特别代表的艾伦·格里芬（R. Allen Griffin）同霍夫曼通电讨论对此项目的看法，而霍夫曼表示自己"没有理由不考虑它"②。

不久之后，时任共同安全署远东项目部主任的艾德温·阿诺德（Edwin G. Arnold）③ 致信斯佩思示意福特基金会派代表前往缅甸进行考察。1952 年 4 月，已经卸任共同安全署官员的阿诺德加盟福特基金会。4 月 17 日，在致基金会主席助理伯纳德·格拉迪厄克斯（Bernard L. Gladieux）的信中，阿诺德积极呼吁基金会派代表团前往缅甸考察，④ 并列举了以下五点理由：第一，缅甸如同印度尼西亚一样，是一个新独立国家，急需技术援助；第二，缅甸在东南亚占有举足轻重的地位；第三，缅甸拥有一个具有代表性的政府，其真诚地关心并促进本国人民的福祉；第四，由于缅甸的中立立场，很可能存在一些有价值的项目，而私人基金会资助这些项目要比通过政府资助更好；第五，缅甸已向基金会提交了一份申请，要求协助建立一所佛教大学，以此表明其兴趣。有趣的是，该项目在共同安全署看来也是"合理的"，只是由于政治原因而无法资助该项目。⑤ 阿诺德的分析给斯佩思等人"留下了深刻印象"，以至于使后者"想派代表访问缅甸"。不过，斯佩思认为一旦基金会做出考察缅甸的决定，他希望能首先获得缅甸政府的正式邀请。⑥

后来，又经过几番书信交往和集体讨论，基金会最终在 1952 年 6

① "Burma Historical Documents and Correspondence, 1952 – 1964", Reports 012245, 1964, Ford Foundation Records, Catalogued Reports, Reports 11775 – 13948, p. 11.

② "Burma Historical Documents and Correspondence, 1952 – 1964", Reports 012245, 1964, Ford Foundation Records, Catalogued Reports, Reports 11775 – 13948, p. 17.

③ 阿诺德在任职福特基金会前曾长期从事美国政府对外援助工作。他在 1949—1950 年任经济合作署驻瑞典经济专员。1951—1952 年任经济合作署和共同安全署远东项目部主任。在 1952 年又被任命为共同安全署欠发达地区顾问委员会委员。因此，其具有相当丰富的对外援助和海外生活经验。

④ 当时，基金会已经确定要派代表前往日本、印度尼西亚和菲律宾访问。

⑤ "Burma Historical Documents and Correspondence, 1952 – 1964", Reports 012245, 1964, Ford Foundation Records, Catalogued Reports, Reports 11775 – 13948, p. 20.

⑥ "Burma Historical Documents and Correspondence, 1952 – 1964", Reports 012245, 1964, Ford Foundation Records, Catalogued Reports, Reports 11775 – 13948, p. 21.

月 10 日批准将缅甸列入出访国家之列，并决定尽快派遣一个小组访问
印度尼西亚和缅甸。需要特别指出，福特基金会之所以同意将缅甸列为
考察对象，是因为其首先考虑到了缅甸在美国冷战战略中的特殊位置，
并认为"如果共产党人征服了缅甸，那么东南亚其他地区将会被包围，
印度也将会被包围"①。由此不难看到，20 世纪 50 年代初，福特基金会
已然将贯彻美国冷战战略当成其海外活动的重要诉求。

1952 年 7—8 月，福特基金会派代表阿诺德和戴克·布朗（Dyke
Brown）② 对缅甸进行考察访问。当时，缅甸政府在筹划第六次佛教大
结集事宜。为此，两人还同缅甸佛陀教法会秘书长吴强顿举行了会谈。
很明显，两人回国后所提交的考察报告在很大程度上受到了吴强顿的影
响。该报告建议基金会资助成立一所佛教大学，并称这将"为基金会与
缅甸政府进一步建立富有成效的合作关系打开大门"③。与此同时，他
们还指出这笔资金将会"促进缅甸的民族团结，发展东南亚各国之间以
及亚洲与西方之间的文化联系，并表明西方对亚洲的精神和物质生活条
件的兴趣"④。其实，该建议的提出与阿诺德在经济合作署的任职经历
有很大关系。在任经济合作署缅甸项目主任时，阿诺德曾向华盛顿当局
建议资助佛教大学。此举虽得到了经济合作署的赞同却遭到了国会的拒
绝。在这种情况下，阿诺德自然而然地希望看到福特基金会能够对该项
目予以资助。除了佛教项目外，报告还建议资助缅甸政府成立的"大众
教育委员会"（the Mass Education Council），⑤ 帮助该组织"制作廉价的
文学小册子"，并向其提供"便携式图书馆和视听教具"⑥。

---

① "Burma Historical Documents and Correspondence, 1952 – 1964", Reports 012245, 1964,
Ford Foundation Records, Catalogued Reports, Reports 11775 – 13948, p. 25.

② 在加入福特基金会前，戴克·布朗是罗文·盖瑟在旧金山的律师同事。1949 年，受盖
瑟邀请担任"盖瑟研究委员会"的助理主任。从 1953 年起，担任福特基金会副主席。1962
年，布朗离开福特基金会回到加州并在丹维尔创办了著名的雅典学院。

③ "Historical Summary of the Ford Foundation Program in Burma, 1953 – 1962", Reports
002630, May 1965, Ford Foundation Records, Catalogued Reports, Reports 1 – 3254, p. iii.

④ "Historical Summary of the Ford Foundation Program in Burma, 1953 – 1962", Reports
002630, May 1965, Ford Foundation Records, Catalogued Reports, Reports 1 – 3254, p. iii.

⑤ 大众教育委员会（Mass Education Council）：独立后，缅甸政府通过设立大众教育委员
会开展了大规模农村扫盲教育计划，并借此传播民主思想，提升民众精神风貌。

⑥ "Historical Summary of the Ford Foundation Program in Burma, 1953 – 1962", Reports
002630, May 1965, Ford Foundation Records, Catalogued Reports, Reports 1 – 3254, p. iii.

阿诺德—布朗报告的大部分行动计划都得到了董事会的认可。不仅如此，此次访问还直接促使缅甸政府邀请福特基金会在仰光设立代表处，并同缅甸政府官员合作拟订具体的援助计划。在双方就具体事宜进行协商后，1953 年 2 月 17 日，密歇根州卡拉马祖学院（Kalamazoo College）院长约翰·埃弗顿（John Scott Everton）作为福特基金会第一任驻缅甸代表抵达仰光。福特基金会在缅甸的活动就此正式开启。

通过释读材料发现，福特基金会在缅甸的资金投入和活动项目几乎涉及教育培训、公共管理、工商业发展以及农村发展等缅甸经济、社会、文化发展的各个方面。譬如在 1954 年，基金会向缅甸政府电力供应委员会（Electricity Supply Board）提供了一名美国管理方面的顾问，通过向该组织提供建议以帮助其开发管理和运营技术。① 1955 年，基金会向缅甸政府赠款 7 万美元，聘请芝加哥公共行政服务中心的顾问向缅甸地方政府民主化运动②提供了为期两年的咨询。③ 1957 年，基金会为政府新成立的公共行政和管理研究所拨款 9.2 万美元，帮助该机构建立了一座图书馆。④ 具体的案例不胜枚举。当然，覆盖面广泛并不意味着福特基金会在缅甸的活动项目缺乏重点。相反，教育与培训项目在其中所占比重最大，其中最典型的则是资助"巴利文大学"和缅甸的大众教育、高等教育和职业技术教育等。考虑到"巴利文大学"的特殊性，本书将其归入宗教项目中。

二　宗教项目：宣传与研究

（一）缅甸政府的"兴佛"政策

受民族矛盾和意识形态冲突等因素的影响，缅甸独立后不久就迅速陷入四分五裂的状态，各方势力纷纷打出自己的旗号发动叛乱。到

---

① The Ford Foundation Report 1954, Advance Human Welfare, September 1954, p. 66.

② 为了下放联邦政府的管治权，缅甸议会于 1952 年通过一项立法，赋予地方政府有限的自治权，并将权力交给地方民选官员。随后，缅甸政府成立地方行政民主化部以领导该运动。

③ The Ford Foundation to Advance Human Welfare, Annual Report 1955, September, 1955, p. 102.

④ The Ford Foundation to Advance Human Welfare, the Ford Foundation Annual Report, September 30, 1957, p. 47.

1950 年前后叛乱形势稍显好转之际，吴努政府不得不思考要通过什么样的文化价值体系才能将缅甸社会整合在一起。因此，大多数缅甸人的宗教信仰——佛教，开始为政府所倚重。值得一提的是，缅甸内阁和议会中的许多人士都是佛教徒，而吴努本人更是虔诚的佛教徒。显然，缅甸政府此后大规模复兴佛教的举动与这一点有很大关系，正如埃弗顿所言"佛教是缅甸文化生活中的一个重要因素，纯净和加强佛教，在一定程度上是出于真诚的考虑"①。

然而，仅仅出于个人的宗教情感还不足以使缅甸政府大规模"复兴佛教"，这更与执政党的政治立场有很大关系。缅甸执政党——反法西斯人民自由同盟，实际上是一个包含左派、中间派和右翼政党的大联盟。此后，随着共产党和其他左翼领导人相继脱离，该同盟逐渐蜕变成了以中间派为主的政党。因此，利用传统的精神文化——佛教来对抗共产主义对普通民众的吸引力成为该党最现实的选择。另外，在这一问题上，吴努还明显受到了其好友、印度总理尼赫鲁的影响。尼赫鲁曾向吴努建议，既然与左翼的团结失败了，就应当追求"与佛教徒的团结"②。

从各方面因素来看，吴努通过"复兴佛教"抵御共产主义扩张的可能性不容置疑。早在独立之初，缅甸政府的生存便受到了缅甸两大共产党（白旗和红旗）以及人民志愿组织等左派叛乱势力的严重威胁，甚至不得不"严重依赖"军队中的 6 个克伦营、钦营和克钦营的支持来镇压叛乱。③ 可想而知，缅甸政府官员在主观上对共产主义的排斥和恐惧。对此，吴努本人也毫不掩饰，他在 1952 年初希望美国援助缅甸的佛教项目时就提到"缅甸是唯一通过军事行动、经济和社会援助以及加强宗教信仰来与共产主义做斗争，以科学的方式应对共产主义威胁的国家"④。

---

① John Scott Everton, "Ford Foundation in Burma, Report No. 4", Reports 004944, April 5, 1953, Ford Foundation Records, Catalogued Reports, Reports 3255 – 6261, p. 2.

② E. Michael Mendelson, *Sangha and State in Burma: A Study of Monastic Sectarianism and Leadership*, Ithaca, NY: Cornell University Press, 1975, p. 263.

③ Frank N. Trager, ed., *"Insurgent Movements" in Burma*, New Haven: Human Relations Area Files, 1956, p. 1135.

④ "Historical Summary of the Ford Foundation Program in Burma, 1953 – 1962", Reports 002630, May 1965, Ford Foundation Records, Catalogued Reports, Reports 1 – 3254, p. ii.

此外，战后佛教僧团（僧伽）组织强大的政治游说力量同样不容忽视。1947年，一些佛教领袖以佛教徒占缅甸人口的80%为由，建议将佛教确立为国教，而"全缅甸佛教协会"和"全国僧人团体"更是反对1947年宪法中关于宗教自由的条款。[①] 僧团组织的反对差点改变了1947年宪法中关于宗教条款的走向，就连时任缅甸制宪会议主席的吴强顿都感到"在制宪会议完成其工作之前很有可能对草案的规定作如此修改，使佛教成为国教"[②]。由此足见佛教僧团组织对缅甸政策制定的巨大影响。

以上几种因素最终促使吴努政府下决心复兴佛教，并为此采取了一系列措施扩大佛教在缅甸社会的影响力，促进僧团制度的规范化。1950年10月，缅甸政府提出并通过了三项促进佛教复兴和改革的立法，其中《查里亚佛法》（Dhamma Chariya）规定在政府资助下建立两个宗教法庭（分别设于仰光和曼德勒），用以恢复5万多名僧侣的秩序，而其中一些僧侣被认为不适合穿佛教的黄色长袍。《维纳萨亚法》（Vinasaya Act）则要求建立一所巴利文大学，以协调寺院的语言教学。此外，被公认为最重要的《佛陀教法法》（Buddha Sasana Act）则规定成立一个由政府管理的佛陀教法组织，以协调缅甸的佛事活动。此外，该组织还负责将《巴利文三藏》译成缅甸文，并派传教士到国外宣教。[③]

然而，无论是通过复兴佛教抵御共产主义的扩张，还是试图利用这一古老的精神文化消弭民族内部的敌对意识，缅甸政府的出发点都是在佛教中发掘民族精神的纽带，强化缅甸民族共同体意识，进而巩固国家统一。但现实问题在于，缅甸政府虽有"复兴佛教"的宏愿，却并无充足的财力保障这一浩大计划的完成，故而只能对外寻求援助。

（二）福特基金会对"巴利文大学"项目的资助

前文已述，早在福特基金会来到缅甸前，以技术合作署和经济合作署

---

① Michael W. Charney, *A History of Modern Burma*, Cambridge, NY: Cambridge University Press, 2009, p. 89.

② Memorandum of Conversation, by the Consul General at Rangoon (Packer), May 28, 1947, *FRUS*, 1947, The Far East, Vol. Ⅵ, p. 24.

③ Amry Vandenbosch and Richard Butwell, *Southeast Asia among the World Powers*, Lexington: University of Kentucky Press, 1957, p. 221.

（共同安全署）为代表的美国官方机构就已经在缅甸开展政府间的援助计划，但由于"国内政治因素"两者无法向缅甸政府的宗教计划提供资助。在无望获得美国官方对该项目资助的情况下，缅甸政府遂将目光转向了以福特基金会为代表的美国私人组织。如前文所述，缅甸政府邀请外国组织对其宗教计划的资助是福特基金会进入缅甸的直接原因。

对福特基金会而言，资助缅甸的"佛教复兴"计划大体符合其海外项目的宗旨和理念。首先，佛教的唯心主义信仰同共产党的唯物主义有本质的冲突。福特基金会希望缅甸政府在意识形态上利用佛教遏制共产主义的传播，使其成为"反对共产主义所代表的唯物主义哲学的堡垒"①。其次，佛教教义中所宣扬的向善、平等、和平思想恰好同福特基金会"促进世界和平与相互理解"的目标相一致。再次，东南亚、南亚多个国家的主体民族都信仰小乘佛教，因此，对这一国际性宗教的资助，同样会在其他小乘佛教国家为美国和福特基金会赢得好感。最后，作为缅甸大多数国民的宗教信仰，佛教在缅甸社会文化的塑造中扮演了极其重要的角色。正如埃弗顿在报告中所言"不了解佛教，就不可能了解缅甸文化"②。其言外之意即福特基金会若要有效地在缅甸开展工作就应该了解佛教并支持佛教项目。

1. "巴利文大学"项目合作协定的达成

需要指出的是，当时缅甸最重要的宗教活动就是政府为纪念佛陀涅槃 2500 周年而举办的第六次佛教大结集（如图 5.2 所示）。在吴强顿看来，这次佛教结集"不仅是缅甸现代史上最重大的事件，也是亚洲和佛教世界历史上最重大的事件"③。为了筹备这次佛教盛典，缅甸政府所费不赀。据估计，佛教大会和筹建巴利文大学（在 1954—1956 年用作会议的场所）的总费用高达 320 万美元，这对于国库并不充盈的缅甸政府而言显然是一笔不小的支出，而缅甸政府对此只能出资 200 万美元。④

---

① John Scott Everton, "Ford Foundation in Burma, Report No. 4", Reports 004944, April 5, 1953, Ford Foundation Records, Catalogued Reports, Reports 3255 – 6261, p. 2.

② John Scott Everton, "Ford Foundation in Burma, Report No. 4", Reports 004944, April 5, 1953, Ford Foundation Records, Catalogued Reports, Reports 3255 – 6261, p. 2.

③ "Burma Historical Documents and Correspondence, 1952 – 1964", Reports 012245, 1964, Ford Foundation Records, Catalogued Reports, Reports 11775 – 13948, p. 14.

④ "Historical Summary of the Ford Foundation Program in Burma, 1953 – 1962", Reports 002630, May 1965, Ford Foundation Records, Catalogued Reports, Reports 1 – 3254, p. 2.

因此，其余的资金则需要借助外国援助来平衡。

图 5.2　第六次佛教大结集的现场①

实际上，早在 1952 年阿诺德和布朗在对缅甸进行了为期两周的考察后，就建议将资助巴利文大学列为基金会在缅甸的"优先项目"。此后，福特基金会和缅甸政府在这一项目上开始了缓慢接触。1953 年 2 月，随着福特基金会缅甸办事处的设立，双方的协商进程明显加快了。其间，埃弗顿同政府总理吴努、国家计划和宗教事务部部长吴温（U Win）等缅甸多位政要举行会谈，就巴利文大学项目的筹划不断交换意见。透过这一时期埃弗顿向基金会发出的报告的内容，就不难看出双方对巴利文大学项目十分重视。埃弗顿抵达仰光后不到一周就会见了缅甸宗教事务部门的几位主要负责人，其中包括吴温部长和国家计划和宗教事务部联合秘书（Joint-secretary）吴廷佩（U Tin Pe）。② 在合作协定正式达成前，双方始终保持频繁接触。

在此期间，埃弗顿不时向缅甸方面提出建议，并向基金会进行汇报。譬如在 4 月 5 日的报告中，埃弗顿认为，基金会在筹备期应该从图书馆建设、提供巴利文馆藏资源、招募大学教职员工、派遣学者协助规

---

① http：//wiki. sutta. org/index. php? title = % E7% AC% AC% E5% 85% AD% E6% AC% A1% E5% 9C% A3% E5% 85% B8% E7% BB% 93% E9% 9B% 86&variant = zh.

② John Scott Everton, "Ford Foundation in Burma, Report No. 1", Reports 004703, February 21, 1953, Ford Foundation Records, Catalogued Reports, Reports 3255 – 6261, p. 1.

划课程等四个方面对巴利文大学项目提供帮助。[①] 6 月，双方已经就该项目分两个阶段实施达成了共识，即策划与培训阶段和提供物资与项目运作阶段。在第一阶段，双方主要围绕"巴利文大学"审议有关规划和组织方面的建议。这些建议主要涉及向政府指定的委员会提供顾问，以规划新机构，并协助候任教师进行研究和深造，为他们以后的教学科研工作做准备。此外，双方还审议了图书馆发展方面的建议，这主要包括：提供图书馆建设规划及评估方面的服务；培训图书馆学各分支学科的学员并收集新图书馆所需的手稿和微缩胶片；为新图书馆采购微缩胶片设备以及其他特殊设备。[②]

10 月 1 日，双方就"巴利文大学"项目正式签署协定。根据协定，福特基金会将出资 25 万美元，主要用于资助成立一个规划和组织新机构的专家委员会，支付图书馆和博物馆大楼的建筑设计费用，为图书馆提供顾问、图书和设备，资助该机构推选的缅甸人参加海外培训，并向来自其他国家的学者提供资助以促进其在该机构开展研究。[③] 基金会原本打算将这笔资金仅用于资助该项目的规划阶段，即 1956 年 1 月工程完成之前。实际上，由于工程建设的不断延误，致使这笔资金直到 1960 年才用完。

2. 聘请专家指导

1953 年 9 月 20 日，双方正式签署有关"巴利文大学"项目文件前夕，福特基金会聘请了印度加尔各答大学印度艺术与文化系教授尼哈兰詹·雷（Nihar-Ranjan Ray）博士来缅甸担任该项目的图书馆顾问，并在缅甸停留约 1 个月。值得一提的是，作为缅甸及佛教研究领域的专家，雷对缅甸问题研究已有十余年。此外，他还通晓巴利文和梵文，并著有一本关于小乘佛教的专著。在基金会看来，雷是这项工作的上佳人选。其实，在缅期间，雷不但要履行其作为图书馆顾问的职责，还承担了组织"巴利文大学"专家委员会的使命。

---

① John Scott Everton, "Ford Foundation in Burma, Report No. 4", Reports 004944, April 5, 1953, Ford Foundation Records, Catalogued Reports, Reports 3255 – 6261, pp. 3 – 4.

② John Scott Everton, "Ford Foundation in Burma, Report No. 5", Reports 004945, June 23, 1953, Ford Foundation Records, Catalogued Reports, Reports 3255 – 6261, p. 1.

③ "Historical Summary of the Ford Foundation Program in Burma, 1953 – 1962", Reports 002630, May 1965, Ford Foundation Records, Catalogued Reports, Reports 1 – 3254, p. 2.

　　10 月 15 日，雷向吴温提交了一份有关"巴利文大学"组织和运作的书面计划。这份报告涉及新机构发展的各个方面，几乎成了该项目发展的纲领性文件。报告着重阐述了图书馆的发展规划，并认为图书馆是"巴利文大学""最重要的组成部分"。他还建议将该图书馆纳入国家图书馆系统，使其与国家图书馆、国家博物馆、仰光大学图书馆和缅甸研究学会的图书资源建立链接。另外，他还建议仰光大学师生与"巴利文大学"建立密切的合作关系，甚至还提议将缅甸研究学会也设立于此。在人事安排上，雷更倾向于研究学者中有一半是缅甸人，一半是外国人。此外，他还建议设立一个理事会，并任命一名享受该机构最高工资待遇的全职图书馆馆长。后来的事实表明，雷的建议基本得到了缅甸方面的认同。除了设立理事会的方案没有被接纳外，雷的其他建议都在很大程度上得到了贯彻。

　　雷在 1953 年的缅甸之行，使其在福特基金会和缅甸政府那里获得了良好的声誉。1954 年 2 月 1 日，在基金会邀请下，雷再次以图书馆顾问的身份前往缅甸。在缅期间，雷为 12 名学员开设了为期 4 个月的图书馆学课程。这门课程不仅强度大（每天需上课 7 个小时），而且要求标准高，其所使用的课本与美国哥伦比亚大学图书馆学院的课本基本一致。学习该课程的结业生均将获得"巴利文大学"图书馆和缅甸其他图书馆认可。[①] 需要指出的是，这门课程是福特基金会与仰光大学、英国文化协会、仰光美新处共同合作来完成的，其中仰光美新处图书馆馆员泽尔马·格雷厄姆（Zelma Graham）女士还亲自授课。图书馆学培训课程的开设在一定程度上缓解了缅甸国内对合格图书馆员的紧张需求。此外，还由于该课程的成功开设，竟直接促使仰光大学开设了永久性的图书馆学培训课程。

　　雷还在一定程度上促使缅甸政府最终确定了该项目所建机构的正式名称。所谓"巴利文大学"一开始是由缅甸政府策划提出，再加上巴利文文献构成了图书馆研究材料中最主要的部分，故而，福特基金会在此后同缅甸政府的合作中往往以"巴利文"项目称之。至于所建机构的正式名称在当时并无官方定论。其实，早在 1953 年 4 月，埃弗顿就

---

　　① John Scott Everton, "Ford Foundation in Burma, Report No. 11", Reports 004951, August 13, 1954, Ford Foundation Records, Catalogued Reports, Reports 3255 – 6261, p. 1.

认为"大学"这一名称"用词不当"，而应称为"巴利文及相关学科高等研究所"（Institute for Advanced Studies in Pali and Related Subjects）。[①]但在当时，埃弗顿的这一建议没有为缅甸政府所采纳。1953 年 10 月，雷在其书面报告中直截了当地指出新机构应是一个"以缅甸和东南亚为主要研究对象的东方研究机构，并应具有国际性和前瞻性"[②]。

1954 年 7 月，即吴努总理参加图书馆和研究中心奠基典礼 3 个月后，缅甸政府将新机构的名称定为"国际佛学高等研究所"（即"佛研所"）。尽管没有证据表明这一名称与福特基金会的意见有直接关联，但很显然该名称大体符合埃弗顿和雷在早先的建议。在埃弗顿看来，缅甸人虽然加了"佛学"一词，但并不意味着该机构的研究方向仅囿于"佛学"，而恰恰是"从巴利文、梵文和佛学等学科开始，扩及东南亚的其他文化哲学研究，包括主要现存宗教和文化传统"[③]。此外，从这一名称不难看出缅甸人也十分重视研究所的"国际化"和"包容性"。正如埃弗顿在其报告中所言，缅甸人认为研究所"应该有足够的人员和设备，以便鼓励亚洲和西方学者的参与"[④]。

作为福特基金会请聘请的顾问，雷在缅期间出色的工作成绩深受缅甸政府认同。1954 年 8 月，雷被缅甸政府任命为文化事务顾问，并专门为其在缅甸国家计划与宗教事务部以及联合文化部设立了办公室。1955 年，雷与福特基金会的合同期满后仍继续为缅甸政府服务，直到1956 年 1 月。

如果说雷为"巴利文大学"项目的前期发挥了重要作用的话，那么来自美国格林奈尔学院哲学系教授温斯顿·金（Winston King）则在后期的活动中颇具影响。早在 1955 年，在美国留学的吴拉貌（U Hla Maung）就与金见过面，后者当时还向基金会申请在研究所从事比较宗教研究的海外培训奖学金。不过，由于其在当时已经是一名知名教授，

---

① John Scott Everton, "Ford Foundation in Burma, Report No. 4", Reports 004944, April 5, 1953, Ford Foundation Records, Catalogued Reports, Reports 3255 – 6261, p. 3.

② "Historical Summary of the Ford Foundation Program in Burma, 1953 – 1962", Reports 002630, May 1965, Ford Foundation Records, Catalogued Reports, Reports 1 – 3254, pp. 2 – 3.

③ John Scott Everton, "Ford Foundation in Burma, Report No. 11", Reports 004951, August 13, 1954, Ford Foundation Records, Catalogued Reports, Reports 3255 – 6261, p. 2.

④ John Scott Everton, "Ford Foundation in Burma, Report No. 11", Reports 004951, August 13, 1954, Ford Foundation Records, Catalogued Reports, Reports 3255 – 6261, p. 2.

并不符合基金会"海外培训奖学金"的申请标准而被婉拒。雷服务期满后，基金会和研究所一致认为应该寻求一名新的顾问。所以，当基金会在 1957 年建议金担任研究所顾问时，吴佩昂和吴拉貌很快便答应了。

1958 年 7 月，金作为福特基金会项目专家来到缅甸。其主要工作是帮助吴佩昂为研究所确立符合实际的目标，并制定实现目标的途径和方法。与此同时，金还负责指导 4 名研究人员的工作，为研究所收集材料以及在僧伽大学①做讲座等。不过，其主要工作是向吴佩昂和吴拉貌提供建议，譬如吴佩昂打算将研究所改造成一所授予学位的世界佛教大学，并以向海外宣扬佛教为己任，在金的建议和影响下，吴佩昂才将其主要精力转向提升研究人员的研究水平和促进研究所的对外交流上来。

作为基金会和研究所的中间人，金还积极从福特基金会那里为缅甸工作人员争取出国留学奖学金；邀请亚洲和西方国家的学者来缅甸访问；向研究所提供研究支持；向研究所图书馆提供图书、手稿以及其他陈设等。其实，这些活动与金关于研究所的发展理念密不可分，他认为"'研究所'应充分利用人力和其他资源，更好地帮助海外哲学和宗教学者来缅甸学习"，并使世界其他国家的大学和学者了解研究所。② 在金的努力下，这一时期有大量学者和研究人员前来访问，也有不少人被派到国外进修和学习。1961 年 7 月，来自南卡罗来纳州温斯洛普学院的诺兰·雅各布森（Nolan Jacobson）博士在基金会的资助下来研究所展开了为期 1 年的访学。与此同时，吴佩昂安排了 2 名从日本毕业的学生来研究所研修。此前，在金的帮助下，1 名巴利文研究人员通过奖学金前往哈佛大学留学，其余 3 名研究人员则在研究所与"科伦坡计划"协定框架下前往澳大利亚接受培训。③

此后，随着时间推移，无论是研究所的规模还是其研究水平较之前都有了明显提升。到 1961 年，研究所已经拥有大约 50 名工作人员，并下设 6 个部门。研究所的研究人员纷纷前往西方学习深造，并且有越来

---

① 该机构主要招收从巴利文学院毕业的僧侣。此后得到了吴佩昂的帮助。

② "Historical Summary of the Ford Foundation Program in Burma, 1953 – 1962", Reports 002630, May 1965, Ford Foundation Records, Catalogued Reports, Reports 1 – 3254, p. 7.

③ "Historical Summary of the Ford Foundation Program in Burma, 1953 – 1962", Reports 002630, May 1965, Ford Foundation Records, Catalogued Reports, Reports 1 – 3254, pp. 7 – 8.

越多的海外学者前来访学。① 这一盛况与研究所建立之初相比显然已不可同日而语。这些成就显然与雷、金等福特基金会专家的科学指导密不可分。

3. 资助工程设计

早在1953年，尼哈兰詹·雷受命向研究所的筹备提供顾问和咨询时，福特基金会就已经同加尔各答建筑公司梅汉德鲁 & 波尔克（Mehandru & Polk）② 签署协定，同意由该公司规划设计研究所的图书馆和博物馆大楼。此前在福特基金会的支持下，该公司曾主持设计位于巴基斯坦卡拉奇的一所理工学院。根据福特基金会与缅甸国家计划、宗教事务和社会福利部的协定，基金会将承担建筑的设计费用，而缅甸政府将负责其建造费用。此外，基金会的赠款还将用于安装空调和图书馆设备。

作为建筑的总设计师，本杰明·波尔克（Benjamin Polk）从1953年开始就有关大楼设计和建造的问题同吴努总理进行了频繁接触。因此，波尔克将建筑设计归功于"吴努的灵感"，还将其描述为"缅甸版大教堂"。而吴努对这幢建筑也给予了很高的期望，甚至设想其"至少可以使用300年"③。根据波尔克的设计，这些建筑主要包括一个参考图书馆、一个普通图书馆、一个博物馆，以及礼堂、研究室、办公室和供其他小乘佛教国家展示的陈列室。实际上，波尔克不仅对大楼本身进行了规划，而且还为其搭配了室内家具。在位置选择上，波尔克通过与缅甸政府协商，最终选定在毗邻"神圣大石窟"（the Great Sacred Cave）的地方进行建设。

1954年4月3日，研究所终于开工建设。缅甸政府为了彰显对这一项目的重视，吴努总理当天还出席了奠基仪式。根据原定计划，研究所将于1955年5月完工，以保证其在宗教会议期间投入使用。不过，福特基金会和缅甸政府的计划最终还是落空了。早在选择施工方时，梅汉德鲁 & 波尔克公司就希望将该项目交给私人承包商来做，但缅甸政府

---

① "Historical Summary of the Ford Foundation Program in Burma, 1953 – 1962", Reports 002630, May 1965, Ford Foundation Records, Catalogued Reports, Reports 1 – 3254, p. 8.

② 此后更名为查特吉 & 波尔克（Chatterjee & Polk）公司。

③ "Historical Summary of the Ford Foundation Program in Burma, 1953 – 1962", Reports 002630, May 1965, Ford Foundation Records, Catalogued Reports, Reports 1 – 3254, p. 5.

却将其交给了"康复旅"（Rehabilitation Brigade）。其实，这个由投降的叛乱分子组成的组织并不具备工程建设方面的资质。这就导致其在建设过程中不仅速度缓慢，而且耗资巨大。此外，再加上材料和资金短缺以及异常天气的影响，[①] 最终使得工期一延再延。

需要指出的是，资金短缺是该项目面临的最主要问题。一方面，缅甸政府的预算与实际耗资相去甚远。早在项目筹划阶段，缅甸政府曾预计该项目将耗资 50 万美元，但随着工程的进展，其实际耗资竟达到了 130 万美元，远超政府预算。另一方面，缅甸政府的管理体制也存在很大问题。负责拨付工程资金的佛陀教法会"一直不太愿意为一个存在竞争的组织将要占用的建筑埋单"[②]。此外，到 1956 年 5 月时，基金会所承诺的用于支付建筑设计费用的资金已经用尽。故而，波尔克等常驻工程师的费用则由缅甸政府继续支付。1958 年 6 月 30 日建筑委员会宣布亲自监督施工。可是，丢失工作的波尔克心有不甘，通过与吴努和建筑委员会磋商，缅甸政府答应资助波尔克定期对施工情况进行检查访问，并一直持续到 1961 年。然而，福特基金会在 1963 年撤离缅甸时，工程建设仍未完成。

4. 资助研究人员

在研究所奠基前后，仰光大学哲学讲师吴佩昂（U Hpe Aung）被任命为研究所图书馆馆长，毛淡棉学院缅甸语讲师吴拉貌则担任其副手。需要指出的是，吴佩昂正是雷在此前向缅甸政府提交的一份有关图书馆长推荐名单中的一员。1954 年 6 月 11 日，两人在福特基金会资助下前往美国哥伦比亚大学深造，并在 1 年后取得图书馆学硕士学位。[③] 回国前，他们还参观访问了美国国会图书馆以及几所大学图书馆，并于 1955 年 10 月返回缅甸。值得一提的是，在美期间，两人还访问了位于

---

① 相关解密档案记录显示，由于 1954 年雨季的提前到来，导致工程进展缓慢。参见 John Scott Everton, "Ford Foundation in Burma, Report No. 11", Reports 004951, August 13, 1954, Ford Foundation Records, Catalogued Reports, Reports 3255 – 6261, p. 2。

② "Historical Summary of the Ford Foundation Program in Burma, 1953 – 1962", Reports 002630, May 1965, Ford Foundation Records, Catalogued Reports, Reports 1 – 3254, p. 5。

③ 为了资助吴佩昂和吴拉貌出国留学，福特基金会出资高达 21000 美元，其中生活费 11200 美元、往返机票 4300 美元、学费 3500 美元以及国际教育学院的安排服务费用 950 美元，以及其他费用等。参见 Dwight MacDonald, *The Ford Foundation: The Men and the Millions*, New Brunswick and Oxford: Transaction Publishers, 2011, p. 68。

纽约的福特基金会总部。

　　回国后不久，两人即接管了研究所。在基金会顾问雷的帮助下，吴佩昂组建了图书馆并收集贝叶。此外，他还组建了部分博物馆。不仅如此，在福特基金会的资助下，吴佩昂还积极引入新的研究人员。缅甸政府在 1955 年提交给基金会的预算中提议使用基金会的资助引入 6 名缅甸研究学者。埃弗顿对此表示赞成并写道："我很高兴地注意到当地奖学金的列入，我相信这符合赠款协定的意图。"① 根据双方协定，1957 年 7 月，研究所从仰光大学引入了 4 名刚毕业的研究人员（其中 1 人为硕士，其余 3 人为学士）。由于在当时埃弗顿已被阿诺德所代替，当研究所要求基金会向研究人员发放资金时，基金会在一开始却以"资金的使用不符合赠款协定"为由加以拒绝。不过，由于"研究学者已被任命且没有其他的方式来支付他们的费用"②，基金会最终还是向他们发放了资助。在基金会的资助下，吴佩昂和研究所的其他研究人员经常性地向缅甸各种团体讲授佛教。此后，吴佩昂还将这些讲座内容，以及他本人和研究学者的作品集结为文集在缅甸出版发行。

（三）缅甸政府和福特基金会在"巴利文大学"项目上的分歧

　　研究所项目是福特基金会在缅甸出资参与的首个大型工程。对缅甸政府而言，所谓巴利文大学和佛教大会在当时被列为优先计划，故而急于向福特基金会等外国组织申请援助；对尚未进入缅甸的福特基金会而言，则可以通过"一笔对缅甸人，特别是对缅甸领导人来说可观和令人印象深刻的赠款"③ 开启其在缅甸的活动。显然，研究所项目为福特基金会和缅甸政府建立工作上的联系提供了最简单和最直接的工具。尽管双方很快达成了合作协定，这只不过是暂时掩盖了双方在此项目上原有的分歧。在实施过程中，随着双方分歧的具体化和表面化，这一项目最终陷入重重困境之中。

---

① "Historical Summary of the Ford Foundation Program in Burma, 1953 - 1962", Reports 002630, May 1965, Ford Foundation Records, Catalogued Reports, Reports 1 - 3254, p. 6.

② "Historical Summary of the Ford Foundation Program in Burma, 1953 - 1962", Reports 002630, May 1965, Ford Foundation Records, Catalogued Reports, Reports 1 - 3254, p. 6.

③ "Historical Summary of the Ford Foundation Program in Burma, 1953 - 1962", Reports 002630, May 1965, Ford Foundation Records, Catalogued Reports, Reports 1 - 3254, p. 8.

1. 难以调和的理念冲突

基金会和缅甸官方对于研究所项目的认知与期许的差异，伴随该项目策划与实施的全过程。前文已述及，缅甸政府提出"巴利文大学"计划旨在强调佛教的教学和宣传。而埃弗顿在抵达缅甸不久后的一次报告中就指出了缅甸人所称的"巴利文大学"欠妥，并认为应当称为"巴利文和相关学科高等研究所"。实际上，这也是双方在该项目上第一次表现出"不和谐"。此后，无论是雷的报告还是双方的拨款协定，都没有直接提到巴利文或佛教大学这一概念。

对于研究所的规划在当时大致存在三种观点。第一种观点认为应该设立一所"巴利文大学"，以使缅甸僧侣能够学习巴利语、佛经以及其他益智学科，而这些僧侣由于宗教原因无法接受世俗教育。这种观点主要为"佛法会"成员所持有。第二种观点认为应该建立一所世界佛教大学，使世界各国的僧人来此学习，为佛教在世界各地的传播做出更大的贡献。以吴温为代表的缅甸官方主要持这种观点。第三种观点则认为应该设立一所东方研究机构，使其专注于学术研究，而不是关注佛教的传播。福特基金会是此观点的持有者。

实际上，各种观点之间并非畛域分明，不同的人在不同时期甚至还会将以上的几种观点杂糅在一起，譬如雷在 1955 年 11 月写道"该研究所正朝着成功的方向迈进了一半，但在建立一所佛教大学方面却什么也没有做"，他敦促"将两方面的努力结合起来"[①]。在同一时期，吴温写道，"'佛法会'错误地将该研究所贴上了世界佛教大学的标签"。此外，吴温还试图区分巴利文大学和世界佛教大学，他认为"佛法会"想要组织的"巴利文大学"是一个错误的概念，而世界佛教大学才是研究所的产物。[②] 1961 年，吴佩昂希望该研究所发展成为一所世界佛教大学，而吴努则认为，研究所的工作人员首先应当成为向缅甸和外国学者解释佛教的专家，然后才有资格称自己为大学。尽管其中每个人的观点难以简单划为某一观点，但其中仍有一定的规律可循。总体而言，缅甸人的主流观点倾向于建立一个更加关注佛教在缅甸和海外传播的机

① "Historical Summary of the Ford Foundation Program in Burma, 1953 – 1962", Reports 002630, May 1965, Ford Foundation Records, Catalogued Reports, Reports 1 – 3254, p. 4.

② "Historical Summary of the Ford Foundation Program in Burma, 1953 – 1962", Reports 002630, May 1965, Ford Foundation Records, Catalogued Reports, Reports 1 – 3254, p. 4.

构，而不太关注东方研究。相对而言，福特基金会则更希望建立一所东方研究中心，使其可以向"对佛教和东方哲学文化感兴趣的东西方学者提供一个交流的场所"①。其实，福特基金会对东方文化的研究兴趣可以用很多具体的例子来证明，譬如在 1954 年，基金会出资 2.2 万美元帮助《远东季刊》② 此后 5 年的出版。

双方理念的分歧还表现在研究所的人事任命上。1957 年 2 月，吴佩昂和吴拉貌分别升任研究所所长和副所长。此前，吴强顿和基金会成员就曾暗示"吴佩昂和吴拉貌不适合领导该研究所"③。1956 年 8 月 2 日，埃弗顿在致缅甸佛教事务部部长的信中说道："据我所知，吴佩昂从未打算担任该研究所的首席行政官员，而是负责图书馆的组织和发展，并对研究设施的使用进行监督。我相信，当研究所作为一个自治机构成立时，应当任命一名行政主管，负责整个研究所，包括研讨班和其他项目。"④ 埃弗顿的立场并非毫无根据，吴佩昂和吴拉貌在美国主修的是图书馆学，显然这一专业对于管理整个研究所而言未免过于捉襟见肘。实际上，福特基金会在 1954 年将二人派往美国深造时，就已经规划其将来的职责主要限于图书馆的运作，而非对整个研究所的管理。但后来的事实表明，缅甸方面没有接受基金会的这一设想。

早在该项目的策划阶段，福特基金会和缅甸政府就已经意识到了分歧的存在。因此，双方在赠款协定中明确要求成立一个由各方代表组成的专家委员会来决定该研究所的组织和运作，并希望借此缩小缅甸人和福特基金会理念上的鸿沟。不过，这一委员会始终没有成立起来。所以，双方在该项目理念上的冲突始终没有消除。这也为研究所项目最终无法取得完全意义上的成功埋下了伏笔。

---

① The Ford Foundation Annual Report for 1953，December 31，1953，p. 30.

② 《远东季刊》（*The Far Eastern Quarterly*），由剑桥大学出版社代表亚洲研究协会创刊于 1941 年，以季刊的形式发行。其内容涵盖东亚、南亚、中亚和东南亚的历史、艺术、社会科学、哲学和文化研究。1956 年 9 月更名为《亚洲研究》（*The Journal of Asian Studies*）并沿用至今。

③ "Historical Summary of the Ford Foundation Program in Burma，1953 – 1962"，Reports 002630，May 1965，Ford Foundation Records，Catalogued Reports，Reports 1 – 3254，p. 3.

④ "Historical Summary of the Ford Foundation Program in Burma，1953 – 1962"，Reports 002630，May 1965，Ford Foundation Records，Catalogued Reports，Reports 1 – 3254，p. 3.

2. 缅甸管理体制的弊端与漏洞

如果说福特基金会和缅甸政府理念上冲突是导致研究所项目遭遇困境的根源，那么缅甸根深蒂固的体制弊端则时刻困扰着项目具体实施的每一步。事实上，缅甸方面的管理体制不仅无法为研究所项目的顺利实施提供保障，反而时刻成为制约其发展的阻碍。

首先，作为刚从战火中独立且具有浓厚专制传统的东方国家，吴努政府时期的缅甸虽然已经在一定程度上实现了民主，但依旧保留了大量的"人治"传统。这一传统有时候也会体现在缅甸人对研究所的管理方式上。譬如雷在 1953 年 10 月提交的报告中明确建议设立一个"理事会"负责组织研究所，但由于这一建议有违缅甸专人负责制的传统管理方式，故而最终没有被采纳。而该研究所的实际最高决策者正是吴努本人。

其次，缅甸政府所提出的所谓"巴利文大学"权责模糊，终致部门间的权力争夺。在该项目提出之时，政府设有专门管理宗教事务的国家计划和宗教事务部（以下简称"宗教部"），其首长是吴温部长，位列内阁成员。与此同时，缅甸政府为了复兴佛教并筹备佛教大会而在1951 年成立了"佛法会"（即佛陀教法会）。其主要职能是帮助政府组织和控制缅甸国内众多的佛事活动，因而该组织俨然成了缅甸官方佛教的代言人。其秘书长则是在缅甸享有很高声望的大法官吴强顿。此后，"宗教部"和"佛法会"围绕研究所展开了一系列的权力竞争。最初，"宗教部"负责研究所的教育活动，而"佛法会"则主管研究所的图书馆和博物馆建设。[①] 但由于"佛法会"是"宗教部"的下属部门，因此该组织并没有被严格排除在研究所实质性业务的权力之外。总的来讲，"佛法会"对佛教的态度较为保守，吴强顿以及该组织的其他一些领导人认为吴佩昂的佛教观念"过于自由"，并且不具备足够的资格解释佛教。[②] 此后，"佛法会"试图掌控研究所，但其努力遭到了吴温的有效抵制。不仅如此，吴佩昂还得到了吴努总理本人的支持。1956 年埃弗顿写道"吴强顿对研究所很感兴趣，'佛法会'正在组织一个委员会审

---

① "佛法会"主管第六次佛教大结集会议的全部场地建设。

② "Historical Summary of the Ford Foundation Program in Burma, 1953 – 1962", Reports 002630, May 1965, Ford Foundation Records, Catalogued Reports, Reports 1 – 3254, pp. 4 – 5.

议研究所的课程"①。而数月前，吴温曾向吴努总理建议，"佛法会"的权力不应超出图书馆和博物馆大楼的建设，研究所则应直接置于"宗教部"的领导之下。最终，吴温的建议占了上风，研究所进一步巩固了其独立于"佛法会"的地位。1958 年 9 月，研究所被确立为"宗教部"的直属部门，并直接授权向该部进行报告。

再次，缅甸方面在项目实施过程中往往掺杂一些政治考虑，这种做法在很大程度上伤害了研究所项目实施的质量和进展。譬如研究所图书馆和博物馆的设计方梅汉德鲁 & 波尔克公司曾建议缅甸政府将具体施工交给具备相关资质的私人承包商，但缅甸政府为了安抚叛乱分子而没有采纳梅汉德鲁 & 波尔克公司的建议，硬是将该项目交给一个无法胜任此项工作的"康复旅"（Rehabilitation Brigade）来做。组建于 1950 年的"康复旅"主要由退役士兵、前人民志愿者组织成员、各种战时抵抗运动成员、投降叛乱分子以及失业者组成。这些人在接受简单的职业培训后就被派去建设政府大楼、道路以及排水等工程项目。② 实际上，这些人并不具备过硬的技术，且内部成分极其复杂，几乎是一群乌合之众。研究所图书馆和博物馆大楼的工期一延再延，直至最后也没有完成。显然，"康复旅"难辞其咎。

最后，项目资金的预算和分配缺乏制度化的规定。当然，在一定程度上这是由于研究所项目的含混不清所决定的，故而很难预先决定如何使用基金会的资助。由于缺乏预算，一旦赠款到位，基金会就很难有效控制其开支。此外，基金会为了给缅甸人留下一笔"令人印象深刻的赠款"以提升彼此间的信赖，竟一次性将赠款全部给予缅甸方面，而完全忽略了如何合理使用这笔巨款。殊不知，多次小规模的赠款，将有更助于研究所"有序和有效"的发展。③

综上所述，福特基金会与缅甸政府的研究所项目的合作从一开始就埋下了无法成功的种子。由于缅甸人几乎控制着该项目的所有决策和实

---

① "Historical Summary of the Ford Foundation Program in Burma, 1953 – 1962", Reports 002630, May 1965, Ford Foundation Records, Catalogued Reports, Reports 1 – 3254, p. 5.

② United States Department of Labor, Bureau of Labor Statistics, *Summary of the Labor Situation in Burma*, June, 1957, p. 30.

③ "Historical Summary of the Ford Foundation Program in Burma, 1953 – 1962", Reports 002630, May 1965, Ford Foundation Records, Catalogued Reports, Reports 1 – 3254, p. 9.

施过程，因此他们应对此承担更主要的责任。对福特基金会而言，研究所项目带来的更多是教训和启示：尽管其无法改变缅甸人对研究所项目的理念，却可以在提供大笔赠款之前，尝试与对方达成更加具体和精细的合作协定。

三　教育资助：资金援助与咨询服务

自盖瑟报告提出以后，福特基金会开始越来越多地将其精力投放到对国内外教育的资助上。在基金会 1951—1953 年的赠款中，仅美国国内教育赠款就占这一时期赠款总额的 46%（如图 5.3 所示）。而占比第二多的国际赠款中，又有很大一部分是对海外教育的资助。福特基金会之所以如此重视对教育的投入，是由于其认为"只有受过建设性思维和行动训练的人才能维护并扩大自由和民主"。不仅如此，基金会还坚信"所有解决人类福利问题的努力，包括迫切需要解决的问题，都严重依赖教育"①。在这一理念的指引下，福特基金会将其缅甸项目的大部分预算用于支持缅甸教育的发展。根据史料来看，基金会对缅甸的教育资助几乎涉及各个层次，但尤以资助成人教育（大众教育）、高等教育和职业技术教育为主。

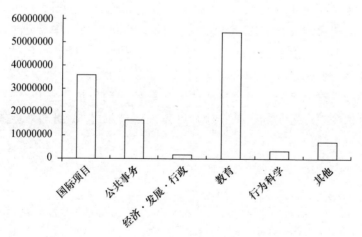

图 5.3　福特基金会 1951—1953 年赠款项目及其分配数额（单位：美元）②

---

① The Study Committee, *Report of Study for the Ford Foundation on Policy and Program*, Michigan: The Ford Foundation, 1949, p. 80.

② The Ford Foundation Annual Report for 1953, December 31, 1953, p. 19.

（一）政府统筹与福特基金会积极参与的大众教育项目

1. 缅甸大众教育项目的提出与实施

独立之初的缅甸是典型的农业国家。一方面，农业构成了缅甸国民经济中最主要的组成部分，贡献了缅甸 40% 的国民收入，同时也成为缅甸最大的外汇来源；另一方面，农民占缅甸总人口的 70% 强。[①] 然而，这部分人却普遍文化素质较低。对此，政府希望通过一场规模空前的大众教育运动有效提升其国民素质。

通过观察莫约玛（Myoma）中学老男孩协会（Old Boys Association）[②] 在扫盲教育和"传播民主"等方面的活动，吴努也希望建立一个类似的政府机构来"提振民族精神"[③]。为此，缅甸政府在 1949 年组建了大众教育委员会（Mass Education Council, MEC）[④] 来"帮助成年人意识到自己作为公民的责任"，从而使其"积极明智地参与民主生活方式"[⑤]。与此同时，MEC 还通过在民众中间传播基本知识，使其能够：改善生活条件；在合作的基础上组织经济生活，发展高效农业和实用的家庭手工业；获得一种更充实、更完整的生活；具备识字能力、读写能力和文化艺术表达能力；获得一种有秩序、有纪律的生活等。[⑥]

大众教育的具体组织者一般是村级领导和政府专门培养的农村发展小组。这些组织者首先在大众教育（Mass Education）中心进行为期 6个月的培训，尔后在村里至少服务 3 年。培训的内容主要包括文学教育、社会和公民服务、民族主义和民主、成人教育、经济、农村发展、身体健康、国内企业、当今世界事务、政府部门发展以及国内科学等。因此，这些组织者实际上是农村社区发展的"通才"。此外，这些人往

① The Ford Foundation Annual Report 1956, to Advance Human Welfare, September 30, 1956, p. 122.

② 即莫约玛中学毕业生协会。吴努本人也毕业于该校。

③ "Historical Summary of the Ford Foundation Program in Burma, 1953 – 1962", Reports 002630, May 1965, Ford Foundation Records, Catalogued Reports, Reports 1 – 3254, p. 11.

④ 该组织一开始由缅甸教育部领导，后隶属救济、安置及社会事务部，最后归社会福利和宗教事务部。

⑤ John Scott Everton, "Ford Foundation in Burma, Report No. 4", Reports 004944, April 5, 1953, Ford Foundation Records, Catalogued Reports, Reports 3255 – 6261, p. 4.

⑥ "Historical Summary of the Ford Foundation Program in Burma, 1953 – 1962", Reports 002630, May 1965, Ford Foundation Records, Catalogued Reports, Reports 1 – 3254, p. 11.

往还能得到在农村工作的其他政府部门的专家的支持。为了试验这些"通才"和专家合作的效果，MEC 还设立了 4 个规模更大的试验点，其中最大、最出名的教育中心位于勃亚基（Payagyi）。不过，事实证明其效果并不十分令人满意。

需要指出的是，由于该项目在早期得到了缅甸政府的大力提倡和支持，因而在短时期内，其规模发展已十分可观。1950 年，第一批受过培训的组织者奔赴缅甸广大农村。到 1953 年春，已经有超过 100 名组织者在农村开展工作，与此同时还有接近 200 名男性和 60 名女性在大众教育中心接受培训。到 1954 年底时，总共有 760 名群众教育组织者，其中包括 130 名女性，在缅甸低地地区的大约 300 个乡村中心开展工作。[1] 大众教育项目的迅速发展还使埃弗顿将其称为"缅甸最有希望的项目之一"[2]。

2. 福特基金会对大众教育项目的资助与咨询

前文已述及，1952 年秋阿诺德和布朗在访缅归国后的报告中就明确建议基金会资助缅甸大众教育项目。这一建议被基金会董事会的采纳。1953 年 2 月，埃弗顿抵达缅甸后，双方就该项目的合作与资助谈判开始加速。抵达缅甸不久埃弗顿就分别会见了 MEC 的前后两任主管吴昂敏（U Aung Min）和吴巴钦（U Ba Tin）。会谈期间，MEC 代表还向埃弗顿通报了该项目的进展情况，特别是向僧人学校提供设备的情况。[3] 经过与缅甸政府以及 MEC 官员磋商，埃弗顿发现这些组织者"训练不足"，并建议福特基金会从以下几个方面准备对该项目的援助。

首先，召集有缅甸、印度、印度尼西亚以及其他亚洲国家代表参加的区域会议并编制费用预算；其次，为脱盲农民出版更多形式简单的读物，以更好地促进其理解，并在卫生、健康、手工业和农业方面向他们提供指导；再次，增加大众教育流动中心和设备，以扩大视听教育和卫生项目的工作；最后，由缅甸政府邀请专业人士对脱盲项目进行评估，

① John Scott Everton, "Ford Foundation in Burma, Report No. 12", Reports 004952, November 16, 1954, Ford Foundation Records, Catalogued Reports, Reports 3255 – 6261, p. 10.

② John Scott Everton, "Ford Foundation in Burma, Report No. 4", Reports 004944, April 5, 1953, Ford Foundation Records, Catalogued Reports, Reports 3255 – 6261, p. 4.

③ John Scott Everton, "Ford Foundation in Burma, Report No. 1", Reports 004703, February 21, 1953, Ford Foundation Records, Catalogued Reports, Reports 3255 – 6261, p. 2.

并与福特基金会代表进行协商，在此基础上修订和改进脱盲计划。①

7月22日，缅甸教育部致信埃弗顿，请求福特基金会派遣在印度工作的农业经济学家罗纳德·琼斯（Ronald Jones）来缅甸向脱盲项目的分析和评估提供咨询。与此同时，通过与福特基金会的磋商，缅甸方面还起草了一份合作协定，以待与基金会草签。该协定明确指出基金会将向MEC提供10万美元的赠款，用于帮助脱盲农民制作和分发读物；为偏远地区的教育小组提供移动图书套件；制作视听资料、教育影片和电影带；购买装备齐全的货车在农村开展工作等。此外，协定还强调，在1954年底前召开一个由缅甸、印度、印度尼西亚、巴基斯坦、锡兰和尼泊尔代表参加的农村发展会议。②

8月23日，琼斯抵达仰光，并在缅停留约一个月。其间，他对大众教育评估项目的范围以及所需人员向MEC官员提出了许多建议。双方还为评估项目编制了为期3年的预算，费用为21万美元。除了教育评估技术和视听媒体方面的两名顾问外，该项目将主要由缅甸人担任工作人员，而两名顾问则来自美国。除了评估项目以外，琼斯还观察了大众教育项目的运作并与其官员进行磋商后建议引入更多的专家，使其在"职业农业、视听技术和培训技术等领域"向大众教育项目提供建议。③10月12日，MEC开会讨论了琼斯有关评估项目的建议，并批准通过了其报告。与此同时，MEC请求福特基金会对评估项目予以资助。由于此前双方草签的协定中确立的10万美元的原赠款并不足以支持该评估项目，所以埃弗顿建议基金会再次拨出20万美元的补充赠款以支持该计划。④

此后，又经过数月的讨论和磋商，双方终于在1954年4月19日签订大众教育项目协定（即2号协定）。但该协定主要涉及基金会向MEC提供物资及设备资助，并不包括人事方面的安排，而且此前双方在协定中

---

① John Scott Everton, "Ford Foundation in Burma, Report No. 4", Reports 004944, April 5, 1953, Ford Foundation Records, Catalogued Reports, Reports 3255 – 6261, pp. 4 – 5.

② John Scott Everton, "Ford Foundation in Burma, Report No. 6", Reports 004946, July 24, 1953, Ford Foundation Records, Catalogued Reports, Reports 3255 – 6261, p. 2.

③ John Scott Everton, "Ford Foundation in Burma, Report No. 8", Reports 004948, September 18, 1953, Ford Foundation Records, Catalogued Reports, Reports 3255 – 6261, p. 2.

④ John Scott Everton, "Ford Foundation in Burma, Report No. 9", Reports 004949, October 20, 1953, Ford Foundation Records, Catalogued Reports, Reports 3255 – 6261, p. 2.

所提出的农村发展问题区域会议最终改在联合国主持下于菲律宾举行。根据协定，基金会将向缅甸政府提供 10.8 万美元的赠款帮助其出版面向脱盲村民的图书，① 提供教育影片和其他试听资料，提供流通图书包供边远地区的发展小组和面包车使用，使这些工作小组能够在办公室、放映室和车间配备齐全的情况下从一个村庄搬到另一个村庄。② 由于缅甸道路和供电系统落后，致使缅甸教育理事会在向大众传播知识的过程中难以使用视觉辅助设备。为了解决这一问题，该部门建议在未来 3 年内购买若干独立的移动设备，其中包括投影设备。基金会为此向缅甸政府提供了 9500 美元的赠款，用于购买在仰光周边试点使用的设备。③

　　尽管双方协定中没有涉及人事安排，但在资助人员培训或聘请专家指导方面，福特基金会的表现依旧十分慷慨。1954 年，基金会出资 7753 美元资助 MEC 培训中心副营长吴拉瑞（U Hla Shwe）以及缅甸国家计划部的道丹银（Daw Than Yin）前往英国威尔士斯旺西大学（Swansea University）接受有关农村发展的社会工作技术方面的为期 12 个月的特殊培训。④ 在此后的报告中，吴拉瑞指出"这项学习对于他在不断壮大的大众教育项目中的责任很有帮助"⑤。同年 9 月，基金会聘请威斯康星州立大学视听教研室主任、全国农村视听教育协会主席罗伯特·费斯勒（Robert Fisler）担任其在缅甸的视听教育顾问。在缅甸工作的两年时间里，费斯勒不仅为农业与技术培训有关的视听节目提供支持，还会为 MEC 制作教育类的电影。而此前在 7 月抵达缅甸的出版顾问赛斯·斯波尔丁（Seth J. Spaulding）也与 MEC 建立了联系，并向后者提供出版方面的咨询。⑥

---

　　① 福特基金会多次资助缅甸官方出版机构"缅甸翻译协会"来出版这些面向脱盲农民的小册子，资助数额往往很大，譬如在 1957 年，基金会向"翻译协会"提供了高达 60 万美元的赠款，其中有部分资金被用来出版面向脱盲农民或阅读能力有限者的读物。

　　② The Ford Foundation Report 1954, to Advance Human Welfare, September 1954, p. 61.

　　③ The Ford Foundation to Advance Human Welfare, Annual Report 1955, September, 1955, p. 103.

　　④ John Scott Everton, "Ford Foundation in Burma, Report No. 11", Reports 004951, August 13, 1954, Ford Foundation Records, Catalogued Reports, Reports 3255 – 6261, p. 5.

　　⑤ John Scott Everton, "Ford Foundation in Burma, Report No. 12", Reports 004952, November 16, 1954, Ford Foundation Records, Catalogued Reports, Reports 3255 – 6261, p. 11.

　　⑥ John Scott Everton, "Ford Foundation in Burma, Report No. 11", Reports 004951, August 13, 1954, Ford Foundation Records, Catalogued Reports, Reports 3255 – 6261, pp. 4 – 5.

随着缅甸政府对该项目的不断调整，再加上福特基金会的资助与指导，大众教育项目发展在后期还日益呈现出以下几个新特点：第一，在农闲季节开办为期 6—8 周的志愿社会工作营，以激发村民的"自助"精神，而大众教育组织者们则协助其组织工作项目，开设扫盲、健康和手工艺课程等。第二，大众教育组织者的学习期限由以往的半年延长至 1 年。一般情况下，学员在学制内的第三季度会被下放到基层实习，并与一个经验丰富的组织者合作，选择一个社区工作的特定问题进行专题研究。在最后的 3 个月，他们回到培训中心，协助 MEC 分析自己在农村的实习经历，并撰写一篇相关的论文。第三，由 3 名"最成功的地区组织者"组成的评估小组对大众教育项目进行了一系列评估，帮助 MEC 重新调整方案并巩固其有益经验。第四，大众教育项目直接推动了帕亚吉（Payagyi）农村社区发展项目的开展。[①]

值得注意的是，为了更加系统地推进大众教育项目的实施，缅甸政府还启动了一些相应的配套措施，福特基金会对其中有些项目也提供了资助或咨询。这些措施主要包括建立彬马那（Pyinmana）农业研究所，扩大高中和初中阶段的农业教育，成立国家营养研究所等。1954 年缅甸政府在彬马那成立了农业研究所，[②] 向学生提供为期 3 年的农业培训课程（如图 5.4 所示）。缅甸政府提供了该研究所所需的土地以及建筑物，基金会则向其赠款 10.3 万美元，对建筑物进行现代化改造，向其提供了试听资料、图书和牲畜，还在该机构运作的前两年向其提供了 3 名美国顾问。[③] 此外，基金会还资助研究所的数名教师前往海外接受培训。到 1955 年时，研究所的第一届毕业生已经毕业，其教学工作也有了许多改进，其中包括在周围村庄进行实习推广。此后，基金会又拨出 18.7 万美元的赠款，用于扩大研究所的设施以及进一步培训和扩充其工作人员，其余资金则用于继续聘请美国的专家顾问。[④] 1961 年，基金

---

① John Scott Everton, "Ford Foundation in Burma, Report No. 12", Reports 004952, November 16, 1954, Ford Foundation Records, Catalogued Reports, Reports 3255 – 6261, pp. 11 – 12.

② 早在二战以前，美国浸礼会传教士就在彬马那建立了一座农业学校，率先为缅甸农村青年提供农业方面的职业培训。1954 年缅甸政府成立的彬马那农业研究所即是在原来农业学校的基础上建立的。

③ The Ford Foundation Report 1954, to Advance Human Welfare, September 1954, p. 61.

④ The Ford Foundation Annual Report 1956, to Advance Human Welfare, September 30, 1956, p. 123.

会再次向该所提供 20.7 万美元的赠款，以资助其培训农业方面的高中
教师和政府农业部门的公务员。[①]

图 5.4　在美国顾问的指导下，缅甸农业研究所学生在附近的农田实习[②]

　　每年，彬马那农业研究所的毕业生中会有相当一部分选择到农村地
区的高中担任教师，而这些农村高中往往分担着大众教育项目中提升农
村人口素质的重任，其所设课程大都直接与农业相关。此后，缅甸政府
不断加大对这些高中的支持和投入，当然福特基金会也进行了拨款。譬
如在 1957 年，缅甸政府决定在高中和初中阶段扩大农业教育，福特基
金会为此提供了 4.4 万美元赠款，向其中 6 所模范中学提供了培训
设备。[③]

---

　　① The Ford Foundation to Advance Human Welfare, The Ford Foundation Annual Report,
1961, September 30, 1961, p. 76.

　　② The Ford Foundation Annual Report 1956, to Advance Human Welfare, September 30,
1956, p. 122.

　　③ The Ford Foundation to Advance Human Welfare, The Ford Foundation Annual Report, Sep-
tember 30, 1957, p. 47.

为了增加缅甸民众对食物价值的认识，减少营养不良，1955 年缅甸政府还建立了国家营养研究所（National Nutrition Institute）用于对食品的应用研究。该机构成立后，世界卫生组织和联合国粮农组织都向其提供了技术人员。福特基金会也提供了 2.5 万美元的赠款，用于购买实验室设备以及进行为期两年的培训费用。值得一提的是，该机构的研究结果将通过 MEC 工作人员和农村教师纳入农村公共卫生教育中。① 这些辅助措施对 ME 项目的全面实施以及对缅甸农村的建设发展都起到了重要的促进作用。

3. 大众教育项目存在的问题分析

同巴利文大学项目一样，福特基金会对大众教育项目的资助，同样由于各种因素的影响而未能取得完全意义上的成功，以至于其精神领袖吴努总理在后期都对其不再抱有任何幻想。具体来看，致使大众教育项目受挫的原因主要包括以下三点：第一，MEC 官员不愿接受来自福特基金会等外部组织或个人的意见；第二，大众教育项目本身缺乏制度化设计等弊病；第三，缅甸人浓厚的民族主义情结及其对外部援助的疑惧。

首先，MEC 官员对于福特基金会及其特别顾问们的意见在很多情况下表现得并不热心。譬如埃弗顿曾根据琼斯的观察对资助大众教育项目提出三项建议，然而，缅甸人只接受了第三项（根据该条款，基金会向 MEC 拨款 10 万美元用于购买设备和阅读资料），前两项则直接被缅甸人拒绝。需要指出的是，埃弗顿在第一项建议中提出邀请文化人类学家协助大众教育项目的评估项目。② 其实，类似的情形不止一次发生在双方合作过程中。同 MEC 有过短暂合作的基金会视听教育顾问罗伯特·费斯勒曾对此这样评价："我认为大众教育培训师犯了一个错误，他们告诉工人们必须做什么，而且对每一个村庄都是一样的，而没有考虑到其真正的需要……我希望我们能让大众教育官员们从盒子里爬出来四处看看。他们当然不愿意接受（shy about accepting）其他国家的经验。" ③

---

① The Ford Foundation to Advance Human Welfare, Annual Report 1955, September, 1955, p. 103.

② "Historical Summary of the Ford Foundation Program in Burma, 1953 – 1962", Reports 002630, May 1965, Ford Foundation Records, Catalogued Reports, Reports 1 – 3254, p. 12.

③ "Historical Summary of the Ford Foundation Program in Burma, 1953 – 1962", Reports 002630, May 1965, Ford Foundation Records, Catalogued Reports, Reports 1 – 3254, p. 12.

其次，大众教育计划的制订和实施并不具备制度保障，而更多地依照领袖个人的好恶来决定。大众教育项目最初由吴努政府发起，而吴努本人则是该项目的精神领袖，甚至在实施过程中还给予了许多具体指导。可是，到 1958 年吴奈温看守政府上台后，大多数群众教育组织者都被政府解除了职务，他们的职能被移交给缅甸内务部，并重新确立了地区专员作为农村地区的最高民事当局。实际上，这一行动标志着大众教育项目最终被政府抛弃。不能否认，任何大型项目的开展都离不开强大的政治支持，但要为项目的持久开展提供稳定的基础，仅靠少数几名政治领导人情感上的投入显然是不够的。一旦领导人发生变更，本已健康运行的项目极有可能会无疾而终。而制度保障和健全的组织领导才是保证项目最终成功的可靠因素。

最后，缅甸人长期以来的反抗殖民者压迫的历史及其地缘政治因素造就了其强烈的民族主义情节并对外来援助深感疑惧。他们在大众教育项目中对于使用福特基金会的资助和顾问同样如此。尽管 MEC 官员偶尔会使用来自福特基金会的一些咨询或顾问服务，但这些服务都是相对短暂的，缺乏持续性。之所以没有使用基金会的持续咨询服务，部分原因是缅甸大众教育计划中强烈的民族主义因素，部分原因则是该计划涉及的政治和发展目标相混合。在一定程度上，民族主义热情成了大众教育项目发起并实施的最主要推动力，而当这种热情在面对各种障碍日渐消退时，该项目的发展便难以为继了。甚至连吴努本人在 1956 年 9 月 16 日会见大众教育项目组织者发表的讲话中也透露出了失望之情，他认为这些组织者"并不那么好……似乎完全缺乏牺牲精神和帮助他人的愿望……自私，对自己的责任漠不关心"，以至于分配给他们的工作没有完成。①

因此，福特基金会对于 ME 项目的援助，无异于支持一个效率低下的组织。其最终没有通过该计划为缅甸农村发展发挥较大的积极影响亦在情理之中。不过，大众教育项目的实施对缅甸国民素质的提升则不应被忽视（如图 5.5 所示）。

① "Historical Summary of the Ford Foundation Program in Burma, 1953 – 1962," Reports 002630, May 1965, Ford Foundation Records, Catalogued Reports, Reports 1 – 3254, p. 13.

图 5.5 　一名理发的缅甸人正在翻阅《缅甸翻译协会月刊》，
这从侧面反映了缅甸民众文化素养的提升①

（二）高等教育项目：仰光大学和曼德勒大学为例

相较于资助缅甸大众教育的系统性和规模化，福特基金会对缅甸高等教育的资助显得有些破碎。这主要是因为这一时期缅甸政府并没有针对其高等教育实施较大规模的改革计划。尽管如此，由于独立之初的缅甸高等教育资源极度匮乏，高校数量寥若晨星，因此基金会对缅甸高等教育的资助实际上主要针对仰光大学和曼德勒大学学院②。

1. 福特基金会对仰光大学的资助

本书前面的章节已详细阐释了仰光大学在缅甸的重要地位以及美国政府和亚洲基金会对该大学的资助。一向重视资助教育事业的福特基金

---

① The Ford Foundation to Advance Human Welfare, the Ford Foundation Annual Report, September 30, 1957, p. 31.

② 1925 年，英国殖民当局在曼德勒成立曼德勒学院，隶属仰光大学。1942 年由于太平洋战争爆发而被迫关闭，直到 1947 年才恢复办学，并升格为拥有学位授予权的曼德勒大学学院，并于 1958 年从仰光大学独立，成为曼德勒大学。

会来到缅甸后，也很快建立了与仰光大学的联系。早在福特基金会同缅甸政府在"巴利文大学"项目的合作中，仰光大学的许多学者和毕业生亦成为该项目的重要参与者，譬如"佛研所"及其图书馆的行政长官吴佩昂是来自仰光大学哲学系的讲师，此后引入的4名研究人员均毕业于仰光大学。不仅如此，基金会顾问雷还在1953年建议"佛研所"图书馆与仰光大学图书馆建立起资源共享机制并呼吁仰光大学师生更多参与到"佛研所"的科研事业中来。但这些均是在"巴利文大学"项目下同仰光大学的联系，并不是对仰光大学的直接资助。

进入缅甸初期，福特基金会同缅甸人的合作项目主要限于"巴利文大学"和大众教育计划。在埃弗顿看来，仅有的两个教育项目是远远不够的，他主张考虑"基金会在缅甸教育部现有教育机构和教育资源开发计划中可能发挥的作用"[1]。在随后的详细解释中，埃弗顿明确指出"有些大学或学院的人员或项目可能需要支持"，而福特基金会则可以向其提供资金以"明智地用于鼓励学院和大学的研究"[2]。此外，埃弗顿还尤其看重建立"巴利文大学"图书馆同其他大学或学院图书馆以及国家图书馆建立资源共享的计划，并建议基金会从专业人员训练和提供馆藏资源两个方面资助该计划。

埃弗顿关于缅甸各大图书馆资源共享计划在经基金会顾问尼哈兰詹·雷研究后，于1953年10月向吴温部长提交了一份建立缅甸全国图书馆系统的报告。为此，尼哈兰詹·雷和仰光美新处图书馆馆员泽尔马·格雷厄姆女士一起开设了两门图书管理员培训课程。福特基金会也对此筹划了一笔拨款，尼哈兰詹·雷在该项目的资金配置中发挥了关键作用。但由于"缅甸人还没有准备好进行这项工程"，导致拨款最终被取消。此外，尼哈兰詹·雷还向缅甸政府建议在仰光大学成立"缅甸及东南亚历史文化系"，并开设拥有学位授予权的图书馆和博物馆学课程。[3]但这一建议也没有立即被缅甸人采纳。

---

① John Scott Everton, "Ford Foundation in Burma, Report No. 4", Reports 004944, Apri 经1 5, 1953, Ford Foundation Records, Catalogued Reports, Reports 3255 – 6261, p. 8.

② John Scott Everton, "Ford Foundation in Burma, Report No. 4", Reports 004944, April 5, 1953, Ford Foundation Records, Catalogued Reports, Reports 3255 – 6261, p. 8.

③ "Historical Summary of the Ford Foundation Program in Burma, 1953 – 1962", Reports 002630, May 1965, Ford Foundation Records, Catalogued Reports, Reports 1 – 3254, p. 2.

实际上，福特基金会同仰光大学最早的合作项目要数对其商学系的资助。这一资助体现了独立后的缅甸人对于商业贸易和市场经济的兴趣日趋浓厚。从1954年开始，商学系主任威廉·鲍（William Paw）在商学系启动了一个现代化的培训和研究项目。当年，基金会就资助两名美国教授来商学系访学并协助其新项目的发展。① 在美国顾问的建议下，商学系从原有的仰光大学经济、商务和统计学系中独立出来。此外，独立的商学系还开设了管理和会计专业的课程，这些通识课程是所有商科和工程学高级学位学生的必修课。② 到1955年底时，商学系的发展已经取得初步成效，由于对工作人员的需求日益增加，商学系为此决定将其师资队伍增加1/3。此外，由于商学系在探索形成新的教学和科研方法上仍需要外国专家的咨询，福特基金会为此出资21.6万美元资助来自犹他大学的专家来商学系服务两年半。③ 1958年，基金会又出资16.5万美元继续协助犹他大学扩大商学系的商务管理项目（如图5.6所示）。④

图5.6 仰光大学商学系教师正在参观当地一家橡胶厂，为商业案例研究收集素材⑤

---

① The Ford Foundation Report 1954, to Advance Human Welfare, September 1954, pp. 63 – 64.

② The Ford Foundation Annual Report 1956, to Advance Human Welfare, September 30, 1956, p. 124.

③ The Ford Foundation Annual Report 1956, to Advance Human Welfare, September 30, 1956, p. 125.

④ The Ford Foundation Annual Report, 1958, September 30, 1958, p. 86.

⑤ The Ford Foundation to Advance Human Welfare, the Ford Foundation Annual Report, 1959, September 30, 1959, p. 76.

　　该项目总共历时 8 年，其目的有二：一是通过改进课程和教学方法，并提供所需的课本、图书和设备，以加强商学系；二是为商学系招募和培训合格的教师，以便在外国教授离开后，商学系可以继续运转。① 在此期间，福特基金会分阶段总共为该项目提供了高达 45 万美元的援助。这些资助主要用于人员的交流与培训。在 1954—1960 年，总共有 8 名来自美国犹他大学的专家顾问在基金会的资助下来缅甸指导。此外，基金会还为 13 名商学系教师提供了出国深造奖学金，其中有 9人获得了工商管理硕士学位，2 人获得博士学位，另外 2 人则在不授予学位的情况下赴美游学。通过聘请美国专家来缅指导以及资助缅甸人赴美留学，仰光大学商学系不仅有效提升了其课程质量，并编写和出版了许多载有本地商业案例的教材，还为仰光工商界开办了工作研讨班。总体而言，该项目最终取得了较大的成功。对此，福特基金会给出这样的评价："这是一个促进组织有效发展的十分重要的个案。"②

　　在对商学系发展项目进行资助的过程中，福特基金会还对资助农业经济学研究产生了兴趣。这主要是因为农业在当时缅甸国民经济发展中占有绝对主导地位。1960 年 8 月，基金会出资 19.1 万美元聘请芝加哥大学统计学和农业经济学领域的两名客座教授前来指导，同时利用这笔资金为缅甸教师提供常规的出国培训，以及购买图书和设备等。在基金会的资助下，有 1 名缅甸教师获得了伦敦政治经济学院博士学位，1 人获得芝加哥大学硕士学位，1 人获得威斯康星大学硕士学位。不过，在项目实施过程中，芝加哥大学方面出现了一些问题，也许其并没有"充分理解农业的重要性"，所邀请来的农业经济学客座教授主要是农业管理方面的专家。不仅如此，芝加哥大学派来的两位代表"似乎在调整方面遇到了比以往更多的问题"。另外，芝加哥大学对拨款的管理"也不怎么出色"③。

　　福特基金会对仰光大学经济学研究中心的资助同样构成了其对商学

　　① "Historical Summary of the Ford Foundation Program in Burma, 1953 – 1962", Reports 002630, May 1965, Ford Foundation Records, Catalogued Reports, Reports 1 – 3254, p. 15.

　　② "Historical Summary of the Ford Foundation Program in Burma, 1953 – 1962", Reports 002630, May 1965, Ford Foundation Records, Catalogued Reports, Reports 1 – 3254, p. 15.

　　③ "Historical Summary of the Ford Foundation Program in Burma, 1953 – 1962", Reports 002630, May 1965, Ford Foundation Records, Catalogued Reports, Reports 1 – 3254, p. 42.

系支持的重要组成部分。尽管从行政隶属关系上看，该中心附属于仰光大学社会科学学院，但在具体人事和工作内容上，该中心与商学系关系更加紧密，甚至还有许多交叉。1955 年，基金会向该中心拨款 1.5 万美元为从事农村经济和社会结构、人口统计学和经济史研究的缅甸工作人员提供资料、特殊统计设备以及部分工资支持，以促进其"对缅甸经济中的工业和其他方面进行描述性和统计性研究"[1]。在基金会的资助下，该中心的研究能力得以提升，其工作人员也普遍意识到"研究在大学工作中的重要性"[2]。

除了对仰光大学商学系进行了大规模资助外，福特基金会还对仰光大学社会科学的发展给予了较多关注。早在基金会刚进入缅甸时，埃弗顿就建议加强仰光大学等高校的社会科学研究，培训一批社会科学方面的人才，尤其培养农村社会学领域的人才。他还打算将该计划列入基金会在 1954—1956 年缅甸项目的一部分来实施。[3] 其实，这与基金会在当时正同缅甸政府合作实施的大众教育项目有很大关系。但此后由于各种因素，基金会将其资助的重点放在了经济学尤其是农业经济学的研究上。

福特基金会将仰光大学社会科学作为一个整体进行资助实际上要迟至 20 世纪 50 年代末。其实，基金会的出发点是将仰光大学的社会科学各学科整合在一个学院内，以促进跨学科的训练和研究。[4] 基金会认为，在仰光大学社会科学领域，最急需资助的是"场馆和设备简陋、缺乏专业人员和现代图书"的社会科学图书馆。[5] 不仅如此，仰光大学当时并不存在学生可以免费取阅的开放式书库。显然，这与美国人所认为的现代图书馆理念大相径庭。

为了改善这一局面，基金会联合仰光大学共同制定了一项社会科学

---

① The Ford Foundation to Advance Human Welfare, Annual Report 1955, September 30, 1955, p. 75.

② "Historical Summary of the Ford Foundation Program in Burma, 1953 - 1962", Reports 002630, May 1965, Ford Foundation Records, Catalogued Reports, Reports 1 - 3254, pp. 42 - 43.

③ John Scott Everton, "Ford Foundation in Burma, Report No. 9", Reports 004949, October 20, 1953, Ford Foundation Records, Catalogued Reports, Reports 3255 - 6261, p. 5.

④ The Ford Foundation Annual Report, 1958, September 30, 1958, p. 86.

⑤ "Historical Summary of the Ford Foundation Program in Burma, 1953 - 1962", Reports 002630, May 1965, Ford Foundation Records, Catalogued Reports, Reports 1 - 3254, p. 39.

图书馆发展规划，其目标在于：为师生提供更完善的图书馆服务；加强社会科学各分支学科之间的交流合作；为仰光大学图书馆系统进行一项试点计划。1958 年，基金会出资 18 万美元与美国图书馆协会（American Library Association，ALA）合作对仰光大学社科图书馆进行了大规模改造。① 这笔资金主要用于聘请图书馆管理方面的美国专家或是资助缅甸图书馆员出国深造，并购买了大量图书、设备和书架等。1958—1960 年，来自加州安提阿克的保罗·比克斯勒博士作为顾问来仰光大学指导。1961 年 5 月约瑟夫·里森（Joseph Reason）博士继任比克斯勒的工作，其任期同样为两年，但由于 1962 年 6 月福特基金会撤出缅甸而不得不提前结束工作回国。与此同时，在基金会资助下，有 6 名缅甸图书馆员在美国大学获得了图书馆学硕士学位。②

福特基金会斥巨资聘请美国专家来缅指导以及资助缅甸人赴美留学取得了显著成效。6 名缅甸人从美国学成回国后，有 5 人被聘为仰光大学的正式教师，另外 1 人也在仰光大学任教。在当时，像这样大规模聘用留美归国人员作为高校教师的情况在其他亚洲国家非常罕见。另外，基金会聘请的顾问也在缅甸引发了不小的反响。譬如，比克斯勒在任内曾做过一场非正式演说，并指出"书是用来阅读的，而阅读的不利因素仅仅在于图书和阅读习惯的问题，这些均是教育的重要组成部分"③。这种革命性的思想在缅甸社会引起发了强烈回应。缅甸新闻界对此进行了全国性的报道，还印发了大量的小册子在缅甸及周边国家广泛发行。

从结果来看，福特基金会的前两个目标基本得以实现。在美国顾问的专业指导下，社会科学图书馆的面貌焕然一新。到 1961 年时，该馆已经成为一个"宽敞、运转良好的"图书馆，作为仰光大学师生的活动中心，对仰光大学的教学和研究产生了很大的促进作用。但其改善仰光大学图书馆系统的目标并没有达成。这主要是因为仰光大学主图书馆条件很差，更像是一个存放各种图书和文件的"戒备森严的仓库"，而没有对之进行有目的的利用。此外，由于其受传统以及资金匮乏的影

---

① The Ford Foundation Annual Report, 1958, September 30, 1958, p. 86.

② "Historical Summary of the Ford Foundation Program in Burma, 1953 – 1962", Reports 002630, May 1965, Ford Foundation Records, Catalogued Reports, Reports 1 – 3254, p. 39.

③ "Historical Summary of the Ford Foundation Program in Burma, 1953 – 1962", Reports 002630, May 1965, Ford Foundation Records, Catalogued Reports, Reports 1 – 3254, pp. 39 – 40.

响，使得这种情况更难在短时间内改善。而福特基金会的被迫离开最终使改善仰光大学图书馆系统的目标落空。

2. 福特基金会对曼德勒大学的资助

缅甸独立之初，曼德勒大学学院（以下简称"曼大"）隶属仰光大学集团。地处缅北的曼大历史悠久且拥有独立的学位授予权，这就自然而然地使其与位于下缅甸的仰光大学构成了竞争关系。不过，由于仰光大学绝佳的先天和后天优势，即使缅甸人公认排名第二的曼大也与仰光大学相差甚远。初入缅甸工作的埃弗顿很快便认识到这一问题的严重性，因此他在向福特基金会的报告中建议资助曼大。当然，除了加强曼大同仰光大学的竞争力外，埃弗顿还认为曼大最高领导层的性格比他们的仰光大学同僚们"更有前途"①。

福特基金会和曼大最早筹划的项目之一便是资助曼大农学院。② 早在 1955 年，缅甸教育部秘书吴巴觉（U Ba Kyaw）就建议在曼大增加一门农学方面的扩展课程。曾在美国读过研究生的农学院院长吴昂登（U Aung Thein）欣然同意这项建议。1955 年底，吴昂登向教育部正式提交了一份关于改进农学院的方案。其中包括提供农业推广和农业工程、土地、设备、建筑物、交通和牲畜等方面的咨询服务。1956 年，吴昂登访问福特基金会仰光办事处并寻求后者的资助和咨询服务。埃弗顿在当时提出了一份反建议，主要包括以下三点：提供一名全面的农业顾问，对农学院教师进行评估，并就进一步的规划提出建议；提供一名顾问帮助制订推广计划，该顾问还将为国家农业研究所（彬马那）推广计划的制订提供建议，并就国家推广服务的未来规划与农业部进行协商；为农学院教师提供赴美学习和考察之旅。③

基金会与农学院的磋商由于基金会代表的变更而一度放缓。阿诺德就任基金会缅甸代表后，重启了与吴昂登的协商。但阿诺德更倾向于等到农业教育顾问哈格（Haag）到来后再承诺拨款。同时，他要求吴昂

---

① John Scott Everton, "Ford Foundation in Burma, Report No. 4", Reports 004944, April 5, 1953, Ford Foundation Records, Catalogued Reports, Reports 3255 – 6261, p. 8.

② 曼大农学院的前身隶属仰光大学农学院，直到 1947 年才开始独立授予农学学士学位。1954 年以前，曼大农学院本科学制为四年，其中前两年学习基础科学，后两年学习生物和化学方面的农业。从 1954 年起，本科学制延长为五年。在当时，平均每年毕业 15 人左右。

③ "Historical Summary of the Ford Foundation Program in Burma, 1953 – 1962", Reports 002630, May 1965, Ford Foundation Records, Catalogued Reports, Reports 1 – 3254, p. 74.

登和他的同事们继续考虑该计划。哈格在 1957 年年中到达缅甸后，从 1957 年 8 月到 1958 年 3 月与农学院教师举行了多次讨论。双方讨论的结果被哈格写入一份名为《曼大农学院培训计划及可能的修改分析》的报告中。遗憾的是，阿诺德并没有采纳这份报告。

1958 年 10 月，阿诺德利用访问纽约的机会，请求已经同曼大科学学院进行合作的佛罗里达大学校长赖茨（Reitz）进行调查。尽管后者对此项目感兴趣，却无法尽快前往缅甸，直到 1959 年 7 月才得以成行。在此期间，曼大已经成为一所独立的大学。农学院首席研究员吴拉昂（U Hla On）已经接替吴昂登担任农学院院长。赖茨在缅甸停留约 6 个星期，最后提交的报告名为《关于缅甸联邦农业教育的报告——以曼大农学院为中心》。该报告涉及缅甸所有级别的农业教育，并强调其相互关系，还就曼大所需要的咨询和支持提出了许多具体建议。这些建议主要包括：提供农业经济、农场管理和畜牧业等领域为期 7 年的顾问支持；提供 12 个出国培训奖学金名额；提供图书、设备和其他物资；提供专项实验和研究经费[①]。

报告的内容很快即被缅甸政府和福特基金会接受。1960 年，基金会向曼大农学院拨款 50 万美元，帮助其从佛罗里达大学获得顾问和培训支持，从而进行"更高级的培训和研究"[②]。但吴努政府向吴奈温政府的过渡减缓了外国对缅甸进行技术援助的进度。此外，曼大副校长吴哥莱（U Ko Lay）被停职，再加上教育部秘书吴巴觉调任其他部门，该项目的两名关键人物都难以再发挥影响。而奈温政府对专家来缅甸始终持谨慎态度，直到 1961 年 3 月才批准宾夕法尼亚州农业试验站名誉主任弗里德里克·林里格（Frederick Lininger）博士来缅指导，并在当地服务 18 个月直到佛罗里达大学农业经济系教授格林曼（J. R. Greenman）前来担任高级顾问。1961 年 11 月，佛罗里达牧场牲畜站副站长戈登·柯克（Gordon Kirk）作为第二位顾问抵达缅甸。格林曼本人则在 1962 年 2 月抵达，但随即发生的军事政变迫使其在 7 月 1 日便离开了。另外，有 4 名缅甸人受福特基金会资助前往美国考察和游学，其中 1 人在佛罗里达大学农业经济系

---

① "Historical Summary of the Ford Foundation Program in Burma, 1953 – 1962", Reports 002630, May 1965, Ford Foundation Records, Catalogued Reports, Reports 1 – 3254, p. 75.

② The Ford Foundation to Advance Human Welfare, the Ford Foundation Annual Report, 1960, September 30, 1960, p. 85.

获得了硕士学位并回到曼大担任讲师。[①]

曼大农学院项目筹划达数年之久，然而其真正实施的时间仅不到 1 年。无论对福特基金会还是对曼大农学院来说，这都是一个莫大的讽刺。当然，也不能就此否认，美国顾问们在曼大农学院开设新课程并进行相关的指导，以及资助缅甸人前往美国考察或游学给曼大农学院带来的积极意义。

相对于资助农学院的坎坷波折，福特基金会对曼大理学院的资助则略显平顺。为了满足缅甸紧缺的科技人才的需要，缅甸政府扩大了其在曼大的科学项目，尤其是在地理学、生物学、物理学和应用化学方面的研究。[②] 1957 年，曼大副校长吴哥莱和缅甸教育部邀请福特基金会资助理学院。由于当时基金会已经开启了同该校农学院在援助方面的磋商，所以该计划得到了基金会方面的欣然同意。与此同时，基金会还邀请佛罗里达大学一起加入该项目。在福特基金会约 41.5 万美元的资金支持下，佛罗里达大学同意承担曼大理学院的发展计划的实施。经初步调查后，佛罗里达大学向理学院派出了一名地理学家和一名物理学家，并在缅甸服务 4 年（1958—1962）。此外，佛罗里达大学还向缅甸派出了一名植物学家（1958.6—1960.4）以及一名动物学客座教授（1960.5—1961.3）。另有少数缅甸教师也在基金会资助下前往美国留学或参观，其中有 3 名理学院教师前往美国深造并获得理学硕士学位，而理学院院长和物理系主任也受资助对美国进行了短期访学。另外，理学院还利用这笔资助购买了许多图书、设备以及其他教具等。[③]

总体来看，福特基金会的资助和佛罗里达大学的指导对曼大理学院的发展产生了重要的促进作用。譬如该院的物理学课程已经达到了可以培养硕士研究生的水平，生物学系也得以大大增强。但这并不意味着其中没有困境。在此期间，对该项目具有重要影响的曼大副校长吴哥莱遭到吴奈温政府的质疑，并因"挪用少量公款和道德缺陷"等问题被撤职。[④]

---

① "Historical Summary of the Ford Foundation Program in Burma, 1953 – 1962", Reports 002630, May 1965, Ford Foundation Records, Catalogued Reports, Reports 1 – 3254, pp. 75 – 76.

② The Ford Foundation Annual Report, 1958, September 30, 1958, p. 86.

③ "Historical Summary of the Ford Foundation Program in Burma, 1953 – 1962", Reports 002630, May 1965, Ford Foundation Records, Catalogued Reports, Reports 1 – 3254, pp. 33 – 34.

④ "Historical Summary of the Ford Foundation Program in Burma, 1953 – 1962", Reports 002630, May 1965, Ford Foundation Records, Catalogued Reports, Reports 1 – 3254, p. 34.

其实，在项目实施期间，吴哥莱被替换了不止一次。此外，理学院院长阿塔尔·辛格（Attar Singh）和物理系主任艾哈迈德·阿里（Ahmed Ali）均不是缅甸人，随着 20 世纪 50 年代缅甸民族主义高涨，他们的教学和管理受到了严重影响，甚至其人身安全都遭到威胁。

福特基金会在对曼大农学院和理学院资助的过程中，亦注意到了曼大图书馆的情况。在福特基金会看来，曼大"几乎没有图书馆"，其在"空间、设备、馆藏资源以及工作人员"方面存在的问题，比仰光大学"严重得多"[1]。不仅如此，曼大的校领导和图书馆方面也支持发展大学层面的图书馆。这就为福特基金会资助曼大图书馆提供了前提条件。

1959 年 8 月，刚结束在仰光公共管理图书馆工作的杰伊·戴利（Jay E. Daily）接受了基金会的邀请，来曼大指导其图书馆发展，并一直在此工作到 1962 年 5 月。其间，基金会还资助了 2 名图书馆员前往美国接受培训，两人分别在密歇根大学和乔治·皮博迪学院（George Peabody College）获得了图书馆学硕士学位。[2] 值得一提的是，基金会对图书馆项目的总资助额为 17.7 万美元，其中仅用于购买图书和设备的资金就高达 6.5 万美元。

需要指出的是，福特基金会在曼大图书馆的项目还得到了美国图书馆协会的帮助。其中，戴利即美国图书馆协会成员。在曼大期间，戴利的主要任务就是同图书管理员吴吞昂（U Htun Aung）等对全校图书馆进行重新编目。面对曼大图书馆藏的约 17000 册图书，戴利建立起了一条流水线，将编目过程分成最简单的几步，并尽可能将工作交给办事员来做。他们整理了医学院图书馆、农学院图书馆、马格威（Magwe）学院图书馆的书目，并在东枝（Taunggyi）学院建立了一处新图书馆。在项目结束时，曼大已经拥有一个"编目完整且组织良好"图书馆系统，其藏书也猛增至 4.5 万余册。不仅如此，以往被深锁在橱柜里的书也摆在了书架上供师生自由取阅。另外，作为图书馆的附属设施，戴利还主

① "Historical Summary of the Ford Foundation Program in Burma, 1953 – 1962", Reports 002630, May 1965, Ford Foundation Records, Catalogued Reports, Reports 1 – 3254, p. 40.

② *The ALA-Ford Foundation, Burma Projects: A Report*, College and Research Libraries, Vol. 24, No. 1, January, 1963, p. 57.

持建立了一个视听剧院，内设座椅、视听设备、录音和展览空间等。①

到 1962 年 3 月缅甸发生军事政变时，曼大图书馆的重组项目业已基本完成。单就这一点而言，在福特基金会离开缅甸之日，曼大图书馆项目就远比仰光大学图书馆项目成功。

（三）福特基金会对缅甸职业技术教育的资助与改革

1. 政府技术学院

对职业技术教育的资助构成了福特基金会在缅甸教育项目中最大的一部分。这与缅甸政府对该项目的重视密不可分。独立之初，缅甸国民经济发展严重依赖农业。为了平衡缅甸各大产业的协调发展，缅甸政府将其公共资本的很大一部分都用在了发展交通、通信、电力和工业上。② 而为了更加有效地利用这项投资，培养现代化建设所需的技术人才，缅甸政府成立了"农业和职业技术教育委员会"（Committee on Agricultural and Vocational Education）为缅甸职业技术教育的发展提供指导。当时，缅甸唯一的技术人才培养机构是位于仰光北部城市永盛（Insein）的政府技术学院③（Government Technical Institute, GTI）。二战前，GTI 每年都会向社会输送 80—100 名毕业生，④ 这些毕业生成为缅甸最大的技术人员群体来源，他们在政府或公司的雇用下从事各种专业技术类工作。但 1941 年太平洋战争的爆发及后来的内战使 GTI 再也没有培养出毕业生，并且这一局面一直持续到 1953 年。不仅如此，受战争影响，许多外籍教师纷纷逃离缅甸，大部分设备在此期间被盗走或毁坏。

最早对 GTI 进行援助的美国组织机构是官方的技术合作署，这在本书第一章已有论述。但是由于某些因素，缅甸政府在 1953 年撤销了技术合作署的援助，并转而寻求福特基金会的资助。1953 年缅甸教育主管吴冈（U Kaung）首先同埃弗顿洽谈了基金会资助缅甸技术教育的可

---

① *The ALA-Ford Foundation*, *Burma Projects*: *A Report*, College and Research Libraries, Vol. 24, No. 1, January, 1963, p. 58.

② The Ford Foundation Annual Report 1956, to Advance Human Welfare, September 30, 1956, p. 123.

③ 也可以译为政府技术研究所。

④ The Ford Foundation to Advance Human Welfare, Annual Report 1955, September 30, 1955, p. 101.

能性。当时，福特基金会正通过威廉·胡德·邓伍迪工业研究所（William Hood Dunwoody Industrial Institute）① 帮助巴基斯坦卡拉奇理工学院的技术教育规划和发展，并准备援助印度尼西亚的职业技术教育。所以，埃弗顿邀请了当时正在巴基斯坦工作的福特基金会技术教育顾问弗里德里克·多布斯（Frederick E. Dobbs）临时来缅甸审查其职业技术教育发展计划。多布斯建议 GTI 开展试点项目，发展高中后的技术教育以及技术教师特殊培训项目。在对外交流上，多布斯认为 GTI 应建立与美国技术研究机构的联系，以帮助训练缅甸教师、提供外籍专家、设定课程、选择和采购教学器材等。② 此外，他还建议 GTI 设置为期两年的在校课程学习，第三年则为外出实习。

当时，技术合作署顾问杜卡特（A. C. Ducat）依然滞留缅甸并署理技术教育署署长。杜卡特基本赞同多布斯的建议，但反对将学校课程设置为两年。他认为进入 GTI 学习的学生并不具备"足够的基础知识"③。故而，杜卡特建议将学校课程设置为 3 年。此后，埃弗顿和缅甸教育部官员对此进行了进一步探讨，并最终通过了多布斯的报告，但缅甸政府坚持将课程学习时间定为 3 年。1954 年 4 月 26 日，在埃弗顿、缅甸教育部部长和其他教育部官员参加的会议上，双方原则上批准了 GTI 发展项目（第 4 号项目协定）。

随后，埃弗顿邀请邓伍迪研究所参与实施该项目，后者欣然接受。但该所副所长约翰·巴特勒（John Butler）却不愿意承担邓伍迪研究所"几乎没有责任发展"的项目。④ 他建议首先在缅甸进行一项类似于在印度尼西亚的实地调查。该建议随后得到了埃弗顿的赞同。为此，福特基金会从提供给缅甸政府的赠款中拿出约 3.1 万美元，用

① 邓伍迪研究所（现为邓伍迪理工学院）是设立于美国明尼苏达州明尼阿波利斯市的一所私立、非营利的技术学校，成立于 1914 年。该校由明尼阿波利斯商人威廉·胡德·邓伍迪留下的 300 万美元遗产建立。其目标在于"通过向不分种族、肤色和宗教偏见的年轻人提供一个平台，使其学习有用的职业或手工艺，从而使其更好地履行生活的职责"。https://web.archive.org/web/20080612042021/; http://www.dunwoody.edu/content/default.cfm?pid=7.

② "Historical Summary of the Ford Foundation Program in Burma, 1953 – 1962", Reports 002630, May 1965, Ford Foundation Records, Catalogued Reports, Reports 1 – 3254, p. 22.

③ "Historical Summary of the Ford Foundation Program in Burma, 1953 – 1962", Reports 002630, May 1965, Ford Foundation Records, Catalogued Reports, Reports 1 – 3254, p. 23.

④ "Historical Summary of the Ford Foundation Program in Burma, 1953 – 1962", Reports 002630, May 1965, Ford Foundation Records, Catalogued Reports, Reports 1 – 3254, p. 23.

于资助邓伍迪研究所的两名代表前来缅甸，就扩大培训的计划和费用进行磋商。① 7 月 21 日邓伍迪研究所代表巴特勒和菲利普·范·威克（Philip S. Van Wyck）抵达缅甸，并开始了为期约一个月的职业技术教育调查。他们就缅甸经济、现有工业机构和未来计划在技术方面的最新进展对 GTI 进行了调查。② 不久，范·威克即被邓伍迪研究所任命为 GTI 的高级顾问。

1955 年，基金会为了支持 GTI 项目向缅甸政府提供了 467115 美元的赠款。这笔补助金的使用期限为两年零九个月，大体相当于第一批学生在邓伍迪小组和缅甸教师指导下完成其学业的周期。其间，基金会还与邓伍迪研究所签订了一份关于技术顾问小组的合同。这个小组包括 1 名高级顾问、5 名技术领域的顾问教师和 1 名教师培训顾问专家。这笔资金除了用于资助邓伍迪小组来缅指导外，还资助了 5 名缅甸人前往邓伍迪研究所学习两年，以备回国后接替邓伍迪顾问小组的工作。此外，部分资金还用于购买教辅设备以及其他物资（如图 5.7 所示）。③

GTI 项目的实施过程并没有因为基金会资助和邓伍迪支持而顺利稳妥。在此期间，学校教育和管理方面的问题层出不穷，其中最具影响力的事件竟因学生对学校新制度的不满而起。此前，GTI 学生普遍缺乏纪律观念，即使频繁缺勤或严重违反校规校纪都不会遭到开除。从 1955—1956 学年开始，为了提升学校的管理，范·威克向技术教育署署长李萍（Ping Lee）建议要求学生必须按时上课，并定期接受考试。技术教育署随后出台了一项规定，要求学生出勤率达到 80% 以上。对此，GTI 校长持异议，并声称"学生们不会同意的"④。不过，该规定最终还是实施了。开学几个月后，一群 GTI 学生表达了其对当下教学体系的不满并要求恢复旧的制度，其理由是"宽泛的教学主题"使其"无法做好就业准备"。随后，校长和技术教育署署长先后出面使其相信不

---

① The Ford Foundation Report 1954 to Advance Human Welfare，September 30，1954，p. 65.

② The Ford Foundation to Advance Human Welfare，Annual Report 1955，September，1955，p. 101.

③ The Ford Foundation to Advance Human Welfare，Annual Report 1955，September，1955，p. 102.

④ "Historical Summary of the Ford Foundation Program in Burma, 1953 - 1962"，Reports 002630，May 1965，Ford Foundation Records，Catalogued Reports，Reports 1 - 3254，p. 25.

存在就业问题。不过，校长也承认未能就新项目给学生足够的指导。[1]

图 5.7　GTI 一名钣金教师在明尼阿波利斯邓伍迪研究所接受高级培训[2]

学生的不满与日俱增并最终在 1957 年达到白热化。当时，刚从密歇根大学获得电气工程硕士学位的吴妙丹（U Mya Than）被任命为 GTI 校长。由于其在美国的经历再加上对邓伍迪团队的认可，吴妙丹开始严格执行新的管理制度，譬如取消了那些考试不及格学生的奖学金。但这一措施随即引发了学生罢课，并要求政府罢免校长和李萍。为了平息局势，教育部部长召开了 GTI 理事会会议以讨论应对策略。最终，罢课的学生受到了批评，但关于奖学金和津贴的规定却放宽了。此外，理事会还对 GTI 的规章制度进行了重新审查，有意向学生做出解释和退让。然而，这一妥协使吴丹妙处于非常尴尬的境地，并最终迫使其辞职。

其实，除了学生的问题外，GTI 的教师队伍也存在严重的问题。他们中有些人是资格较老的教师，有些是仰光工程学院的应届毕业生，但

---

① "Historical Summary of the Ford Foundation Program in Burma, 1953 – 1962", Reports 002630, May 1965, Ford Foundation Records, Catalogued Reports, Reports 1 – 3254, p. 26.

② The Ford Foundation to Advance Human Welfare, the Ford Foundation Annual Report, 1961, September 30, 1961, p. 71.

其通病在于理论训练充分但实践经验薄弱。一方面这与缅甸不重视实践的教育传统有关，另一方面也是缅甸缺乏可供实习操作的相关设备。不仅如此，教师们对于接受实践方面的专业培训也颇有微词，他们认为这是对其能力的"含蓄批评"①。此外，学院领导与教师甚至教师与教师之间都缺乏必要的沟通。在顾问达到前，GTI 根本不存在定期召开例会的概念和事实。这种情况在很大程度上制约了 GTI 教师队伍团队精神的培养。

尽管上述问题给 GTI 项目的实施带来了很大困扰，但随着 GTI 新教育理念和新管理方法的引入，这些问题在一定程度上被克服。由于有了设备、物资以及图书馆资料，顾问们逐渐开始引入邓伍迪标准车间的作业方法、作业指导书和工作表。此后，随着教学大纲的修订，大部分教材被译为缅甸语，从而逐步实现了 GTI 的自我管理。不仅如此，通过定期举行员工会议，不仅改善了员工之间的个人关系也增加了他们对专业事务的了解，还培养了团队精神。② 1961 年，福特基金会综合考虑各方面因素决定停止对 GTI 项目的资助，同时向邓伍迪研究所提供了一笔为数 16.7 万美元的赠款，作为基金会对 GTI 和仰光技术高中的最后的资助。③

福特基金会对 GTI 资助的 7 年时间里，其赠款总额高达 123 万美元（其中有一小部分为仰光技术高中所用）。因此，该项目也构成了福特基金会在缅甸最大的单项资助。负责管理并支配基金会赠款的邓伍迪研究所在此期间总共派出了 12 名顾问，共他们向 GTI 提供了 36.6 人·年的咨询服务。与此同时，邓伍迪研究所还为 GTI 购买和运送了价值 14.8 万美元的教学设备，并资助 32 名缅甸人赴海外接受培训。④

总的来说，GTI 项目取得了一定的成功。一方面这与基金会的巨量资金投入和邓伍迪顾问小组的精诚工作有关，当然也与缅甸政府全力支

---

① "Historical Summary of the Ford Foundation Program in Burma, 1953 – 1962", Reports 002630, May 1965, Ford Foundation Records, Catalogued Reports, Reports 1 – 3254, p. 27.

② "Historical Summary of the Ford Foundation Program in Burma, 1953 – 1962", Reports 002630, May 1965, Ford Foundation Records, Catalogued Reports, Reports 1 – 3254, p. 27.

③ The Ford Foundation to Advance Human Welfare, the Ford Foundation Annual Report, 1961, September 30, 1961, p. 75.

④ "Historical Summary of the Ford Foundation Program in Burma, 1953 – 1962", Reports 002630, May 1965, Ford Foundation Records, Catalogued Reports, Reports 1 – 3254, p. 23.

持分不开。作为 GTI 师生日常费用的承担者，缅甸政府积极改造提升了学校各种场馆、宿舍、食堂等基础设施，并使 GTI 成为一所可以容纳 600 名学生的较大规模的学校。① 不仅如此，缅甸政府在该项目实施的前几年还向 GTI 学生提供了数项奖学金以鼓励其努力学习。即使福特基金会撤出缅甸后，GTI 在政府的支持下依然可以有效运转。缅甸政府对 GTI 的重视程度可借用缅甸教育部秘书吴巴觉的一句话来表达，"该研究所应该是所有国家和人民的功劳，也是缅甸经济、社会和国防的第一线资产"②。

2. 仰光技术高中

在资助 GTI 项目期间，缅甸政府还邀请福特基金会协助仰光技术高中（Rangoon Technical High School）的发展。作为加强和完善缅甸职业技术教育体系的重要内容，基金会欣然同意了缅甸政府的邀请。

由于这所高中将为未来规划的其他技术高中提供范本，③ 因此缅甸政府不仅进行了详细的规划，还投入了巨额资金。1955 年，"农业和职业技术教育委员会"便指出缅甸的熟练技工"严重短缺"的情况，于是建议成立技术高中并发展已有高中的技术部门。其目标在于：促进前本科阶段教育机会的多样化；为即将加入缅甸工业化建设的年轻人提供预备性的职业培训。此后，这一建议被缅甸政府采纳。同年，政府出资 200 万美元建造了在当时看来规模宏大的校园，该校可以容纳 300 名寄宿生和 300 名走读生，并建有一幢 6 层的教职工公寓楼。④ 由此可见缅甸政府对高中职业技术教育的重视。

在对仰光技术高中资助的 6 年时间里，福特基金会通过邓伍迪研究所总共向该校提供了 13 人·年的顾问服务，与此同时还向其提供了一

---

① GTI 项目启动初期，该学院仅能容纳 300 名学生。此后，随着福特基金会赠款的不断增加，GTI 在项目后期已经可以容纳 600 名在校生，每年可以向社会输送约 200 名毕业生。这在很大程度上缓解了缅甸国民经济建设对技术人才的迫切需求。此外，还源源不断地向各大职业技术高中输送了大量师资力量。

② "Historical Summary of the Ford Foundation Program in Burma, 1953–1962", Reports 002630, May 1965, Ford Foundation Records, Catalogued Reports, Reports 1–3254, p. 29.

③ The Ford Foundation Annual Report 1956, to Advance Human Welfare, September 30, 1956, p. 123.

④ "Historical Summary of the Ford Foundation Program in Burma, 1953–1962", Reports 002630, May 1965, Ford Foundation Records, Catalogued Reports, Reports 1–3254, p. 29.

些设备并资助该校教师出国深造。其间，基金会总共向仰光技术高中提供了高达 54 万美元的赠款。① 此外，基金会还在 1961 年向该校提供了 10.15 万美元的最终补助金。② 值得一提的是，科伦坡计划成员国以及联合国也向该校的工作车间提供了大量的实习设备（如图 5.8 所示）。

图 5.8　缅甸学生正在仰光技术高中学习木工③

相对于 GTI 项目实施过程的困难重重，仰光技术高中的发展则更加顺利。其间，几乎没有发生学生纪律、教学和管理方面的问题。不仅如此，来自邓伍迪的高级顾问弗洛伊德·吕本（Floyd Lueben）在缅甸的表现同样可圈可点。在对仰光技术高中长达 6 年的指导中，吕本在许多方面都对该校进行了卓有成效的改革。首先，吕本十分重视学生的车间实习课程，并分阶段逐步增加了学生下车间的时间。最初，在每周 44

① 仅在 1956 年，基金会就向仰光技术高中提供了 385700 美元的赠款，用于为其提供教学设备和美国顾问专家。

② "Historical Summary of the Ford Foundation Program in Burma, 1953 – 1962", Reports 002630, May 1965, Ford Foundation Records, Catalogued Reports, Reports 1 – 3254, p. 30.

③ The Ford Foundation Annual Report, 1958, September 30, 1958, p. 75.

小时的总课时里，仅有 4 小时的车间实习时间。后来，本着循序渐进的原则，吕本一开始建议将车间实习的时间增加到 8 小时，随之又增加到 16 小时。到 1960 年时，车间实习时间已经增加为 20 小时，占总课时的 46%，这一比例已经与美国同类学校的做法相当；其次，在吕本的指导和参与下，技术高中的教材和教学资料也得到了极大丰富和提升。在 6 年时间里，吕本和该校领导和教师们合作将 37 本不同的英文参考手册译为缅甸文，并使其成为课堂与车间教学必不可少的材料。① 这一举措的重要性不言而喻，一方面该校原来缺乏可供师生使用的缅甸文教材，而吕本等人制作的教材则满足了师生的需求；另一方面，通过参与教材的开发，缅甸人也学会了如何通过编写更好的教材来改进教学。

在此期间，总共有 15 名缅甸教师前往美国邓伍迪研究所接受了为期一年或更长时间的培训。回国后，他们对技术高中的改革和发展起到了关键性的作用。此外，受某些积极因素的推动，在该项目实施的第三年，吕本就在该校组织起了正式的教师培训课程，其授课大纲是顾问们为满足高中教师的特殊需要而专门编写的。而且，该培训课程定期举行，所有导师、助理导师均须出席。就效果来看，教师培训课程不仅提高了教师的专业技术能力，还在很大程度上改善了美国顾问与教师以及教师与教师之间的关系。②

综上所述，在福特基金会的资助下，以 GTI 和仰光技术高中为代表的缅甸职业技术教育的发展取得了长足进步。这其中，资金支持的因素固然重要，③ 但以邓伍迪研究所为代表的美国职业技术教育机构所提供的顾问支持更是不可或缺。不过，缅甸政府在其中起到的作用颇为复杂。一般而言，在项目发起过程中，政府尚且能起到积极的推动作用，但在项目实施过程中，由于其传统观念、管理制度以及选贤用人等方面存在的问题，往往给项目的实施造成很多的障碍，而作为资助方的福特基金会对此往往又无能为力。

---

① "Historical Summary of the Ford Foundation Program in Burma, 1953 – 1962", Reports 002630, May 1965, Ford Foundation Records, Catalogued Reports, Reports 1 – 3254, p. 31.

② "Historical Summary of the Ford Foundation Program in Burma, 1953 – 1962", Reports 002630, May 1965, Ford Foundation Records, Catalogued Reports, Reports 1 – 3254, p. 31.

③ 据统计，福特基金会向 GTI 和仰光技术高中总共提供赠款 167.7 万美元，为基金会在缅投入资金最多的项目。

1962 年 3 月 2 日的军事政变，不仅终结了缅甸民选政府，也终结了福特基金会在缅甸的活动。此时，福特基金会驻缅甸第一任代表约翰·斯科特·埃弗顿已是美国驻缅甸大使。3 月 19 日，埃弗顿与吴奈温谈及福特基金会在缅甸的活动，后者表示将"暂停"其在缅甸的项目。其理由是，对基金会向 GTI 的资助表示"担忧"。吴奈温认为该学院原来培训准工程师和技术人员的意图遭到了忽视，而使其变成了工程师学院的"奶瓶"。此外，吴奈温还指出基金会对 GTI 派往美国深造的学生的"关注度不够"①。4 月 12 日，缅甸政府正式通知福特基金会"缅甸不再需要外国组织的援助"，并要求所有基金会人员在 6 个月内离开该国。② 其实，吴奈温此后在维也纳同参加日内瓦会议的美方代表哈里曼会谈时提到了自己将福特基金会赶出缅甸的真正原因。吴奈温认为福特基金会并没有像亚洲基金会那样"糟糕"，但他怀疑所有在缅甸运作的外国机构都试图为外国目标工作，而不是为缅甸人工作。③

不过，福特基金会在离开前基本完成了其与缅甸方面的合作项目，其中包括位于永盛的政府技术学院、仰光技术高中以及位于彬马那的国家农业研究所，这些机构成为缅甸职业技术教育体系中最重要的组成部分。此外，福特基金会对仰光大学商学系、仰光大学文科图书馆、曼德勒大学图书馆、缅甸翻译协会、公共管理项目、农村发展项目的资助也取得了显著成功。不过，由于各种因素，福特基金会在缅甸开展的第一个项目国际佛学高等研究所（巴利文大学）没有取得成功。仰光大学图书馆系统的建设也最终因时间不够而没有展开。

本章小结

在一般的冷战研究中，学界往往十分重视政府以及具有政府背景的社会组织的行为，而忽视了私人基金会这样的非政府组织在冷战中的作用。

---

① Telegram from the Embassy in Burma to the Department of State, March 19, 1962, *FRUS*, 1961–1963, Vol. XXIII, Southeast Asia, p. 111.

② *The ALA-Ford Foundation*, *Burma Projects*: *A Report*, College and Research Libraries, Vol. 24, No. 1, January, 1963, p. 57.

③ Telegram from the Consulate General in Geneva to the Department of State, July 18, 1962, *FRUS*, 1961–1963, Vol. XXIII, Southeast Asia, p. 113.

显然，这一研究现状与私人基金会在冷战中的实际地位并不相称。私人基金会在冷战时期的美国海外活动中扮演了重要角色，并深度参与了美国政府主导的文化冷战，其中尤以福特基金会最具代表性。冷战开始前，福特基金会还是一个"拨款仅限于密歇根州"的地方慈善组织，[①] 但随着冷战开始，福特基金会在一帮知识精英的带领下迅速完成了转型，摇身一变而成为一个积极参与全球事务的私人组织。作为福特基金会转型的纲领性文件，《盖瑟报告》不仅以贯彻美国冷战战略为使命，而且更加强调文化冷战的重要性。"我们对和平的渴望应建立在对语言、文学、艺术、音乐和哲学等知识的深刻理解上，而不是在于建立马其诺防线。"[②]

当福特基金会代表们带着这份冷战"宣言"在亚洲各国寻找新的空间时，通过斗争刚实现独立的当地人民正苦于寻找经济和社会发展的良方。显然，在他们眼里，福特基金会如同一场及时雨。于是双方一拍即合。福特基金会进入缅甸的情形大致如此。缅甸政府也十分清楚福特基金会的用意，政府发言人在征求基金会的支持时就强调了美国人对本土精神价值观的看重，并指出"人们普遍认为，美国人完全是被自己或他人的物质利益所引导或驱使的，这是东南亚共产主义宣传者手中最强大的武器之一"[③]。而吴努总理则直接宣称，"通过军事行动、经济和社会援助以及加强宗教科学地打击共产主义"[④]。

由此，在上述共同的目标下，双方首先开启的是在宗教上的合作。然而，双方路径上的分歧伴随该项目实施的始终。且不说缅甸政府通过复兴佛教遏制共产主义思潮的真实性，仅就其积极主办佛教大会并建立所谓"巴利文大学"，不难看出其复兴佛教的强烈意图。可是，福特基金会对于复兴佛教并没有太大兴趣，其自始至终都在坚持建立一所"东方研究所"，以加深美国人对东方文化的了解并促进东西方文化的交流

---

① Peter F. Geithner, "The Ford Foundation in Southeast Asia: Continuity and Change", Ann Marie Murphy, Bridget Welsh, eds., *Legacy of Engagement in Southeast Asia*, Singapore: Institute of Southeast Asian Studies, 2008, p. 182.

② Rowan Gaither, ed., "Report of the Study for the Ford Foundation on Policy and Program," Vol. II: "Report of the Humanities Division", The Ford Foundation, New York, 1949.

③ Kathleen D. McCarthy, "From Cold War to Cultural Development: The International Cultural Activities of the Ford Foundation, 1950 – 1980", *Daedalus*, Vol. 116, No. 1, 1987, p. 100.

④ "Historical Summary of the Ford Foundation Program in Burma, 1953 – 1962", Reports 002630, May 1965, Ford Foundation Records, Catalogued Reports, Reports 1 – 3254, p. ii.

和理解。其实，双方理念上的冲突构成了宗教项目向前推进的一条主线，也在很大程度上制约了其发展。该项目之所以未能取得完全意义上的成功，缅甸方面固然责任重大，但福特基金会同样存在失误：由于福特基金会急于进入缅甸并与其领导人"建立工作上的关系"，而未能事先就该项目做通盘规划并明确双方的权利和义务。①

对教育项目的高度重视始终是福特基金会国内外行动的一大特征。这恰是因为福特基金会所捍卫的"自由"和"民主"离不开"平等的教育和无限的教育机会"。正如福特基金会在其报告中所言："没有一个社会能够长期保持自由，除非它的成员是自由人，在无知盛行的地方，人们是不自由的。"② 正是基于这样"教育促进自由和民主"的理念，基金会顺理成章地将其资助的重点放在了缅甸的教育领域。有趣的是，为了提升本国的国民素质，培养"公民责任"和"民主生活方式"，独立之初的缅甸民主政府在全国范围内实施了规模庞大且历时长久的"大众教育运动"。缅甸政府实施该教育计划的出发点与福特基金会的理念不谋而合。这是双方在合作中少有的基本上可以达成默契的项目，因此理论上也应该取得比宗教项目更大的成功。但结果同样不尽如人意。反倒是基金会直接与仰光大学、曼德勒大学之间的合作取得了更加显著的成果。当然，如果就此得出缅甸政府的参与导致了项目失败的结论未免过于武断，政府对职业技术教育的投资和支持显然是 GTI 和仰光技术高中取得成功的必要条件。

若跳出福特基金会在缅甸的具体活动而站在美缅关系以及冷战的大背景下来观察，则不难发现私人组织在冷战前期的美国对外关系中发挥了重要的影响。其中最典型的案例就是缅甸政府在 1953 年 6 月取消了技术合作署的援助后，私人组织在一定程度上填补了美国政府对缅甸进行经济社会援助的空白，并成为美国在经济技术以及社会文化方面对缅甸施加影响的主要力量。虽然福特基金会高调宣扬"增进全人类的福祉"③，并将其目标定义为"接受和管理用于科学、教育和

---

① "Historical Summary of the Ford Foundation Program in Burma, 1953 – 1962", Reports 002630, May 1965, Ford Foundation Records, Catalogued Reports, Reports 1 – 3254, pp. 8 – 9.

② Report of the Trustees of the Ford Foundation, September 27, 1950, p. 13.

③ The Study Committee, *Report of Study for the Ford Foundation on Policy and Program*, Michigan: The Ford Foundation, 1949, p. 17.

慈善事业的资金，全部用于公益事业"①。但福特基金会作为一个美国私人组织，其理念根植于美国"自由、民主、平等"的文化价值体系。福特基金会同美国政府一样敌视共产主义，只不过其策略和手段更加隐蔽而已。

①　Report of the Trustees of the Ford Foundation, September 27, 1950, p. 7.

结　　语

　　冷战开始后，美国决策者们为了赢得同社会主义阵营的"意识形态之争"而对缅甸等中立国家开展了一系列的文化外交活动。为此，美国政府成立或改组了许多下属机构以促进这一战略目标的实现。早在杜鲁门时期，美国就已开展了以实现冷战战略为目标的文化外交活动。1950年 4 月 20 日，杜鲁门在美国报纸编辑协会的午餐会上提出加强"海外信息和教育交换项目"，同苏联开展所谓"真理之战"（Campaign of Truth）。① 此后不久，由中情局策划的"文化自由大会"（Congress for Cultural Freedom）在西柏林成立，标志着美苏之间文化冷战序幕的拉开。② 不过，真正将文化外交统一在一个专责机构下是在艾森豪威尔时期，即 1953 年 8 月 1 日成立的美国新闻署。该机构除了专门负责美国政府对外文化交流项目外，还旨在"促进民众与政府之间的交流"③。肯尼迪政府除了进一步强化和完善了美新署的职能外，还创立了"和平队"（The Peace Corps）以"服务于美国长期利益"，并号召青年人"为国家奉献青春"。④ 这些举动无疑都充分证明了冷战期间美国政府对文化外交的重视。

　　20 世纪 40 年代末，随着美国国内冷战共识的形成，由政府或民间

---

　　① Harry S. Truman, "Address on Foreign Policy at a Luncheon of the American Society of Newspaper Editors", April 20, 1950, *Harry S. Truman: Containing the Public Messages, Speeches, and Statements of the President*, 1950, Washington: United States Government Printing Office, 1965, p. 264.

　　② 胡文涛:《冷战期间美国文化外交演变》,《史学集刊》2007 年第 1 期。

　　③ Frank Ninkovich, *U. S. Information Policy and Cultural Diplomacy*, New York: Foreign Policy Association, 1995, p. 3.

　　④ Richard T. Arndt, *The First Resort of Kings: American Cultural Diplomacy in the Twentieth Century*, Washington, D. C.: Potomac Books, Inc., 2006, p. 349.

推动创立的准政府组织和非政府组织同样深度参与了美国对缅甸的文化外交。无论带有官方背景的亚洲基金会还是私人组织福特基金会都在缅甸投入了大量的资金和人员，从事更为"隐性的"文化冷战。从美国国内因素看，美国民众"对政府控制思想具有根深蒂固的敌意"，而且"他们也从来没有完全适应政府与文化和信息的紧密联系"①。基金会的文化项目却不存在类似的问题。从国际因素看，缅甸等亚洲国家正在经历去殖民化进程，其对美国（政府）的接受程度"正在恶化或迫切需要改善"②。但基金会的海外文化项目可以避开"美国官方介入"的嫌疑，并与受援国建立起"信任"关系。③ 上述优势正是官方机构所不具备的。

一　美国对缅文化外交的内在动因

（一）国家安全危机下的本能反应

众所周知，国家或政权自身的安全在政府决策中始终被置于头等重要的地位。尽管如此，源自国内或域外的危机往往会以不同的方式并在不同程度上威胁一国的国家安全。在国际关系中，危机是走向战争或和平的转折关头，导致危机的冲突要是得不到解决，就会升级为更严重的冲突甚至是战争。④ 自独立建国至二战结束的近两个世纪中，美国逐步形成了以总统为核心的国家安全危机应对机制。冷战爆发前后，美国对其原有的国家安全保障资源和制度进一步加以整合和改革，以应对"极权主义"的挑战。不过，美国决策者此时对国家安全的定义范围早已越出国门，利益遍及全球，正如杜鲁门在国情咨文中所表达的"我国今日和未来的安全不仅取决于我国，更取决于世界各国人民对人类自由和民

---

①　Frank Ninkovich, *U. S. Information Policy and Cultural Diplomacy*, New York: Foreign Policy Association, 1995, p. 7.

②　Chay Brooks, "The Ignorance of the Uneducated: Ford Foundation Philanthropy, the IIE, and the Geographies of Educational Exchange", *Journal of Historical Geography*, Vol. 48, 2015, p. 43.

③　张杨：《冷战共识——论美国政府与基金会对亚洲的教育援助项目（1953—1961）》，《武汉大学学报》（人文科学版）2013年第3期。

④　[美] 詹姆斯·多尔蒂、小罗伯特·普法尔茨格拉夫：《争论中的国际关系理论》，阎学通译，世界知识出版社2003年版，第622页。

主的信念"①。

20 世纪 40 年代末，随着共产主义在东南亚的持续发展，美国强烈感受到了其对美国国家安全构成的巨大威胁，正如 NSC – 48/1 号文件所指出的："对我们而言……若东南亚为共产主义所席卷，那么我们将会遭受一次政治大溃败。"② 尽管由于技术层面的原因，NSC – 48/1 号文件没有被批准通过，但这份名为"美国在亚洲的立场"的文件奠定了冷战期间美国东南亚政策的基石。此后的多份 NSC 系列文件中都高度强调了东南亚地区对美国国家安全的重要性，譬如 NSC – 124 号文件明确提出："共产党对整个东南亚的统治将在短期和长期内严重危及美国的安全利益……将使美国在太平洋沿岸岛链的地位岌岌可危，并严重损害美国在远东的根本安全利益。"③

由此可知，冷战初期美国决策者已将东南亚纳入美国国家安全体系之中，并将两者的安危紧密关联。意即东南亚国家面临共产主义威胁等同于美国自身安全面临威胁。自认为身处安全危机下的美国向东南亚先后派出了以杰瑟普和格里芬为代表的使团进行实地考察，与此同时，美国情报部门也加强了对东南亚局势的分析和评估。无论是美国代表团的考察报告也好，还是情报机构的评估报告也好，都强烈建议美国向东南亚提供经济和军事援助，并认为提供经济援助"很可能被证明是……迅速改善整体局势的必要条件"④。值得注意的是，杰瑟普大使除了强调援助的重要性之外，还指出了文化宣传的作用，他在向艾奇逊提交的一份名为"远东及亚洲政策大纲"中建议："在亚洲的共产主义和非共产主义地区开展大规模的信息项目，以表明我们对亚洲人民的民族主义愿望的理解和同情，并揭露苏联帝国主义对这些愿望造成的威胁。"⑤

---

① President's Secretary's Files, the Truman Doctorine, Draft of Speech, March 10, 1947, Harry S. Truman Library & Museum.

② U. S. Involvement in the Franco-Viet Minh War, 1950 – 1954, The Pentagon Papers, Gravel Edition Vol. 1, Chapter 2, Section 2, pp. 75 – 107. http://www. mtholyoke. edu/acad/intrel/pentagon/pen6. htm.

③ NSC – 124, United States Objectives and Courses of Action with respect to Communist Aggression in Southeast Asia, FRUS, 1952 – 1954, East Asia and the Pacific, Vol. XII, Part I, p. 46.

④ Record of an Interdepartmental Meeting on the Far East at the Department of State, 11 May 1950, FRUS, 1950, Vol. 6, p. 89.

⑤ Outline of Far Eastern and Asian Policy for Review with the President, November 14, 1949, FRUS, 1949, Vol. VII: The Far East and Australasia, part 2, p. 1212.

借助文化宣传应对国家安全危机并非肇始于杰瑟普的报告。实际上，二战甫一结束美国就开始利用文化武器应对苏联共产主义的挑战。杜鲁门在 1945 年 8 月 31 日曾指出：“当今外交关系的性质决定了美国必须保持对外信息活动，并将其作为我们外交事务的一个组成部分。”① 为了更有效地整合美国对外文化教育活动，1945 年底杜鲁门政府在国务院内部组建了国际新闻和文化事务办公室（OCI），并将其分为 5 个区域分部和 5 个业务部门，分别是国际广播、国际新闻出版、图书馆和研究所、跨国人员交流、国际电影等处。1947 年，国际新闻和文化事务办公室被重组为新闻和教育交流办公室（OIE）。与此同时，国会于 1946 年 8 月 1 日通过了《富布莱特法》，旨在“通过与在战争中遭受破坏的国家进行学术交流，从而促进国际理解”②。如果说《富布莱特法》由于立法时间早而缺少冷战色彩的话，那么美国国会在 1948 年 1 月 27 日通过的《美国信息和教育交流法》（《史密斯—蒙特法》）则融入了更多的意识形态要素。

总之，在美国决策者们看来，冷战的爆发与共产主义在东南亚的蔓延引发了美国自身的安全危机。在“危机—应对”这一本能机制下，美国不仅迅速强化了对东南亚国家的物质援助，更加强了对东南亚的文化输出。意在逐步削弱并最终消除苏联在该地区的优势力量和影响，直至苏联无法从该地区威胁美国的安全。③ 这是美国对缅文化外交的首要动因。

（二）贯彻冷战战略的天然选择

东南亚与中国大陆相邻，其大陆部分——中南半岛（意即在中国以南的半岛）更是直接与中国南部接壤。如此关键的地理位置使东南亚成为美国贯彻冷战战略的天然选择。1949 年初，随着中国人民解放军锋镝南指，美国当局的亚洲政策亦不断发生改变，由最初的“援蒋”到

---

① Nicholas J. Cull, *The Cold War and the United States Information Agency*：*American Propaganda and Public Diplomacy*，*1945 - 1989*，Cambridge，New York：Cambridge University Press，2008，p. 22.

② US Department of State, *Cultural Relations Programs of the US Department of State*，Washington，D. C. ：Bureau of Educational and Cultural Affairs，1976，pp. 229 - 230；

③ NSC - 48/2，The Position of the United States with respect to Asia，December 30，1949，*FRUS*，1949，the Far East and Australasia，Vol. Ⅶ，part 2，pp. 1216 - 1217.

之后的"弃蒋"，再到最后的构筑包括东南亚在内的对华遏制包围圈。为了有效遏制共产主义，英国驻美大使馆顾问格拉菲斯（H. A. Graves）与美国国务院多名官员在 1949 年 2 月 23 日进行了磋商。讨论的结果是："东南亚各国建立自救机制……建立英、法、美关于解决中南半岛问题的高层对话机制。"① 4 月 2 日英国外交大臣贝文（Bevin）就东南亚问题致信美国国务卿艾奇逊，建议美国更加重视东南亚，并在该地区"建立一个共同阵线，抵御苏联的扩张"②。最终，在美国牵头下，美、英、法等 8 国于 1954 年 9 月缔结了《东南亚条约组织》。不过，颇具讽刺意味的是，该组织成员国中仅有菲律宾和泰国位于东南亚。

实际上，在美国决策者认眼里，缅甸在遏制中国的包围圈中有着十分特殊的意义。位于中南半岛西部的缅甸，与中国云南省毗邻，双方共同边界线长达 2185 公里。冷战语境中，美国决策者对东南亚的普遍关注顺理成章地使其将注意力投射于具有重要战略意义的缅甸身上。随着中华人民共和国的成立，缅甸在美国冷战战略中的地位急速上升。为此，1950 年初美国政府先后派出以杰瑟普和格里芬为首的使团访问缅甸。不久，杜鲁门便批准向缅甸提供经济和军事援助。然而，美国早期对缅援助不仅规模小而且充满曲折。一方面，这是由于缅甸内战致使政局不稳，社会秩序一片混乱；另一方面，美国政府在这一时期始终认为英国和英联邦应承担援助缅甸的"主要责任"，美国援助仅起到"补充"的作用。③

美国对缅甸政策的根本性转变始于 1952 年 6 月 25 日公布的 NSC - 124/2 号文件。这份名为"美国在东南亚的目标和行动方针"的文件对缅甸的重要性极力进行了渲染，其认为"如果缅甸被共产党控制，那么共产党武装通过泰国的进攻可能会使包括东京湾（越南河内地区）在内的中南半岛危在旦夕"④。由此可见缅甸在美国的东南亚"防共"战

---

① Spread of Communism into Southeast Asia, February 23, 1949, *FRUS*, 1949, The Far East and Australasia, Vol. Ⅶ, Part 2, p. 1119.

② The British Secretary for Foreign Affairs（Bevin）to the Secretary of State, April 2, 1949, *FRUS*, 1949, The Far East and Australasia, Vol. Ⅶ, part 2, p. 1137.

③ Policy Statement Prepared in the Department of State, June 16 1950, *FRUS*, 1950, East Asia and Pacific, Burma, pp. 243 - 244; The Secretary of State to the Embassy in Burma, February 17, 1950, *FRUS*, 1950, East Asia and Pacific, Burma, pp. 232 - 233.

④ NSC - 124/2, United States Objectives and Courses of Action with respect to Southeast Asia, June 25, 1952, *FRUS*, 1952 - 1954, East Asia and the Pacific, Vol. Ⅻ, part I, p. 128.

略中的地位之重要。实际上，在美国决策者眼里，缅甸"防共"地位的重要性绝不仅体现在其关键的地理位置上，更体现在其储量丰富且多样的资源上，尤其是在世界市场上占有较大份额的稻米资源，正如 NSC - 124/2 号文件所指出的："缅甸的大米出口对马来亚、锡兰、日本、印度等自由亚洲的重要区域都具有相当重要的意义。"①

缅甸是美国"遏制"战略上的前线，同时是美国冷战战略上的桥头堡。毋庸置疑，自冷战在亚洲爆发以后，美国在缅甸实施的或明或暗的冷战行动从未停止。在公开场合下，美国以文化为武器在缅甸开展了丰富多样的冷战项目，其中比较有代表性的是 1953 年前后仰光美新处对吴努剧本《人民胜利了》的改编和上映。在秘密场合下，美国则通过各种隐蔽行动支持在缅甸活动的各种"亲美"势力。目前，已有充分证据可以证明美国中情局曾在 20 世纪 50 年代秘密资助缅甸东北部的蒋军。对冷战时期的美国而言，安全始终是最重要的国家利益。特殊的地缘形势使缅甸成为美国实施其冷战战略的天然选择。

冷战时期，处于冷战对抗前线的缅甸几乎成了美国实施冷战行动的天然试验场。美国影响他国的手段如经济援助、军事援助、文化外交、秘密行动等均在缅甸得到了大规模施展。且不论这些措施的最终效果如何，单从美国为冷战战略在缅甸投入的人力物力之巨、规模之大、时间之长，便足以体会到冷战时期缅甸对美国的重要战略价值。

（三） 对中立主义国家的理性认知

中立主义认为，与他国或国家集团联盟将不可避免地失去行动自由，即失去根据自身需要灵活制定对外政策的自主性。相反，采取不结盟的中立外交政策，则可以使独立的民族国家获得更多的外交活动空间，并借此影响他国的态度与行为，从而增加外交影响力。② 冷战爆发后，一些通过非殖民化运动独立的亚非拉国家纷纷选择既不与美国结盟也不与苏联结盟的中立外交路线，以保持本国在对外事务上的独立性，并在国际体系中寻求地位和作用。1946 年 9 月，尼赫鲁首先提出了不

---

① NSC - 124/2, United States Objectives and Courses of Action with respect to Southeast Asia, June 25, 1952, *FRUS*, 1952 - 1954, East Asia and the Pacific, Vol. XII, part I, p. 127.

② 金日：《从中立主义到后中立主义：瑞典外交政策之嬗变》，《欧洲研究》2003 年第 1 期。

结盟的外交政策，并指出印度"奉行独立自主的政策，而不是做另一个国家的卫星国……远离强权政治集团"①。此后，中立主义的理念得到了更多新独立国家的认可。1955 年，来自亚非的 29 个国家参加了在印度尼西亚万隆召开的亚非会议，所发表的《最后公报》中第 6 条明确指出："不使用集体防御的安排来为任何一个大国的特殊利益服务。"② 20 世纪 60 年代中立主义已然成为国际社会中一股势不可当的政治潮流。最显著的标志则是 1961 年 9 月在南斯拉夫首都贝尔格莱德召开的不结盟运动首脑会议。

缅甸在地缘政治、被殖民史、佛教思想以及冷战形势等多种因素的共同作用下，最终选择了中立主义政策，并跻身不结盟国家的重要成员。早在独立之初，缅甸政府就已阐释了其中立的外交方针。吴努认为，缅甸必须遵循中立的外交路线，因为夹在中国、印度以及美国、苏联之间的缅甸"就像一个被包围在仙人掌中间的脆弱的葫芦"③。1948 年，吴努在其"左翼团结纲领"中根据三项政治化的原则来定义中立主义：从周边国家做起，同世界上所有国家保持友好；拒绝任何可能导致缅甸沦为附庸国的外国援助；避免与两大集团中的任何一个结盟，避免与中国或印度结盟。④ 一般认为，缅甸中立主义政策最终形成的标志是吴努在 1949 年底的一次群众集会上所做的有关缅甸外交政策的演说。吴努讲道："我国国情要求我们奉行独立自主的外交路线，不与任何大国集团结盟。"⑤缅甸的"积极中立主义"政策使其在短短几年的紧张外交活动之后，很快便获得了国际社会的认可。1961 年，缅甸外交家吴丹被任命为联合国秘书长，便很好地证明了缅甸所赢得的极高的国际地位。

冷战早期，美国历届政府对中立主义的态度呈现出了从消极面对到

---

① Sandra Bott, Jussi M. Hanhimaki, Janick Marina Schaufelbuehl and Marco Wyss, eds., *Neutrality and Neutralism in the Global Cold War: Between or within the Blocs?* London and New York: Routledge, 2016, pp. 3 – 4.

② *Final Communique of the Asian-African Conference of Bandung*, April 24, 1955.

③ John S. Thomson, Burmese Neutralism, *Political Science Quarterly*, Vol. 72, February 1957, p. 266.

④ Renaud Egreteau and Larry Jagan, *Sodiers and Diplomacy in Burma: Understanding the Foreign Relations of the Burmese Praetorian State*, Singapore: National University of Singapore Press, 2013, p. 88.

⑤ Maung Aung Myoe, *In the Name of Pauk – Phaw: Myanmar's China Policy Since 1948*, Singapore: Institute of Southeast Asian Studies, 2011, p. 12.

盲目排斥再到理性支持的变化过程。杜鲁门时期，奉行中立政策的国家尚不多见，因此杜鲁门对这一支微弱的力量并没有积极制定相应政策，"不管杜鲁门政府多么不情愿，它还是接受了这些国家所采取的中立路线"①。艾森豪威尔政府时期，在国务卿杜勒斯的引领下，美国对中立主义的排斥达到了高潮。在杜勒斯看来，中立主义是"不道德"的，正如他本人所言："一个国家在冷战中不会偏袒任何一方的想法，往好了说是逃避自己的道德责任，往坏了说是口是心非。"② 不过，20 世纪50 年代中期，随着中立国家数量的不断增加，其在国际上扮演的角色越来越重要，再加上中、苏转变策略，不断向亚非拉地区投射力量。美国不得不重新调整其对中立国家的盲目排斥态度。1956 年 1 月，杜勒斯对英国外交大臣劳埃说美国"向中立主义国家提供帮助是很重要的，以防止它们倒向共产党……孤注一掷的做法会使他们在仍有一些被拯救的可能的时候不必要地投入苏联怀抱"③。9 月出台的 NSC－5612/1 号文件使美国对中立国家的理性支持得以最终确立。正如文件中所写：中立国家"脱离共产主义的控制实现真正的独立，符合美国的利益，即使它们没有正式与美国结盟"，美国也"应该支持和协助它们"④。

美国对待中立主义国家态度的转变更直接地反映在其对缅甸的援助态度上。艾森豪威尔政府初期，由于美国对中立主义的排斥，因此对于恢复对缅经济技术援助比较消极。此后，随着美国对中立国家态度的转变，双方恢复援助的谈判也迅速展开，并于 1956 年初重启了对缅援助。与此同时，美国对缅文化外交的规模也空前扩大。

二 文化外交在美缅关系发展中的作用与局限

作为改善本国国际形象并提升国家软实力的有效外交方式，文化外

---

① Daniel S. Margolies, ed., *A Companion to Harry S. Truman*, Massachusetts：Wiley-Blackwell, 2012.

② Bernhard Hagen, *The Disappearing Fear of Neutralism*, Munich：GRIN Verlag, 2003, p. 6.

③ Minutes of a US-UK Foreign Ministers' Meeting, January 31, 1956, *FRUS*, Vol. 21, East Asian Security；Cambodia；Laos, p. 169.

④ NSC－5612/1, National Security Council Report, Statement of Policy on US Policy in Mainland Southeast Asia, September 5, 1956, *FRUS*, 1955－1957, Vol. XXI, East Asian Security；Cambodia；Laos, pp. 256－257.

交并非近代才出现。根据美国著名学者理查德·阿恩特（Richard T. Arndt）的研究，早在 3000 年前，文化外交便成为国王们的首选。青铜器时代，文化外交已成为人类要求文明开化的规范。外交官是国王的代理人，他们传递信息并相互借鉴和学习。① 近代以来，西方国家普遍将文化元素融入外交中。19 世纪末，随着欧洲选民人数增加，"国际宣传的潜力和理由也随之增加"②。1923 年，法国外交部建立了世界上第一个独立的文化办公室，开近代官方文化外交之先河。现代意义上的文化外交也由此诞生。1934 年，英国政府成立了英国文化协会（British Council）致力于"支持海外英语教育，弘扬英国文化，抗击法西斯主义的崛起"③。二战期间，美国政府亦成立了"战时情报局"（Office of War Information）在海外开展了大规模的信息宣传运动。不过，文化外交发展的顶峰是在冷战时期。④

著名文化和意识形态批评家弗兰克·宁科维奇（Frank Ninkovich）认为文化外交的目的是"在国外促进对美国文化的了解"⑤。在这一目标的指导下，二战结束不久，美国就通过富布莱特教育交流计划开启了对缅文化外交。缅甸由此成为第二个与美国签订富布莱特合作协定的国家。亚洲冷战开始后，随着美国战略重心逐渐向亚太地区转移，其对缅甸的关注亦越来越多。1949 年 3 月 29 日，美国政策设计办公室提出的 PPS-51 号文件充分体现了美国政策设计者们对在东南亚实施文化项目的重视，并提出通过"大力扩展文化和信息项目，培养东南亚人对西方文化与价值观的欣赏以及对国际政治经济现实的认同"⑥。此后，随着中华人民共和国的成立，杜鲁门总统更是批准通过了名为"美国在亚洲的立场"的文件，即 NSC-48/2，其毫不讳言通过"适当的政治、心理和经济手段"

---

① Richard T. Arndt, *The First Resort of Kings*: *American Cultural Diplomacy in the Twentieth Century*, Washington, D. C.: Potomac Books, Inc., 2006, p. 1.

② Nicholas J. Cull, *The Cold War and the United States Information Agency*: *American Propaganda and Public Diplomacy*, *1945–1989*, New York: Cambridge University Press, 2008, p. 2.

③ History-British Council, https://www.britishcouncil.org/about-us/history, 2020-1-4.

④ 胡文涛：《解读文化外交：一种学理分析》，《外交评论》2007 年第 3 期。

⑤ Frank Ninkovich, Arts and Minds: Cultural Diplomacy Amid Global Tensions, *National Arts Journalism Program*, 2003, p. 26.

⑥ PPS-51, Policy Planning Staff Paper on United States Policy toward Southeast Asia, March 29, 1949, *FRUS*, 1949, Vol. Ⅶ: The Far East and Australasia, part 2, p. 1131.

遏制共产主义在亚洲的扩张。① 因此，促进美缅两国间的文化理解进而拉拢缅甸"亲美"，成为冷战初期美国对缅文化外交的主要战略目标。

（一）富布莱特项目与美缅关系的改善

众所周知，1947 年 11 月 10 日，中美双方签订了世界上第一份富布莱特协定。不过，富布莱特项目执行人员却是最早在缅甸开启了其工作。② 在缅甸独立前的 1947 年 12 月 22 日，美国便与缅英殖民政府"仓促"签订了富布莱特教育交流协定。根据协定，双方在缅甸成立美国教育基金会，并根据 1947 年 2 月 28 日在伦敦签署的《剩余财产协定》，管理美国政府在缅甸的部分资金。该协定还规定缅甸应向美国支付 500 万美元，用于购买美国移交给缅甸政府供民用的铁路机车和设备、吉普车、卡车、内河轮船、起重机、发电机和其他设备。③ 最初，美国教育基金会每年向双方富布莱特交流项目提供 20 万美元的资助，这对于刚从战火中独立的缅甸而言是一笔不小的赠款，并在一定程度上缓解了双方原有的敌意和误会。

对于双方签订富布莱特项目的动机，美缅双方有所不同。对缅甸而言，发展教育，培养国家建设人才乃当务之急。近代以来，英国殖民者的剥削和日本法西斯的侵略给缅甸社会造成了诸多负面影响，其中最鲜明地体现在教育落后和人才流失上。19 世纪，英国用武力征服缅甸后，缅甸传统的宗教和世俗教育体系均遭到严重破坏。继而，殖民者建立起了一整套维护其殖民统治需要的教育制度，"满足缅甸种植园经济的狭隘需求"，并由此催生了更加"不平等的多元社会"④。太平洋战争爆发后，缅甸沦陷。受战争影响，大量学校关停，许多知识分子和技术人员逃离缅甸，譬如缅甸政府技术学院在二战之前就为缅甸社会培养了大批工程技术人员，但战争的爆发，不仅使其"大部分设备被偷走或毁

---

① NSC-48/2, the Position of the United States with Respect to Asia, December 30, 1949, *FRUS*, 1949, Vol. Ⅶ: The Far East and Australasia, part 2, p. 1219.

② Richard T Arndt, David Lee Rubin, eds., *Studies on Cultural Diplomacy and the Fulbright Experience: The Fulbright Difference*, New Brunswick and London: Transaction Publishers, 1996, p. 15.

③ The Acting Secretary of State to the Embassy in Burma, December 19, 1947, *FRUS*, 1947, The Far East, Vol. Ⅵ, p. 48.

④ Aye Kyaw, *The Voice of Young Burma*, Ithaca, New York: Cornell University Press, 1993, p. 19.

坏"，而且迫使"许多外籍教师离开缅甸后便再也没有回来"①。

　　独立之际，政府中的缅甸官员迫切感受到发展教育的必要性和紧迫性。1947 年 1 月 23 日，负责商业和供应的缅甸执委会委员吴巴佩（U Ba Pe）在与美国驻英代办高尔曼（Gallman）在伦敦会谈时指出"一旦拥有美元外汇，缅甸希望增加在美国大学就读的缅甸公派学生的数量，并派遣官员到美国照看留学生的福利"。当被问及此官员是否将暂时挂职于英国驻华盛顿大使馆时，吴巴佩说道"这正是他想避免的"②。作为独立前夕殖民政府中的缅甸官员代表，吴巴佩不仅渴望与美国签订教育交流合作协定，而且力图避免殖民主义的干扰并在此过程中保持民族自决。吴巴佩的立场基本反映了当时广大缅甸政治精英和普通民众的共同诉求，即通过与美国建立教育交流项目以促进本国教育的进步，进而维护民族独立与自尊。

　　对美国而言，与缅甸签署富布莱特项目协定，促进双方师生间的交流和学习同样符合美国的长远利益。该计划的设计者富布莱特最担心的是普通美国人对国外事务缺乏了解。在他生命的最后时刻，当被问及他教育交流计划的目的是什么时，他回答说："噢，该死的！我只是想教育这些无知的美国人。"③ 此外，促进国外民众对美国的了解构成了该计划实施目的的另一个侧面，即"讲述美国故事"。对于这一诉求，杜鲁门总统亦表示十分支持。正如他在 1950 年 4 月的"真理演说"中所指出的："政府向世界各族人民讲述美国真相的计划需要不断改进……我们必须想办法冲破干扰，使我们的信息得到传播。我们必须改善和加强我们所有的信息和教育项目。"④

　　在富布莱特项目实施前，美缅双方缺乏最起码的了解甚至存在明显的

　　① "Historical Summary of the Ford Foundation Program in Burma, 1953 – 1962", Reports 002630, May 1965, Ford Foundation Records, Catalogued Reports, Reports 1 – 3254, p. 22.

　　② The Charge in the United Kingdom (Gallman) to the Secretary of State, January 23, 1947, *FRUS*, 1947, The Far East, Vol. Ⅵ, Document 7.

　　③ Richard T. Arndt, *The First Resort of Kings: American Cultural Diplomacy in the Twentieth Century*, Washington, D. C.: Potomac Books, Inc., 2006, p. 178.

　　④ Harry S. Truman, "Address on Foreign Policy at a Luncheon of the American Society of Newspaper Editors", April 20, 1950, *Harry S. Truman: Containing the Public Messages, Speeches, and Statements of the President, 1950*, Washington: United States Government Printing Office, 1965, pp. 263 – 264.

敌视。正如本书第一章所阐释的，美缅正式建交前，双方的联系主要借助为数不多的传教士来维系。二战期间，美军虽然参加了解放缅甸的战役，但其主要目的是打通到中国西南的交通线以突破日军的封锁。对于 1942 年缅甸的沦陷，美国人大都漠不关心。罗斯福总统甚至对英国首相丘吉尔说道："我向来不喜欢缅甸人……我希望你能把他们全部放进一个带有围墙的煎锅里榨成汁。"① 即使 1950 年初访问缅甸的格里芬也对缅甸人颇有微词，他认为缅甸人"病态多疑……是东南亚唯一不相信圣诞老人的民族"②。这些与国际社会经常打交道的美国政治家和外交人员对缅甸的看法尚且如此，可想而知，当时普通美国民众对缅甸的了解又是何种形态。

反过来，缅甸民众和精英对美国的看法同样不佳。一方面，缅甸人对美国的看法在一定程度上受到了英国殖民统治的影响。二战结束后，英国不仅没有履行给予缅甸自治地位的承诺，反而试图恢复之前的殖民统治。此举遭到昂山领导的反法西斯人民自由同盟的强烈反对，并引发了大规模的示威游行和罢工运动。③ 由于英、美文化同源且是盟友，缅甸民众的反英游行示威，同样带有强烈的反殖民主义和反西方色彩。另一方面，缅甸人对美国的敌视也源于共产党的"反美"宣传。早在冷战爆发前，苏联就已开始强化了其对第三世界的宣传。譬如，1945 年，苏联开通了阿拉伯语新闻频道并向巴西"输送有关苏联生活和繁荣的宣传材料"。9 月的布拉格街道上充斥着"斯大林的照片、苏联旗帜、电影和新闻"④。此外，苏联在持续的对外宣传中还谴责美国的援助计划是"帝国主义"行径。⑤

---

① Christopher Thorne, *Allies of a Kind: The United States, Britain and the War against Japan, 1941 – 1945*, Oxford: Oxford University Press, 1979, p. 6.

② *Bowker to the Foreign Office*, No. 278, 3 April 1950, FO371/84555/FZ1108/20; Bowker to Bevin, 6 April 1950, FO371/84555/FZ1108/23, UKNA; Matthew Foley, *The Cold War and National Assertion in Southeast Asia, Britain, the United States and Burma, 1948 – 62*, p. 86.

③ Chi-shad Liang, *Burma's Foreign Relations: Neutralism in Theory and Practice*, New York: Praeger Publishers, 1990, p. 18.

④ NA RG59, Assistant Secretary of State for Public Affairs, 1945 – 1950. Box 13, Correspondence, 1945 – 1948, undated Secret memo "Broadcasting Overseas," cites 320 from Prague Embassy, September 7, 1945; *The Cold War and the United States Information Agency: American Propaganda and Public Diplomacy, 1945 – 1989*, p. 29.

⑤ Nicholas J. Cull, *The Cold War and the United States Information Agency: American Propaganda and Public Diplomacy, 1945 – 1989*, p. 32.

1947—1948 年随着美缅签订富布莱特协定以及第一批受助者前往对方国家，双方的隔阂逐步减轻。富布莱特在缅甸最初的项目包括资助 6 名美国人来缅甸，以及派遣数名缅甸人到美国。第一批受助前往美国的缅甸人中包括戈登·西格雷夫①（Gordon S. Seagrave）"山间医院"的两名缅甸护士。她们被派往新泽西州泽西城学习护理专业。作为"缅甸外科医生"，西格雷夫在 20 世纪 20 年代从约翰斯·霍普金斯大学的垃圾桶里收集手术器械，并利用这些设备在缅甸北部经营了"一家很好的医院"②。在其为民众服务一生后，美国政府通过富布莱特项目向其事业提供了支持。③

第一批受助前往缅甸工作的美国人中包括美国经济教育学家奥托·亨尔瓦德尔（Otto Hunerwadel）及其妻子海伦（Helen）。亨尔瓦德尔在"大萧条"时期曾在田纳西州担任一个县的农业技术推广员，其间他作为农业教师和顾问积累了丰富的经验。海伦则在制作罐头方面经验丰富。起初，缅甸人对亨尔瓦德尔的任务表示怀疑。不过，亨尔瓦德尔总能及时向掸邦官员和农民提出切实可行的建议，并在展示其技术时"从来不会顾及弄脏他的手和衣服"。他乘坐吉普车去任何需要帮助的地方。亨尔瓦德尔和海伦的热情及其具有实用价值的建议不仅获得了当地民众的信任，而且使他们在当地的影响得以扩大。④

亨尔瓦德尔夫妇在缅甸的活动使其成为著名小说《丑陋的美国人》（*The Ugly American*）中的人物原型。⑤ 在这部著名的讽刺小说中，威

---

① 戈登·西格雷夫是一位出生于缅甸的美国传教士、医生和作家。他于 1921 年在约翰斯·霍普金斯大学毕业后，在中缅边境地区行医近 20 年，被誉为"缅甸外科医生"。太平洋战争爆发后，跟随史迪威将军的部队撤退至印度。二战胜利后，再次回到中缅边界的南坎行医。1950 年被缅甸政府逮捕并被指控犯有叛国罪，随即又被无罪释放。1965 年，在其创立的南坎医院逝世。

② Richard T. Arndt, *The First Resort of Kings*：*American Cultural Diplomacy in the Twentieth Century*, Washington, D. C.：Potomac Books, Inc., 2006, p. 116.

③ Richard Arndt, David Lee Rubin, ed., *Studies on Cultural Diplomacy and the Fulbright Experience*：*The Fulbright Difference*：*1948 - 1992*, New Brunswick and London：Transaction Publishers, 1996, p. 19.

④ Richard Arndt, David Lee Rubin, ed., *Studies on Cultural Diplomacy and the Fulbright Experience*：*The Fulbright Difference*：*1948 - 1992*, New Brunswick and London：Transaction Publishers, 1996, p. 21.

⑤ Richard T. Arndt, *The First Resort of Kings*：*American Cultural Diplomacy in the Twentieth Century*, Washington, D. C.：Potomac Books, Inc., 2006, p. 217.

廉·莱德勒（William Lederer）和尤金·伯迪克（Eugene Burdick）根据亨尔瓦德尔及其妻子在缅甸的实际经历生动塑造了阿特金斯（Atkins）及其妻子埃玛（Ema）在"萨坎"（Sarkhan）① 融入当地、不怕吃苦、不畏艰难、踏实能干的正面形象。对于阿特金斯的外在形象，《丑陋的美国人》这样描述道："他的双手青筋暴露，密密麻麻地分布着大块大块肝色的雀斑。他的指甲盖儿里满是黑色的油泥，手指上布满了一辈子从事土木工程留下的小癣痕和小伤疤，两个巴掌上也磨出了一层厚厚的老茧……他穿的是一身粗糙的卡其布衣裤，脚上蹬的是一双海军陆战队的旧皮靴，他的周身仍然散发着一股丛林的气息。"② 与阿特金斯的形象相近，埃玛是"一个鼻子上布满了雀斑的健壮女人……心地单纯、喜欢直来直去"③。令人印象深刻的是，埃玛积极探索"章东"（Chang Dong）老人驼背的原因，并热情寻找替代短笤帚把儿的材料，最后通过新发明一举解决了当地老人因长期用短笤帚而造成的佝偻问题。

　　"Ugly"一词可翻译为"丑陋的、邪恶的"。不过，与我们平时的认知相反，《丑陋的美国人》一书中所描绘的外表"丑陋"的人物恰恰是那些乐于在丛林中奉献自我，积极推动美国与当地国家关系改善的美国"英雄"。当地民众称这些人"丑陋"则是把他们与其"敬爱的老师"和"自负、自私、穿着考究"的美国人区分开来。莱德勒和伯迪克曾让缅甸记者吴貌瑞（U Maung Swe）这样记述道："在掸邦的这一地区，由于亨尔瓦德尔夫妇，每个人都变得亲美。他们来到缅甸帮助我们，而不是改善他们自身的生活水准。"④

　　关于美缅富布莱特项目的积极意义，美国驻缅甸大使馆文化事务官卡尔·巴茨（Carl Bartz）在 20 世纪 50 年代初这样记述道：在富布莱特项目的资助下，关于美国研究的教职被安置在缅甸的大学里。他还指出富布莱特的受助者、此后担任《纽约时报》驻外编辑的约瑟夫·莱利

---

　　① 作者虚构的东南亚国家。

　　② ［美］W. 泰德勒、E. 伯迪克：《丑陋的美国人》，朱安、武国强译，北方文艺出版社 1999 年版，第 219 页。

　　③ ［美］W. 泰德勒、E. 伯迪克：《丑陋的美国人》，朱安、武国强译，北方文艺出版社 1999 年版，第 228、247 页。

　　④ Richard Arndt, David Lee Rubin, ed. , *Studies on Cultural Diplomacy and the Fulbright Experience：The Fulbright Difference：1948 - 1992*, New Brunswick and London：Transaction Publishers, 1996, p. 25.

维尔德（Joseph Lelyveld）曾对他坦言："美国在大力推进政治现代化的同时，也突显了富布莱特项目间接和有机渐进主义的智慧。"①

尽管奈温在 1962 年的军事政变一度中止了美缅两国的富布莱特交流项目，并对西方关上了大门。但是，美缅持续了近 15 年的富布莱特项目所产生的后续影响并没有就此消失。富布莱特学者和访问学者此后的学术、政治或社会活动继续影响着缅甸和美缅关系。缅甸著名文化史学者、仰光大学校长锡昂曾受富布莱特项目资助赴美担任哥伦比亚大学和维克森林大学（Wake Forest University）的客座教授。在此之后，锡昂用缅文和英文出版了多部有关缅甸历史和文化的著作，例如《缅甸佛教的民间元素》（牛津大学出版社 1962 年版）、《缅甸僧人的故事》（哥伦比亚大学出版社 1966 年版）、《英缅战争前夕的信札》（马丁努斯·奈霍夫出版社 1967 年版）、《缅甸史》（哥伦比亚大学出版社 1967 年版）等。这些专著为国际学界研究缅甸历史带来了急需的缅甸视角，打破了殖民地时代缅甸历史由英国历史学家撰写的局面。受富布莱特项目资助前来缅甸的美国人士中，有的也在持续关注缅甸国内局势与美缅关系的发展。上文所提及的莱利维尔德便是其中之一。1969 年 1 月 5 日，莱利维尔德在《纽约时报》撰文《曼德勒不能变成印第安纳波利斯》，其中写道："如果进步意味着将曼德勒变成印第安纳波利斯……如果这意味着让各地的外国人不断地向他们展示外国的做事方式，傲慢或者谦卑地指出他们的错误，并塑造他们的未来，那么他们就会变得一无所有。"②

综上，美缅富布莱特项目不仅在实施期间增加了美缅两国政府和民间的相互了解，改善了两国关系，而且在美缅文化交流一度中断的 1962 年后，富布莱特受助者们仍继续充当着国际社会关注和认识缅甸的窗口和桥梁。

（二）喜忧参半的美新处宣传

一般认为，美国新闻处（美新处）是位于华盛顿的美国新闻署（美新署）的海外分支机构。事实并非如此简单，美国政府在世界各地设立

---

① Richard T. Arndt, *The First Resort of Kings*: *American Cultural Diplomacy in the Twentieth Century*, Washington, D. C.: Potomac Books, Inc., 2006, p. 343.

② Joseph Lelyveld, "Mandalay must not become Indianapolis", *New York Times Magazine*, January 5, 1969, pp. 30 – 39.

美新处的时间起于二战期间，其运作由战时情报局（OWI）来领导。二战结束后，随着战时情报局的撤销，海外各个美新处直接接受国务院的领导，直到 1953 年美新署的成立。位于缅甸仰光的美新处亦是设立于二战时期，此后便一直在缅甸从事文化和宣传等活动。对于这一时期仰光美新处的活动情况，《时代周刊》驻外记者罗伯特·谢罗德（Robert Sherrod）曾在 1947 年 2 月 12 日致亨利·鲁斯①（Henry R. Luce）的一封信中写道："仰光美新处一直悄无声息但有效地宣传美国是一个能吃到肉，可以自主建设水坝，儿童能喝到牛奶的地方。美新处的电影很有效。美新处发布的新闻是完整且客观的。我在仰光的时候，美新处发布了马歇尔关于中国的完整声明，而其他机构仅公布了其中的几段。我认为最好的是美新处阅览室，它通常是一个国家唯一向公众开放的图书馆。这些棕黄色皮肤的人对美国图书和杂志的渴望令人印象深刻。"②

　　亚洲冷战开始后，缅甸美新处的目标逐步由以往的向当地民众展示美国的优越性为主转变为以宣传冷战为主。其中最具代表性的则是 20 世纪 50 年代初，仰光美新处与好莱坞合作改编了吴努总理的剧本《人民胜利了》，并将其拍成电影上映。英国著名的缅甸研究学者迈克尔·查尼（Michael W. Charney）认为：吴努及其政府借助《人民胜利了》意在"重新构想冷战以掩盖其担忧，并试图削弱更为直接的中国军事干预威胁"，同时"把缅甸国内的叛乱敌人从全球冷战语境下孤立出去"③。显然，查尼的分析忽视了美新处在其中所起的作用及其背后美国国家安全战略的引导。正如美国著名政治学家理查德·诺伊施塔特（Richard E. Neustadt）所言："美新署是一个宣传机构。永远不要忘记。"④

　　无论如何，美新处根据自己的意图对《人民胜利了》剧本的改编也

---

　　①　亨利·鲁斯是美国来华传教士的后代，于 1898 年生于山东烟台，先后创办了《时代周刊》《财富》《生活》三大杂志，被称为"时代之父"。

　　②　United States House of Representatives, Committee on Foreign Affairs, *United States Information and Educational Exchange Act of 1947*, *Hearings before a Special Subcommittee of the Committee on Foreign Affairs House of Representatives 80ᵗʰ Congress First Session on H. R. 3342*, Washington: United States Government Printing Office, 1947, p. 107.

　　③　Michael Charney, "U Nu, China and the 'Burmese' Cold War: Propaganda in Burma in the 1950s", in Zheng Yangwen, Hong Liu and Michael Szonyi, eds., *The Cold War in Asia: the Battle for Hearts and Minds*, Leiden and Boston: Brill Academic Publishers, 2010, p. 41.

　　④　Richard T. Arndt, *The First Resort of Kings: American Cultural Diplomacy in the Twentieth Century*, Washington, D. C.: Potomac Books, Inc., 2006, p. 264.

得到了吴努本人的认可。对吴努政府而言，共产党在缅甸国内日益增长的影响力对其构成了巨大的威胁。但出于地缘政治形势的考虑，缅甸政府从来没有明确宣布站在美国一边，而只是打击国内的叛乱势力，包括两支缅共武装。不过，在某些特殊情况下，吴努为获得美国的援助也曾强调缅甸在美国冷战战略中的作用。譬如他在 1952 年初希望在佛教项目上得到美国援助时，就毫不隐讳地提道："缅甸是唯一通过军事行动和经济社会援助以及加强宗教信仰来与共产主义做斗争的国家。"① 不管吴努是否真心"亲美"，但可以确定他能够根据缅甸的实际需要来操纵冷战话语。在《人民胜利了》剧本的改编上，很明显，吴努默许了美新处的冷战宣传。尽管没有记录表明该片在上映后取得了成功的票房收入，但美新处能够根据自身意图改编缅甸政府领导人的剧本，并在其默许下拍摄成冷战主题电影在各地上映，其产生的政治和社会影响力不言而喻。

如果说美新处利用吴努的剧本进行冷战宣传取得了一定成效的话，那么其对缅甸最主要的群体——佛教徒的拉拢则并不算成功。早在杜鲁门时期，缅甸就希望美国政府可以援助其佛教项目。尽管国务院内部负责公共事务的助理国务卿爱德华·巴雷特（Edward W. Barrett）认为美国政府对该项目的支持"可能会被国内误解"②，但国务院最终同意提供援助。果不其然，该提案被提交到国会后，被后者以"资助非基督宗教……可能引起政治上的反应"为由加以拒绝。③ 无奈之下，缅甸政府只能转而寻求美国非政府组织的资助。美国国会的这一否决，直接将美国政府重新系统地组织实施针对佛教徒的文化冷战项目推迟到了1956 年。

相对于杜鲁门，多项证据表明艾森豪威尔更为重视发挥宗教在冷战中的作用，并注重利用"佛教组织来实现美国的政策目标"④。1956 年

---

① "Historical Summary of the Ford Foundation Program in Burma, 1953 – 1962", Reports 002630, May 1965, Ford Foundation Records, Catalogued Reports, Reports 1 – 3254, p. ii.

② ECA Proposal to Use Counterpart Funds for Strengthening Anti-Communist Activities Through Buddhist Projects in Burma, December 27, 1951, *FRUS*, 1951, Vol. Ⅵ, Part I, Asia and the Pacific, p. 328.

③ "Burma Historical Documents and Correspondence, 1952 – 1964", Reports 012245, 1964, Ford Foundation Records, Catalogued Reports, Reports 11775 – 13948, p. 8.

④ OCB, Memorandum of Meeting: Committee on Buddhism, May 31, 1956, CK 2349152182, *USDDO*, p. 1.

夏，在行动协调委员会的统一指挥下，国务院、中情局和美新署分别派出代表成立"佛教委员会"，以研究东南亚几个国家"佛教组织的影响力"，从而找到"方法和路径来确保佛教僧侣和世俗领袖的影响有助于美国利益的维护"①。此后，经过多轮探讨和修改，翌年年初，行动协调委员会正式批准了名为《针对锡兰、缅甸、泰国、老挝、柬埔寨等国佛教组织的计划纲要》的文件。文件除了详细分析了上述国家的佛教组织，并就美国应采取的措施提出了一系列建议外，还格外强调了计划实施的隐蔽性。出于对"许多宗教团体和个人对政府干预宗教事务的敏感性"考虑，美国政府有意淡化其作用，并将各宗教团体、私人基金会等民间机构推到前台，使其发挥主导作用。②

《计划纲要》被批准后，很快即通过国务院和美新署进行了部署实施。针对东南亚各国正在进行的"佛陀涅槃 2500 周年纪念大会"，美新署邀请佛教领袖制作了特别节目进行播放，并在东南亚各国首都为佛教徒举行宗教仪式。③ 此外，美新署还在通过所有美新处站点向当地媒体提供特别广播和印刷材料，并详细描述美国人是如何庆祝佛教周年纪念活动的。④ 此外，美新处还在僧侣中间开展了英语教学项目，资助个别僧侣前往美国深造，还帮助僧人制作报纸和其他出版物。由于美新处无法直接帮助僧人们制作宗教宣传材料，一般会通过亚洲基金会来资助佛教图书的出版，或者雇用技术人员协助修缮宝塔。⑤ 总之，美新处通过一切可以利用的文化手段达到其对佛教徒"亲美"宣传之目的。

一般而言，对宣传效果做出客观评价并非易事，但透过这一时期缅甸政府的外交政策走向以及宗教界的反应便不难推断，美新处针对佛教徒的宣传活动并未取得成功。1960 年 7 月 11 日，"总统海外信息活动

---

① Seth Jacobs, *America's Miracle Man in Vietnam: Ngo Dinh Diem, Religion, Race, and US Intervention in Southeast Asia*, Durham and London: Duke University Press, 2004, p. 51.

② OCB, Proposals Regarding US Relations with Theravada Buddhist Countries, July 13, 1956, CK 2349148157, *USDDO*, p. 2.

③ OCB, Memorandum from Committee on Buddhism, August 15, 1956, OCB Central Files, OCB 000. 3, File 1 (4), Feb. 54 – Jan. 57, DDE Library.

④ Proposals Regarding US Relations with Theravada Buddhist Countries, July 13, 1956, DDE Library.

⑤ Frank E. Robbins and Ruth W. Gjelsness, eds., *The Quarterly Review of the Michigan Alumnus*, Ann Arbor: the Alumni Association of the University of Michigan, 1960, p. 214.

委员会"在总结美国的亚洲信息项目时，遗憾地指出"亚洲宗教并不足以抵挡共产主义……红色中国在这一地区的影响力正在不断增长"①。其实，早在该计划被批准前，国务院菲律宾和东南亚事务司司长肯尼斯·杨（Kenneth Young）就警告行动协调委员会佛教可能不是"美国施加影响的合适渠道……这个宗教的许多僧侣在本质上是反动的，他们的信条强烈地倾向于反对我们所支持的那种竞争性事业，而倾向于中立的和平主义。这些因素阻碍了我们努力通过与佛教僧侣的接触来实现政治目的"②。遗憾的是，杨的意见终究没有被采纳。

总体来看，冷战前期美国对缅甸文化外交的成败应该从以下两个方面来看。相对而言，富布莱特项目更注重促进双方的交流和理解，其目标基本符合美缅各自的国家利益诉求而容易为两国接受，故而能够较好地促进美国国家安全战略的实现。不仅如此，从长时段来看，以富布莱特项目为代表的美缅教育交流所产生的影响，更是超越了政局的左右，并在一定程度上影响了缅甸的社会思潮和学术走向；与之相反，具有明显单向灌输色彩的美新处冷战宣传活动，则与缅甸的利益诉求有一定出入，当双方战略上的分歧日益加剧时，其最终走向失败便成了必然。美新署署长乔治·艾伦（George V. Allen）曾对此说道："美国人是世界上最糟糕的宣传家。也许在未来的十年里，我们会承认这一事实，并停止尝试。"③

三　非（准）政府组织与文化外交④

事实证明，文化外交不单为政府部门所垄断，美国非（准）政府组

---

①　The President's Committee on Information Activities Abroad, Asia, July 11, 1960, CK 2349159285, *USDDO*, p. 1.

②　Seth Jacobs, *America's Miracle Man in Vietnam: Ngo Dinh Diem, Religion, Race, and US Intervention in Southeast Asia*, Durham and London: Duke University Press, 2004, p. 51.

③　Richard T. Arndt, *The First Resort of Kings: American Cultural Diplomacy in the Twentieth Century*, Washington, D. C.: Potomac Books, Inc., 2006, p. 264.

④　本节将非政府组织和准政府组织放在一起进行讨论，主要基于两者存在以下几个共性：其一，两者在法律层面都属于独立的社会组织实体，有独立的法人地位；其二，准政府组织的具体运作模式与非政府组织极其相似，均有明确的宗旨、章程和预、决算方案；其三，准政府组织从事政府乐见其成却不愿直接参与的项目时，往往将很大一部分精力用于把自己塑造为一个真正意义上的非政府组织。综上，准政府组织和非政府组织具有形式上的高度相似性。因此，将两者放在一起加以探讨。

织往往也会自觉或不自觉的参与其中。不过，这一现象并非始于冷战时期。早在 19 世纪后期，许多非政府组织就已致力于医疗健康、和平、意识形态和国际交流等问题。① 这支由银行家、商人、艺术家、知识分子和个人构成的"军团"一般会受到政府监督但不接受政府控制。在某种程度上，非政府组织在有意或无意地帮助本国达成预期的政治目标，譬如国际认同、形象塑造、国家品牌建设等。到一战前夕，非政府组织甚至已成为欧洲内部各国及其与欧洲以外国家之间文化联系的关键。②

冷战期间，美国非（准）政府组织相比之前在国家间交往中发挥了更加积极的作用。有充分证据表明，20 世纪 40 年代末 50 年代初，美国政府与许多美国非政府组织共同构成了美国价值观和消费品的主要宣传者，并将杜鲁门所称的美国生活的"完整而公正的画面"带到欧洲和第三世界。而在此之前或之后，美国非政府组织或个人从来没有像这段时期那样在促进艺术、学术交流或文化自我展示方面投入如此多的金钱、精力和思想。③ 因此，对冷战时期美国非（准）政府组织参与文化外交的研究，对于探讨美国非（准）政府组织在开展文化外交活动时与政府的关系，以及美国非（准）政府组织在文化外交中的特点与优势具有尤为重要的意义。

（一）文化外交中的政府与非（准）政府组织

众所周知，传统外交的国际行为体是政府，但随着国家间交往的日益复杂化和多元化，狭隘的政府间外交已经难以适应新形势发展的需要。在这种情况下，政府需要借助私人组织的力量以更好地实现国家对外政策目标。与此同时，以基金会为代表的非（准）政府组织自 20 世

---

① F. S. Lyons, *Internationalism in Europe, 1815 – 1914*, Leyden: A. W. Sythoff, 1963, p. 14.

② Jessica C. E. Gienow-Hecht, "The Anomaly of the Cold War: Cultural Diplomacy and Civil Society since 1850", in Kenneth A. Osgood and Brian C. Etheridge, eds., *The United States and Public Diplomacy: New Directions in Cultural and International History*, Leiden Boston: Martinus Nijhoff Publishers, 2010, p. 39.

③ Jessica C. E. Gienow-Hecht, Mark C. Donfried, "The Model of Cultural Diplomacy: Power, Distance, and the Promise of Civil Society", in Jessica C. E. Gienow-Hecht and Mark C. Donfried, eds., *Searching for a Cultural Diplomacy*, New York and Oxford: Berghahn Books, 2010, p. 15.

纪初以来在美国迅速发展壮大，它们往往拥有雄厚的资金和较强的科研力量，在宗教使命的召唤下，积极参与到政府主导的文化外交事务中。作为文化外交的参与者，美国非（准）政府组织固然需要通过身份重塑使自身与政府的外交目标保持协调，但绝不能就此简单地把美国非（准）政府组织当成政府实现其目标的工具。从资金来源、人员聘任、运作模式、宗旨理念等方面看，美国非（准）政府组织都具有相当大的独立性，而宗教使命感和慈善精神又强化了其对官方介入的抵制。因此，在参与文化外交的过程中，美国非（准）政府组织与政府的关系可以概括为：既相互协调又相互渗透还彼此独立。

1. 冷战共识下的官私合作

前文已述及，冷战爆发后，在一系列危机事件的影响之下，美国政治领袖、学者、媒体人，甚至宗教界人士逐渐形成了一种"冷战共识"①。恰是在这样空前一致的"冷战共识"的影响下，美国民间人士通过创立非（准）政府组织或者促使原有非政府组织的转型，纷纷加入了美国政府主导下的文化外交活动中。创建于 1951 年的"自由亚洲委员会"（亚洲基金会）便是前一种情况的典型代表。而 20 世纪 50 年代初，福特基金会在《盖瑟报告》的指导下"从地区性的筹款组织转变为一个全国性的、国际化的资助者"② 则明显属于后一种情况。

严格意义上说，亚洲基金会的成立与运作是在中情局幕后推动和民间人士台前活动的合力下完成的。有充分证据表明，中情局不仅向亚洲基金会提供资金支持，还向其提供政策指南，在中情局的一份官方文件中明确提到亚洲基金会是"美国国务院和中情局一致认同下建立起来的，用以处理亚洲有关问题"③。不仅如此，由于亚洲基金会的大部分稳定资金流来自中情局，其对外文化项目的策划和实施均须得到中情局的批准和拨款，甚至需要在每个季度向中情局提交财务报告。④ 由于有

---

① 张杨：《冷战共识：论美国政府与基金会对亚洲的教育援助项目（1953—1960）》，《武汉大学学报》（人文科学版）2013 年第 3 期。

② Kathleen D. McCarthy, "From Cold War to Cultural Development: The International Cultural Activities of the Ford Foundation, *1950 - 1980*", *Daedalus*, Vol. 116, No. 1, 1987, p. 94.

③ Committee for a Free Asia, CIA FOIA, Collection: Nazi War Crimes Disclosure Act, Vol. 1, 085, p. 1.

④ CFA Budget for FY - 1955, June 25, 1954, CIA FOIA, Collection: Nazi War Crimes Disclosure Act, Vol. 2, No. 034, p. 14.

政府机构的强力介入，亚洲基金会的海外文化项目必然与美国政府保持着高度协调。

相较官方背景较强的亚洲基金会而言，纯私人组织——福特基金会的战略转型似乎更能证明冷战期间美国非（准）政府组织在参与文化外交的过程中与美国政府的策略协调。有着福特基金会大宪章之称的《盖瑟报告》动辄站在全人类的高度阐释共产主义运动对所谓"民主"带来的挑战，并明确要求福特基金会发挥自身优势，在帮助美国实现民主目标的任务中发挥独特和有效的作用。① 其实，福特基金会与美国政府的策略协调不仅体现在《盖瑟报告》的方向性表述中，更体现在其实际行动上。冷战前期，在"反殖""反霸"浪潮的影响下，美国政府在针对第三世界国家的行动中很难表现得过于积极主动，譬如面对 20 世纪五六十年代印度尼西亚民众和政府反美情绪的高涨，美国政府显得束手无策，而福特基金会这一时期在印度尼西亚建立的教育机构却发挥了重要作用，这些机构往往有着亲西方的基本理念，并支持资本主义现代化和发展战略。甚至有报告指出，福特基金会在印度尼西亚资助的几个项目与美国中情局暗中破坏苏加诺（Sukarno）左翼民族主义政府的努力有关。② 另外，福特基金会还在中情局秘密资助的"文化自由大会"运动中扮演了关键角色。③ 由此可以看出，美国非（准）政府组织在海外的文化活动中不仅与美国政府保持着策略上的协调，还积极配合后者以帮助其实现对外政策目标。在注意到福特基金会代表就基金会的海外工作定期与联邦机构进行磋商后，一位名叫詹姆斯·莫里（James L. Morrill）的福特基金会官员这样评论道："美国政府和基金会当然有非常相似的目标。"④

---

① The Study Committee, *Report of Study for the Ford Foundation on Policy and Program*, Michigan: The Ford Foundation, 1949, p. 23.

② Inderjeet Parmar, "Conceptualising the State-private Network in American Foreign Policy", in Helen Laville and Hugh Wilford, eds., *The US Government, Citizen Groups and the Cold War*, London and New York: Routledge, 2006, p. 23.

③ Inderjeet Parmar, "Conceptualising the State-private Network in American Foreign Policy", in Helen Laville and Hugh Wilford, eds., *The US Government, Citizen Groups and the Cold War*, London and New York: Routledge, 2006, p. 24.

④ Edward H. Berman, *The Influence of the Carnegie, Ford, and Rockefeller Foundations on American Foreign Policy: The Ideology of Philanthropy*, Albany: State University of New York Press, 1983, p. 86.

2. 人员互换与思想渗透

熟悉美国非（准）政府组织运作的人都知道美国政府和非（准）政府组织之间存在一道"旋转门"。通过这道"旋转门"非（准）政府组织的一些高管可以相对容易地进入政府部门效力，反之亦然。冷战期间，这一现象尤为普遍，从非（准）政府组织流向政府的著名例子包括杜勒斯、腊斯克以及塞勒斯·万斯（Cyrus Vance）在就任国务卿前均曾担任洛克菲勒基金会主席一职，肯尼迪—约翰逊政府的"总统国际教育文化顾问委员会"主任约翰·加德纳（John W. Gardner）曾任卡内基基金会主席；反向流动的典型例子则包括经济合作署署长保罗·霍夫曼在1950年卸任后，直接加盟福特基金会担任主席。此外，肯尼迪—约翰逊政府时期美国国家安全顾问麦乔治·邦迪卸任公职后亦担任福特基金会主席。至于亚洲基金会成员与美国政府尤其是与中情局关系更是过从甚密。早在"亚委会"时期，临时主席乔治·格林的任前职务是中情局海外分支机构主任。[1] 而亚洲基金会的主要出资人、创始主席布雷登·威尔伯（Brayton Wilbur）也曾在美国政府以及与政府密切相关的社会组织中担任要职。

美国非（准）政府组织与政府间的人员互换绝非一般性的工作人员的调动，而是那些掌握决策权和话语权的社会政治精英的流动。这样，人员互换的结果便造成了非（准）政府组织与政府之间的思想渗透与共享。譬如1952年加盟福特基金会的卡尔·斯佩思曾于1940—1946年供职于美国国务院，其主要工作是在纳尔逊·洛克菲勒的领导下处理拉美事务。在国务院工作期间，斯佩思逐步成长为一名国际主义者和冷战分子，这一思想使其对福特基金会最初的海外项目策划产生了很大影响。福特基金会之所以将其海外目标首选在印度、巴基斯坦、中东等邻近中、苏的国家或地区，主要由于斯佩思在这一时期提交了一份有关海外活动的政策文件。斯佩思指出中东和亚洲"处于苏联共产主义轨道的边缘且岌岌可危"，而"民主在这些地区的失败将意味着世界共产主义的无限加强，发生第三次世界大战的危险系数将

---

① Project DTPILLAR, January 26, 1951, CIA FOIA, Collection: Nazi War Crimes Disclosure Act, Vol. 2, No. 052, p. 1; Salary and Allowances, President, DTPILLAR, April 17, 1951, CIA FOIA, Collection: Nazi War Crimes Disclosure Act, Vol. 1, No. 096, p. 1.

急剧增加"①。正是在这一背景下，福特基金会才先后在印度、巴基斯坦、黎巴嫩、缅甸等国设立办事处，为此后更大规模地在上述国家开展文化外交提供了基础。

　　非（准）政府组织和政府机构之间的人员交换，尤其是精英层面的人员交换直接导致了双方在思想意识形态方面的渗透，并最终使两者的理念走向接近。这样一来，体制内外的精英们通过自身社会和教育背景及其众多复杂的社会关系而紧密联系在一起，并进而形成了共同的信念和政治文化以及较为一致的世界观，即美国有责任领导世界、监督世界，确保世界的安全和秩序。② 不过，并不能就此认为非（准）政府组织处处都与政府的思路一致。非（准）政府组织和政府机构思想的接近只体现在大的基本面上，但这并不能阻止双方在一些具体问题上的矛盾和冲突的发生。

　　3. 精神独立与财务自由

　　了解美国历史文化传统的人们基本会有这样一种认识，即美国民众始终将自由看得至高无上，对来自政府的任何干预都充满警惕和排斥。作为美国普通民众与政府中介的非（准）政府组织亦存在类似坚守精神独立的情结。以私人基金会为例，其在一定程度上是宗教情怀和理想主义的产物，同时又因为宗教使命和慈善精神而存续。故而在传统上，它崇尚个人主义和自由精神，对官方文化比较反感。③ 有记录显示，20世纪50年代，针对基金会作为政府代理人的公开指控尤其集中。④ 这使得基金会在与政府建立联络前不得不瞻前顾后。与此同时，通过"旋转门"从政府机构进入非（准）政府组织工作的美国精英也未必与其在政府任职时的政策思路完全一致，有些甚至截然相反。譬如腊斯克在肯

---

① Edward H. Berman, *The Influence of the Carnegie, Ford, and Rockefeller Foundations on American Foreign Policy: The Ideology of Philanthropy*, Albany: State University of New York Press, 1983, p. 56.

② Inderjeet Parmar, "Conceptualising the State-private Network in American Foreign Policy", in Helen Laville and Hugh Wilford, eds., *The US Government, Citizen Groups and the Cold War*, London and New York: Routledge, 2006, p. 24.

③ 胡文涛：《冷战结束前私人基金会与美国文化外交》，《太平洋学报》2008 年第 3 期。

④ Oliver Schmidt, "Small Atlantic World: U. S. Philanthropy and the Expanding International Exchange of Scholars after 1945", in Jessica C. E. Gienow-Hecht and Frank Schumacher, eds., *Culture and International History*, New York and Oxford: Berhahn Books, 2003, p. 121.

尼迪—约翰逊政府中是典型的冷战强硬派，而在基金会任职期间面对国会的"非美活动"调查，却竭力为自由派路线辩护。邦迪在政府中是越南战争的推动者，在基金会时则对援助黑人，包括民权运动，一马当先，受到保守派的抨击。①

确保美国非（准）政府组织既能有效降低美国政府干预，同时又赋予其巨大的社会影响力的最主要的保障是其雄厚的资金和相对独立自由的财务体系。与政府机构的财政支出都需要经过程序严格的国会批准不同，非（准）政府组织的资金来自私人组织或个人，这就为非（准）政府组织能相对独立地在海外开展项目提供了物质基础。不仅如此，在对资金的审批与使用上，美国非（准）政府组织有自己的一套架构，而不必受制于政府。相互独立的资金来源和财务体系，在一定程度上造成了双方在海外文化项目中的冲突，譬如福特基金会在 1956 年拒绝参与艾森豪威尔政府提出的旨在促进美国普通民众与外国人接触的"公民外交项目"（People-to-People）。②

综上所述，冷战前期美国政府与非（准）政府组织在文化外交中的关系是对立统一的矛盾复合体。在大的基本面上，双方大体是一致的，在主要的政策上也能够做到协调配合；然而在许多具体问题上，双方又彼此独立，甚至还存在着矛盾。对美国政府而言，这样一种与之合作却无法控制的社会政治力量令其喜忧参半：一方面，私人和非（准）政府组织的政治行为符合美国政府的利益；另一方面，官员们担心这些组织对他们国家在海外的声誉造成更多的不利影响。③

（二）非（准）政府组织在对缅文化外交中的优势和地位

纵观 1947—1963 年美国政府机构和非（准）政府组织在缅甸的文化活动情况，不难发现，相对于政府机构，非（准）政府组织更具灵

① 资中筠：《财富的归宿：美国现代公益基金会述评》，上海人民出版社 2006 年版，第 63 页。

② Giles Scott Smith, *Networks of Empire: The US State Department's Foreign Leader Program in the Netherlands, France, and Britain, 1950 – 70*, Brussels: P. I. E. Peter Lang, 2008, p. 91.

③ Jessica C. E. Gienow-Hecht, "The Anomaly of the Cold War: Cultural Diplomacy and Civil Society Since 1850", in Kenneth A. Osgood and Brian C. Etheridge, eds., *The United States and Public Diplomacy: New Directions in Cultural and International History*, Leiden Boston: Martinus Nijhoff Publishers, 2010, pp. 43 – 44.

活性、隐蔽性和前瞻性等优势，而这些优势反过来又为亚洲基金会、福特基金会等组织在缅甸文化项目的大规模开展提供了便利。在政府主导的对缅文化外交中，非（准）政府组织起到了不可替代的补充和隐蔽作用，正如上文所提及的福特基金会在中情局和“文化自由大会”之间所起的联结作用。不过，非（准）政府组织留下的最宝贵资产无疑是在沟通渠道方面提供的服务：帮助建立跨越代际和国界的网络；协助收集和传播信息；将政治领域和高等教育领域联系起来；在民间社会机构之间架起桥梁。①

1. 灵活性

毋庸置疑，相对于庞大且臃肿的政府机构，规模小得多的非（准）政府组织有其显著的灵活优势，这一优势主要体现在资金分配和项目策划上。上文已提及，以基金会为代表的非（准）政府组织的资金主要来源于民间出资人。譬如福特基金会的巨额资金就来自亨利·福特去世后所留下的大量的福特汽车公司股票。由于非（准）政府组织的资金并不像政府机构那样来源于纳税人，这样便可以独立自主地支配资金的使用，同时也可以最大限度地避免因资金使用“不当”而遭受政治舆论的指责。福特基金会进入缅甸并资助其宗教计划就是很典型的案例：美国政府因为担心“资助非基督宗教……可能会引起政治上的反应”为由，拒绝了缅甸当局的援助“巴利文大学”的要求。② 对于福特基金会而言，并不存在所谓的宗教敏感性问题。经过实地调查和评估，基金会最终在 1953 年与缅甸方面达成了宗教方面的资助协定。

非（准）政府组织的灵活性还体现在具体项目的策划上。自《盖瑟报告》提出及此后福特基金会的转型来看，其将工作的重点放在了促进和平、强化民主、发展经济、民主社会教育、行为科学研究等五个方面，其中教育在福特基金会的海外项目投入中占了相当大的比重。1951—1956 年，福特基金会在缅甸的投入中，“教育及职业培训”一项

① Oliver Schmidt, "Small Atlantic World: U. S. Philanthropy and the Expanding International Exchange of Scholars after 1945", in Jessica C. E. Gienow-Hecht and Frank Schumacher, eds. , *Culture and International History*, New York and Oxford: Berhahn Books, 2003, p. 121.

② "Burma Historical Documents and Correspondence, 1952 – 1964," Reports 012245, 1964, Ford Foundation Records, Catalogued Reports, Reports 11775 – 13948, p. 8.

数额最多，占其在缅甸所有投入的40%以上。① 实际上，福特基金会对教育的重视有其深刻的思想根源。福特基金会认为："只有接受过建设性思考和行动训练的人才能维护和扩大自由和民主。"此外，基金会还认为"所有解决人类福祉问题的努力，包括那些极其紧迫的问题，都严重依赖于教育"②。同福特基金会将主要精力集中在教育领域相比，洛克菲勒基金会更加重视对医疗卫生事业的资助；卡内基基金会则在不同的时期侧重不同领域，20世纪60年代之前，其关注的重点是教育。80年代以后，则更多关注国际和平与安全。由此可以看出，非（准）政府组织可以自主确立工作重心，并能够随着形势的变化转移或变换重点。无论是国内还是国外工作都可以比政府的行为较少政治和其他人事等因素干扰，相对来说，主动性较大。③

　　2. 隐蔽性

　　非（准）政府组织的隐蔽性主要体现在以下两个方面：第一，相对于政府容易受到政治舆论的影响而被媒体曝光，非（准）政府组织则因为其规模小、数量多、影响力弱、非政治性等特点不易成为公众关注的焦点；第二，部分非（准）政府组织与政府关系密切并在某些海外文化项目上保持合作，有些甚至直接是某些政府机构的前线组织，从事"政府乐见其成却又无法（或不愿）直接参与的活动"④。

　　非（准）政府组织的隐蔽性在冷战早期发挥了十分重要的作用。20世纪40年代末50年代初，刚挣脱西方殖民统治获得独立的亚洲国家对以美国为首的西方国家对本国事务的插手和经济渗透十分警惕，并将其冠以新殖民主义。在这种情况下，美国政府往往因为某些国际敏感问题而在亚洲难有作为：譬如1953年6月缅甸政府以美国暗中支持国民党残余部队为由，单方面终止了美国技术合作署的援助。这一决定沉重打击了美国政府机构在缅甸的活动。然而，亚洲基

---

① The Ford Foundation Annual Report 1956, to Advance Human Welfare, September 30, 1956, p. 108.

② The Study Committee, *Report of Study for the Ford Foundation on Policy and Program*, Michigan: The Ford Foundation, 1949, p. 80.

③ 资中筠：《财富的归宿：美国现代公益基金会述评》，上海人民出版社2006年版，第290页。

④ The Asia Foundation, Database: the CIA Records Search Tool (CIA CREST), DOC_0001088617.

金会和福特基金会在缅甸的项目并没有因此受到影响。不仅如此，福特基金会还在这一时期同缅甸政府签署了"巴利文大学"项目的合作协定。实际上，美缅双方因为蒋军问题发生的摩擦不止一次，但缅甸政府与普通民众每一次的愤怒无一例外地均指向美国政府机构。1960 年 2 月，由于缅甸战斗机被中国台湾飞机击落并导致飞行员遇难的所谓"解放者事件"，仰光爆发了大规模的反美游行活动，并造成美国驻缅甸"使馆大楼破坏严重"①。不过，并没有记录显示，福特基金会或亚洲基金会驻仰光办事处在此次示威中遭到冲击。非（准）政府组织的隐蔽性优势可见一斑。

　　非（准）政府组织除了可以依靠自身非政治特性有效规避来自本国和海外的"反美"政治风波外，还能有效发挥其优势帮助美国政府隐蔽其在海外文化活动中的参与。中情局资助并指导下成立的亚洲基金会的在缅活动便能很好地说明这一问题。早在 1951 年，时任驻缅大使大卫·基就敦促美国政府对缅甸的复兴佛教计划予以资助，尽管杜鲁门批准了该提议，却由于国会的阻挠最终未能予以拨款。不过，亚洲基金会则能够很好地绕开国会而对缅甸佛教进行大力资助。其在 1953 年制订的有关在缅甸活动的初步计划中就明确指出了佛教徒在其中的"首要位置"，并将其资金预算的大约 45% 都用于资助缅甸佛教项目上。② 对缅甸政府而言，亚洲基金会对缅甸佛教的资助也正是其"喜闻乐见"的。这一点从缅甸政府总理吴努向客人们介绍基金会驻缅甸代表麦卡利斯特时所提到的"我的朋友，一位美国佛教徒"③ 时便已经流露了出来。

　　3. 前瞻性

　　不得不说，非（准）政府组织的一些海外文化项目具有明显的前瞻性和预见性。正如流行病学强调对病毒的预防那样，非（准）政府组织也十分关注社会问题的发展趋势，通过研究提出解决方案。无论是在自然科学还是社会科学领域，一些新的发明和研究在初创的关键时刻常

①　Telegram from the Department of State to the Embassy in Burma, February 21, 1961, *FRUS*, 1961 – 1963, Vol. XⅧ, Southeast Asia, p. 96.

②　"Preliminary CFA Plan-Burma", March 20, 1953, Hoover Institution Archive, The Asia Foundation Records, Box P – 31, Folder: Burma Program, General, pp. 1 – 9.

③　"Trip with U Nu, Prime Minister of Burma", May 22, 1952, Hoover Institution Archive, The Asia Foundation Records, Box P – 31, Folder: Social and Economic, Religion, Buddhist, p. 1.

常得益于基金会的资助，因为在成功没有把握或实际效益不显著时，一般政府和企业都不愿冒风险。① 福特基金会在缅甸的文化项目就能很好地说明这一问题，譬如将缅甸政府的"巴利文大学"发展成为包括佛学在内的东方研究机构，对缅甸大众教育项目的指导，以及对缅甸高等教育和技术教育的资助等。其中，尤其能体现福特基金会前瞻性的项目就是1953年10月，雷向吴奈温提交的一份书面计划中建议将"巴利文大学"图书馆纳入国家图书馆系统，并使其与国家图书馆、国家博物馆、仰光大学图书馆和缅甸研究学会的图书馆建立图书资源共享机制。② 显然，该计划得到了福特基金会驻缅甸代表埃弗顿的大力支持，甚至还提出了专项资助计划。实际上，即使是在今天看来，建立全国性的图书馆资源共享计划也不过时，而且目前仍有许多国家正在积极推进这一目标。只不过当时缅甸政府"还没有准备好实施该计划"最终导致其流产。③

福特基金会在对缅甸高等教育资助的过程中，亦提出了许多颇具前瞻性的建议。其中，基金会对仰光大学社会科学发展的规划与资助可圈可点。从实用角度来看，包括社会学、经济学、政治学、地理学等学科在内的社会科学对于刚独立不久且急需社会经济建设的缅甸而言，具有十分重要的意义。基金会对社会科学的资助显然有助于缅甸的经济发展和国家建设。从学科发展角度来看，缅甸当时仅有的一所真正意义上的大学——仰光大学，主要继承自英国大学的办学传统，重视人文学科和自然科学，而轻视社会科学的发展。福特基金会进入缅甸伊始就注意到了仰光大学社会科学各学科发展滞后的问题，时任驻缅代表埃弗顿建议加强仰光大学的社会科学研究。具体结合缅甸国内正在实施的大众教育项目，埃弗顿认为应着重培养农村社会学领域的人才，甚至还将其列入基金会在1954—1956年缅甸项目预算当中。④ 到20世纪50年代末，基

---

① 资中筠：《财富的归宿：美国现代公益基金会述评》，上海人民出版社2006年版，第289页。

② "Historical Summary of the Ford Foundation Program in Burma, 1953 – 1962", Reports 002630, May 1965, Ford Foundation Records, Catalogued Reports, Reports 1 – 3254, p. 3.

③ "Historical Summary of the Ford Foundation Program in Burma, 1953 – 1962", Reports 002630, May 1965, Ford Foundation Records, Catalogued Reports, Reports 1 – 3254, p. 2.

④ John Scott Everton, "Ford Foundation in Burma, Report No. 9", Reports 004949, October 20, 1953, Ford Foundation Records, Catalogued Reports, Reports 3255 – 6261, p. 5.

金会在原有基础上开始将社会科学作为一个整体进行资助，并试图将仰光大学社会科学各学科整合在一个学院内，以促进跨学科训练和研究。① 为此，基金会还专门资助仰光大学成立了社会科学图书馆。此后的事实表明，福特基金会整合仰光大学社会科学的计划不仅促进了仰光大学社会科学的长足发展，而且其积极推进社会科学领域的跨学科研究时至今日仍有进步意义。

综上所述，冷战前期非（准）政府组织凭借其灵活性、隐蔽性、前瞻性等优势在缅甸开展了大量且形式多样的文化外交活动：具体内容涉及教育、宗教、书刊出版与发行、电影放映、广播等在内的多种文化形式，目标群体则几乎涵盖了缅甸社会的各个群体，但其中的关键群体主要包括青年、僧侣、华人等。总的来说，冷战前期非（准）政府组织对缅文化外交的目标与这一时期美国政府的对缅政策目标基本一致。因此，两者在对缅文化活动中表现出的更多是协调与合作，而非矛盾与冲突。不过，需要指出的是，无论从政策走向的制定，还是资本及人力投入来看，美国政府在对缅文化外交中均居于主导地位，而非（准）政府组织则起到了辅助和补充的作用。

想要对非（准）政府组织对缅文化外交做出全面客观的评价并不容易，一方面，冷战前期在缅甸活动的美国非（准）政府组织为数不少，很难一一做出详细评估；另一方面，文化外交的主要目标在于改善国际交流和理解，这本身又是无形的，因此不容易衡量。② 不过，从缅甸各方的回应来看，以亚洲基金会、福特基金会为代表的美国非（准）政府组织的对缅文化外交的确取得了一定成效：比如，1952 年亚洲基金会在仰光经营的一家名为"钦特"的美国书店吸引了包括吴努在内的缅甸政要的注意，对其做出了较高的评价，并认为钦特书店是"极其重要的"③。此外，福特基金会对缅甸政府宗教计划的资助同样获得了缅方的高度赞赏，正如吴努所言，福特基金会"对这一项目的资助，将比

---

① The Ford Foundation Annual Report, 1958, September 30, 1958, p. 86.

② Giles Scott Smith, *Networks of Empire: The US State Department's Foreign Leader Program in the Netherlands, France, and Britain, 1950 - 70*, Brussels: P. I. E. Peter Lang, 2008, p. 403.

③ Marvin G. McAlister, "A Review: End of Second Quarter", January 1, 1955, Hoover Institution Archive, The Asia Foundation Records, Box P - 31, Folder: Burma Program, General, pp. 8 - 9.

经济合作署开展的任何其他单一项目都将更加有益于缅甸人民"①。更值得一提的是，1953 年 6 月，缅方暂停了美国政府的对缅援助后，亚洲基金会和福特基金会等美国非（准）政府组织一度成为美国对缅实施援助和开展文化外交的关键力量。不过，同样应看到的是，美国非（准）政府组织的在缅文化活动同样无法脱离美缅关系发展的大背景。1962 年 3 月，随着吴奈温军政府上台，美缅关系日趋紧张，亚洲基金会和福特基金会在缅甸的项目随即被取消。与此同时，其办事处和工作人员遭到驱逐。

---

① "Burma Historical Documents and Correspondence, 1952 – 1964", Reports 012245, 1964, Ford Foundation Records, Catalogued Reports, Reports 11775 – 13948, p. 11.

附　　录

附录一　英汉缩略词语对照表

AFPFL：Anti-Fascist People's Freedom League 反法西斯人民自由同盟
ALA：American Library Association 美国图书馆协会
ARF：Armour Research Foundation 阿默研究基金会
ASNE：American Society of Newspaper Editors 美国新闻编辑协会
AU：*Archives Unbound* 珍稀原始典藏档案

BC：British Council 英国文化协会
BCCEAA：Burma Chinese Cultural and Educational Advancement Association 缅甸华人文化教育促进会
BCP：Burma Communist Party（the White Flag）缅甸共产党（白旗）
BEDC：Burma Economic Development Corporation 缅甸经济发展公司
B&R：The Belt and Road Initiative 一带一路
BSC：Buddha Sasana Council 佛教精进会
BSO：Buddha Sasana Sangha Organization 佛陀僧伽会
BTS：Burma Translation Society 缅甸翻译协会

CAO：Cultural Affairs Officer 文化事务官
CCC：Covert Coordination Committee 隐蔽协调委员会
CCF：Congress for Cultural Freedom 文化自由大会
CENTO：the Central Treaty Organization 中央条约组织
CFA：Committee for Free Asia 自由亚洲委员会

CIA：Central Intelligence Agency 中央情报局

CPB：Communist Party of Burma（the Red Flag）缅甸共产党（红旗）

DA：Disarmament Administration 裁军管理局

DDRS：Declassified Documents Reference System 解密文件参考系统

DNSA：the National Security Archive 数字化国家安全档案

ECA：Economic Cooperation Administration 美国经济合作署

ESB：Electricity Supply Board 缅甸政府电力供应委员会

FF：the Ford Foundation 福特基金会

FOA：Foreign Operations Administration 美国援外事务管理署

FOIA：Freedom of Information Act 信息自由法

FPA：Federation of Motion Picture Producers in Asia 亚洲电影制片人联合会

FRUS：*Foreign Relations of the United States* 美国对外关系文件集

GTI：Government Technical Institute 缅甸政府技术学院

IASPRS：Institute for Advanced Studies in Pali and Related Subjects 巴利文及相关学科高等研究所

IBRD：International Bank for Reconstruction and Developments 国际复兴开发银行

IIA：International Information Agency 国际新闻署

IIABS：International Institute of Advanced Buddhistic Studies 缅甸国际佛学高级研究所

JCS：Joint Chiefs of Staff 参谋长联席会议

KNDO：Karen National Defence Organization 克伦族防卫组织

MBS：Mutual Broadcasting System 美国互助广播公司

MEC：the Mass Education Council 缅甸大众教育委员会

MIDAS：Missile Defence Alarm System 米达斯（导弹防御警报系统）

MNDO：Mon National Defence Organization 孟族防卫组织

MRA：Moral Re-Armament 道德重整运动

MSA：Mutual Security Agency 共同安全署

NAB：News Agency Burma 缅甸通讯社

NASA：National Aeronautics and Space Administration 美国国家航空航天局

NCFE：National Committee for a Free Europe 国家自由欧洲委员会

NGO：Non-Governmental Organization 非政府组织

NPC：National Press Club 美国全国新闻俱乐部

NPO：National Pongyi Organization 缅甸僧人团体

NSC：National Security Council 国家安全委员会

OCB：Operations Coordinating Board 行动协调委员会

OEX：Office of Educational Exchange 教育交流办公室

OIC：Office of International Information and Cultural Affairs 国际新闻和文化事务办公室

OIE：Office of Information and Educational Exchange 新闻和教育交流办公室

OII：Office of International Information 国际新闻办公室

OIR：Office of Intelligence Research 美国国务院情报研究办公室

OPC：the Office of Policy Coordination 中情局政策协调办公室

OSS：Office of Strategic Service 战略情报局

OWI：Office of War Information 战时情报局

PACGO：President's Advisory Committee on Government Organization 白宫政府机构顾问委员会

PAO：Public Affairs Officer 公共事务官

PC：the Peace Corps 和平队

PCIIA：President's Committee on International Information Activities 白

宫国际信息行动委员会

    PPS：Policy Planning Staff 国务院政策设计办公室

    PRC：People's Republic of China 中华人民共和国

    PSB：Psychological Strategy Board 心理战略委员会

    PVO：People's Volunteer Organization 人民志愿组织

    QUANGO：Quasi Non-Governmental Organization 准政府组织

    RAND：Rand Corporation 兰德公司

    RFA：Radio Free Asia 自由亚洲电台

    RU：Rangoon University 仰光大学

    SEATO：Southeast Asia Treaty Organization 东南亚条约组织

    TAF：The Asia Foundation 亚洲基金会

    TCA：Technical Cooperation Administration 技术合作署

    TNT：Trinitrotoluene 2，4，6 – 三硝基甲苯（棕色炸药）

    UKNA：United Kingdom National Archives 英国国家档案馆

    UN：United Nations 联合国

    USAID：United States Agency for International Development 美国国际开发署

    USDDO：United States Declassified Documents Online 美国解密档案在线

    USIA：United States Information Agency 美国新闻署

    USIS：United States Information Service 美国新闻处

    USNA：United States National Archives 美国国家档案馆

    VOA：Voice of America 美国之音

    WB：World Brotherhood 印度教世界兄弟会

WCC：World Council of Churches 普世教会协会

YMCA：Young Men's Christian Association 基督教青年会
YWCA：Young Women's Christian Association 基督教女青年会

附录二　亚洲基金会向仰光大学
运送书目清单（B - 33）

附表2.1　　　　　　　　　　　　著作及教材清单

院系	作者、书名	数目（单位：册）
新闻学院	沃勒：《广播：第五等级》	25
	坎贝尔：《工作中的记者》	25
英语系	泰勒：《哈斯金斯中世纪历史周年论文》	10
教育学院	斯皮策：《算数教学法》	25
	希克斯：《美利坚民族》	25
	史密斯：《社会科学概论》	25
	贾斯汀：《食物》	25
心理学系	迈尔：《工业中的心理学》	25
经济贸易系	孔茨：《政府对商业的控制》	25
	多尔蒂：《政治经济法则》	10
	巴赫：《经济学：分析与政策导论》	250
	斯普利格尔：《监管的要素》	35
政治科学和历史系	希克斯：《美利坚民族》	125
	多尔蒂：《政治经济法则》（第1、第2卷）	200
工学院	赖特：《农村供水和卫生》	20
	西利：《材料强度》	50
	雷迪克：《微分方程》	30
	拉姆齐：《建筑图形标准》	3
	克兰：《建筑构造》	15
	阿古林堡：《真空管电路》	10
植物系	韦泽：《植物学实验室手册》	200
	罗宾斯：《植物学和植物学概论》	15
林学系	布朗：《木材：制造、调制、分级、分配和使用》	15
数学系	雷迪克：《微分方程》	70

院系	作者、书名	数目（单位：册）
解剖学系	卡尔·弗朗西斯：《人体解剖学概论》	1
	拉斯马森：《主要神经通路》	1
	卡普兰：《手的功能和外科解剖》	1
	丹尼尔斯：《肌肉测试》	1
	威勒：《发展的分析》	1
	特鲁斯：《头部和颈部详细图集》	1
	孔茨：《自主神经系统》	1
	桑热：《大脑矢状切面》	1
	尼尔森：《临床神经学教材》	1
	格罗斯：《婴儿和儿童手术》	1
物理系	基特尔：《固体物理学导论》	50
	丘吉尔：《复变函数导论》	6
	索科尔尼科夫：《工程师和物理学家的高等数学》	3
	西利：《电子学》	1
	芬克：《工程电子学》	1
	斯潘根贝格：《真空管道》	1
	邱特：《工业电子学》	1
	马库斯：《工业电子线路手册》	1
	博斯特：《照明工程学》	1
	史密斯：《理论及应用电气测量》	1
	丘吉尔：《边界值问题》	1
	艾尔德依：《积分变换表》（第2卷）	1
	加斯：《向量和张量分析》	1
	西斯金德：《电路》	1
	西利：《电子工程学》	1
	贝拉尼克：《声学》	1
	卡林：《超声波学》	1
	摩尔斯：《振动和声音》	1
	马克：《机械工程师手册》	1
	辛格：《机械原理》	1
	玛杰诺：《物理现实的本质》	1

续表

院系	作者、书名	数目（单位：册）
物理系	汉威尔：《原子物理实验》	1
	鲁阿克：《原子、分子和量子》	1
	劳尔：《伺服机构基础》	1
	阿格纽：《导方程》	1
	阿尔福斯：《复变函数》	1
	汉威尔：《电和电磁学原理》	1
	佩克：《电和磁》	1
	斯迈斯：《静、动电》	1
	斯特拉顿：《电磁理论》	1
	齐曼斯基：《热动力学》	1
	蒙格：《光原理与实验》	1
	德雷珀：《仪器工程》（第1卷）	1
	罗兹：《工业测量仪器》	1
	斯蒂芬森：《核工程概论》	1
	《国际物理》（第1卷）	1
	《国际物理》（第2卷）	1
	雷克：《电气工程实验室实验》	1
	芬伯格：《角动量子理论注释》	1
	卡普兰：《核物理》	1
	帕内夫斯基：《经典电磁学》	1
	耀科：《电话和电子理论》	1
	李、希尔斯：《热力学》	1
	马丁：《基本导方程》	1
	卡普兰：《高等微积分》	1
	卡瓦拉：《傅里叶级数理论简介》	1
	恩斯：《普通导方程》	1
	琼斯：《气体动力学理论》	1
	普朗克：《热力学》	1
	贝特曼：《偏导方程》	1
	威尔斯：《向量张量分析》	1
	斯皮策：《完全电离气体物理学》	1

院系	作者、书名	数目（单位：册）
物理系	伊士曼：《真空管原理》	1
	伯灵顿：《数学表和公式手册》	1
总计	1419 本	

附表2.2　　　　　　　　　**刊物清单**

刊物名称	数目（单位：册）
《得克萨斯州医学杂志》	42
《美国科学家》	89
《电气工程》	50
《分析化学》	74
《美国从业者》	4
《抗生素药物》	3
《科学仪器评论》	124
《医疗记录和年报》	26
《物理文摘》	38
《核科学文摘》	23
《应用物理杂志》	17
《今日应用物理杂志》	22
《生物文摘》	11
《国际期刊》	15
《国际调解》	17
《国际医学文摘》	4
《美国学者》	30
《技术期刊》	162
《健康、体育、娱乐杂志》	44
《奥杜邦》	14
《南方医学杂志》	15
《综合医疗》	14
《A. M. A 杂志》	239
《实验室与临床医学杂志》	14
《医学时代》	13
《泌尿学调查》	3

续表

刊物名称	数目（单位：册）
《新英格兰医学杂志》	103
《社会工作杂志》	11
《室内设计》	41
《研究季刊》	119
《儿科杂志》	63
《现代医学》	24
《医学文摘》	11
《学校 & 社会》	178
《工业 & 工程化学》	170
《美国护理杂志》	10
《NEA 杂志》	37
《公立学校》	8
《美国化学协会杂志》	48
《分析化学》	25

参见 "Books for University of Rangoon", Hoover Institution Archive, The Asia Foundation Records, Box P‑30, Folder: Textbooks for Burmese Students, 1957, pp. 1‑3。

附录三　缅甸联邦历任国家元首及政府首脑（1948—1974）

附表3.1　　　　　　　国家元首（总统/革命委员会主席）

序号	姓名	就任时间	离任时间	所属政党
1	苏瑞泰	1948.1.4	1952.3.16	反法西斯人民自由同盟
2	巴吴	1952.3.16	1957.3.13	反法西斯人民自由同盟
3	温貌	1957.3.13	1962.3.2	反法西斯人民自由同盟
4	奈温	1962.3.2	1974.3.2	军人/缅甸社会主义纲领党

附表 3. 2 政府首脑（总理）

序号	姓名	就任时间	离任时间	所属政党
1	吴努	1948. 1. 4	1956. 6. 12	反法西斯人民自由同盟
2	巴瑞	1956. 6. 12	1957. 3. 1	反法西斯人民自由同盟
3	吴努	1957. 3. 1	1958. 10. 29	反法西斯人民自由同盟
4	奈温	1958. 10. 29	1960. 4. 4	军人
5	吴努	1960. 4. 4	1962. 3. 2	反法西斯人民自由同盟
6	奈温	1962. 3. 2	1974. 3. 4	军人/缅甸社会主义纲领党

参考文献

一　网络数据库及网站资源

（一）网络数据库

Archives Unbound，Thomson Gale.（珍稀原始典藏档案，由 Gale 公司开发。该库涵盖主题广泛，从中世纪的巫术到二战再到 20 世纪政治史均有涉及。其中特别包括美国外交政策、美国公民权利、国际事务和殖民研究、现代史等。子库 *U. S. Relations and Policies in Southeast A-sia，1944 - 1958：Records of the Office of Southeast Asian Affairs* 对本书的研究具有重要参考价值。）

Digital National Security Archive，ProQuest LLC.（美国数字化国家安全档案 *DNSA*，由 ProQuest 公司开发。该库提供来源于美国国家保密档案馆的原始文件访问。收录了从 1945 年开始的美国对他国外交和军事政策等大量珍贵的第一手资料。总共涵盖了 8 万多份，60 多万页解密文件。）

U. S. Declassified Documents Online，Thomson Gale.（美国解密档案在线 *USDDO*，由 Gale 公司开发，原名 *DDRS*。其中的解密文件来自美国白宫、国务院、中情局、联邦调查局等机构，内容涉及军事、政治、历史、外交、新闻、美国对外和本土政策等。该数据库包含了超过 10 万份文件，59.5 万多页。）

（二）网站资源

1. 美国总统图书馆

艾森豪威尔图书馆：https：//www. eisenhowerlibrary. gov/。

杜鲁门图书馆：https：//www. trumanlibrary. gov/。

肯尼迪图书馆：https：//www. jfklibrary. org/。

2. 美国政府机构网站

美国国务院：https：//www. state. gov/。

美国国务院教育和文化事务局：https：//eca. state. gov/。

美国中情局：https：//www. cia. gov/index. html。

3. 英国官方机构网站

英国文化协会：https：//www. britishcouncil. org/

美国国务院：https：//www. state. gov/。

美国国务院教育和文化事务局：https：//eca. state. gov/。

美国中情局：https：//www. cia. gov/index. html。

二　政府解密文件和公开文件

（一）美国对外关系文件集（*Foreign Relations of the United States*, *FRUS*）。

FRUS, 1946, Vol. Ⅷ, The Far East.

FRUS, 1947, Vol. Ⅵ, The Far East.

FRUS, 1948, Vol. Ⅰ, General; the United Nations.

FRUS, 1949, Vol. Ⅶ, The Far East and Australasia.

FRUS, 1950, Vol. Ⅰ, National Security affairs; Foreign Economic Policy.

FRUS, 1950, Vol. Ⅵ, East Asia and the Pacific.

FRUS, 1951, Vol. Ⅰ, National Security Affairs; Foreign Economic Policy.

FRUS, 1951, Vol. Ⅵ, Asia and the Pacific.

FRUS, 1952, Vol. Ⅻ, East Asia and the Pacific.

FRUS, 1952 – 1954, Vol. Ⅱ, National Security Affairs.

FRUS, 1952 – 1954, Vol. Ⅷ, Eastern Europe; Soviet Union; Eastern Mediterranean.

FRUS, 1952 – 1954, Vol. Ⅻ, East Asia and the Pacific.

FRUS, 1952 – 1954, Vol. ⅩⅤ, Korea.

FRUS, 1955 – 1957, Vol. Ⅹ, Foreign Aid and Economic Defense Policy.

FRUS, 1955 – 1957, Vol. ⅩⅪ, East Asian Security; Cambodia; Laos.

FRUS, 1958 – 1960, Vol. ⅩⅨ.

FRUS, 1958 – 1960, Vol. ⅩⅥ, East Asia-Pacific region; Cambodia; Laos.

FRUS, 1961 – 1963, Vol. Ⅵ, Public Diplomacy.

FRUS, 1961 – 1963, Vol. Ⅶ, Arms Control and Disarmament.

FRUS, 1961 – 1963, Vol. ⅩⅩⅢ, Southeast Asia.

FRUS, 1961 – 1963, Vol. ⅩⅩⅤ, Organization of Foreign Policy; Informa-
tion Policy; United Nations; Scientific Matters.

FRUS, 1964 – 1968, Vol. Ⅶ, Public Diplomacy.

FRUS, 1964 – 1968, Vol. Ⅹ, National Security Policy.

（二）美国政府机构报告或公告

Abbott Washburn, *USIA*, *15thReview of Operations*, 1960. 7 – 1960. 12.

Arthur Larson, *USIA*, *7thReport to Congress*, 1956. 7 – 1956. 12.

Arthur Larson, *USIA*, *8thReport to Congress*, 1957. 1 – 1957. 6.

Carl T. Rowan, *USIA*, *21stReview of Operations*, 1963. 7 – 1963. 12.

Edward R. Murrow, *USIA*, *16thReview of Operations*, 1961. 1 – 1961. 6.

Edward R. Murrow, *USIA*, *17thReview of Operations*, 1961. 7 – 1961. 12.

Edward R. Murrow, *USIA*, *18thReview of Operations*, 1962. 1 – 1962. 6.

Edward R. Murrow, *USIA*, *19thReview of Operations*, 1962. 7 – 1962. 12.

Edward R. Murrow, *USIA*, *20thReview of Operations*, 1963. 1 – 1963. 6.

George V. Allen, *USIA*, *10thReport to Congress*, 1958. 1 – 1958. 6.

George V. Allen, *USIA*, *11thReport to Congress*, 1958. 7 – 1958. 12.

George V. Allen, *USIA*, *12thReport to Congress*, 1959. 1 – 1959. 6.

George V. Allen, *USIA*, *13thReview of Operations*, 1959. 7 – 1959. 12.

George V. Allen, *USIA*, *14thReview of Operations*, 1960. 1 – 1960. 6.

George V. Allen, *USIA*, *9thReport to Congress*, 1957. 7 – 1957. 12.

J. William Fulbright Foreign Scholarship Board, *Fulbright 1995: the 32ndAn-
nual Report of J. William Fulbright Foreign Scholarship Board*, 1995.

Philip C. Jessup, Broadcast, April 13, 1950, *Report to the American People
on the Far East, Department of State Bulletin*, ⅩⅩⅡ, April 24, 1950.

Theodore C. Streibert, *USIA*, *1stReport to Congress*, 1953. 8 – 1953. 12.

Theodore C. Streibert, *USIA*, *2ndReport to Congress*, 1954. 1 – 1954. 6.

Theodore C. Streibert, *USIA*, *3rdReport to Congress*, 1954. 7 – 1954. 12.

Theodore C. Streibert, *USIA*, *4thReport to Congress*, 1955. 1. 1955. 6.

Theodore C. Streibert, *USIA*, *5thReport to Congress*, 1955. 7 – 1955. 12.

Theodore C. Streibert, *USIA*, *6ᵗʰ Report to Congress*, 1956. 1 – 1956. 6.

(三) 美国政府其他出版物

Dwight D. Eisenhower, *The Chance for Peace*, April 16, 1953, Public Papers of the Presidents: 1953. Washington, D. C. : U. S. Government Printing Office, 1960.

Harry S. Truman, "Address on Foreign Policy at a Luncheon of the American Society of Newspaper Editors", April 20, 1950, *Harry S. Truman: Containing the Public Messages, Speeches, and Statements of the President, 1950*, Washington: United States Government Printing Office, 1965.

John F. Kennedy, *Public Papers of the Presidents of the United States*, Washington D. C. : United States Government Printing Office, 1962.

Mutual Security Appropriations for 1954, *Hearings before the Committee on Appropriations United States Senate 83ʳᵈ Congress 1ˢᵗ Session on H. R. 6391*, Washington: United States Government Printing Office, 1953.

The Department of State, *The World Audience for America's Story*, Washington: Division of Publications, Office of Public Affairs, 1949.

The Position of the United States with Respect to Asia, NSC – 48/1, 23 December, 1949, *United States-Vietnam Relations, 1945 – 1967*, Book 8, Washington DC: Department of Defense, 1971.

T. D. Roberts, Jan M. Matthews, David S. McMorris, Kathryn E. Parachini, William N. Raiford, Charles Townsend, *Area Handbook for Burma*, Washington, D. C. : U. S. Government Printing Office, 1968.

United States Department of Labor, Bureau of Labor Statistics, *Summary of the Labor Situation in Burma*, June, 1957.

United States House of Representatives, Committee on Foreign Affairs, *United States Information and Educational Exchange Act of 1947, Hearings before a Special Subcommittee of the Committee on Foreign Affairs House of Representatives 80ᵗʰ Congress First Session on H. R. 3342*, Washington: United States Government Printing Office, 1947.

United States, Department of State, International Information Administration, *International Information Administration Program*, Washington D. C. : US Government Printing Office, 1953.

US Department of State, *Cultural Relations Programs of the US Department of State*, Washington, D. C.: Bureau of Educational and Cultural Affairs, 1976.

（四）其他国家官方机构出版物

Burma Weekly Bulletin, June 21, 1956.

Final Communique of the Asian-African Conference of Bandung, April 24, 1955.

Thakin Nu, *From Peace to Stability*, The Ministry of Information, Government of the Union of Burma, 1951.

U Nu, *Premier Reports to the People: Speech before Parliament*, September 27 1957, Rangoon: Ministry of Information, 1958.

三　美国非（准）政府组织解密文件和公开文件

（一）亚洲基金会未刊档案（现藏于斯坦福大学胡佛研究所档案馆）

Hoover Institution Archive, The Asia Foundation Records, Box P – 131, Accession No. 89005 – 36. 01/04.

Hoover Institution Archive, The Asia Foundation Records, Box P – 30, Accession No. 89005 – 36. 01/04.

Hoover Institution Archive, The Asia Foundation Records, Box P – 31, Accession No. 89005 – 36. 01/04.

（二）中情局官网有关亚洲基金会的解密档案

DTPILLAR, CIA FOIA, Collection: Nazi War Crimes Disclosure Act.

（三）福特基金会未刊档案（现藏于纽约洛克菲勒档案中心）

Edwin G. Arnold and Dyke Brown, "Indonesia and Burma", Reports 000149, September, 1952, Ford Foundation Records, Catalogued Reports, Reports 1 – 3254.

John Scott Everton, "Ford Foundation in Burma, Report No. 1", Reports 004703, February 21, 1953, Ford Foundation Records, Catalogued Reports, Reports 3255 – 6261.

John Scott Everton, "Ford Foundation in Burma, Report No. 11", Reports 004951, August 13, 1954, Ford Foundation Records, Catalogued Reports, Reports 3255 – 6261.

John Scott Everton, "Ford Foundation in Burma, Report No. 12", Reports 004952, November 16, 1954, Ford Foundation Records, Catalogued Reports, Reports 3255 – 6261.

John Scott Everton, "Ford Foundation in Burma, Report No. 13", Reports 003300, July 13, 1954, Ford Foundation Records, Catalogued Reports, Reports 3255 – 6261.

John Scott Everton, "Ford Foundation in Burma, Report No. 4", Reports 004944, April 5, 1953, Ford Foundation Records, Catalogued Reports, Reports 3255 – 6261.

John Scott Everton, "Ford Foundation in Burma, Report No. 5", Reports 004945, June 23, 1953, Ford Foundation Records, Catalogued Reports, Reports 3255 – 6261.

John Scott Everton, "Ford Foundation in Burma, Report No. 6", Reports 004946, July 24, 1953, Ford Foundation Records, Catalogued Reports, Reports 3255 – 6261.

John Scott Everton, "Ford Foundation in Burma, Report No. 7", Reports 004947, August 10, 1953, Ford Foundation Records, Catalogued Reports, Reports 3255 – 6261.

John Scott Everton, "Ford Foundation in Burma, Report No. 8", Reports 004948, September 18, 1953, Ford Foundation Records, Catalogued Reports, Reports 3255 – 6261.

John Scott Everton, "Ford Foundation in Burma, Report No. 9", Reports 004949, October 20, 1953, Ford Foundation Records, Catalogued Reports, Reports 3255 – 6261.

John Scott Everton, "Statement on Program for Burma", Reports 004950, January 5, 1954, Ford Foundation Records, Catalogued Reports, Reports 3255 – 6261.

National 4 – H Club Foundation, "Report to the Ford Foundation on the 1957 Burma Program of the International Farm Youth Exchange", Reports 006545, 1957, Ford Foundation Records, Catalogued Reports, Reports 6262 – 9286.

Richard Morse, "Training and Researching Potential of Southeast Asia Studies in England, with particular reference to Burma", Reports 003293, February 22, 1954, Ford Foundation Records, Catalogued Reports, Reports 3255 – 6261.

"Burma Historical Documents and Correspondence, 1952 – 1964", Reports 012245, 1964, Ford Foundation Records, Catalogued Reports, Reports 11775 – 13948.

"Historical Summary of the Ford Foundation Program in Burma, 1953 – 1962", Reports 002630, May 1965, Ford Foundation Records, Catalogued Reports, Reports 1 – 3254.

"Pamphlet on Burma Program," Reports 003005, September 23, 1958, Ford Foundation Records, Catalogued Reports, Reports 1 – 3254.

"Report on Education in Burma", Reports 003366, July 18, 1956, Ford Foundation Records, Catalogued Reports, Reports 3255 – 6261.

"The Ford Foundation Development Activities in Burma", Reports 019788, November, 1956, Ford Foundation Records, Catalogued Reports, Reports 17727 – 19980.

"The Ford Foundation in Burma", Reports 002338, 1958, Ford Foundation Records, Catalogued Reports, Reports 1 – 3254.

"The Ford Foundation in Burma", Reports 003451, 1955, Ford Foundation Records, Catalogued Reports, Reports 3255 – 6261.

（四）福特基金会年度报告

Henry Ford II, *Report of the Trustees of the Ford Foundation*, 1950. 9.

Henry T. Heald, *The Ford Foundation*, *Annual Report for 1956*, 1955. 10 – 1956. 9.

Henry T. Heald, *The Ford Foundation*, *Annual Report for 1957*, 1956. 10 – 1957. 9.

Henry T. Heald, *The Ford Foundation*, *Annual Report for 1958*, 1957. 10 – 1958. 9.

Henry T. Heald, *The Ford Foundation*, *Annual Report for 1959*, 1958. 10 – 1959. 9.

Henry T. Heald, *The Ford Foundation*, *Annual Report for 1960*, 1959. 10 – 1960. 9.

Henry T. Heald, *The Ford Foundation*, *Annual Report for 1961*, 1960. 10 –
1961. 9.

Henry T. Heald, *The Ford Foundation*, *Annual Report for 1962*, 1961. 10 –
1962. 9.

H. Rowan Gaither, JR. , *The Ford Foundation*, *Annual Report for
1953*, 1953. 12.

H. Rowan Gaither, JR. , *The Ford Foundation*, *Annual Report for 1954*,
1954. 1 – 1954. 9.

H. Rowan Gaither, JR. , *The Ford Foundation*, *Annual Report for 1955*,
1954. 10 – 1955. 9.

Paul G. Hoffman, *The Ford Foundation*, *Annual Report for 1951*, 1951. 12.

Paul G. Hoffman, *The Ford Foundation*, *Annual Report for 1952*, 1952. 12.

四 英文原著

Akira Iriye, *Cultural Internationalism and World Order*, Baltimore: The
Johns Hopkins Press, 1997.

Alexander Cockburn and Jeffrey St. Clair, *Whiteout: The CIA, Drugs, and
the Press*, London and New York: Verso, 1998.

Amry Vandenbosch and Richard Butwell, *Southeast Asia Among the World
Powers*, Lexington: University of Kentucky Press, 1957.

Andrew J. Rotter, *The Path to Vietnam: Origins of the American Commitment
to Southeast Asia*, Ithaca, NY: Cornell University Press, 1987.

Ann Marie Murphy and Bridget Welsh, eds. , *Legacy of Engagement in
Southeast Asia*, Singapore: Institute of Southeast Asian Studies, 2008.

Anton Vedder, ed. , *NGO Involvement in International Governance and Policy:
Source of Legitimacy*, Leiden, Boston: Martinus Nijhoff
Publishers, 2007.

Aye Kyaw, *The Voice of Young Burma*, Ithaca, New York: Cornell Univer-
sity Press, 1993.

Bernhard Hagen, *The Disappearing Fear of Neutralism*, Munich: GRIN Ver-
lag, 2003.

Chi-shad Liang, *Burma's Foreign Relations Neutralism in Theory and Practice*,

New York: Praeger Publishers, 1990.

Christian F. Ostermann, *The United States and the East German Uprising of 1953, and the Limits of Rollback*, Washington D. C. : Woodrow Wilson International Center, 1994.

Christopher E. Goscha and Christian F. Ostermann, eds. , *Connecting Histories: Decolonization and the Cold War in Southeast Asia, 1945 – 1962*, Stanford: Stanford University Press, 2009.

Christopher Thorne, *Allies of a Kind: The United States, Britain and the War against Japan, 1941 – 1945*, Oxford: Oxford University Press, 1979.

C. Martin Wilbur, *China in My Life: A Historian's Own History*, London and New York: Routledge, 2016.

Daniel S. Margolies, ed. , *A Companion to Harry S. Truman*, Massachusetts: Wiley-Blackwell, 2012.

David I. Steinberg and Hong Wei Fan, *Modern China-Myanmar Relations: Dilemmas of Mutual Dependence*, Copenhagen: NIAS Press, 2012.

David I. Steinberg, *Burma/Myanmar: What Everyone Needs to Know*, New York: Oxford University Press, 2010.

David I. Steinberg, *Burma: A Socialist Nation of Southeast Asia*, Boulder: Westview Press, 1982.

David I. Steinberg, *Burma: The State of Myanmar*, Washington D. C. : Georgetown University Press, 2001.

Donald Eugene Smith, *Religion and Politics in Burma*, Princeton, NJ: Princeton University Press, 1965.

Dorothy Borg and Waldo Heinrichs, eds. , *Uncertain Years: Chinese-American Relations, 1947 – 50*, New York: Columbia University Press, 1980.

Dwight MacDonald, *The Ford Foundation: The Men and the Millions*, New Brunswick and Oxford: Transaction Publishers, 2011.

D. K. Fieldhouse, *Colonialism, 1870 – 1945: An Introduction*, London: Palgrave MacMillan, 1983.

Edward H. Berman, *The Influence of the Carnegie, Ford, and Rockefeller Foundations on American Foreign Policy: The Ideology of Philanthropy*, New York: State University of New York Press, 1983.

E. Michael Mendelson, *Sangha and State in Burma*: *A Study of Monastic Sectarianism and Leadership*, Ithaca: Cornell University Press, 1975.

Frank E. Robbins and Ruth W. Gjelsness, eds. , *The Quarterly Review of the Michigan Alumnus*, Ann Arbor: the Alumni Association of the University of Michigan, 1960.

Frank Ninchovich, *US Information Policy and Cultural Diplomacy*, New York: Foreign Policy Association, 1996.

Frank N. Trager, *Burma from Kingdom to Republic*, New York: Praeger, 1966.

Frank N. Trager, ed. , *"Insurgent Movements" in Burma*, New Haven: Human Relations Area Files, 1956.

F. S. Lyons, *Internationalism in Europe*, *1815 – 1914*, Leyden: A. W. Sythoff, 1963.

Giles Scott Smith, *Networks of Empire*: *The US State Department's Foreign Leader Program in the Netherlands*, *France*, *and Britain*, *1950 – 70*, Brussels: P. I. E. Peter Lang, 2008.

Gregory Mitrovich, *Undermining the Kremlin*: *America's Strategy to Subvert the Soviet Bloc*, *1947 – 1956*, Ithaca, New York: Cornell University Press, 2000.

Harold Nicolson, *Diplomacy*, Oxford: Oxford University Press, 1950.

Helen Laville and Hugh Wilford, eds. , *The US Government*, *Citizen Groups and the Cold War*, London and New York: Routledge, 2006.

Ingrid d'Hooghe, *China's Public Diplomacy*, Leiden Boston: Brill Nijhoff, 2015.

James William Fulbright, *The Crippled Giant*, New York: Random House, 1972.

Jessica C. E. Gienow-Hecht and Frank Schumacher, eds. , *Culture and International History*, New York and Oxford: Berghahn Books, 2003.

Jessica C. E. Gienow-Hecht and Mark C. Donfried, eds. , *Searching for a Cultural Diplomacy*, New York and Oxford: Berghahn Books, 2010.

John F. Cady, *A History of Modern Burma*, Ithaca, New York: Cornell University Press, 1958.

John F. Cady, *The United States and Burma*, Cambridge and London: Harvard University Press, 1976.

J. Michael Waller, ed. , *Strategic Influence: Public Diplomacy, Counterpropaganda, and Political Warfare*, Washington: The Institute of World Politics Press, 2008.

J. M. Mitchell, *International Cultural Relations*, New York: Allen & Unwin Publishers Ltd. , 1986.

Kenneth A. Osgood and Brian C. Etheridge, eds. , *The United States and Public Diplomacy: New Directions in Cultural and International History*, Leiden Boston: Martinus Nijhoff Publishers, 2010.

Kenton Clymer, *A Delicate Relationship: The United States and Burma/Myanmar since* 1945, Ithaca, New York: Cornell University Press, 2016.

Lester M. Salamon, Helmut K. Anheier, Regina List, Stefan Toepler, S. Wojciech Sokolowski and associates, *Global Civil Society: Dimensions of Nonprofit Sector*, Baltimore: Johns Hopkins Center for Civil Society Studies, 1999.

Lowell Dittmer, ed. , *Burma or Myanmar? The Struggle for National Identity*, New Jersey, London, Singapore: World Scientific, 2010.

L. S. Stavrianos, *Global Rift: The Third World Comes of Age*, New York: William Morrow & Co. , 1983.

Manuela Aguilar, *Cultural Diplomacy and Foreign Policy: German-American Relations, 1955 – 1968*, New York: Peter Lang Inc. , International Academic Publishers, 1996.

Mark J. Rozell and Gleaves Whitney, eds. , *Religion and the American Presidency*, New York: Palgrave Macmillan, 2007.

Matthew Foley, *The Cold War and National Assertion in Southeast Asia, Britain, the United States and Burma, 1948 – 1962*, London and New York: Routledge, 2010.

Maung Aung Myoe, *In the Name of Pauk-Phaw: Myanmar's China Policy Since* 1948, Singapore: Institute of Southeast Asian Studies, 2011.

Maung Maung, *Burma in the Family of Nations*, Amsterdam: Djambatan, 1956.

Michael W. Charney, *A History of Modern Burma*, Cambridge: Cambridge University Press, 2009.

Nicholas J. Cull, *Public Diplomacy: Lessons from the past*, CPD Perspectives on Public Diplomacy, Los Angeles: Figueroa Press, 2009.

Nicholas J. Cull, *The Cold War and the United States Information Agency: American Propaganda and Public Diplomacy, 1945 – 1989*, New York: Cambridge University Press, 2008.

Nicholas Tarling, *Britain, Southeast Asia and the Onset of the Cold War, 1945 – 50*, Cambridge: Cambridge University Press, 1998.

Patricia Rosenfield, *The Ford Foundation: Themes, 1936 – 2001*, New York: Rockefeller Archive Center, 2015.

Paul Tillich, *On the Boundary*, London: Collins, 1967.

Pierre-Arnaud Chouvy, *Opium: Uncovering the Politics of the Poppy*, Cambridge, Massachusetts: Harvard University Press, 2010.

Priscilla Roberts and John M. Carroll, eds., *Hong Kong in Cold War*, Hong Kong: HK University Press, 2016.

Priscilla Roberts, ed., *The Power of Culture: Encounters between China and the United States*, Newcastle: Cambridge Scholars Publishing, 2016.

Renaud Egreteau and Larry Jagan, *Soldiers and Diplomacy in Burma: Understanding the Foreign Relations of the Burmese Praetorian State*, Singapore: National University of Singapore Press, 2013.

Richard T. Arndt and David Lee Rubin, eds., *The Fulbright Difference: 1948 – 1992*, New Brunswick and London: Transaction Publishers, 1996.

Richard T. Arndt, *The First Resort of Kings: American Cultural Diplomacy in the Twentieth Century*, Washington D. C.: Potomac Books, Inc., 2005.

Sabine Lang, *NGOs, Civil Society, and the Public Sphere*, New York: Cambridge University Press, 2013.

Samuel P. Hayes, ed., *The Beginning of American Aid to South-East Asia: The Griffin Mission of 1950*, Lexington, MA: Heath Lexington Books, 1971.

Sandra Bott, Jussi M. Hanhimaki, Janick Marina Schaufelbuehl and Marco Wyss, eds., *Neutrality and Neutralism in the Global Cold War: Between or within the Blocs?* London and New York: Routledge, 2016.

Seth Jacobs, *America's Miracle Man in Vietnam: Ngo Dinh Diem, Religion, Race, and US Intervention in Southeast Asia*, Durham and London: Duke University Press, 2004.

Tony Day and Maya H. T. Liem, eds. , *Cultures at War: The Cold War and Cultural Expression in Southeast Asia*, Ithaca, New York: Cornell University, Southeast Asia Program Publications, 2010.

U Nu, *Asia Speaks: Collection of Speeches made by U Nu, Prime Minister*, Ann Arbor: The University of Michigan Press, 1955.

Walter Johnson, Francis James Colligan and J. W. Fulbright, *The Fulbright Program: A History*, Chicago: The University of Chicago Press, 1965.

William Atkins, *The Politics of Southeast Asia's New Media*, London and New York: Routledge, 2013.

William C. Johnstone, *A Chronology of Burma's International Relations 1945 – 1958*, Rangoon: Rangoon University, 1959.

William C. Johnstone, *Burma's Foreign Policy: A Study in Neutralism*, Cambridge: Harvard University Press, 1963.

Xuanjun Xie, *China Came to Jerusalem-the Return of Human History*, Morrisville, North Carolina: Lulu Press, Inc. , 2017.

Xufeng Zhu, *The Rise of Think Tanks in China*, London and New York: Routledge, 2013.

Yangwen Zheng, Hong Liu and Michael Szonyi, eds. , *The Cold War in Asia: the Battle for Hearts and Minds*, Leiden and Boston: Brill Academic Publishers, 2010.

五　英文论文及报刊

（一）英文学位论文

Charles E. Griffith, *American Books in Southeast Asia*, University of Illinois at Urbana-Champaign, Summer, Ph. D. , 1956.

Dau Mya Mya, *A Suggested Reference Library for Rangoon, Burma*, Catholic University of America, Master's Thesis, 1959.

Kenneth A. Osgood, *Total Cold War: US Propaganda in the " Free World,"*

1953 – 1960, University of California, Santa Barbara, Ph. D. , 2001.

Kenneth Ray Young, *Nationalist Chinese Troops in Burma: Obstacle in Burma's Foreign Relations (1949 – 61)*, New York University, Ph. D. , 1970.

Marc Selverstone, *All Roads lead to Moscow: the United States, Great Britain, and the Communist Monolith*, Ohio University History Department, Ph. D. , 2000.

Robert A. Findlay, *Captivating Hearts and Minds: The Attempted Americanization of Asian Cultures, 1945 – 1970*, the University of Hawaii at Manoa, Ph. D. , 2016.

(二) 英文期刊论文

Barak Kushner, "Treacherous Allies: The Cold War in East Asia and American Post War Anxiety", *Journal of Contemporary History*, Vol. 45, October, 2010.

Charles K. Armstrong, "The Cultural Cold War in Korea, 1945 – 1950", *The Journal of Asian Studies*, Vol. 62, No. 1, February, 2003.

Charles Walker Prewitt, "Science Education in Burma and the Fulbright Program", *Science Education*, Vol. 43, No. 3, April, 1959.

David I. Steinberg, "The United States and Myanmar: A 'Boutique Issue'?" *International Affairs*, Vol. 86, No. 1, January, 2010.

Elizabeth E. Anderson, "Covert Action and American Foreign Policy: The Iran-Contra Operation", *Conflict Quarterly*, Fall, 1993.

Feinstein Donald, "Free Voices in the Battle for Men's Minds", *Journalism Quarterly*, Vol. 31, Number 2, 1954.

Francis X. Sutton, "The Ford Foundation: The Early Years", *Daedalus*, Vol. 116, No. 1, 1987.

Grace Ai-Ling Chou, "Cultural Education as Containment of Communism: The Ambivalent Position of American NGOs in HK in the 1950s", *Journal of Cold War Studies*, Vol. 12, Spring 2010.

Happy H. Pierson, "Asia Foundation Aid to Education", *The Phi Delta Kappan*, Vol. 39, No. 3, December, 1957.

Isabel Avila Maurer, "The Fulbright Act in Operation", *Far Eastern Survey*,

Vol. 18, No. 9, 1949.

John S. Thomson, "Burmese Neutralism", *Political Science Quarterly*, Vol. 72, February 1957.

Josef Silverstein, reviewed, "The People Win Through, by U Nu, Edward Hunter", *The Journal of Asian Studies*, Vol. 16, No. 4, August, 1957.

Kathleen D. McCarthy, "From Cold War to Cultural Development: the International Cultural Activities of the Ford Foundation, 1950 – 80", *Daedalus*, Vol. 116, No. 1, 1987.

Leong Yew, "Traveling Spies and Liminal Texts: Cold War Culture in Asian Spy Films", *Cultural Politics*, Vol. 7, Issue 2, July, 2011.

Marc Frey, "Tools of Empire: Persuasion and the United States' Modernizing Mission in Southeast Asia", *Diplomatic History*, Vol. 27, No. 4, 2003.

Mike Grimshaw, "Encountering Religion: Encounter, Religion, and the Cultural Cold War, 1953 – 1967", *History of Religions*, Vol. 51, No. 1, August 2011.

Paul G. Pickowicz, "Revisiting Cold War Propaganda: Close Readings of Chinese and American Film, Representations of the Korean War", *The Journal of American-East Asian Relations*, Vol. 17, No. 4, 2010.

Ralph H. Vogel, "The Making of the Fulbright Program", *The Annals of the American Academy of Political and Social Science*, Vol. 491, 1987.

Robert Blum, "The Work of the Asia Foundation, *Pacific Affairs*", Vol. 29, No. 1, March, 1956.

Sangjoon Lee, "Creating an Anti-Communist Motion Picture Producers' Network in Asia: The Asia Foundation, Asia Pictures, and the Korean Motion Picture Cultural Association", *Historical Journal of Film, Radio and Television*, Vol. 3, No. 3, 2017.

Sangjoon Lee, "The Asia Foundation's Motion-Picture Project and the Cultural Cold War in Asia", *Film History*, Vol. 29, No. 2, 2017.

Steven Levine, "A New Look at American Mediation in the Chinese Civil War: Marshall Mission in Manchuria", *Diplomatic History*, Vol. 3, No. 2, 1979.

The ALA-Ford Foundation，"Burma Projects：A Report"，*College and Research Libraries*，Vol. 24，No. 1，January，1963.

"Psychological Warfare in Korea"，*The Public Opinion Quarterly*，Vol. 15，No. 1，Spring，1951.

（三）英文报刊

Bangkok World，May 7，1961.

People's Daily，December 13，1950.

The Bangkok Post，March 11，March 19，1961.

The Guardian（Rangoon），January 13，February 15，1961.

The Nation（Rangoon），March 6，1953.

The New Times of Burma，March 27 and 29，1953.

The New York Times，March 13，June 6，1950；February 21，December 23，1952；February 26，March 7，1961；April 23，1962.

六　译著

李剑鸣、章彤编：《美利坚合众国总统就职演说全集》，陈亚丽、吴金平、顾中行等译，天津人民出版社1996年版。

［美］W. 艾夫里尔·哈里曼、伊利·艾贝尔：《特使：与丘吉尔、斯大林周旋记1941－1946》，南京大学历史系和英美对外关系研究室译，生活·读书·新知三联书店1978年版。

［美］哈里·杜鲁门：《杜鲁门回忆录》（第1卷），李石译，生活·读书·新知三联书店1974年版。

［美］亨利·基辛格：《大外交》，顾淑馨、林添贵译，海南出版社2012年版。

［美］拉塞尔·F. 韦格利：《美国军事战略与政策史》，张孝林等译，解放军出版社1986年版。

［美］梅尔文·P. 莱弗勒：《人心之争：美国、苏联与冷战》，孙闵欣等译，华东师范大学出版社2012年版。

［美］斯塔夫里亚诺斯：《全球分裂：第三世界的历史进程》，迟越等译，商务印书馆1993年版。

［美］沃尔特·拉费伯尔：《美国、俄国和冷战》，牛可、翟韬、张静译，世界图书出版公司2014年版。

［美］西奥多·索伦森：《肯尼迪》，复旦大学世界经济研究所译，上海译文出版社 1981 年版。

［美］约翰·刘易斯·加迪斯：《遏制战略：战后美国国家安全政策评析》，时殷弘等译，世界知识出版社 2005 年版。

［美］约翰·刘易斯·加迪斯：《冷战》，翟强、张静译，社会科学文献出版社 2016 年版。

［美］约瑟夫·奈：《软力量：世界政坛成功之道》，吴晓辉、钱程译，东方出版社 2005 年版。

［美］詹姆斯·多尔蒂，小罗伯特·普法尔茨格拉夫：《争论中的国际关系理论》，阎学通等译，世界知识出版社 2004 年版。

［挪威］文安立：《冷战与革命——苏美冲突与中国内战的起源》，陈之宏、陈兼译，广西师范大学出版社 2002 年版。

［日］贵志俊彦、土屋由香、林鸿亦编：《美国在亚洲的文化冷战》，李启彰等译，稻乡出版社 2012 年版。

［英］弗朗西丝·斯托纳·桑德斯：《文化冷战与中央情报局》，曹大鹏译，国际文化出版公司 2002 年版。

［英］杰弗里·巴勒克拉夫：《国际事务概览（1956—1958 年）》，福建师范大学外语系译编室译，上海译文出版社 1990 年版。

［英］汤林森：《文化帝国主义》，冯建三译，上海人民出版社 1999 年版。

七　中文原著

陈鸿瑜：《缅甸史》，台湾商务印书馆 2016 年版。

陈其人：《殖民地的经济分析史和当代殖民主义》，上海社会科学院出版社 1994 年版。

崔丕、青山瑠妙主编：《多维视角下的亚洲冷战》，世界知识出版社 2014 年版。

戴超武主编：《亚洲冷战史研究》，东方出版中心 2016 年版。

韩召颖：《输出美国：美国新闻署与美国公共外交》，天津人民出版社 2000 年版。

胡文涛：《美国文化外交及其在中国的运用》，世界知识出版社 2008 年版。

黄爱玲、李培德编：《冷战与香港电影》，香港电影资料馆 2009 年。

李安方、王晓娟、张屹峰、沈桂龙：《中国智库竞争力建设方略》，上海社会科学院出版社 2010 年版。

李智：《文化外交：一种传播学的解读》，北京大学出版社 2005 年版。

刘绪贻等编：《美国通史》，人民出版社 2002 年版。

鲁毅等：《外交学概论》，世界知识出版社 2004 年版。

秦孝仪主编：《"中华民国"重要史料初编——对日抗战时期》，第三编《战时外交》（2），中国国民党中央委员会党史委员会 1981 年版。

沈志华：《冷战在亚洲：朝鲜战争与中国出兵朝鲜》，九州出版社 2012 年版。

许清章：《缅甸历史、文化与外交》，社会科学文献出版社 2014 年版。

于群主编：《新冷战史研究：美国的心理宣传战和情报战》，上海三联书店 2009 年版。

张杨：《冷战与学术：美国的中国学（1949—1972）》，中国社会科学出版社 2019 年版。

郑家顺主编：《历届美国总统就职演说》（第 3 版），东南大学出版社 2017 年版。

中央档案馆编：《中共中央文件选集》（第 15 册），中共中央党校出版社 1991 年版。

钟智翔主编：《缅甸研究》，军事谊文出版社 2001 年版。

资中筠、何迪编：《美台关系四十年（1949—1989）》，人民出版社 1991 年版。

资中筠：《财富的归宿：美国现代公益基金会述评》，上海人民出版社 2006 年版。

资中筠主编：《战后美国外交史——从杜鲁门到里根》，世界知识出版社 1994 年版。

八　中文论文及报刊

（一）中文学位论文

常贝贝：《冷战初期美国的心理战与海外图书项目（1945—1961）》，博士学位论文，东北师范大学，2015 年。

张选中：《美国亚洲基金会在亚洲的电影宣传（1951—1968）》，博士学位论文，东北师范大学，2019 年。

（二）中文期刊论文

［苏］A. II. 穆兰诺娃：《美国对缅甸的政策》，陈树森译，《东南亚研究资料》1963 年第 2 期。

白建才、杨盛兰：《20 世纪 50 年代初美国对中国隐蔽宣传战探析：以台北"国史馆"藏档案为中心》，《四川大学学报》（哲学社会科学版）2018 年第 5 期。

常贝贝：《心灵的争夺：1950 年代美国对海外华人群体的图书宣传行动探析》，《南洋问题研究》2019 年第 4 期。

陈谦平：《开罗会议与战后东亚国际秩序的重构》，《近代史研究》2013 年第 6 期。

陈晓春、曾维国：《"一带一路"视域下我国非政府组织建设路径研究》，《湘潭大学学报》（哲学社会科学版）2017 年第 4 期。

范宏伟：《冷战时期中缅关系研究（1955—1966）——以外交部解密档案为中心的考察》，《南洋问题研究》2008 年第 2 期。

范勇鹏：《论文化外交》，《国际安全研究》2013 年第 3 期。

高岱：《"殖民主义"与"新殖民主义"考释》，《历史研究》1998 年第 2 期。

古明明：《准政府组织研究：一个正在兴起的公共组织研究领域》，《国外理论动态》2016 年第 5 期。

贺圣达：《元明清时期中缅关系与中国西南开放的历史经验与教训》，《云南师范大学学报》（哲学社会科学版）2016 年第 1 期。

胡文涛、林煜浩：《发挥文化外交作用力促"一带一路"民心相通》，《战略决策研究》2016 年第 2 期。

胡文涛：《解读文化外交：一种学理分析》，《外交评论》2007 年第 3 期。

胡文涛：《冷战结束前私人基金会与美国文化外交》，《太平洋学报》2008 年第 3 期。

黄军甫：《中缅关系：胞波之谊迷思与意识形态误区》，《社会科学文摘》2016 年第 4 期。

姜帆：《非殖民化与冷战策略：战后初期美国对缅甸政策的动因和影响》，《东南亚研究》2014 年第 3 期。

金日：《从中立主义到后中立主义：瑞典外交政策之嬗变》，《欧洲研究》2003 年第 1 期。

李贵梅：《缅甸历史上缅族王朝民族关系治理困境探析》，《东南亚纵横》2016 年第 1 期。

李雪华：《吴努政府时期美国对缅援助探析》，《东南亚南亚研究》2016 年第 1 期。

梁志：《缅甸中立外交的缘起（1948—1955）》，《世界历史》2018 年第 2 期。

［缅］貌貌季：《1962 年以来的缅甸外交政策——为维护集团生存的消极中立主义》，林锡星摘译，《东南亚研究资料》1985 年第 4 期。

牛军：《从开罗到万隆：战后东亚秩序的缘起（1943—1955）》，《史学集刊》2015 年第 6 期。

秦亚青：《中国文化及其对外交决策的影响》，《国际问题研究》2011 年第 5 期。

上海社会科学院智库研究中心：《2013 年中国智库报告：影响力排名与政策建议》，《中国科技信息》2014 年第 11 期。

史澎海：《冷战初期美国对泰国的心理战行动：以 PSB D－23 心理战计划为核心的考察》，《西南大学学报》（社会科学版）2012 年第 3 期。

汪朝光：《战与和的变奏：重庆谈判至政协会议期间的中国时局演变》，《近代史研究》2002 年第 1 期。

王帆：《亚太冷战格局再认识》，《国际观察》2001 年第 5 期。

吴景平：《开罗会议提供的历史性愿景——以中美关系为中心的若干思考》，《近代史研究》2013 年第 6 期。

翟韬：《"文学冷战"：大陆赴港"流亡者"与 20 世纪 50 年代美国反共宣传》，《世界历史》2016 年第 5 期。

翟韬：《美国对东南亚华人宣传机构研究（1949—1964）》，《首都师范大学学报》（社会科学版）2017 年第 4 期。

翟韬：《美国对东南亚华人宣传政策的演变（1949—1964）》，《美国研究》2013 年第 1 期。

张清敏：《外交的本质与崛起大国的战略选择》，《外交评论》2016 年第 4 期。

张杨：《"海外华人项目"与美国反华保台之心理战政策初探》，《东北师大学报》（哲学社会科学版）2010 年第 3 期。

张杨：《冷战共识——论美国政府与基金会对亚洲的教育援助项目
（1953—1961）》，《武汉大学学报（人文科学版）》2013 年第 3 期。

张杨：《亚洲基金会：香港中文大学创建背后的美国推手》，《当代中国
史研究》2015 年第 2 期。

张杨：《以宗教为冷战武器——艾森豪威尔政府对东南亚佛教国家的心
理战》，《历史研究》2010 年第 4 期。

后　记

2016 年秋，我怀揣"献身学术"之理想考入浙江大学历史学系，师从张杨教授。我天资鲁钝，慵懒成性，实属不可造就之人。幸赖导师自始至终都对我严加要求、悉心指导，才使我在延期的情况下，勉强完成学业。本书是我的博士学位论文，论文的选题、写作、修改、答辩等各个环节，无不凝结着导师的点滴心血。导师之恩，无以为报，唯有牢记教诲，不懈前行！

4 年半的读博生涯让我切实领会了学术之艰涩与人生之清苦。至今犹记得，我在导师耐心指导下艰难写出的第一篇文章《DTPILLAR 计划：美国在亚洲隐蔽行动的源起与机理》。其反复修改次数之多，投稿时间跨度之长，绝对可以算得上自己做过的"最难事"。读博的这段时期是我人生的 25 岁至 30 岁，身边绝大多数同龄人都在这段时期买房买车结婚生子，事业上升且稳定。而我，却只能每天重复着三点一线，无人问津的生活。至于物质方面，读博前三年学校还能发一些补助勉强维持生计，从第四年开始便是一分钱也没有了，生活更加举步维艰。所以越到后期，逃离学校这座"围城"的想法便越强烈。

当然，读博生涯也并非全是灰暗的。一方面，相对于期刊论文的"难产"，学位论文的写作倒成了我读博期间的一段愉悦经历。尽管从论文开题到答辩也有 3 年时间，但真正的写作过程并没有这么长。每天"朝八晚十"的图书馆打卡，不仅使我的生活变得无比规律和平静，而且论文的进展也总能带给我一丝慰藉。另一方面，读博期间结识的"患难之交"令我倍感幸运，或许大家年龄千差万别，但我们为着同一个目标，并肩作战，彼此鼓励，共同度过了一段终生难忘的岁月。

　　读博阶段渐行渐远，工作生涯缓缓开启。回首过去，正如"雄关漫道真如铁，不知何日从头越"；展望未来，恰是"长风破浪会有时，直挂云帆济沧海"。

2021 年 5 月 20 日于绍兴